LES LIAISONS DANGEREUSES

LIRE ET VOIR LES CLASSIQUES

collection dirigée par Claude AZIZA

PIERRE CHODERLOS DE LACLOS

LES LIAISONS DANGEREUSES

Préface et commentaires de
Francis MARMANDE

PRESSES POCKET

Le dossier iconographique a été réalisé par
Sylvie MARCOVITCH

Que soient ici remerciées pour leur collaboration,
Anne-Marie BETBEDER, Simone MARMANDE
et Sibylle MONOD

© Pour la préface, les commentaires et le dossier iconographique,
Presses Pocket, 1989

ISBN 2-266-03071-X

LES LETTRES DANGEREUSES
OU UN HOMME SANS HISTOIRE

> « *Quelle mère pourrait, sans trembler, voir une autre*
> *personne qu'elle parler à sa fille ?* »
>
> (Mme de Volanges)

La raison est insuffisante à prévenir le malheur. Elle
l'est encore davantage pour en consoler. Telle est la
réflexion amère où s'abîme le roman des *Liaisons dangereuses*. C'est la seule mère de l'intrigue, Mme de
Volanges, une des mères les plus comiquement désem-
parées de la littérature, jusqu'à son pathétique appel
final auquel nul ne répond, qui en fait douloureusement le constat.

Nous sommes en 1782. Ou, plus exactement, 1782
est la date de publication des *Liaisons dangereuses*.
Mais les aventures qui y sont rapportées ne sauraient
d'aucune manière dater de cette époque. Dans son
Avertissement, l'éditeur nous l'assure. De tels personnages, de telles mœurs, impossible... L'intrigue est
donc bien antérieure — d'au moins un siècle — au
temps des Lumières qui « ont su rendre, *comme chacun sait, tous* les hommes si honnêtes et *toutes* les femmes si modestes et si réservées ». Nous voilà prévenus.

Quant à ce qui la noue, cette obligation de vengeance

où se trouvent la marquise de Merteuil et le vicomte de Valmont, elle remonte, pourrait-on dire, à la nuit des temps. A la nuit où se perd l'histoire des hommes, des femmes et des *laissés pour compte*. La marquise et le vicomte se sont attachés l'un à l'autre après avoir été quittés. Un comte a quitté la marquise pour une intendante qui lui a « sacrifié » Valmont. Mais « comme cette aventure est fort antérieure aux événements dont il est question dans ces Lettres, on a cru devoir en supprimer toute la Correspondance ». Les liaisons et leur danger ne sauraient donc dater de cette fin de XVIIIe siècle. L'avertissement d'éditeur, au même titre que le roman par lettres, est, à sa manière, un genre littéraire. Un genre parfois nécessaire pour prévenir la censure. Le ton pourtant reste ici, à sa façon, convaincant. Nous n'avons pas encore lu la première lettre, mais nous sommes d'ores et déjà entrés dans le livre. Par jeu, par complicité et par goût du mystère.

S'exprimant immédiatement sur les traces de l'éditeur — en une Préface, cette fois — le rédacteur (M. C... de L..., dans la première édition) dirait plutôt le contraire. Pour lui, le souci premier, c'est l'utilité (et le cas échéant, l'agrément) que peut avoir la publication dont on l'a chargé. Il y voit toutes sortes de leçons. Entre autres, « que toute mère qui souffre qu'un autre qu'elle ait la confiance de sa fille » est au moins imprudente. Il doute d'ailleurs que l'ouvrage ait le moindre succès. C'est là le secret du livre entier. Le vrai s'y affiche sous la couleur du doute. L'ironie y est partout répandue, mais comme indécidable. C'est le plus sérieux, le plus achevé, le plus politique des traités désinvoltes de la cruauté. Avec des gaietés qui rendent plus terrible encore le traitement des passions.

Le rédacteur, pour sa part, regrette les fautes et les longueurs des lettres. On sait aujourd'hui que c'est lui qui les a composées. On le sait aussi bien dès 1782. Il voit dans leur diversité d'intérêt une faiblesse. Ce qu'il y aime, c'est « *la variété des styles* ». Cela lui plaît. C'est là un mérite difficile à atteindre « *et qui sauve*

au moins de l'ennui de l'uniformité ». C'est une source
d'agrément. A peu près au même moment, un savant
aux mœurs légères, Buffon, a cette formule : « *Le style
est de l'homme même.* » Il dit aussi ailleurs : « *Ce qu'il
y a de meilleur en amour, c'est le physique.* » Il parle
en homme de sciences. Mais de quel homme, cette
variété des styles ? D'un modeste officier, vaguement
poète à ses heures, Choderlos de Laclos. Il ne fait que
quelques apparitions avouées en notes, sage alors,
moralisateur, sincère. Sincère et parfois trompeur…

Il prétend éloigner la jeunesse de ce recueil : l'abus,
toujours si près du bien, est à craindre. Seule une
« bonne mère » — les mères, encore — lui a rendu
quelque confiance : « *Je croirais, me disait-elle, après
avoir lu le manuscrit de cette Correspondance, rendre
un vrai service à ma fille, en lui donnant ce Livre le
jour de son mariage.* » Son idée est que l'ouvrage
devrait déplaire aux dépravés (il peut leur nuire) et aux
rigoristes (alarmés par le tableau de mauvaises mœurs
« *qu'on n'a pas craint de présenter* »). Il doit déplaire
aux esprits forts, aux dévots, aux personnes d'un goût
délicat et, de proche en proche, au commun des lecteurs. D'ambiguïtés en contradictions, le rédacteur
donne du poids à l'éditeur supposé qui a démonté par
avance ses déclarations : « *Nous avons même de fortes raisons de penser que ce n'est qu'un roman.* » Nous
aussi. Éditeur et rédacteur ne font qu'un. Premier
dédoublement.

Quand paraît ce roman dont l'avertissement et la préface amusent autant qu'ils éclairent, Laclos a quarante
ans, Voltaire vient de mourir (1778), Kant, de publier
La critique de la raison pure (1781), Rousseau les premiers livres des *Confessions* (1782). Fragonard peint
des verrous, fouette les formes, saisit l'instant (*L'instant désiré ou les amants heureux*). Son cousin, l'autre
Fragonard, fabrique pour les vétérinaires d'inquiétantes
préparations anatomiques. Lavoisier et Laplace sont
en pleines expériences de calorimétrie. Watt construit

une machine à vapeur rotative. Les frères Montgolfier
s'apprêtent à monter en ballon. Mirabeau a trente-trois
ans, Mozart vingt-six. Robespierre vingt-quatre, Bonaparte, Hegel et Beethoven, douze. L'Amérique ne va
plus tarder à gagner son indépendance. Sade est
enfermé à Vincennes d'où il envoie des *Étrennes philosophiques* à Mlle de Rousset. On l'interdit de promenade. On lui retire ses livres « qui lui échauffent la
tête ». Goya pressent-il déjà que « *le sommeil de la
Raison engendre des monstres* » ?

Depuis 1779, Laclos, capitaine en second, est déta-
ché à l'île d'Aix. On l'a chargé de fortifier pour le pro-
téger le port militaire de Rochefort. Il innove. Il s'écarte
des principes de Vauban. Sa lettre vigoureuse contre
le système de Vauban lui vaudra en 1786 un blâme du
ministère de la Guerre. Il veut un fort perpendiculaire,
une artillerie moderne. Il tient enfin l'occasion de
s'illustrer et de convaincre. Son brevet d'officier d'artillerie de La Fère (Napoléon en fera l'École polytechni-
que, l'artillerie est l'arme de pointe), il l'a malencon-
treusement — pour un soldat, s'entend — obtenu
l'année même du traité de Paris (1763) : trente ans de
paix, une vie de garnison, une carrière lente. Volontaire pour l'Amérique, on l'a refusé. Il fortifie donc,
c'est sa dernière chance. Peine perdue : l'ennemi, la
flotte anglaise, ne viendra pas. Laclos s'ennuie. En six
mois de permission à Paris, il termine un ouvrage commencé trois ans plus tôt : *Les Liaisons dangereuses ou
Lettres recueillies dans une société et publiées pour l'instruction de quelques autres*. Le succès est immédiat :
deux éditions coup sur coup, une vingtaine dans
l'année, dont quelques contrefaçons. Le scandale est
à la mesure du succès. Ce récit d'un scandale fait scandale. Le maréchal de Ségur lui ordonne de rejoindre
son corps en Bretagne.

Pourtant, Laclos est à sa façon un homme sans histoire. C'est après la publication qu'il se marie. Bon
père, époux fidèle. Ingénieur créatif, rousseauiste appli-
qué (l'épigraphe des *Liaisons* est empruntée à l'auteur

de *La Nouvelle Héloïse*), maçon, orléaniste empressé, bientôt jacobin, commissaire à Valmy, général à Toulouse (1792), échappant de peu à la guillotine, réintégré par Bonaparte, il finit au siège de Tarente (1803). Expert en balistique, il calcule, il construit et propose des inventions intéressantes, le boulet creux, un nouveau système d'affût... Il a des initiatives : en 1793, il suggère une attaque de l'Angleterre par l'Inde. Monge, ministre de la Guerre, ne le suit pas... C'est un homme de science, d'intelligence et de sensibilité : un homme des Lumières. On le sait opportuniste, souvent dans l'intrigue, à la recherche de protections (il les trouve), hostile aux privilèges mais fidèle à la propriété, homme d'ordre, aussi prudent dans son goût du changement qu'avisé dans la conduite de ses affaires. Il n'a rien d'un Valmont, comme on l'a cru longtemps pour s'effrayer. Mais il n'est pas davantage ce boutefeu dont le roman aurait à lui seul déclenché la Révolution française (c'est à ce motif que le livre est condamné à être détruit en 1823). Un opéra-comique heureusement perdu *(Ernestine)*, quelques vers que l'on peut oublier, des chansons, trois *Traités*, plus intéressants, sur *l'éducation des femmes,* une petite œuvre politique (des articles) ou militaire (des rapports), et, bien sûr, une abondante correspondance : rien n'annonce, rien ne prolonge l'éclat des *Liaisons*. Cette étrangeté rend plus saisissante encore une confidence qu'il aurait faite au comte de Tilly, après avoir brossé un tableau désabusé de ses ternes essais et d'une carrière sans promesses : « *Je résolus de faire un ouvrage qui sortît de la route ordinaire, qui fît du bruit, et qui retentît encore sur la terre quand j'y aurais passé.* »

L'ouvrage sort de la route ordinaire. Cette apologie insaisissable du plaisir, cette connaissance anatomique du mal, comme portée par l'expérience excessive de ce qu'il maîtrise le mieux, l'intelligence, restent énigmatiques. Pour mieux dire, c'est leur ambiguïté qui en rend si instable (et si troublante) la lecture. D'autres dénonciations d'époque, on en sait, d'autres romans d'amour aussi. Quant au genre épistolaire, il est à la fin du XVIIIe siècle le genre majeur. Richardson, Crébillon et Rousseau — cette mémoire vive, agitée, déformée, de son propre livre — ont connu un succès difficile à envier quand Laclos entreprend *Les Liaisons*. Mais c'est ce point de légèreté incandescente, de grâce dans la cruauté, de maîtrise dans le calcul, de souveraineté dans la « variété des styles », qui fait des *Liaisons* une expérience unique. Elle semble doubler la volonté d'affirmation et d'absolu que s'est forgée la marquise de Merteuil. Cette énergie impérieuse, formidablement raisonnable, autour de quoi gravitent les échanges (les lettres).

« *Les livres libertins commentent donc et expliquent la Révolution* », dit Baudelaire qui insiste sur le côté satanique de l'ouvrage (l'époque le veut). Probablement, mais dans le cas de Laclos, c'est plutôt sans commentaire ni explication. Nul projet, nulle prédiction. A pousser la raison au-delà de sa propre limite, par l'analyse (le calcul), par l'expérience (la science), par jeu (l'incertitude), il atteint à cet effondrement où s'abîme le dénouement du livre. En commençant d'écrire, il sait cette fin inéluctable. Ce qu'il ignore, car il est dans l'Histoire et dans sa propre histoire, si normalement limitée, c'est le sens que cette fin semble prendre. Inutile d'en forcer l'appréhension. Les révolutions ne se commentent qu'après coup. Juste avant qu'un impressionnant silence envahisse le paysage désastreux où sombrent les « gaietés » du siècle, Mme de Rosemonde lance, son âge l'y autorise, un dernier message au jeune Danceny : « ... *le [véritable] bonheur ne devrait se chercher en dehors des bornes prescrites par les Lois et la Religion* ». Elle parle d'autrefois. Il est sans doute trop tard.

Dès son entrée en scène, la marquise forme un étrange projet. Elle exige de Valmont une action de chevalerie à leur mesure, un forfait dont il sera le héros,

une tromperie qui serve à la fois — c'est leur grand dessein — l'amour et la vengeance, une *rouerie* qu'il puisse
inscrire dans ses glorieux Mémoires. Non seulement elle
prétend imprimer ces Mémoires de Valmont, mais
mieux : elle veut les écrire elle-même. Parole en l'air ?
Pas tout à fait : tout ce qui s'inscrit menace, on ne le
sait que trop. Elle prétend se faire l'autobiographe de
Valmont alors qu'il a la prudence de garder ses Mémoires secrets : quand il doit séduire, au moment de pousser l'attaque, il en rassemble le souvenir comme il se
remémore des scènes de romans, c'est son vade-mecum.
Elle, elle sollicite la lecture comme « seconde éducation » et comme médecine (« l'art d'aider la nature »).
Et parfois, elle en use pour se « fortifier ».

À l'image des lettres qu'il ordonne et des actions qu'il
agence, le livre de Laclos, si « vrai » qu'on l'a cru inspiré d'une vie dangereuse, n'a d'autre vérité que la
vérité des textes qu'il sollicite. Les textes avec lesquels
il entre en correspondance. Ce manifeste de la volonté,
cette épreuve de l'intelligence illimitée, doublée, on le
sait, d'un « catéchisme de débauche » assez vif et complet, résultent d'une sorte de déchaînement imaginaire
des lectures. Le gouffre s'ouvre pour qui lit jusqu'au
bout. Dans la fiction comme dans la réalité, le scandale tient à cette volonté éclatante de publication. Sur
fond de métaphores théâtrales, stratégiques ou juridi-
ques (les arts, les armes et les lois), le roman est d'abord
le roman des livres, des autres livres et des liens secrets
qu'ils tissent (Racine, Pascal, La Fontaine, Richardson,
Crébillon, Rousseau, etc.). C'est le roman d'une bibliothèque et le récit des mémoires. Le lecteur est le premier dans la confidence. La Merteuil veut ajouter un
livre aux livres. Laclos aussi. Nous sommes à Paris un
4 août, une nuit sans doute.

Tant qu'elle maîtrise l'échange et le *style* des lettres,
la marquise règle l'ensemble des liaisons. Elle contrôle
leur économie, leur écoulement, l'intensité des jouissances, et ce délai où le désir s'aiguise. Pourtant la
vitesse des échanges va bientôt s'accélérer, aggravée

par la jalousie (cette cristallisation des vengeances), livrée à elle-même... La marquise ne résistera pas à la catastrophe qu'elle déclenche. C'est pourtant ce délire de l'intelligence où le calcul s'épure par son excès qui nous retient. Mais jusqu'au bout le livre, lui, continue de régler ce que les règles soumettent le moins aisément : le secret, le hasard, l'intimité et la passion. Avec une pureté de méthode qui laisse rêver : après tout, on a vu, on a cru voir, un instant, des mortels parfaitement maîtres de leur liberté. Et tout de même : cette souveraineté indépassable donne à réfléchir...

La marquise interroge Valmont : « *N'avez-vous pas encore remarqué que le plaisir, qui est bien en effet l'unique mobile de la réunion des deux sexes, ne suffit pourtant pas pour former une liaison entre eux ? et que, s'il est précédé du désir qui rapproche, il n'est pas moins suivi du dégoût qui repousse ? C'est une loi de la nature que l'amour seul peut changer ; et de l'amour, en a-t-on quand on veut ?* » (CXXXI). Précisément, non. Mais Valmont ne peut plus l'entendre. Il n'est plus dans son champ d'attraction. Justement, il vient de confesser son ivresse, complète et réciproque, avec la présidente. « Pour la première fois, *la mienne survécut au plaisir* » (CXXV). Cette survie d'ivresse lui coûtera cher. Sans doute les prudes n'accordent-elles, selon Mme de Merteuil que des « demi-jouissances ». Peu importe : Valmont avec la présidente n'a pas « besoin de jouir pour être heureux » (VI)... Et tout est inversé. C'est que, dans cette partie où voltigent le plaisir, les liaisons, le désir, le dégoût et l'ivresse, l'amour seul ne saurait se *vouloir*. Conquérir — leur destin de séducteurs ! — trouve ici sa limite. Valmont et la Merteuil n'en sont maîtres que le temps d'un été.

Dans l'amour, poursuit la marquise, « *l'un jouit du bonheur d'aimer, l'autre de celui de plaire...* » auquel il faut ajouter, pour l'équilibre, le plaisir de tromper. L'un ou l'une ? La question n'est pas sans importance. Par un effet de son âge, Mme de Rosemonde sépare encore les sexes que la Merteuil confond dans la capacité à conquérir : « *L'homme — écrit-elle — jouit du bonheur qu'il ressent, et la femme de celui qu'elle procure* » (CXXX). Les temps changent. Les temps auraient pu changer. La marquise en a la volonté. Mais elle y trouve aussi sa limite. Quelque chose la dépasse, elle qui « ferait chérir le despotisme ». Leur amour à eux deux, Valmont, Merteuil, est fini, bien fini. A-t-il jamais commencé ? Par pure vanité, le vicomte cherche à ressusciter cette liaison morte. Mais il sait à quoi s'en tenir. Ses sens ne le trompent pas. Elle, elle vit dans une liaison morte qu'elle ranime méchamment, sans la moindre illusion. La mort en jeu. Il faut dire qu'à aucun moment elle ne prétend penser ce qu'elle écrit. Leur souveraineté exquise ne résiste à la mort que le temps d'un été : « *Dans le temps où nous nous aimions, car je crois que c'était de l'amour, j'étais heureuse ; et vous vicomte ?... Mais pourquoi s'occuper encore d'un bonheur qui ne peut revenir ?* » (CXXXI). L'amour blessé, l'amour douloureux, l'amour fini, elle l'éprouve sensiblement en un geste singulier qui donne sa raison au livre, le plaisir d'écrire : « *Et malgré le plaisir que je trouve en ce moment à vous écrire, j'aime mieux vous quitter brusquement.* » Sèchement alors, sans hésiter, elle lance le trait qui va frapper : « *Non, quoi que vous en disiez, c'est un retour* impossible... » Douleur changée en piège, puisque Valmont ne supporte pas, il l'a dit, le mot d'*impossible*. Ce mot le « révolte ». La révolte de Valmont, c'est l'*impossible*. C'est une révolte pure, particulièrement absurde. Sa logique est courte. Il n'a plus le choix. La vanité le fait céder à un caprice. Il espère devenir ce Valmont qu'il n'est plus. L'identité voulue, la volonté forcée ne résistent pas à la passion. Étrange renversement de l'illusion d'amour. Depuis trop longtemps (un mois tout au plus : c'est la durée de sa liaison avec la présidente) il *pense* pour la première fois ce qu'il *dit* (CXXV). Qu'on ne réduise pas cette révélation à une petite question de mensonges et de tromperies : c'est d'un coup l'éthique expérimentale qu'ils se sont donnée qui est à l'épreuve, la passion d'intelligence, leur loi, l'enjeu du siècle. On l'oblige à envoyer une lettre de rupture ? Il envoie. Il ne sait plus ce qu'il fait. Il aurait pu l'envoyer à n'importe quelle femme... A la marquise, tout aussi bien, sa complice. Et elle le sait.

Le jeu va trop loin. Elle aussi a dû, en un instant d'excessive confiance où tout la force à raconter son apprentissage, ses mortifications, sa jubilation de Dalila triomphante, miser d'un coup la précaution fondamentale qui est la règle d'or de sa conduite : « *ne jamais écrire !* ». Elle l'écrit. Elle le doit : c'est qu'elle veut réellement établir sa supériorité d'ailleurs réelle. Elle l'écrit dans la seule lettre où elle se montre enfin toute, ses propres *Mémoires* secrets (Lettre LXXXI). L'écrivant, ce n'est pas un simple atout maître qu'elle sacrifie : elle délivre instantanément la preuve de sa défaite à venir. Parce que son secret qu'elle est seule à connaître n'a de sens, dans ce combat surhumain engagé contre les hommes (et contre les autres femmes), que dit, publié, écrit, manifesté.

A la fin, Valmont se fait tuer et aimer par Danceny, son disciple, son irrattrapable jeunesse, son vrai rival : ce double meurtrier. Dans un vide semblable à celui des théâtres où l'on vient de jouer, dans un désert semé de décombres, il lance cette dernière recommandation : « *Ah ! croyez-moi, on n'est heureux que par l'amour !* » Trop tard. Rien ne sert plus d'accorder la pensée, la sensibilité et les mots... Les mots volent, pas les lettres. Le temps est le tombeau du jeu, il ignore l'instant. Le roman est un roman d'amour, le plus désastreux qui soit. On ne joue pas plus du danger des liaisons que de celui des lettres.

Le danger vient des liaisons, cette trame inapparente mais trop réelle du lien social. Le plaisir, le désir et l'amour y sont inégalement distribués, selon les sexes, les rôles, les conventions et les âges.

Écrire dans le secret de l'échange, sans que personne

soit en mesure d'apercevoir la machine, ses nerfs, sa circulation cachée, n'a qu'un sens de dénonciation limitée. Il n'est pas mince. Le scandale des *Liaisons* est en partie venu de là : des duplicités, du double langage, d'un cynisme indécidable, de la religion bafouée comme le reste, pas seulement à travers les monstres, au demeurant, mais à travers les purs tout autant, selon cette insupportable différence qui revient au même. Franchement, se lance-t-on en conversion avec les armes de la séduction comme le fait la présidente ? Elle aussi, à sa manière, elle veut mettre Valmont à l'épreuve. Les incertitudes que le livre installe, maintient et aiguise lui ont valu des interprétations variées — de la part de Laclos, déjà. Il s'y prête. L'histoire de sa réception est riche. Il a soin de laisser suspendues au bord d'un vide les questions qu'il pose : que faire au juste, à la veille de la Révolution, de l'*excès* de la volonté, de l'*impossible* d'aimer, du *secret* de la jouissance ? Un temps s'achève, soit. Mais après ? Les époques, les hommes, les tensions s'y révèlent comme dénudés.

Nous, lecteurs, sommes encore comme si nous prenions du plaisir. A quoi ? Au risque consenti ? Au spectacle du mal ? ou à sa méthode ? Bizarre. Valmont aussi ne trouve de plaisir qu'aux choses bizarres, mais c'est un libertin. Se surprenant à contre-emploi, il s'abandonne au plaisir, nouveau pour lui, donc à saisir — c'est encore, si l'on veut, une logique de libertin — de l'illusion. L'illusion de penser et de dire, l'illusion de jeunesse… Ce n'est au fond qu'une surprise du même ordre que celle dont s'étonne Cécile dans ses bras : « *Il y avait des moments où j'étais comme si je l'aimais.* » Comme si…

Mais le danger retourne aux Lettres où il se fixe, trace visible du secret des âmes, cette encre du cœur qui ne s'efface pas. Leurs jeux, leurs circulations, leurs échanges, en font la métaphore visible du désir. La distance qu'elles impliquent et le silence qu'elles supposent, rendent leur érotisation immédiatement sensible. On écrit : on ne se voit pas. Leurs travestissements et leurs dédou-

blements en augmentent la lecture. Elles sont commu-
niquées, dictées, lues par d'autres, ou plus simplement
donnent plusieurs versions d'un épisode déjà connu.
Nous bougeons avec elles. Ces diffractions d'écriture
que créent les différentes postures du style, sont à la
mesure des scènes scabreuses qui les traversent, mais
elles les dépassent. Elles fondent un lien de lecture inédit, une liaison.

Les Lettres sont aussi « *douces que dangereuses* »
à écrire, et le notant, Mme de Merteuil oublie, en un
instant qui lui coûtera plus cher que tous les instants
dérobés au grand théâtre du Monde, le danger au profit de la douceur, ce plaisir d'écrire. Tous sans exception disent ce plaisir au point que la lettre finit par constituer le préoccupant sujet des Lettres rassemblées en
recueil. Ils les écrivent, les lisent, les trempent de leurs
larmes, les cachent contre eux, les relisent au lit, les bai-
sent (Valmont lui-même, cédant à un mouvement de
jeune homme). Cécile : « *... et puis je l'ai baisée comme
si... C'est peut-être mal fait de baiser une lettre comme
ça, mais je n'ai pu m'en empêcher* » (XVI). Ce n'est
certainement pas « mal fait » de baiser une lettre
comme ça, mais probablement mal, oui, de la baiser
comme si. Les lettres sont réclamées, échangées, lues
ou non, il suffit de les *voir.* La lettre dessine la liaison
des sujets. Rien n'y manque, ni l'anonyme, ni celle qui
ne s'adresse à personne, ni la main qui tremble ni celle
qui ne peut plus (Mme de Rosemonde empêchée par
ses rhumatismes). Tout un ballet de transmissions, de
valets, de servantes nues, de filles sur le dos de qui on
écrit (illustration la plus insolente), se déroule sur fond
de petite-poste, de couloirs, de cassettes, de clefs, de
serrures, de secrétaires, les meubles du secret. On se
transmet des lettres promises à d'autres. La présidente
dit sa peine « *de ne plus recevoir ces mêmes lettres que
je refuserais de lire* » (CXIV). Comme les autres, elle
sait le trouble où elle est en lisant, en écrivant. Les
lettres sont retirées, déchirées, volées, recollées. On ne

peut pas faire qu'elles n'aient existé et que le cœur n'ait
battu comme celui d'un enfant à les écrire.

Quand tout est consommé, mais il ne le sait pas
encore, ni le rôle qu'il va jouer, Danceny en analyse
le mystère. La lettre à ses yeux est plus proche, plus
vivante, plus sensible que le portrait. C'est qu'elle est
« *le portrait de l'âme* ». Et il ajoute, comme on écrit
quand on ne craint pas que les mots vous trompent ou
vous révèlent : « *Elle n'a pas, comme une froide image,
cette stagnance si éloignée de l'amour ; elle se prête à
tous nos mouvements : tour à tour, elle s'anime, elle
jouit, elle se repose...* » (CL). Le luxe de détails par
lesquels le lecteur est instruit de leur remise, de leur
assemblage, de leur constitution en recueil, vise, bien
entendu, à en renforcer la *vraisemblance* — ou son air.
Mais ce n'est que pour mieux souligner, au passage,
que les lettres sont rendues comme on dépose des
armes. Il est important que les objets du délit, les pièces
du désir trop promptes à *s'animer, jouir et se reposer*,
soient publiquement désamorcés, et comme anéantis.
Mais par une dernière ironie, ce geste même, les livrant
à la lecture et au public, les ranime dans un autre espace
et pour d'autres temps.

Tout éclate quand la volonté est défaite, quand les
alliances cèdent, quand les enjeux rivalisent, quand les
rôles comme les mots s'inversent, quand l'amour inter-
vient : dans cet affrontement sans merci entre l'homme
et la femme que l'on présente d'abord comme une tactique, puis comme une diplomatie, enfin comme une
guerre *(« Hé bien ! la guerre. »)*. La marquise a beau
proposer un prudent armistice imité de « *ces deux fripons qui se reconnurent en jouant : Nous ne nous
ferons rien, se dirent-ils, payons les cartes par moitié
et quittons la partie...* » (CXXXI), Valmont ne l'entend
plus. Pourtant, la « morte-saison » est un moment où
l'on passe son temps au jeu : trictrac, wisk, et cette
« invention du siècle, la *macédoine,* assemblage de plusieurs jeux de hasard parmi lesquels chaque coupeur

a droit de choisir lorsque c'est à lui à tenir la main »
(LXXXV)... Selon « *le mauvais goût des calembours
qui commençait à prendre, et qui depuis a fait tant de
progrès* » (VI), il reste à peine à dire que les coupeurs
seront les coupables. Valmont ignore la part de la
chance dans les logiques. Trop ancré dans son passé
pour cela. Laclos en revanche connaît « les probabili-
tés ». Passions immaîtrisables, rôles multipliés, mots
interchangeables, calculs dépassés, la raison est écra-
sée sous son vertige. Il n'est plus temps de réclamer
alors le silence et l'oubli. Le bruit et la mémoire sont
entrés dans la ronde.

A-t-elle connu une expression plus forte, plus immé-
diate, cette déliaison du désir et de la société, de la
liberté et du système ? S'est-on si sensiblement appro-
ché des lignes de partage qui vont réorganiser bientôt
la pensée : entre rationalisme et rousseauisme, stratégie et transparence, aveu et dissimulation, temps et instant, maîtrise et hasard, affirmation et plaisir... « *Tout
dire, à quelque point qu'en frémissent les hommes* »,
réclame Sade au même moment. Mais Sade a franchi
l'infranchissable. Il est déjà séparé d'un monde qu'il
exècre. Laclos, lui, en fait apparaître les fractures
comme en se jouant. Laclos et Sade : jusque dans leur
proximité, tout semble les opposer (instinct contre maîtrise, noirceur contre lumière, rigueur contre nature...)
et cette opposition est pourtant bien ce qui nous ouvre
aux temps modernes.

Au moment des comptes — puisque ainsi est intitu-
lée la liasse des échanges d'où tout procède, « *Compte
ouvert entre la marquise de Merteuil et le vicomte de
Valmont* » —, quand les acteurs sont châtiés, anéantis
ou désespérés, quand la voix de la mère se perd dans
un gouffre qui ne répond plus, subsiste une étrange
impression où l'amertume se mêle à quelque chose de
joyeux, une impression de jeu affolé sans solutions dis-
cernables. C'est la trace de cette « *variété des styles* »,
oui, nommons-les comme Laclos qui sait faire parler

la langue, les jargons, les mots à la mode et ceux qui vont passer. Les styles, le livre les prend comme il prend les autres livres, les absorbe, les redistribue et les met en scène. Ils restent tendus entre des écritures, des liaisons et des voix : des voix opposées, des voix de femmes et des voix d'hommes, des voix jeunes et d'autres qui ont vécu, des voix qui s'affolent ou des voix qui se résignent, des voix d'hier, des voix d'un avenir inenvisagé, des voix qui s'ouvrent ou qui expérimentent, des voix qui s'abandonnent et d'autres qui s'arriment, des voix éclatantes ou des voix brisées... Telle est sa position d'équilibre, d'une extrême fragilité et terriblement assurée. Son secret continue de nous compromettre.

LES LIAISONS DANGEREUSES

ou

LETTRES

Recueillies dans une Société, et publiées pour l'instruction de quelques autres.

Par M. C..... DE L...

« J'ai vu les mœurs de mon temps,
et j'ai publié ces lettres. »

J.-J. ROUSSEAU, Préf. de *la Nouvelle Héloïse*.

AVERTISSEMENT DE L'ÉDITEUR

Nous croyons devoir prévenir le public, que, malgré le titre de cet ouvrage et ce qu'en dit le rédacteur dans sa préface, nous ne garantissons pas l'authenticité de ce recueil et que nous avons même de fortes raisons de penser que ce n'est qu'un roman.

Il nous semble de plus que l'auteur, qui paraît pourtant avoir cherché la vraisemblance, l'a détruite lui-même et bien maladroitement par l'époque où il a placé les événements qu'il publie. En effet, plusieurs des personnages qu'il met en scène ont de si mauvaises mœurs, qu'il est impossible de supposer qu'ils aient vécu dans notre siècle ; dans ce siècle de philosophie, où les lumières, répandues de toutes parts, ont rendu, comme chacun sait, tous les hommes si honnêtes et toutes les femmes si modestes et si réservées.

Notre avis est donc que si les aventures rapportées dans cet ouvrage ont un fond de vérité, elles n'ont pu arriver que dans d'autres lieux ou dans d'autres temps ; et nous blâmons beaucoup l'auteur, qui, séduit apparemment par l'espoir d'intéresser davantage en se rapprochant plus de son siècle et de son pays, a osé faire paraître sous notre costume et avec nos usages, des mœurs qui nous sont si étrangères.

Pour préserver au moins, autant qu'il est en nous, le lecteur trop crédule de toute surprise à ce sujet, nous appuierons notre opinion d'un raisonnement que nous lui proposons avec confiance, parce qu'il nous paraît

victorieux et sans réplique ; c'est que sans doute les
mêmes causes ne manqueraient pas de produire les
mêmes effets, et que cependant nous ne voyons point
aujourd'hui de demoiselle, avec soixante mille livres de
rente, se faire religieuse, ni de présidente, jeune et jolie,
mourir de chagrin.

PRÉFACE DU RÉDACTEUR

Cet ouvrage, ou plutôt ce recueil, que le public trouvera peut-être encore trop volumineux, ne contient pourtant que le plus petit nombre des lettres qui composaient la totalité de la correspondance dont il est extrait. Chargé de la mettre en ordre par les personnes à qui elle était parvenue, et que je savais dans l'intention de la publier, je n'ai demandé, pour prix de mes soins, que la permission d'élaguer tout ce qui me paraîtrait inutile ; et j'ai tâché de ne conserver en effet que les lettres qui m'ont paru nécessaires, soit à l'intelligence des événements, soit au développement des caractères. Si l'on ajoute à ce léger travail, celui de replacer par ordre les lettres que j'ai laissées subsister, ordre pour lequel j'ai même presque toujours suivi celui des dates, et enfin quelques notes courtes et rares, et qui, pour la plupart, n'ont d'autre objet que d'indiquer la source de quelques citations, ou de motiver quelques-uns des retranchements que je me suis permis, on saura toute la part que j'ai eue à cet ouvrage. Ma mission ne s'étendait pas plus loin*.

J'avais proposé des changements plus considérables, et presque tous relatifs à la pureté de diction ou de style,

(L'astérisque renvoie aux notes de Laclos.)

* Je dois prévenir aussi que j'ai supprimé ou changé tous les noms des personnes dont il est question dans ces lettres et que si, dans le nombre de ceux que je leur ai substitués, il s'en trouvait qui appartinssent à quelqu'un, ce serait seulement une erreur de ma part, et dont il ne faudrait tirer aucune conséquence.

contre laquelle on trouvera beaucoup de fautes. J'aurais désiré aussi être autorisé à couper quelques lettres trop longues, et dont plusieurs traitent séparément, et presque sans transition, d'objets tout à fait étrangers l'un à l'autre. Ce travail, qui n'a pas été accepté, n'aurait pas suffi sans doute pour donner du mérite à l'ouvrage, mais en aurait au moins ôté une partie des défauts.

On m'a objecté que c'étaient les lettres mêmes qu'on voulait faire connaître, et non pas seulement un ouvrage fait d'après ces lettres ; qu'il serait autant contre la vraisemblance que contre la vérité, que de huit à dix personnes qui ont concouru à cette correspondance, toutes eussent écrit avec une égale pureté. Et sur ce que j'ai représenté que, loin de là, il n'y en avait au contraire aucune qui n'eût fait des fautes graves, et qu'on ne manquerait pas de critiquer, on m'a répondu que tout lecteur raisonnable s'attendait sûrement à trouver des fautes dans un recueil de lettres de quelques particuliers, puisque dans tous ceux publiés jusqu'ici de différents auteurs estimés, et même de quelques Académiciens, on n'en trouvait aucun totalement à l'abri de ce reproche. Ces raisons ne m'ont pas persuadé, et je les ai trouvées, comme je les trouve encore, plus faciles à donner qu'à recevoir ; mais je n'étais pas le maître, et je me suis soumis. Seulement je me suis réservé de protester contre, et de déclarer que ce n'était pas mon avis ; ce que je fais en ce moment.

Quant au mérite que cet ouvrage peut avoir, peut-être ne m'appartient-il pas de m'en expliquer, mon opinion ne devant ni ne pouvant influer sur celle de personne. Cependant ceux qui, avant de commencer une lecture, sont bien aises de savoir à peu près sur quoi compter, ceux-là, dis-je, peuvent continuer : les autres feront mieux de passer tout de suite à l'ouvrage même ; ils en savent assez.

Ce que je puis dire d'abord, c'est que si mon avis a été, comme j'en conviens, de faire paraître ces lettres, je suis pourtant bien loin d'en espérer le succès : et qu'on ne prenne pas cette sincérité de ma part pour la modestie jouée d'un auteur ; car je déclare avec la même franchise que, si ce recueil ne m'avait pas paru digne d'être offert au public, je ne m'en serais pas occupé. Tâchons de concilier cette apparente contradiction.

Le mérite d'un ouvrage se compose de son utilité ou de son agrément, et même de tous deux, quand il en est susceptible : mais le succès, qui ne prouve pas toujours le mérite, tient souvent davantage au choix du sujet qu'à son exécution, à l'ensemble des objets qu'il présente, qu'à la manière dont ils sont traités. Or ce recueil contenant, comme son titre l'annonce, les lettres de toute une société, il y règne une diversité d'intérêt qui affaiblit celui du lecteur. De plus, presque tous les sentiments qu'on y exprime, étant feints ou dissimulés, ne peuvent même exciter qu'un intérêt de curiosité toujours bien au-dessous de celui de sentiment, qui, surtout, porte moins à l'indulgence, et laisse d'autant plus apercevoir les fautes qui s'y trouvent dans les détails, que ceux-ci s'opposent sans cesse au seul désir qu'on veuille satisfaire.

Ces défauts sont peut-être rachetés, en partie, par une qualité qui tient de même à la nature de l'ouvrage : c'est la variété des styles ; mérite qu'un auteur atteint difficilement, mais qui se présentait ici de lui-même, et qui sauve au moins l'ennui de l'uniformité. Plusieurs personnes pourront compter encore pour quelque chose un assez grand nombre d'observations, ou nouvelles, ou peu connues, et qui se trouvent éparses dans ces lettres. C'est aussi là, je crois, tout ce qu'on y peut espérer d'agréments, en les jugeant même avec la plus grande faveur.

L'utilité de l'ouvrage, qui peut-être sera encore plus contestée, me paraît pourtant plus facile à établir. Il me semble au moins que c'est rendre un service aux mœurs, que de dévoiler les moyens qu'emploient ceux qui en ont de mauvaises pour corrompre ceux qui en ont de bonnes, et je crois que ces lettres pourront concourir efficacement à ce but. On y trouvera aussi la preuve et l'exemple de deux vérités importantes qu'on pourrait croire méconnues, en voyant combien peu elles sont pratiquées : l'une, que toute femme qui consent à recevoir dans sa société un homme sans mœurs, finit par en devenir la victime ; l'autre, que toute mère est au moins imprudente, qui souffre qu'un autre qu'elle ait la confiance de sa fille. Les jeunes gens de l'un et de l'autre sexe, pourraient encore y apprendre que l'amitié que les personnes de mauvaises mœurs paraissent leur accorder si facilement, n'est jamais qu'un piège dangereux, et aussi fatal à leur bonheur qu'à leur vertu. Cependant l'abus, toujours si près du bien, me paraît ici trop à craindre ; et, loin de conseiller cette lecture à la jeunesse, il me paraît très important d'éloigner d'elle toutes celles de ce genre. L'époque, où celle-ci peut cesser d'être dangereuse et devenir utile, me paraît avoir été très bien saisie, pour son sexe, par une bonne mère qui non seulement a de l'esprit, mais qui a du bon esprit. « Je croirais », me disait-elle, après avoir lu le manuscrit de cette correspondance, « rendre un vrai service à ma fille, en lui donnant ce livre le jour de son mariage. » Si toutes les mères de famille en pensent ainsi, je me féliciterai éternellement de l'avoir publié.

Mais, en partant encore de cette supposition favorable, il me semble toujours que ce recueil doit plaire à peu de monde. Les hommes et les femmes dépravés auront intérêt à décrier un ouvrage qui peut leur nuire ; et comme ils ne manquent pas d'adresse, peut-être auront-ils celle de mettre dans leur parti les rigoristes, alarmés par le tableau des mauvaises mœurs qu'on n'a pas craint de présenter.

Les prétendus esprits forts ne s'intéresseront point à une femme dévote, que par cela même ils regarderont comme une femmelette, tandis que les dévots se fâcheront de voir succomber la vertu, et se plaindront que la Religion se montre avec trop peu de puissance.

D'un autre côté, les personnes d'un goût délicat

seront dégoûtées par le style trop simple et trop fautif de plusieurs de ces lettres, tandis que le commun des lecteurs, séduit par l'idée que tout ce qui est imprimé est le fruit d'un travail, croira voir dans quelques autres la manière peinée d'un auteur qui se montre derrière le personnage qu'il fait parler.

Enfin, on dira peut-être assez généralement, que chaque chose ne vaut qu'à sa place ; et que si d'ordinaire le style trop châtié des auteurs ôte en effet de la grâce aux lettres de société, les négligences de celles-ci deviennent de véritables fautes, et les rendent insupportables, quand on les livre à l'impression.

J'avoue avec sincérité que tous ces reproches peuvent être fondés : je crois aussi qu'il me serait possible d'y répondre, et même sans excéder la longueur d'une préface. Mais on doit sentir que, pour qu'il fût nécessaire de répondre à tout, il faudrait que l'ouvrage ne pût répondre à rien ; et que si j'en avais jugé ainsi, j'aurais supprimé à la fois la préface et le livre.

PREMIÈRE PARTIE

LETTRE PREMIÈRE

CÉCILE VOLANGES À SOPHIE CARNAY
aux Ursulines de...

Tu vois, ma bonne amie, que je tiens parole, et que les bonnets et les pompons ne prennent pas tout mon temps ; il m'en restera toujours pour toi. J'ai pourtant vu plus de parures dans cette seule journée que dans les quatre ans que nous avons passés ensemble ; et je crois que la superbe Tanville* aura plus de chagrin à ma première visite, où je compte bien la demander, qu'elle n'a cru nous en faire toutes les fois qu'elle est venue nous voir *in fiocchi* [1]. Maman m'a consultée sur tout ; elle me traite beaucoup moins en pensionnaire que par le passé. J'ai une femme de chambre à moi ; j'ai une chambre et un cabinet dont je dispose, et je t'écris à un secrétaire très joli, dont on m'a remis la clef, et où je peux renfermer tout ce que je veux. Maman m'a dit que je la verrais tous les jours à son lever ; qu'il suffisait que je fusse coiffée pour dîner [2], parce que nous serions toujours seules, et qu'alors elle me dirait chaque jour l'heure où je devrais l'aller

---

* Pensionnaire du même couvent.
1. En grande toilette (italien).
2. Repas de la mi-journée.

joindre l'après-midi. Le reste du temps est à ma disposition, et j'ai ma harpe, mon dessin et des livres comme
au couvent ; si ce n'est que la mère Perpétue n'est pas
là pour me gronder, et qu'il ne tiendrait qu'à moi d'être
toujours à rien faire : mais comme je n'ai pas ma
Sophie pour causer et pour rire, j'aime autant m'occuper.

Il n'est pas encore cinq heures ; je ne dois aller
retrouver Maman qu'à sept : voilà bien du temps, si
j'avais quelque chose à te dire ! Mais on ne m'a encore
parlé de rien ; et sans les apprêts que je vois faire, et
la quantité d'ouvrières qui viennent toutes pour moi,
je croirais qu'on ne songe pas à me marier, et que c'est
un radotage de plus de la bonne Joséphine*. Cependant Maman m'a dit si souvent qu'une demoiselle
devait rester au couvent jusqu'à ce qu'elle se mariât,
que puisqu'elle m'en fait sortir, il faut bien que Joséphine ait raison.

Il vient d'arrêter un carrosse à la porte, et Maman
me fait dire de passer chez elle tout de suite. Si c'était
le Monsieur ? Je ne suis pas habillée, la main me tremble et le cœur me bat. J'ai demandé à la femme de
chambre si elle savait qui était chez ma mère : « Vraiment, m'a-t-elle dit, c'est M. C***. » Et elle riait. Oh !
je crois que c'est lui. Je viendrai sûrement te raconter
ce qui se sera passé. Voilà toujours son nom. Il ne faut
pas se faire attendre. Adieu, jusqu'à un petit moment.

Comme tu vas te moquer de la pauvre Cécile ! Oh !
j'ai été bien honteuse ! Mais tu y aurais été attrapée
comme moi. En entrant chez Maman, j'ai vu un monsieur en noir, debout auprès d'elle. Je l'ai salué du
mieux que j'ai pu, et suis restée sans pouvoir bouger
de ma place. Tu juges combien je l'examinais !
« Madame », a-t-il dit à ma mère, en me saluant,
« voilà une charmante demoiselle, et je sens mieux que
jamais le prix de vos bontés. » A ce propos si positif,
il m'a pris un tremblement tel, que je ne pouvais me

* Tourière du couvent.

soutenir ; j'ai trouvé un fauteuil, et je m'y suis assise, bien rouge et bien déconcertée. J'y étais à peine, que voilà cet homme à mes genoux. Ta pauvre Cécile alors a perdu la tête ; j'étais, comme a dit Maman, tout effarouchée. Je me suis levée en jetant un cri perçant ;... tiens, comme ce jour du tonnerre. Maman est partie d'un éclat de rire, en me disant : « Eh bien ! qu'avez-vous ? Asseyez-vous et donnez votre pied à Monsieur. » En effet, ma chère amie, le monsieur était un cordonnier. Je ne peux te rendre combien j'ai été honteuse : par bonheur il n'y avait que Maman. Je crois que, quand je serai mariée, je ne me servirai plus de ce cordonnier-là.

Conviens que nous voilà bien savantes ! Adieu. Il est près de six heures, et ma femme de chambre dit qu'il faut que je m'habille. Adieu, ma chère Sophie ! je t'aime comme si j'étais encore au couvent.

P. S. Je ne sais par qui envoyer ma lettre : ainsi j'attendrai que Joséphine vienne.

*Paris, ce 3 août 17**.*

LETTRE II

LA MARQUISE DE MERTEUIL AU VICOMTE DE VALMONT
au château de...

Revenez, mon cher vicomte, revenez : que faites-vous, que pouvez-vous faire chez une vieille tante dont tous les biens vous sont substitués[1] ? Partez sur-le-champ ! j'ai besoin de vous. Il m'est venu une excellente idée, et je veux bien vous en confier l'exécution. Ce peu de mots devrait suffire ; et, trop honoré de mon choix, vous devriez venir, avec empressement, prendre

1. Disposition juridique destinée à maintenir dans une famille noble les biens d'un testateur dépourvu d'héritier direct. Valmont est donc l'héritier de Mme de Rosemonde.
Laclos avait d'abord fait dire à la marquise : « Que pouvez-vous faire chez une vieille tante dont vous n'êtes pas l'héritier ? »...

mes ordres à genoux : mais vous abusez de mes bontés, même depuis que vous n'en usez plus ; et dans
l'alternative d'une haine éternelle ou d'une excessive
indulgence, votre bonheur veut que ma bonté
l'emporte. Je veux donc bien vous instruire de mes projets : mais jurez-moi qu'en fidèle chevalier, vous ne
courrez aucune aventure que vous n'ayez mis celle-ci
à fin. Elle est digne d'un héros : vous servirez l'amour
et la vengeance ; ce sera enfin une *rouerie*** de plus à
mettre dans vos Mémoires : oui, dans vos Mémoires,
car je veux qu'ils soient imprimés un jour, et je me
charge de les écrire. Mais laissons cela, et revenons à
ce qui m'occupe.

Madame de Volanges marie sa fille : c'est encore un
secret ! mais elle m'en a fait part hier. Et qui croyez-
vous qu'elle ait choisi pour gendre ? le comte de Gercourt. Qui m'aurait dit que je deviendrais la cousine
de Gercourt ? J'en suis dans une fureur !... Eh bien !
vous ne devinez pas encore ? oh ! l'esprit lourd ! Lui
avez-vous donc pardonné l'aventure de l'Intendante ?
Et moi, n'ai-je pas encore plus à me plaindre de lui,
monstre que vous êtes** ? Mais je m'apaise, et l'espoir
de me venger rassérène mon âme.

Vous avez été ennuyé cent fois, ainsi que moi, de
l'importance que met Gercourt à la femme qu'il aura,
et de la sotte présomption qui lui fait croire qu'il évi-
tera le sort inévitable. Vous connaissez ses ridicules pré-
ventions pour les éducations cloîtrées, et son préjugé,

---

* Ces mots *roué* et *rouerie* [1], dont heureusement la bonne compagnie commence à se défaire, étaient fort en usage à l'époque où
ces lettres ont été écrites.
** Pour entendre ce passage, il faut savoir que le comte de Ger-
court avait quitté la marquise de Merteuil pour l'intendante de ***,
qui lui avait sacrifié le vicomte de Valmont, et que c'est alors que
la marquise et le vicomte s'attachèrent l'un à l'autre. Comme cette
aventure est fort antérieure aux événements dont il est question dans
ces lettres, on a cru devoir en supprimer toute la correspondance.

1. Le mot « roué » (digne du supplice de la roue) désigne au début
du siècle les compagnons du Régent. Le mot « rouerie » (action scé-
lérate) est plus récent (1777).

plus ridicule encore, en faveur de la retenue des blondes. En effet, je gagerais que, malgré les soixante mille livres de rente de la petite Volanges, il n'aurait jamais fait ce mariage, si elle eût été brune, ou si elle n'eût pas été au couvent. Prouvons-lui donc qu'il n'est qu'un sot : il le sera sans doute un jour ! ce n'est pas là ce qui m'embarrasse : mais le plaisant serait qu'il débutât par là. Comme nous nous amuserions le lendemain en l'entendant se vanter ! car il se vantera ! et puis, si une fois vous formez cette petite fille, il y aura bien du malheur si le Gercourt ne devient pas, comme un autre, la fable de Paris.

Au reste, l'héroïne de ce nouveau roman mérite tous vos soins : elle est vraiment jolie ! cela n'a que quinze ans, c'est le bouton de rose ; gauche, à la vérité, comme on ne l'est point, et nullement maniérée [1] : mais, vous autres hommes, vous ne craignez pas cela ; de plus, un certain regard langoureux qui promet beaucoup en vérité : ajoutez-y que je vous la recommande ; vous n'avez plus qu'à me remercier et m'obéir.

Vous recevrez cette lettre demain matin. J'exige que demain à sept heures du soir, vous soyez chez moi. Je ne recevrai personne qu'à huit, pas même le régnant chevalier : il n'a pas assez de tête pour une aussi grande affaire. Vous voyez que l'amour ne m'aveugle pas. A huit heures je vous rendrai votre liberté, et vous reviendrez à dix souper avec le bel objet ; car la mère et la fille souperont chez moi. Adieu, il est midi passé : bientôt je ne m'occuperai plus de vous.

*Paris, ce 4 août 17**.*

---

1. Rompu aux bonnes manières (le mot est récent, il n'est pas péjoratif).

LETTRE III

CÉCILE VOLANGES À SOPHIE CARNAY

Je ne sais encore rien, ma bonne amie. Maman avait hier beaucoup de monde à souper. Malgré l'intérêt que j'avais à examiner, les hommes surtout, je me suis fort ennuyée. Hommes et femmes, tout le monde m'a beaucoup regardée, et puis on se parlait à l'oreille ; et je voyais bien qu'on parlait de moi : cela me faisait rougir ; je ne pouvais m'en empêcher. Je l'aurais bien voulu, car j'ai remarqué que quand on regardait les autres femmes, elles ne rougissaient pas ; ou bien c'est le rouge qu'elles mettent, qui empêche de voir celui que l'embarras leur cause ; car il doit être bien difficile de ne pas rougir quand un homme vous regarde fixement.

Ce qui m'inquiétait le plus, était de ne pas savoir ce qu'on pensait sur mon compte. Je crois avoir entendu pourtant deux ou trois fois le mot de *jolie* : mais j'ai entendu bien distinctement celui de *gauche* ; et il faut que cela soit bien vrai, car la femme qui le disait est parente et amie de ma mère ; elle paraît même avoir pris tout de suite de l'amitié pour moi. C'est la seule personne qui m'ait un peu parlé dans la soirée. Nous souperons demain chez elle.

J'ai encore entendu, après souper, un homme que je suis sûre qui parlait de moi, et qui disait à un autre : « Il faut laisser mûrir cela, nous verrons cet hiver. » C'est peut-être celui-là qui doit m'épouser ; mais alors ce ne serait donc que dans quatre mois ! Je voudrais bien savoir ce qui en est.

Voilà Joséphine, et elle me dit qu'elle est pressée. Je veux pourtant te raconter encore une de mes *gaucheries*. Oh ! je crois que cette dame a raison !

Après le souper on s'est mis à jouer. Je me suis placée auprès de Maman ; je ne sais pas comment cela s'est fait, mais je me suis endormie presque tout de suite. Un grand éclat de rire m'a réveillée. Je ne sais si l'on riait de moi, mais je le crois. Maman m'a permis de

me retirer, et elle m'a fait grand plaisir. Figure-toi qu'il
était onze heures passées. Adieu, ma chère Sophie ;
aime toujours bien ta Cécile. Je t'assure que le monde
n'est pas aussi amusant que nous l'imaginions.

*Paris, ce 4 août 17**.*

LETTRE IV

LE VICOMTE DE VALMONT À LA MARQUISE DE MERTEUIL
à Paris.

Vos ordres sont charmants ; votre façon de les donner est plus aimable encore ; vous feriez chérir le despotisme. Ce n'est pas la première fois, comme vous
savez, que je regrette de ne plus être votre esclave ; et
tout *monstre* que vous dites que je suis, je ne me rappelle jamais sans plaisir le temps où vous m'honoriez
de noms plus doux. Souvent même je désire de les mériter de nouveau, et de finir par donner, avec vous, un
exemple de constance au monde. Mais de plus grands
intérêts nous appellent ; conquérir est notre destin ; il
faut le suivre : peut-être au bout de la carrière nous
rencontrerons-nous encore ; car, soit dit sans vous
fâcher, ma très belle marquise, vous me suivez au moins
d'un pas égal ; et depuis que, nous séparant pour le
bonheur du monde, nous prêchons la foi chacun de
notre côté, il me semble que dans cette mission
d'amour, vous avez fait plus de prosélytes que moi. Je
connais votre zèle, votre ardente ferveur ; et si ce Dieu-
là nous jugeait sur nos œuvres, vous seriez un jour la
patronne de quelque grande ville, tandis que votre ami
serait au plus un saint de village. Ce langage vous
étonne, n'est-il pas vrai ? Mais depuis huit jours, je
n'en entends, je n'en parle pas d'autre ; et c'est pour
m'y perfectionner, que je me vois forcé de vous déso-
béir.

Ne vous fâchez pas et écoutez-moi. Dépositaire de
tous les secrets de mon cœur, je vais vous confier le plus

grand projet que j'aie jamais formé. Que me proposez-
vous ? de séduire une jeune fille qui n'a rien vu, ne
connaît rien ; qui, pour ainsi dire, me serait livrée sans
défense ; qu'un premier hommage ne manquera pas
d'enivrer, et que la curiosité mènera peut-être plus vite
que l'amour. Vingt autres peuvent y réussir comme
moi. Il n'en est pas ainsi de l'entreprise qui m'occupe ;
son succès m'assure autant de gloire que de plaisir.
L'amour qui prépare ma couronne, hésite lui-même
entre le myrte et le laurier, ou plutôt il les réunira pour
honorer mon triomphe. Vous-même, ma belle amie,
vous serez saisie d'un saint respect, et vous direz avec
enthousiasme : « Voilà l'homme selon mon cœur. »

Vous connaissez la présidente de Tourvel, sa dévotion, son amour conjugal, ses principes austères. Voilà
ce que j'attaque ; voilà l'ennemi digne de moi ; voilà
le but où je prétends atteindre ;

> Et si de l'obtenir je n'emporte le prix,
> J'aurai du moins l'honneur de l'avoir entrepris.

On peut citer de mauvais vers, quand ils sont d'un
grand poète*.

Vous saurez donc que le président est en Bourgogne,
à la suite d'un grand procès (j'espère lui en faire perdre un plus important). Son inconsolable moitié doit
passer ici tout le temps de cet affligeant veuvage. Une
messe chaque jour, quelques visites aux pauvres du can-
ton, des prières du matin et du soir, des promenades
solitaires, de pieux entretiens avec ma vieille tante, et
quelquefois un triste wisk [2], devaient être ses seules
distractions. Je lui en prépare de plus efficaces. Mon
bon ange m'a conduit ici, pour son bonheur et pour
le mien. Insensé ! je regrettais vingt-quatre heures que
je sacrifiais à des égards d'usage. Combien on me

---

* La Fontaine [1].

1. Dans l'Épître dédicatoire « A Mgr le Dauphin » (premier recueil
des *Fables*, 1668), La Fontaine écrit : « Et si de t'*agréer* je n'emporte
le prix... »
2. Forme encore en concurrence avec celle de *whist*.

punirait, en me forçant de retourner à Paris ! Heureusement il faut être quatre pour jouer au wisk ; et comme
il n'y a ici que le curé du lieu, mon éternelle tante m'a
beaucoup pressé de lui sacrifier quelques jours. Vous
devinez que j'ai consenti. Vous n'imaginez pas combien elle me cajole depuis ce moment, combien surtout
elle est édifiée de me voir régulièrement à ses prières
et à sa messe. Elle ne se doute pas de la divinité que
j'y adore.

Me voilà donc, depuis quatre jours, livré à une passion forte. Vous savez si je désire vivement, si je dévore
les obstacles : mais ce que vous ignorez, c'est combien
la solitude ajoute à l'ardeur du désir. Je n'ai plus
qu'une idée ; j'y pense le jour, et j'y rêve la nuit. J'ai
bien besoin d'avoir cette femme, pour me sauver du
ridicule d'en être amoureux : car où ne mène pas un
désir contrarié ? O délicieuse jouissance ! Je t'implore
pour mon bonheur et surtout pour mon repos. Que
nous sommes heureux que les femmes se défendent si
mal ! nous ne serions auprès d'elles que de timides
esclaves. J'ai dans ce moment un sentiment de reconnaissance pour les femmes faciles, qui m'amène naturellement à vos pieds. Je m'y prosterne pour obtenir
mon pardon, et j'y finis cette trop longue lettre. Adieu,
ma très belle amie : sans rancune.

Du château de..., ce 5 août 17**.

LETTRE V

LA MARQUISE DE MERTEUIL AU VICOMTE DE VALMONT

Savez-vous, Vicomte, que votre lettre est d'une insolence rare, et qu'il ne tiendrait qu'à moi de m'en
fâcher ? mais elle m'a prouvé clairement que vous aviez
perdu la tête, et cela seul vous a sauvé de mon indignation. Amie généreuse et sensible, j'oublie mon
injure pour ne m'occuper que de votre danger ; et quel-

que ennuyeux qu'il soit de raisonner, je cède au besoin
que vous en avez dans ce moment.

Vous, avoir la présidente de Tourvel ! mais quel ridicule caprice ! Je reconnais bien là votre mauvaise tête
qui ne sait désirer que ce qu'elle croit ne pas pouvoir
obtenir. Qu'est-ce donc que cette femme ? des traits
réguliers si vous voulez, mais nulle expression : passa-
blement faite, mais sans grâces : toujours mise à faire
rire ! avec ses paquets de fichus sur la gorge, et son
corps[1] qui remonte au menton ! Je vous le dis en
amie, il ne vous faudrait pas deux femmes comme celle-
là, pour vous faire perdre toute votre considération.
Rappelez-vous donc ce jour où elle quêtait à Saint-
Roch, et où vous me remerciâtes tant de vous avoir procuré ce spectacle. Je crois la voir encore, donnant la
main à ce grand échalas en cheveux longs, prête à tomber à chaque pas, ayant toujours son panier de quatre
aunes sur la tête de quelqu'un, et rougissant à chaque
révérence. Qui vous eût dit alors : vous désirerez cette
femme ? Allons, vicomte, rougissez vous-même, et
revenez à vous. Je vous promets le secret.

Et puis, voyez donc les désagréments qui vous atten-
dent ! quel rival avez-vous à combattre ? un mari ! Ne
vous sentez-vous pas humilié à ce seul mot ? Quelle
honte si vous échouez ! et même combien peu de gloire
dans le succès ! Je dis plus ; n'en espérez aucun plaisir. En est-il avec les prudes ? j'entends celles de bonne
foi : réservées au sein même du plaisir, elles ne vous
offrent que des demi-jouissances. Cet entier abandon
de soi-même, ce délire de la volupté où le plaisir s'épure
par son excès, ces biens de l'amour, ne sont pas connus
d'elles. Je vous le prédis ; dans la plus heureuse supposition, votre Présidente croira avoir tout fait pour
vous en vous traitant comme son mari, et dans le tête-
à-tête conjugal le plus tendre, on reste toujours deux.
Ici c'est bien pis encore ; votre prude est dévote, et de
cette dévotion de bonne femme qui condamne à une

1. Corps de baleine, corset.

éternelle enfance. Peut-être surmonterez-vous cet obstacle, mais ne vous flattez pas de le détruire : vainqueur
de l'amour de Dieu, vous ne le serez pas de la peur du
Diable ; et quand, tenant votre maîtresse dans vos bras,
vous sentirez palpiter son cœur, ce sera de crainte et
non d'amour. Peut-être, si vous eussiez connu cette
femme plus tôt, en eussiez-vous pu faire quelque chose ;
mais cela a vingt-deux ans, et il y en a près de deux
qu'elle est mariée. Croyez-moi, vicomte, quand une
femme s'est *encroûtée* [1] à ce point, il faut l'abandonner à son sort ; ce ne sera jamais qu'une *espèce* [2].

C'est pourtant pour ce bel objet que vous refusez de
m'obéir, que vous vous enterrez dans le tombeau de
votre tante, et que vous renoncez à l'aventure la plus
délicieuse et la plus faite pour vous faire honneur. Par
quelle fatalité faut-il donc que Gercourt garde toujours
quelque avantage sur vous ? Tenez, je vous en parle
sans humeur : mais, dans ce moment, je suis tentée de
croire que vous ne méritez pas votre réputation ; je suis
tentée surtout de vous retirer ma confiance. Je ne
m'accoutumerai jamais à dire mes secrets à l'amant de
madame de Tourvel.

Sachez pourtant que la petite Volanges a déjà fait
tourner une tête. Le jeune Danceny en raffole. Il a
chanté avec elle ; et en effet elle chante mieux qu'à une
pensionnaire n'appartient. Ils doivent répéter beaucoup
de duos, et je crois qu'elle se mettrait volontiers à l'unisson : mais ce Danceny est un enfant qui perdra son
temps à faire l'amour [3], et ne finira rien. La petite personne de son côté est assez farouche ; et, à tout événement, cela sera toujours beaucoup moins plaisant que
vous n'auriez pu le rendre : aussi j'ai de l'humeur, et
sûrement je querellerai le chevalier à son arrivée. Je lui
conseille d'être doux ; car, dans ce moment, il ne m'en
coûterait rien de rompre avec lui. Je suis sûre que si

1. Embarrassée de préjugés (récent).
2. Personne méprisable.
3. Courtiser, parler d'amour.

j'avais le bon esprit de le quitter à présent, il en serait au désespoir ; et rien ne m'amuse comme un désespoir amoureux. Il m'appellerait perfide, et ce mot de perfide m'a toujours fait plaisir ; c'est, après celui de cruelle, le plus doux à l'oreille d'une femme, et il est moins pénible à mériter. Sérieusement, je vais m'occuper de cette rupture. Voilà pourtant de quoi vous êtes cause ! aussi je le mets sur votre conscience. Adieu. Recommandez-moi aux prières de votre présidente.

*Paris, ce 7 août 17**.*

LETTRE VI

LE VICOMTE DE VALMONT
À LA MARQUISE DE MERTEUIL

Il n'est donc point de femme qui n'abuse de l'empire qu'elle a su prendre ! Et vous-même, vous que je nommai si souvent mon indulgente amie, vous cessez enfin de l'être, et vous ne craignez pas de m'attaquer dans l'objet de mes affections ! De quels traits vous osez peindre madame de Tourvel !… quel homme n'eût point payé de sa vie cette insolente audace ? à quelle autre femme qu'à vous n'eût-elle pas valu au moins une noirceur ? De grâce, ne me mettez plus à d'aussi rudes épreuves ; je ne répondrais pas de les soutenir. Au nom de l'amitié, attendez que j'aie eu cette femme, si vous voulez en médire. Ne savez-vous pas que la seule volupté a le droit de détacher le bandeau de l'amour ?

Mais que dis-je ? Madame de Tourvel a-t-elle besoin d'illusion ? non ; pour être adorable il lui suffit d'être elle-même. Vous lui reprochez de se mettre mal ; je le crois bien : toute parure lui nuit ; tout ce qui la cache la dépare : c'est dans l'abandon du négligé qu'elle est vraiment ravissante. Grâce aux chaleurs accablantes que nous éprouvons, un déshabillé de simple toile me laisse voir sa taille ronde et souple. Une seule mousseline couvre sa gorge ; et mes regards furtifs, mais pénétrants, en ont déjà saisi les formes enchanteresses. Sa figure, dites-vous, n'a nulle expression. Et qu'exprimerait-elle, dans les moments où rien ne parle à son cœur ? Non, sans doute, elle n'a point, comme nos femmes coquettes, ce regard menteur qui séduit quelquefois et nous trompe toujours. Elle ne sait pas couvrir le vide d'une phrase par un sourire étudié ; et quoiqu'elle ait les plus belles dents du monde, elle ne rit que de ce qui l'amuse. Mais il faut voir comme, dans les folâtres jeux, elle offre l'image d'une gaieté naïve et franche ! comme, auprès d'un malheureux qu'elle s'empresse de secourir, son regard annonce la joie pure et la bonté compatissante ! Il faut voir, surtout au moindre mot d'éloge ou de cajolerie, se peindre, sur sa figure céleste, ce touchant embarras d'une modestie qui n'est point jouée !... Elle est prude et dévote, et de là vous la jugez froide et inanimée ? Je pense bien différemment. Quelle étonnante sensibilité ne faut-il pas avoir pour la répandre jusque sur son mari, et pour aimer toujours un être toujours absent. Quelle preuve plus forte pourriez-vous désirer ? J'ai su pourtant m'en procurer une autre.

J'ai dirigé sa promenade de manière qu'il s'est trouvé un fossé à franchir ; et, quoique fort leste, elle est encore plus timide : vous jugez bien qu'une prude craint de sauter le fossé*. Il a fallu se confier à moi. J'ai tenu dans mes bras cette femme modeste. Nos préparatifs et le passage de ma vieille tante avaient fait rire aux éclats la folâtre dévote : mais, dès que je me fus emparé d'elle, par une adroite gaucherie, nos bras s'enlacèrent mutuellement. Je pressai son sein contre le mien ; et, dans ce court intervalle, je sentis son cœur battre plus vite. L'aimable rougeur vint colorer son visage, et son modeste embarras m'apprit assez *que son cœur avait palpité d'amour et non de crainte*. Ma tante cependant

* On reconnaît ici le mauvais goût des calembours [1], qui commençait à prendre, et qui depuis a fait tant de progrès.
1. Néologisme qui figure dans une lettre de Diderot, en 1768.

s'y trompa comme vous, et se mit à dire : « L'enfant
a eu peur » ; mais la charmante candeur de *l'enfant*
ne lui permit pas le mensonge, et elle répondit naïve-
ment : « Oh non, mais... » Ce seul mot m'a éclairé.
Dès ce moment, le doux espoir a remplacé la cruelle
inquiétude. J'aurai cette femme ; je l'enlèverai au mari
qui la profane : j'oserai la ravir au dieu même qu'elle
adore. Quel délice d'être tour à tour l'objet et le vainqueur de ses remords ! Loin de moi l'idée de détruire
les préjugés qui l'assiègent ! ils ajouteront à mon bonheur et à ma gloire. Qu'elle croie à la vertu, mais qu'elle
me la sacrifie ; que ses fautes l'épouvantent sans pouvoir l'arrêter ; et qu'agitée de mille terreurs, elle ne
puisse les oublier, les vaincre que dans mes bras.
Qu'alors j'y consens, elle me dise : « Je t'adore » ; elle
seule, entre toutes les femmes, sera digne de prononcer ce mot. Je serai vraiment le Dieu qu'elle aura
préféré.

Soyons de bonne foi ; dans nos arrangements, aussi
froids que faciles, ce que nous appelons bonheur est
à peine un plaisir. Vous le dirai-je ? Je croyais mon
cœur flétri, et ne me trouvant plus que des sens, je me
plaignais d'une vieillesse prématurée. Madame de Tourvel m'a rendu les charmantes illusions de la jeunesse.
Auprès d'elle, je n'ai pas besoin de jouir pour être heureux. La seule chose qui m'effraie, est le temps que va
me prendre cette aventure ; car je n'ose rien donner au
hasard. J'ai beau me rappeler mes heureuses témérités, je ne puis me résoudre à les mettre en usage. Pour
que je sois vraiment heureux, il faut qu'elle se donne ;
et ce n'est pas une petite affaire.

Je suis sûr que vous admireriez ma prudence. Je n'ai
pas encore prononcé le mot d'amour ; mais déjà nous
en sommes à ceux de confiance et d'intérêt. Pour la
tromper le moins possible, et surtout pour prévenir
l'effet des propos qui pourraient lui revenir, je lui ai
raconté moi-même, et comme en m'accusant, quelques-
uns de mes traits les plus connus. Vous ririez de voir
avec quelle candeur elle me prêche. Elle veut, dit-elle,

me convertir. Elle ne se doute pas encore de ce qu'il lui en coûtera pour le tenter. Elle est loin de penser qu'*en plaidant,* pour parler comme elle, *pour les infortunées que j'ai perdues,* elle parle d'avance dans sa propre cause. Cette idée me vint hier au milieu d'un de ses sermons, et je ne pus me refuser au plaisir de l'interrompre, pour l'assurer qu'elle parlait comme un prophète. Adieu, ma très belle amie. Vous voyez que je ne suis pas perdu sans ressource.

P. S. A propos, ce pauvre chevalier, s'est-il tué de désespoir ? En vérité, vous êtes cent fois plus mauvais sujet que moi, et vous m'humilieriez si j'avais de l'amour-propre.

Du château de..., ce 9 août 17**.

LETTRE VII

CÉCILE VOLANGES À SOPHIE CARNAY*

Si je ne t'ai rien dit de mon mariage, c'est que je ne suis pas plus instruite que le premier jour. Je m'accoutume à n'y plus penser et je me trouve assez bien de mon genre de vie. J'étudie beaucoup mon chant et ma harpe ; il me semble que je les aime mieux depuis que je n'ai plus de maître, ou plutôt c'est que j'en ai un meilleur. M. le chevalier Danceny, ce monsieur dont je t'ai parlé, et avec qui j'ai chanté chez madame de Merteuil, a la complaisance de venir ici tous les jours, et de chanter avec moi des heures entières. Il est extrêmement aimable. Il chante comme un ange, et compose de très jolis airs dont il fait aussi les paroles. C'est bien dommage qu'il soit chevalier de Malte ! Il me

---

* Pour ne pas abuser de la patience du lecteur, on supprime beaucoup de lettres de cette correspondance journalière : on ne donne que celles qui ont paru nécessaires à l'intelligence des événements de cette société. C'est par le même motif qu'on supprime aussi toutes les lettres de Sophie Carnay et plusieurs de celles des autres acteurs de ces aventures.

semble que s'il se mariait, sa femme serait bien heureuse... Il a une douceur charmante. Il n'a jamais l'air de faire un compliment, et pourtant tout ce qu'il dit flatte. Il me reprend sans cesse, tant sur la musique que sur autre chose : mais il mêle à ses critiques tant d'intérêt et de gaieté, qu'il est impossible de ne pas lui en savoir gré. Seulement, quand il vous regarde, il a l'air de vous dire quelque chose d'obligeant. Il joint à tout cela d'être très complaisant. Par exemple, hier, il était prié d'un grand concert ; il a préféré de rester toute la soirée chez Maman. Cela m'a fait bien plaisir ; car quand il n'y est pas, personne ne me parle, et je m'ennuie : au lieu que quand il y est, nous chantons et nous causons ensemble. Il a toujours quelque chose à me dire. Lui et madame de Merteuil sont les deux seules personnes que je trouve aimables. Mais adieu, ma chère amie : j'ai promis que je saurais pour aujourd'hui une ariette dont l'accompagnement est très difficile, et je ne veux pas manquer de parole. Je vais me remettre à l'étude jusqu'à ce qu'il vienne.

*De..., ce 7 août 17**.*

LETTRE VIII

LA PRÉSIDENTE DE TOURVEL À MADAME DE VOLANGES

On ne peut être plus sensible que je le suis, Madame, à la confiance que vous me témoignez, ni prendre plus d'intérêt que moi à l'établissement de mademoiselle de Volanges. C'est bien de toute mon âme que je lui souhaite une félicité dont je ne doute pas qu'elle ne soit digne, et sur laquelle je m'en rapporte bien à votre prudence. Je ne connais point M. le comte de Gercourt ; mais, honoré de votre choix, je ne puis prendre de lui qu'une idée très avantageuse. Je me borne, Madame, à souhaiter à ce mariage un succès aussi heureux qu'au mien, qui est pareillement votre ouvrage, et pour lequel chaque jour ajoute à ma reconnaissance. Que le bonheur de mademoiselle votre fille soit la récompense de celui que vous m'avez procuré ; et puisse la meilleure des amies être aussi la plus heureuse des mères !

Je suis vraiment peinée de ne pouvoir vous offrir de vive voix l'hommage de ce vœu sincère, et faire, aussitôt que je le désirerais, connaissance avec mademoiselle de Volanges. Après avoir éprouvé vos bontés vraiment maternelles, j'ai droit d'espérer d'elle l'amitié tendre d'une sœur. Je vous prie, Madame, de vouloir bien la lui demander de ma part, en attendant que je me trouve à portée de la mériter.

Je compte rester à la campagne tout le temps de l'absence de M. de Tourvel. J'ai pris ce temps pour jouir et profiter de la société de la respectable madame de Rosemonde. Cette femme est toujours charmante : son grand âge ne lui fait rien perdre ; elle conserve toute sa mémoire et sa gaieté. Son corps seul a quatre-vingt-quatre ans ; son esprit n'en a que vingt.

Notre retraite est égayée par son neveu le vicomte de Valmont, qui a bien voulu nous sacrifier quelques jours. Je ne le connaissais que de réputation, et elle me faisait peu désirer de le connaître davantage : mais il me semble qu'il vaut mieux qu'elle. Ici, où le tourbillon du monde ne le gâte pas, il parle raison avec une facilité étonnante, et il s'accuse de ses torts avec une candeur rare. Il me parle avec beaucoup de confiance, et je le prêche avec beaucoup de sévérité. Vous qui le connaissez, vous conviendrez que ce serait une belle conversion à faire : mais je ne doute pas, malgré ses promesses, que huit jours de Paris ne lui fassent oublier tous ses sermons. Le séjour qu'il fera ici sera au moins autant de retranché sur sa conduite ordinaire : et je crois que, d'après sa façon de vivre, ce qu'il peut faire de mieux est de ne rien faire du tout. Il sait que je suis occupée à vous écrire, et il m'a chargée de vous présenter ses respectueux hommages. Recevez aussi le mien avec la bonté que je vous connais, et ne doutez jamais

des sentiments sincères avec lesquels j'ai l'honneur
d'être, etc.

Du château de..., ce 9 août 17**.

LETTRE IX

MADAME DE VOLANGES À LA PRÉSIDENTE DE TOURVEL

Je n'ai jamais douté, ma jeune et belle amie, ni de
l'amitié que vous avez pour moi, ni de l'intérêt sincère
que vous prenez à tout ce qui me regarde. Ce n'est pas
pour éclaircir ce point, que j'espère convenu à jamais
entre nous, que je réponds à votre *réponse* : mais je
ne crois pas pouvoir me dispenser de causer avec vous
au sujet du vicomte de Valmont.

Je ne m'attendais pas, je l'avoue, à trouver jamais
ce nom-là dans vos lettres. En effet, que peut-il y avoir
de commun entre vous et lui ? Vous ne connaissez pas
cet homme ; où auriez-vous pris l'idée de l'âme d'un
libertin ? Vous me parlez de sa *rare candeur* : oh ! oui ;
la candeur de Valmont doit être en effet très rare.
Encore plus faux et dangereux qu'il n'est aimable et
séduisant, jamais, depuis sa plus grande jeunesse, il n'a
fait un pas ou dit une parole sans avoir un projet, et
jamais il n'eut un projet qui ne fût malhonnête ou criminel. Mon amie, vous me connaissez ; vous savez si,
des vertus que je tâche d'acquérir, l'indulgence n'est
pas celle que je chéris le plus. Aussi, si Valmont était
entraîné par des passions fougueuses ; si, comme mille
autres, il était séduit par les erreurs de son âge, blâmant sa conduite je plaindrais sa personne, et j'attendrais, en silence, le temps où un retour heureux lui rendrait l'estime des gens honnêtes. Mais Valmont n'est
pas cela : sa conduite est le résultat de ses principes.
Il sait calculer tout ce qu'un homme peut se permettre
d'horreurs sans se compromettre ; et pour être cruel
et méchant sans danger, il a choisi les femmes pour

victimes. Je ne m'arrête pas à compter celles qu'il a
séduites : mais combien n'en a-t-il pas perdues ?

Dans la vie sage et retirée que vous menez, ces scandaleuses aventures ne parviennent pas jusqu'à vous. Je
pourrais vous en raconter qui vous feraient frémir ;
mais vos regards, purs comme votre âme, seraient
souillés par de semblables tableaux : sûre que Valmont
ne sera jamais dangereux pour vous, vous n'avez pas
besoin de pareilles armes pour vous défendre. La seule
chose que j'ai à vous dire, c'est que, de toutes les femmes auxquelles il a rendu des soins, succès ou non, il
n'en est point qui n'aient eu à s'en plaindre. La seule
marquise de Merteuil fait l'exception à cette règle générale ; seule, elle a su lui résister et enchaîner sa méchanceté. J'avoue que ce trait de sa vie est celui qui lui fait
le plus d'honneur à mes yeux : aussi a-t-il suffi pour
la justifier pleinement aux yeux de tous, de quelques
inconséquences qu'on avait à lui reprocher dans le
début de son veuvage*.

Quoi qu'il en soit, ma belle amie, ce que l'âge, l'expérience et surtout l'amitié, m'autorisent à vous représenter, c'est qu'on commence à s'apercevoir dans le
monde de l'absence de Valmont ; et que si on sait qu'il
soit resté quelque temps en tiers entre sa tante et vous,
votre réputation sera entre ses mains ; malheur le plus
grand qui puisse arriver à une femme. Je vous conseille
donc d'engager sa tante à ne pas le retenir davantage ;
et s'il s'obstine à rester, je crois que vous ne devez pas
hésiter à lui céder la place. Mais pourquoi resterait-il ?
que fait-il donc à cette campagne ? Si vous faisiez épier
ses démarches, je suis sûre que vous découvririez qu'il
n'a fait que prendre un asile plus commode, pour quelques noirceurs qu'il médite dans les environs. Mais,
dans l'impossibilité de remédier au mal, contentons-
nous de nous en garantir.

Adieu, ma belle amie ; voilà le mariage de ma fille

* L'erreur où est madame de Volanges, nous fait voir qu'ainsi que
les autres scélérats, Valmont ne décelait pas ses complices.

un peu retardé. Le comte de Gercourt, que nous attendions d'un jour à l'autre, me mande que son régiment passe en Corse ; et comme il y a encore des mouvements de guerre, il lui sera impossible de s'absenter avant l'hiver. Cela me contrarie ; mais cela me fait espérer que nous aurons le plaisir de vous voir à la noce, et j'étais fâchée qu'elle se fît sans vous. Adieu ; je suis, sans compliment comme sans réserve, entièrement à vous.

P. S. Rappelez-moi au souvenir de madame de Rosemonde, que j'aime toujours autant qu'elle le mérite.

De..., ce 11 août 17**.

LETTRE X

LA MARQUISE DE MERTEUIL AU VICOMTE DE VALMONT

Me boudez-vous, Vicomte ? ou bien êtes-vous mort ? ou, ce qui y ressemblerait beaucoup, ne vivez-vous plus que pour votre Présidente ? Cette femme, qui vous a rendu *les illusions de la jeunesse,* vous en rendra bientôt aussi les ridicules préjugés. Déjà vous voilà timide et esclave ; autant vaudrait être amoureux. Vous renoncez à *vos heureuses témérités.* Vous voilà donc vous conduisant sans principes, et donnant tout au hasard, ou plutôt au caprice. Ne vous souvient-il plus que l'amour est, comme la médecine, *seulement l'art d'aider la nature ?* Vous voyez que je vous bats avec vos armes : mais je n'en prendrai pas d'orgueil ; car c'est bien battre un homme à terre. *Il faut qu'elle se donne,* me dites-vous : eh ! sans doute, il le faut ; aussi se donnera-t-elle comme les autres, avec cette différence que ce sera de mauvaise grâce. Mais, pour qu'elle finisse par se donner, le vrai moyen est de commencer par la prendre. Que cette ridicule distinction est bien un vrai déraisonnement de l'amour ! Je dis l'amour; car vous êtes amoureux. Vous parler autrement, ce serait vous trahir ; ce serait vous cacher votre mal. Dites-moi donc, amant langoureux, ces femmes que vous avez eues, croyez-vous les avoir violées ? Mais, quelque envie qu'on ait de se donner, quelque pressée que l'on en soit, encore faut-il un prétexte ; et y en a-t-il de plus commode pour nous, que celui qui nous donne l'air de céder à la force ? Pour moi, je l'avoue, une des choses qui me flattent le plus, est une attaque vive et bien faite, où tout se succède avec ordre quoique avec rapidité ; qui ne nous met jamais dans ce pénible embarras de réparer nous-mêmes une gaucherie dont au contraire nous aurions dû profiter ; qui sait garder l'air de la violence jusque dans les choses que nous accordons, et flatter avec adresse nos deux passions favorites, la gloire de la défense et le plaisir de la défaite. Je conviens que ce talent, plus rare que l'on ne croit, m'a toujours fait plaisir, même alors qu'il ne m'a pas séduite, et que quelquefois il m'est arrivé de me rendre, uniquement comme récompense. Telle dans nos anciens tournois, la beauté donnait le prix de la valeur et de l'adresse.

Mais vous, vous qui n'êtes plus vous, vous vous conduisez comme si vous aviez peur de réussir. Eh ! depuis quand voyagez-vous à petites journées et par des chemins de traverse ? Mon ami, quand on veut arriver, des chevaux de poste et la grande route ! Mais laissons ce sujet, qui me donne d'autant plus d'humeur, qu'il me prive du plaisir de vous voir. Au moins écrivez-moi plus souvent que vous ne faites, et mettez-moi au courant de vos progrès. Savez-vous que voilà plus de quinze jours que cette ridicule aventure vous occupe, et que vous négligez tout le monde ?

A propos de négligence, vous ressemblez aux gens qui envoient régulièrement savoir des nouvelles de leurs amis malades, mais qui ne se font jamais rendre la réponse. Vous finissez votre dernière lettre par me demander si le chevalier est mort. Je ne réponds pas, et vous ne vous en inquiétez pas davantage. Ne savez-

vous plus que mon amant est votre ami-né ? Mais
rassurez-vous, il n'est point mort ; ou s'il l'était, ce
serait de l'excès de sa joie. Ce pauvre chevalier, comme
il est tendre ! comme il est fait pour l'amour ! comme
il sait sentir vivement ! la tête m'en tourne. Sérieusement, le bonheur parfait qu'il trouve à être aimé de
moi, m'attache véritablement à lui.

Ce même jour, où je vous écrivais que j'allais
travailler à notre rupture, combien je le rendis
heureux ! Je m'occupais pourtant tout de bon des
moyens de le désespérer, quand on me l'annonça. Soit
caprice ou raison, jamais il ne me parut si bien. Je
le reçus cependant avec humeur. Il espérait passer deux
heures avec moi, avant celle où ma porte serait ouverte
à tout le monde. Je lui dis que j'allais sortir : il me
demanda où j'allais ; je refusai de le lui apprendre.
Il insista ; *où vous ne serez pas,* repris-je, avec aigreur.
Heureusement pour lui, il resta pétrifié de cette
réponse ; car, s'il eût dit un mot, il s'ensuivait imman-
quablement une scène qui eût amené la rupture que
j'avais projetée. Étonnée de son silence, je jetai les yeux
sur lui sans autre projet, je vous jure, que de voir la
mine qu'il faisait. Je retrouvai sur cette charmante
figure cette tristesse, à la fois profonde et tendre à
laquelle vous-même êtes convenu qu'il était si difficile de résister. La même cause produisit le même
effet ; je fus vaincue une seconde fois. Dès ce moment, je ne m'occupai plus que des moyens d'éviter
qu'il pût me trouver un tort. « Je sors pour affaire,
lui dis-je avec un air un peu plus doux, et même cette
affaire vous regarde ; mais ne m'interrogez pas. Je
souperai chez moi ; revenez, et vous serez instruit. »
Alors il retrouva la parole ; mais je ne lui permis
pas d'en faire usage. « Je suis très pressée, continuai-je. Laissez-moi ; à ce soir. » Il baisa ma main et
sortit.

Aussitôt, pour le dédommager, peut-être pour me
dédommager moi-même, je me décide à lui faire

connaître ma petite maison [1] dont il ne se doutait pas. J'appelle ma fidèle *Victoire.* J'ai ma migraine ; je me couche pour tous mes gens ; et, restée enfin seule avec *la véritable,* tandis qu'elle se travestit en laquais, je fais une toilette de femme de chambre. Elle fait ensuite venir un fiacre à la porte de mon jardin, et nous voilà parties. Arrivée dans ce temple de l'amour, je choisis le déshabillé le plus galant. Celui-ci est délicieux ; il est de mon invention : il ne laisse rien voir, et pourtant fait tout deviner. Je vous en promets un modèle pour votre Présidente, quand vous l'aurez rendue digne de le porter.

Après ces préparatifs, pendant que Victoire s'occupe des autres détails, je lis un chapitre du *Sopha* [2], une lettre d'*Héloïse* et deux contes de La Fontaine, pour recorder [3] les différents tons que je voulais prendre. Cependant mon chevalier arrive à ma porte, avec l'empressement qu'il a toujours. Mon Suisse la lui refuse, et lui apprend que je suis malade : premier incident. Il lui remet en même temps un billet de moi, mais non de mon écriture, suivant ma prudente règle. Il l'ouvre, et y trouve de la main de Victoire : « A neuf heures précises, au Boulevard, devant les cafés ». Il s'y rend ; et là, un petit laquais qu'il ne connaît pas, qu'il croit au moins ne pas connaître, car c'était toujours Victoire, vient lui annoncer qu'il faut renvoyer sa voiture et le suivre. Toute cette marche romanesque lui échauffait la tête d'autant, et la tête échauffée ne nuit à rien. Il arrive enfin, et la surprise et l'amour causaient en lui un véritable enchantement. Pour lui donner le

---

1. Résidence discrète que l'on réserve aux plaisirs. Le mot est imité de l'italien *casino.* Depuis la Régence, les petites maisons s'étaient multipliées. En 1782, en revanche, il semble que la mode soit déjà en train de passer.
2. La Fontaine, pour ses *Contes,* et Crébillon fils, avec *Le Sopha* (1740), comptent au nombre des classiques de la littérature licencieuse. On tient les lettres d'Héloïse, souvent rééditées au XVIIIe siècle, pour un chef-d'œuvre de la passion.
3. Répéter un rôle, l'apprendre par cœur.

temps de se remettre, nous nous promenons un moment
dans le bosquet ; puis je le ramène vers la maison. Il
voit d'abord deux couverts mis ; ensuite un lit fait.
Nous passons jusqu'au boudoir, qui était dans toute
sa parure. Là, moitié réflexion, moitié sentiment, je
passai mes bras autour de lui, et me laissai tomber à
ses genoux. « O mon ami ! lui dis-je, pour vouloir te
ménager la surprise de ce moment, je me reproche de
t'avoir affligé par l'apparence de l'humeur ; d'avoir pu
un instant voiler mon cœur à tes regards. Pardonne-moi
mes torts : je veux les expier à force d'amour. » Vous
jugez de l'effet de ce discours sentimental. L'heureux
chevalier me releva, et mon pardon fut scellé sur cette
même ottomane où vous et moi scellâmes si gaiement
et de la même manière notre éternelle rupture.

Comme nous avions six heures à passer ensemble,
et que j'avais résolu que tout ce temps fût pour lui également délicieux, je modérai ses transports, et l'aimable coquetterie vint remplacer la tendresse. Je ne crois
pas avoir jamais mis tant de soin à plaire, ni avoir été
jamais aussi contente de moi. Après le souper, tour à
tour enfant et raisonnable, folâtre et sensible, quelquefois même libertine, je me plaisais à le considérer
comme un sultan au milieu de son sérail, dont j'étais
tour à tour les favorites différentes. En effet, ses hommages réitérés, quoique toujours reçus par la même
femme, le furent toujours par une maîtresse nouvelle.

Enfin au point du jour il fallut se séparer ; et, quoi
qu'il dît, quoi qu'il fît même pour me prouver le
contraire, il en avait autant de besoin que peu d'envie.
Au moment où nous sortîmes et pour dernier adieu,
je pris la clef de cet heureux séjour et la lui remettant
entre les mains : « Je ne l'ai eue que pour vous, lui dis-
je ; il est juste que vous en soyez maître : c'est au sacri-
ficateur à disposer du temple. » C'est par cette adresse
que j'ai prévenu les réflexions qu'aurait pu lui faire naître la propriété, toujours suspecte, d'une petite maison. Je le connais assez, pour être sûre qu'il ne s'en
servira que pour moi ; et si la fantaisie me prenait

d'y aller sans lui, il me reste bien une double clef. Il voulait à toute force prendre jour pour y revenir ; mais je l'aime trop encore, pour vouloir l'user si vite. Il ne faut se permettre d'excès qu'avec les gens qu'on veut quitter bientôt. Il ne sait pas cela, lui ; mais, pour son bonheur, je le sais pour deux.

Je m'aperçois qu'il est trois heures du matin, et que j'ai écrit un volume, ayant le projet de n'écrire qu'un mot. Tel est le charme de la confiante amitié : c'est elle qui fait que vous êtes toujours ce que j'aime le mieux ; mais, en vérité, le chevalier est ce qui me plaît davantage.

*De..., ce 12 août 17**.*

LETTRE XI

LA PRÉSIDENTE DE TOURVEL À MADAME DE VOLANGES

Votre lettre sévère m'aurait effrayée, Madame, si, par bonheur, je n'avais trouvé ici plus de motifs de sécurité que vous ne m'en donnez de crainte. Ce redoutable M. de Valmont, qui doit être la terreur de toutes les femmes, paraît avoir déposé ses armes meurtrières, avant d'entrer dans ce château. Loin d'y former des projets, il n'y a pas même porté de prétentions ; et la qualité d'homme aimable que ses ennemis mêmes lui accordent, disparaît presque ici, pour ne lui laisser que celle de bon enfant. C'est apparemment l'air de la campagne qui a produit ce miracle. Ce que je vous puis assurer, c'est qu'étant sans cesse avec moi, paraissant même s'y plaire, il ne lui est pas échappé un mot qui ressemble à l'amour, pas une de ces phrases que tous les hommes se permettent sans avoir, comme lui, ce qu'il faut pour les justifier. Jamais il n'oblige à cette réserve, dans laquelle toute femme qui se respecte est forcée de se tenir aujourd'hui, pour contenir les hommes qui l'entourent. Il sait ne point abuser de la gaieté qu'il inspire. Il est peut-être un peu louangeur ; mais c'est avec tant de délicatesse qu'il accoutumerait la modestie même à l'éloge. Enfin, si j'avais un frère, je désirerais qu'il fût tel que M. de Valmont se montre ici. Peut-être beaucoup de femmes lui désireraient une galanterie plus marquée ; et j'avoue que je lui sais un gré infini d'avoir su me juger assez bien pour ne pas me confondre avec elles.

Ce portrait diffère beaucoup sans doute de celui que vous me faites ; et, malgré cela, tous deux peuvent être ressemblants en fixant les époques. Lui-même convient d'avoir eu beaucoup de torts, et on lui en aura bien aussi prêté quelques-uns. Mais j'ai rencontré peu d'hommes qui parlassent des femmes honnêtes avec plus de respect, je dirais presque d'enthousiasme. Vous m'apprenez qu'au moins sur cet objet il ne trompe pas. Sa conduite avec madame de Merteuil en est une preuve. Il nous en parle beaucoup ; et c'est toujours avec tant d'éloges et l'air d'un attachement si vrai, que j'ai cru, jusqu'à la réception de votre lettre, que ce qu'il appelait amitié entre eux deux était bien réellement de l'amour. Je m'accuse de ce jugement téméraire, dans lequel j'ai eu d'autant plus de tort, que lui-même a pris souvent le soin de la justifier. J'avoue que je ne regardais que comme finesse, ce qui était de sa part une honnête sincérité. Je ne sais ; mais il me semble que celui qui est capable d'une amitié aussi suivie pour une femme aussi estimable, n'est pas un libertin sans retour. J'ignore au reste si nous devons la conduite sage qu'il tient ici, à quelques projets dans les environs, comme vous le supposez. Il y a bien quelques femmes aimables à la ronde ; mais il sort peu, excepté le matin, et alors il dit qu'il va à la chasse. Il est vrai qu'il rapporte rarement du gibier ; mais il assure qu'il est maladroit à cet exercice. D'ailleurs, ce qu'il peut faire au dehors m'inquiète peu ; et si je désirais le savoir, ce ne serait que pour avoir une raison de plus de me rapprocher de votre avis ou de vous ramener au mien.

Sur ce que vous me proposez de travailler à abréger le séjour que M. de Valmont compte faire ici, il me

paraît bien difficile d'oser demander à sa tante de ne
pas avoir son neveu chez elle, d'autant qu'elle l'aime
beaucoup. Je vous promets pourtant, mais seulement
par déférence et non par besoin, de saisir l'occasion de
faire cette demande, soit à elle, soit à lui-même. Quant
à moi, M. de Tourvel est instruit de mon projet de rester ici jusqu'à son retour, et il s'étonnerait, avec raison, de la légèreté qui m'en ferait changer.

Voilà, Madame, de bien longs éclaircissements : mais
j'ai cru devoir à la vérité un témoignage avantageux
à M. de Valmont, et dont il me paraît avoir grand
besoin auprès de vous. Je n'en suis pas moins sensible
à l'amitié qui a dicté vos conseils. C'est à elle que je
dois aussi ce que vous me dites d'obligeant à l'occasion du retard du mariage de mademoiselle votre fille.
Je vous en remercie bien sincèrement : mais, quelque
plaisir que je me promette à passer ces moments avec
vous, je les sacrifierais de bien bon cœur au désir de
savoir mademoiselle de Volanges plus tôt heureuse, si
pourtant elle peut jamais l'être plus qu'auprès d'une
mère aussi digne de toute sa tendresse et de son respect. Je partage avec elle ces deux sentiments qui
m'attachent à vous, et je vous prie d'en recevoir l'assurance avec bonté.

J'ai l'honneur d'être, etc.

De..., ce 13 août 17**.

LETTRE XII

CÉCILE VOLANGES À LA MARQUISE DE MERTEUIL

Maman est incommodée, Madame ; elle ne sortira
point, et il faut que je lui tienne compagnie : ainsi je
n'aurai pas l'honneur de vous accompagner à l'Opéra.
Je vous assure que je regrette bien plus de ne pas être
avec vous que le spectacle. Je vous prie d'en être persuadée. Je vous aime tant ! Voudriez-vous bien dire à
M. le chevalier Danceny que je n'ai point le recueil dont

il m'a parlé, et que s'il peut me l'apporter demain, il me fera grand plaisir. S'il vient aujourd'hui, on lui dira que nous n'y sommes pas ; mais c'est que maman ne veut recevoir personne. J'espère qu'elle se portera mieux demain.

J'ai l'honneur d'être, etc.

De..., ce 13 août 17**.

LETTRE XIII

LA MARQUISE DE MERTEUIL À CÉCILE VOLANGES

Je suis fâchée, ma belle, et d'être privée du plaisir de vous voir, et de la cause de cette privation. J'espère que cette occasion se retrouvera. Je m'acquitterai de votre commission auprès du chevalier Danceny, qui sera sûrement très fâché de savoir votre maman malade. Si elle veut me recevoir demain, j'irai lui tenir compagnie. Nous attaquerons, elle et moi, le chevalier de Belle-roche* au piquet ; et, en lui gagnant son argent, nous aurons, pour surcroît de plaisir, celui de vous entendre chanter avec votre aimable maître, à qui je le proposerai. Si cela convient à votre maman et à vous, je réponds de moi et de mes deux chevaliers. Adieu, ma belle ; mes compliments à ma chère madame de Volanges. Je vous embrasse bien tendrement.

De..., ce 13 août 17**.

LETTRE XIV

CÉCILE VOLANGES À SOPHIE CARNAY

Je ne t'ai pas écrit hier, ma chère Sophie : mais ce n'est pas le plaisir qui en est cause ; je t'en assure bien.

---

* C'est le même dont il est question dans les lettres de madame de Merteuil.

Maman était malade, et je ne l'ai pas quittée de la journée. Le soir, quand je me suis retirée, je n'avais cœur à rien du tout ; et je me suis couchée bien vite, pour m'assurer que la journée était finie : jamais je n'en avais passé de si longue. Ce n'est pas que je n'aime bien maman ; mais je ne sais pas ce que c'était. Je devais aller à l'Opéra avec madame de Merteuil ; le chevalier Danceny devait y être. Tu sais bien que ce sont les deux personnes que j'aime le mieux. Quand l'heure où j'aurais dû y être aussi est arrivée, mon cœur s'est serré malgré moi. Je me déplaisais à tout, et j'ai pleuré, pleuré, sans pouvoir m'en empêcher. Heureusement maman était couchée, et ne pouvait pas me voir. Je suis sûre que le chevalier Danceny aura été fâché aussi ! mais il aura été distrait par le spectacle et par tout le monde : c'est bien différent.

Par bonheur, maman va mieux aujourd'hui, et madame de Merteuil viendra avec une autre personne et le chevalier Danceny : mais elle arrive toujours bien tard, madame de Merteuil ; et quand on est si longtemps toute seule, c'est bien ennuyeux. Il n'est encore qu'onze heures. Il est vrai qu'il faut que je joue de la harpe ; et puis ma toilette me prendra un peu de temps, car je veux être bien coiffée aujourd'hui. Je crois que la mère Perpétue a raison, et qu'on devient coquette dès qu'on est dans le monde. Je n'ai jamais eu tant d'envie d'être jolie que depuis quelques jours, et je trouve que je ne le suis pas autant que je le croyais ; et puis, auprès des femmes qui ont du rouge, on perd beaucoup. Madame de Merteuil, par exemple, je vois bien que tous les hommes la trouvent plus jolie que moi : cela ne me fâche pas beaucoup, parce qu'elle m'aime bien ; et puis elle assure que le chevalier Danceny me trouve plus jolie qu'elle. C'est bien honnête à elle de me l'avoir dit ! elle avait même l'air d'en être bien aise. Par exemple, je ne conçois pas ça. C'est qu'elle m'aime tant ! et lui !… oh ! ça m'a fait bien plaisir ! aussi, c'est qu'il me semble que rien que le regarder suffit pour embellir. Je le regarderais toujours, si je ne craignais de rencontrer ses yeux : car, toutes les fois que cela m'arrive, cela me décontenance, et me fait comme de la peine ; mais ça ne fait rien.

Adieu, ma chère amie ; je vais me mettre à ma toilette. Je t'aime toujours comme de coutume.

*Paris, ce 14 août 17**.*

LETTRE XV

LE VICOMTE DE VALMONT À LA MARQUISE DE MERTEUIL

Il est bien honnête à vous de ne pas m'abandonner à mon triste sort. La vie que je mène ici est réellement fatigante, par l'excès de son repos et son insipide uniformité. En lisant votre lettre et le détail de votre charmante journée, j'ai été tenté vingt fois de prétexter une affaire, de voler à vos pieds, et de vous y demander, en ma faveur, une infidélité à votre chevalier, qui, après tout, ne mérite pas son bonheur. Savez-vous que vous m'avez rendu jaloux de lui ? Que me parlez-vous d'éternelle rupture ? J'abjure ce serment, prononcé dans le délire : nous n'aurions pas été dignes de le faire, si nous eussions dû le garder. Ah ! que je puisse un jour me venger dans vos bras, du dépit involontaire que m'a causé le bonheur du chevalier ! Je suis indigné, je l'avoue, quand je songe que cet homme, sans raisonner, sans se donner la moindre peine, en suivant tout bêtement l'instinct de son cœur, trouve une félicité à laquelle je ne puis atteindre. Oh ! je la troublerai... Promettez-moi que je la troublerai. Vous-même n'êtes-vous pas humiliée ? Vous vous donnez la peine de le tromper, et il est plus heureux que vous. Vous le croyez dans vos chaînes ! C'est bien vous qui êtes dans les siennes. Il dort tranquillement, tandis que vous veillez pour ses plaisirs. Que ferait de plus son esclave ?

Tenez, ma belle amie, tant que vous vous partagez entre plusieurs, je n'ai pas la moindre jalousie : je ne vois alors dans vos amants que les successeurs d'Alexandre, incapables de conserver entre eux tous, cet empire où je régnais seul. Mais que vous vous donniez entièrement à un d'eux ! qu'il existe un autre homme aussi heureux que moi ! je ne le souffrirai pas ; n'espérez pas que je le souffre. Ou reprenez-moi, ou au moins prenez-en un autre ; et ne trahissez pas, par un caprice exclusif, l'amitié inviolable que nous nous sommes jurée.

C'est bien assez, sans doute, que j'aie à me plaindre de l'amour. Vous voyez que je me prête à vos idées, et que j'avoue mes torts. En effet, si c'est être amoureux que de ne pouvoir vivre sans posséder ce qu'on désire, d'y sacrifier son temps, ses plaisirs, sa vie, je suis bien réellement amoureux. Je n'en suis guère plus avancé. Je n'aurais même rien du tout à vous apprendre à ce sujet, sans un événement qui me donne beaucoup à réfléchir, et dont je ne sais encore si je dois craindre ou espérer.

Vous connaissez mon chasseur, trésor d'intrigue, et vrai valet de Comédie : vous jugez bien que ses instructions portaient d'être amoureux de la femme de chambre et d'enivrer les gens. Le coquin est plus heureux que moi ; il a déjà réussi. Il vient de découvrir que madame de Tourvel a chargé un de ses gens de prendre des informations sur ma conduite, et même de me suivre dans mes courses du matin, autant qu'il le pourrait, sans être aperçu. Que prétend cette femme ? Ainsi donc la plus modeste de toutes ose encore risquer des choses qu'à peine nous oserions nous permettre ! Je jure bien... Mais, avant de songer à me venger de cette ruse féminine, occupons-nous des moyens de la tourner à notre avantage. Jusqu'ici ces courses qu'on suspecte n'avaient aucun objet ; il faut leur en donner un. Cela mérite toute mon attention, et je vous quitte pour y réfléchir. Adieu, ma belle amie.

*Toujours du château de..., ce 15 août 17**.*

LETTRE XVI

CÉCILE VOLANGES À SOPHIE CARNAY

Ah ! ma Sophie, voici bien des nouvelles ! je ne devrais peut-être pas te les dire : mais il faut bien que j'en parle à quelqu'un ; c'est plus fort que moi. Ce chevalier Danceny… Je suis dans un trouble que je ne peux pas écrire : je ne sais par où commencer. Depuis que je t'avais raconté la jolie soirée* que j'avais passée chez maman avec lui et madame de Merteuil, je ne t'en parlais plus : c'est que je ne voulais plus en parler à personne ; mais j'y pensais pourtant toujours. Depuis il était devenu si triste, mais si triste, si triste que ça me faisait de la peine ; et quand je lui demandais pourquoi, il me disait que non : mais je voyais bien que si. Enfin hier il l'était encore plus que de coutume. Ça n'a pas empêché qu'il n'ait eu la complaisance de chanter avec moi comme à l'ordinaire ; mais, toutes les fois qu'il me regardait, cela me serrait le cœur. Après que nous eûmes fini de chanter, il alla renfermer ma harpe dans son étui ; et, en m'en rapportant la clef, il me pria d'en jouer encore le soir, aussitôt que je serais seule. Je ne me défiais de rien du tout ; je ne voulais même pas : mais il m'en pria tant, que je lui dis qu'oui. Il avait bien ses raisons. Effectivement, quand je fus retirée chez moi et que ma femme de chambre fut sortie, j'allai pour prendre ma harpe. Je trouvai dans les cordes une lettre pliée seulement, et point cachetée, et qui était de lui. Ah ! si tu savais tout ce qu'il me mande ! Depuis que j'ai lu sa lettre, j'ai tant de plaisir, que je ne peux plus songer à autre chose. Je l'ai relue quatre fois tout de suite, et puis je l'ai serrée dans mon secrétaire. Je la savais par cœur ; et, quand j'ai été couchée, je l'ai tant répétée, que je ne songeais pas à dormir.

---

* La lettre où il est parlé de cette soirée ne s'est pas retrouvée. Il y a lieu de croire que c'est celle proposée dans le billet de madame de Merteuil, et dont il est aussi question dans la précédente lettre de Cécile Volanges.

Dès que je fermais les yeux, je le voyais là, qui me disait lui-même tout ce que je venais de lire. Je ne me suis endormie que bien tard ; et aussitôt que je me suis réveillée (il était encore de bien bonne heure), j'ai été reprendre sa lettre pour la relire à mon aise. Je l'ai emportée dans mon lit, et puis je l'ai baisée comme si... C'est peut-être mal fait de baiser une lettre comme ça, mais je n'ai pas pu m'en empêcher.

A présent, ma chère amie, si je suis bien aise, je suis aussi bien embarrassée ; car sûrement il ne faut pas que je réponde à cette lettre-là. Je sais bien que ça ne se doit pas, et pourtant il me le demande ; et, si je ne réponds pas, je suis sûre qu'il va encore être triste. C'est pourtant bien malheureux pour lui ! Qu'est-ce que tu me conseilles ? mais tu n'en sais pas plus que moi. J'ai bien envie d'en parler à madame de Merteuil qui m'aime bien. Je voudrais bien le consoler ; mais je ne voudrais rien faire qui fût mal. On nous recommande tant d'avoir bon cœur ! et puis on nous défend de suivre ce qu'il inspire, quand c'est pour un homme ! Ça n'est pas juste non plus. Est-ce qu'un homme n'est pas notre prochain comme une femme, et plus encore ? car enfin n'a-t-on pas son père comme sa mère, son frère comme sa sœur ? il reste toujours le mari de plus. Cependant si j'allais faire quelque chose qui ne fût pas bien, peut-être que M. Danceny lui-même n'aurait plus bonne idée de moi ! Oh ! çà, par exemple, j'aime encore mieux qu'il soit triste. Et puis, enfin, je serai toujours à temps. Parce qu'il a écrit hier, je ne suis pas obligée d'écrire aujourd'hui : aussi bien je verrai madame de Merteuil ce soir, et si j'en ai le courage, je lui conterai tout. En ne faisant que ce qu'elle me dira, je n'aurai rien à me reprocher. Et puis peut-être me dira-t-elle que je peux lui répondre un peu, pour qu'il ne soit pas si triste ! Oh ! je suis bien en peine.

Adieu, ma bonne amie. Dis-moi toujours ce que tu penses.

De..., ce 19 août 17**.

LETTRE XVII

LE CHEVALIER DANCENY À CÉCILE VOLANGES

Avant de me livrer, Mademoiselle, dirai-je au plaisir ou au besoin de vous écrire, je commence par vous supplier de m'entendre. Je sens que pour oser vous déclarer mes sentiments, j'ai besoin d'indulgence ; si je ne voulais que les justifier, elle me serait inutile. Que vais-je faire après tout, que vous montrer votre ouvrage ? Et qu'ai-je à vous dire, que mes regards, mon embarras, ma conduite et même mon silence, ne vous aient dit avant moi ? Eh ! pourquoi vous fâcheriez-vous d'un sentiment que vous avez fait naître ? Émané de vous, sans doute il est digne de vous être offert ; s'il est brûlant comme mon âme, il est pur comme la vôtre. Serait-ce un crime d'avoir su apprécier votre charmante figure, vos talents séducteurs, vos grâces enchanteresses, et cette touchante candeur qui ajoute un prix inestimable à des qualités déjà si précieuses ? non, sans doute : mais, sans être coupable, on peut être malheureux ; et c'est le sort qui m'attend, si vous refusez d'agréer mon hommage. C'est le premier que mon cœur ait offert. Sans vous je serais encore, non pas heureux, mais tranquille. Je vous ai vue ; le repos a fui loin de moi, et mon bonheur est incertain. Cependant vous vous étonnez de ma tristesse ; vous m'en demandez la cause : quelquefois même j'ai cru voir qu'elle vous affligeait. Ah ! dites un mot, et ma félicité sera votre ouvrage. Mais, avant de prononcer, songez qu'un mot peut aussi combler mon malheur. Soyez donc l'arbitre de ma destinée. Par vous je vais être éternellement heureux ou malheureux. En quelles mains plus chères puis-je remettre un intérêt plus grand ?

Je finirai, comme j'ai commencé, par implorer votre indulgence. Je vous ai demandé de m'entendre ; j'oserai plus, je vous prierai de me répondre. Le refuser, serait me laisser croire que vous vous trouvez offen-

sée, et mon cœur m'est garant que mon respect égale
mon amour.

P. S. Vous pouvez vous servir, pour me répondre,
du même moyen dont je me sers pour vous faire parvenir cette lettre ; il me paraît également sûr et commode.

De..., ce 18 août 17**

LETTRE XVIII

CÉCILE VOLANGES À SOPHIE CARNAY

Quoi ! Sophie, tu blâmes d'avance ce que je vas
faire ! J'avais déjà bien assez d'inquiétudes ; voilà que
tu les augmentes encore. Il est clair, dis-tu, que je ne
dois pas répondre. Tu en parles bien à ton aise ; et d'ailleurs, tu ne sais pas au juste ce qui en est : tu n'es pas
là pour voir. Je suis sûre que si tu étais à ma place,
tu ferais comme moi. Sûrement, en général, on ne doit
pas répondre ; et tu as bien vu, par ma lettre d'hier,
que je ne le voulais pas non plus : mais c'est que je ne
crois pas que personne se soit jamais trouvé dans le cas
où je suis.

Et encore être obligée de me décider toute seule !
Madame de Merteuil, que je comptais voir hier au soir,
n'est pas venue. Tout s'arrange contre moi : c'est elle
qui est cause que je le connais. C'est presque toujours
avec elle que je l'ai vu, que je lui ai parlé. Ce n'est pas
que je lui en veuille du mal : mais elle me laisse là au
moment de l'embarras. Oh ! je suis bien à plaindre !

Figure-toi qu'il est venu hier comme à l'ordinaire.
J'étais si troublée, que je n'osais le regarder. Il ne pouvait pas me parler, parce que maman était là. Je me
doutais bien qu'il serait fâché, quand il verrait que je
ne lui avais pas écrit. Je ne savais quelle contenance
faire. Un instant après il me demanda si je voulais qu'il
allât chercher ma harpe. Le cœur me battait si fort,

que ce fut tout ce que je pus faire que de répondre
qu'oui. Quand il revint, c'était bien pis. Je ne le regar-
dai qu'un petit moment. Il ne me regardait pas, lui ;
mais il avait un air qu'on aurait dit qu'il était malade.
Ça me faisait bien de la peine. Il se mit à accorder ma
harpe, et après, en me l'apportant, il me dit : Ah !
Mademoiselle !... Il ne me dit que ces deux mots-là ;
mais c'était d'un ton que j'en fus toute bouleversée.
Je préludais sur ma harpe, sans savoir ce que je faisais. Maman demanda si nous ne chanterions pas. Lui
s'excusa, en disant qu'il était un peu malade ; et moi,
qui n'avais pas d'excuse, il me fallut chanter. J'aurais
voulu n'avoir jamais eu de voix. Je choisis exprès un
air que je ne savais pas ; car j'étais bien sûre que je
ne pourrais en chanter aucun, et on se serait aperçu de
quelque chose. Heureusement il vint une visite ; et, dès
que j'entendis entrer un carrosse, je cessai, et le priai
de reporter ma harpe. J'avais bien peur qu'il ne s'en
allât en même temps ; mais il revint.

Pendant que maman et cette dame qui était venue
causaient ensemble, je voulus le regarder encore un petit
moment. Je rencontrai ses yeux, et il me fut impossible de détourner les miens. Un moment après je vis ses
larmes couler, et il fut obligé de se retourner pour n'être
pas vu. Pour le coup, je ne pus y tenir ; je sentis que
j'allais pleurer aussi. Je sortis, et tout de suite j'écrivis
avec un crayon sur un chiffon de papier : « Ne soyez
donc pas si triste, je vous en prie ; je promets de vous
répondre. » Sûrement, tu ne peux pas dire qu'il y ait
du mal à cela ; et puis c'était plus fort que moi. Je mis
mon papier aux cordes de ma harpe, comme sa lettre
était, et je revins dans le salon. Je me sentais plus tranquille. Il me tardait bien que cette dame s'en fût. Heureusement, elle était en visite ; elle s'en alla bientôt
après. Aussitôt qu'elle fut sortie, je dis que je voulais
reprendre ma harpe, et je le priai de l'aller chercher.
Je vis bien, à son air, qu'il ne se doutait de rien. Mais
au retour, oh ! comme il était content ! En posant ma
harpe vis-à-vis de moi, il se plaça de façon que maman

ne pouvait voir, et il prit ma main qu'il serra... mais
d'une façon !... ce ne fut qu'un moment : mais je ne
saurais te dire le plaisir que ça m'a fait. Je la retirai
pourtant ; ainsi je n'ai rien à me reprocher.

A présent, ma bonne amie, tu vois bien que je ne
peux pas me dispenser de lui écrire, puisque je le lui
ai promis ; et puis, je n'irai pas lui refaire du chagrin ;
car j'en souffre plus que lui. Si c'était pour quelque
chose de mal, sûrement je ne le ferais pas. Mais quel
mal peut-il y avoir à écrire, surtout quand c'est pour
empêcher quelqu'un d'être malheureux ? Ce qui
m'embarrasse, c'est que je ne saurai pas bien faire ma
lettre : mais il sentira bien que ce n'est pas ma faute ;
et puis je suis sûre que rien que de ce qu'elle sera de
moi, elle lui fera toujours plaisir.

Adieu, ma chère amie. Si tu trouves que j'ai tort,
dis-le-moi ; mais je ne crois pas. A mesure que le
moment de lui écrire approche, mon cœur bat que ça
ne se conçoit pas. Il le faut pourtant bien, puisque je
l'ai promis. Adieu.

*De..., ce 20 août 17**.*

LETTRE XIX

CÉCILE VOLANGES AU CHEVALIER DANCENY

Vous étiez si triste, hier, Monsieur, et cela me faisait
tant de peine, que je me suis laissée aller à vous promettre de répondre à la lettre que vous m'avez écrite.
Je n'en sens pas moins aujourd'hui que je ne le dois
pas : pourtant, comme je l'ai promis, je ne veux pas
manquer à ma parole, et cela doit bien vous prouver
l'amitié que j'ai pour vous. A présent que vous le savez,
j'espère que vous ne me demanderez pas de vous écrire
davantage. J'espère aussi que vous ne direz à personne
que je vous ai écrit ; parce que sûrement on m'en blâ-
merait, et que cela pourrait me causer bien du chagrin.
J'espère surtout que vous-même n'en prendrez pas

mauvaise idée de moi, ce qui me ferait plus de peine
que tout. Je peux bien vous assurer que je n'aurais pas
eu cette complaisance-là pour tout autre que vous. Je
voudrais bien que vous eussiez celle de ne plus être triste
comme vous étiez ; ce qui m'ôte tout le plaisir que j'ai à
vous voir. Vous voyez, Monsieur, que je vous parle bien
sincèrement. Je ne demande pas mieux que notre amitié
dure toujours ; mais, je vous en prie, ne m'écrivez plus.

　　J'ai l'honneur d'être,

CÉCILE VOLANGES.

De..., ce 20 août 17**.

LETTRE XX

LA MARQUISE DE MERTEUIL AU VICOMTE DE VALMONT

　　Ah ! fripon, vous me cajolez, de peur que je ne me
moque de vous ! Allons, je vous fais grâce : vous
m'écrivez tant de folies, qu'il faut bien que je vous pardonne la sagesse où vous tient votre Présidente. Je ne
crois pas que mon chevalier eût tant d'indulgence que
moi ; il serait homme à ne pas approuver notre renouvellement de bail, et à ne rien trouver de plaisant dans
votre folle idée. J'en ai pourtant bien ri, et j'étais vraiment fâchée d'être obligée d'en rire toute seule. Si vous
eussiez été là, je ne sais où m'aurait menée cette gaieté :
mais j'ai eu le temps de la réflexion et je me suis armée
de sévérité. Ce n'est pas que je refuse pour toujours ;
mais je diffère, et j'ai raison. J'y mettrais peut-être de
la vanité, et, une fois piquée au jeu, on ne sait plus où
l'on s'arrête. Je serais femme à vous enchaîner de nouveau, à vous faire oublier votre Présidente ; et si j'allais,
moi indigne, vous dégoûter de la vertu, voyez quel scandale ! Pour éviter ce danger, voici mes conditions.

　　Aussitôt que vous aurez eu votre belle dévote, que
vous pourrez m'en fournir une preuve, venez, et je suis
à vous. Mais vous n'ignorez pas que dans les affaires
importantes, on ne reçoit de preuves que par écrit. Par

cet arrangement, d'une part, je deviendrai une récompense au lieu d'être une consolation ; et cette idée me plaît davantage : de l'autre votre succès en sera plus piquant, en devenant lui-même un moyen d'infidélité. Venez donc, venez au plus tôt m'apporter le gage de votre triomphe : semblable à nos preux chevaliers qui venaient déposer aux pieds de leurs dames les fruits brillants de leur victoire. Sérieusement, je suis curieuse de savoir ce que peut écrire une prude après un tel moment, et quel voile elle met sur ses discours, après n'en avoir plus laissé sur sa personne. C'est à vous de voir si je me mets à un prix trop haut ; mais je vous préviens qu'il n'y a rien à rabattre. Jusque-là, mon cher Vicomte, vous trouverez bon que je reste fidèle à mon chevalier, et que je m'amuse à le rendre heureux, malgré le petit chagrin que cela vous cause.

Cependant si j'avais moins de mœurs, je crois qu'il aurait dans ce moment, un rival dangereux ; c'est la petite Volanges. Je raffole de cet enfant : c'est une vraie passion. Ou je me trompe, ou elle deviendra une de nos femmes les plus à la mode. Je vois son petit cœur se développer, et c'est un spectacle ravissant. Elle aime déjà son Danceny avec fureur ; mais elle n'en sait encore rien. Lui-même, quoique très amoureux, a encore la timidité de son âge, et n'ose pas trop le lui apprendre. Tous deux sont en adoration vis-à-vis de moi. La petite surtout a grande envie de me dire son secret ; particulièrement depuis quelques jours je l'en vois vraiment oppressée et je lui aurais rendu un grand service de l'aider un peu : mais je n'oublie pas que c'est un enfant, et je ne veux pas me compromettre. Danceny m'a parlé un peu plus clairement ; mais, pour lui, mon parti est pris, je ne veux pas l'entendre. Quant à la petite, je suis souvent tentée d'en faire mon élève ; c'est un service que j'ai envie de rendre à Gercourt. Il me laisse du temps, puisque le voilà en Corse jusqu'au mois d'octobre. J'ai dans l'idée que j'emploierai ce temps-là, et que nous lui donnerons une femme toute formée, au lieu de son innocente pensionnaire. Quelle

est donc en effet l'insolente sécurité de cet homme, qui
ose dormir tranquille, tandis qu'une femme, qui a à
se plaindre de lui, ne s'est pas encore vengée ? Tenez,
si la petite était ici dans ce moment, je ne sais ce que
je ne lui dirais pas.

Adieu, Vicomte ; bonsoir et bon succès : mais, pour
Dieu, avancez donc. Songez que si vous n'avez pas cette
femme, les autres rougiront de vous avoir eu.

De..., ce 20 août 17**.

LETTRE XXI

LE VICOMTE DE VALMONT À LA MARQUISE DE MERTEUIL

Enfin, ma belle amie, j'ai fait un pas en avant, mais
un grand pas, et qui, s'il ne m'a pas conduit jusqu'au
bout, m'a fait connaître au moins que je suis dans la
route, et a dissipé la crainte où j'étais de m'être égaré.
J'ai enfin déclaré mon amour ; et quoiqu'on ait gardé
le silence le plus obstiné, j'ai obtenu la réponse peut-
être la moins équivoque et la plus flatteuse : mais
n'anticipons pas sur les événements, et reprenons plus
haut.

Vous vous souvenez qu'on faisait épier mes démarches. Eh bien ! j'ai voulu que ce moyen scandaleux
tournât à l'édification publique, et voici ce que j'ai fait.
J'ai chargé mon confident de me trouver dans les environs, quelque malheureux qui eût besoin de secours.
Cette commission n'était pas difficile à remplir. Hier
après-midi, il me rendit compte qu'on devait saisir
aujourd'hui dans la matinée, les meubles d'une famille
entière qui ne pouvait payer la taille. Je m'assurai qu'il
n'y eût dans cette maison, aucune fille ou femme dont
l'âge ou la figure pussent rendre mon action suspecte ;
et, quand je fus bien informé, je déclarai à souper mon
projet d'aller à la chasse le lendemain. Ici je dois rendre justice à ma Présidente : sans doute elle eut quelques remords des ordres qu'elle avait donnés ; et,

n'ayant pas la force de vaincre sa curiosité, elle eut au moins celle de contrarier mon désir. Il devait faire une chaleur excessive ; je risquais de me rendre malade ; je ne tuerais rien et me fatiguerais en vain ; et, pendant ce dialogue, ses yeux, qui parlaient peut-être mieux qu'elle ne voulait, me faisaient assez connaître qu'elle désirait que je prisse pour bonnes ces mauvaises raisons. Je n'avais garde de m'y rendre, comme vous pouvez croire, et je résistai de même à une petite diatribe contre la chasse et les chasseurs, et à un petit nuage d'humeur qui obscurcit, toute la soirée, cette figure céleste. Je craignis un moment que ses ordres ne fussent révoqués, et que sa délicatesse ne me nuisît. Je ne calculais pas la curiosité d'une femme ; aussi me trompais-je. Mon chasseur me rassura dès le soir même, et je me couchai satisfait.

Au point du jour je me lève et je pars. A peine à cinquante pas du château, j'aperçois mon espion qui me suit. J'entre en chasse, et marche à travers champs vers le village où je voulais me rendre ; sans autre plaisir, dans ma route, que de faire courir le drôle qui me suivait, et qui n'osant pas quitter les chemins, parcourait souvent, à toute course, un espace triple du mien. A force de l'exercer, j'ai eu moi-même une extrême chaleur, et je me suis assis au pied d'un arbre. N'a-t-il pas eu l'insolence de se couler derrière un buisson qui n'était pas à vingt pas de moi, et de s'y asseoir aussi ? J'ai été tenté un moment de lui envoyer mon coup de fusil, qui, quoique de petit plomb seulement, lui aurait donné une leçon suffisante sur les dangers de la curiosité : heureusement pour lui, je me suis ressouvenu qu'il était utile et même nécessaire à mes projets ; cette réflexion l'a sauvé.

Cependant j'arrive au village[1] ; je vois de la

---

1. Variation ironique sur un épisode emprunté à *Clarisse Harlowe* (Samuel Richardson, 1748 ; adapté, plutôt que traduit, par l'Abbé Prévost en 1751). C'est également la parodie du drame caractéristique de Diderot, ou d'une scène de Greuze fondée sur l'attendrissement.

rumeur ; je m'avance : j'interroge ; on me raconte le
fait. Je fais venir le Collecteur ; et, cédant à ma généreuse compassion, je paie noblement cinquante-six
livres, pour lesquelles on réduisait cinq personnes à la
paille et au désespoir. Après cette action si simple, vous
n'imaginez pas quel chœur de bénédictions retentit
autour de moi de la part des assistants ! Quelles larmes de reconnaissance coulaient des yeux du vieux chef
de cette famille, et embellissaient cette figure de patriar-
che, qu'un moment auparavant l'empreinte farouche
du désespoir rendait vraiment hideuse ! J'examinais ce
spectacle lorsqu'un autre paysan, plus jeune, conduisant par la main une femme et deux enfants, et s'avan-
çant vers moi à pas précipités, leur dit : « Tombons
tous aux pieds de cette image de Dieu » ; et dans le
même instant, j'ai été entouré de cette famille, pros-
ternée à mes genoux. J'avouerai ma faiblesse ; mes
yeux se sont mouillés de larmes, et j'ai senti en moi un
mouvement involontaire, mais délicieux. J'ai été étonné
du plaisir qu'on éprouve en faisant le bien ; et je serais
tenté de croire que ce que nous appelons les gens vertueux, n'ont pas tant de mérite qu'on se plaît à nous
le dire. Quoi qu'il en soit, j'ai trouvé juste de payer
à ces pauvres gens le plaisir qu'ils venaient de me faire.
J'avais pris dix louis sur moi ; je les leur ai donnés.
Ici ont recommencé les remerciements, mais ils n'avaient
plus ce même degré de pathétique : le nécessaire avait
produit le grand, le véritable effet ; le reste n'était
qu'une simple expression de reconnaissance et d'étonnement pour des dons superflus.

Cependant, au milieu des bénédictions bavardes de
cette famille, je ne ressemblais pas mal au héros d'un
drame, dans la scène du dénouement. Vous remarque-
rez que dans cette foule était surtout le fidèle espion.
Mon but était rempli : je me dégageai d'eux tous, et
regagnai le château. Tout calculé, je me félicite de mon
invention. Cette femme vaut bien sans doute que je
me donne tant de soins ; ils seront un jour mes titres
auprès d'elle ; et l'ayant, en quelque sorte, ainsi payée

d'avance, j'aurai le droit d'en disposer à ma fantaisie, sans avoir de reproche à me faire.

J'oubliais de vous dire que pour mettre tout à profit, j'ai demandé à ces bonnes gens de prier Dieu pour le succès de mes projets. Vous allez voir si déjà leurs prières n'ont pas été en partie exaucées... Mais on m'avertit que le souper est servi, et il serait trop tard pour que cette lettre partît si je ne la fermais qu'en me retirant. Ainsi, *le reste à l'ordinaire prochain* [1]. J'en suis fâché, car le reste est le meilleur. Adieu, ma belle amie. Vous me volez un moment du plaisir de la voir.

De..., ce 20 août 17**.

LETTRE XXII

LA PRÉSIDENTE DE TOURVEL À MADAME DE VOLANGES

Vous serez sans doute bien aise, Madame, de connaître un trait de M. de Valmont, qui contraste beaucoup, ce me semble, avec tous ceux sous lesquels on vous l'a représenté. Il est si pénible de penser désavantageusement de qui que ce soit, si fâcheux de ne trouver que des vices chez ceux qui auraient toutes les qualités nécessaires pour faire aimer la vertu ! Enfin vous aimez tant à user d'indulgence, que c'est vous obliger que de vous donner des motifs de revenir sur un jugement trop rigoureux. M. de Valmont me paraît fondé à espérer cette faveur, je dirais presque cette justice ; et voici sur quoi je le pense.

Il a fait ce matin une de ces courses qui pouvaient faire supposer quelque projet de sa part dans les environs, comme l'idée vous en était venue ; idée que je m'accuse d'avoir saisie peut-être avec trop de vivacité. Heureusement pour lui, et surtout heureusement pour

---

1. Courrier de province institué par Richelieu. La *petite-poste* (lettre LXIII) désigne le récent service de la poste parisienne. L'expression de Valmont est une formule propre aux périodiques.

nous, puisque cela nous sauve d'être injustes, un de mes gens devait aller du même côté que lui* ; et c'est par là que ma curiosité répréhensible, mais heureuse, a été satisfaite. Il nous a rapporté que M. de Valmont, ayant trouvé au village de... une malheureuse famille dont on vendait les meubles, faute d'avoir pu payer les impositions, non seulement s'était empressé d'acquitter la dette de ces pauvres gens, mais même leur avait donné une somme d'argent assez considérable. Mon domestique a été témoin de cette vertueuse action ; et il m'a rapporté de plus que les paysans, causant entre eux et avec lui, avaient dit qu'un domestique, qu'ils ont désigné, et que le mien croit être celui de M. de Valmont, avait pris hier des informations sur ceux des habitants du village qui pouvaient avoir besoin de secours. Si cela est ainsi, ce n'est même plus seulement une compassion passagère, et que l'occasion détermine : c'est le projet formé de faire du bien ; c'est la sollicitude de la bienfaisance ; c'est la plus belle vertu des plus belles âmes : mais, soit hasard ou projet, c'est toujours une action honnête et louable, et dont le seul récit m'a attendrie jusqu'aux larmes. J'ajouterai de plus, et toujours par justice, que quand je lui ai parlé de cette action, de laquelle il ne disait mot, il a commencé par s'en défendre, et a eu l'air d'y mettre si peu de valeur lorsqu'il en est convenu, que sa modestie en doublait le mérite.

A présent, dites-moi, ma respectable amie, si M. de Valmont est en effet un libertin sans retour ? S'il n'est que cela et se conduit ainsi, que restera-t-il aux gens honnêtes ? Quoi ! les méchants partageraient-ils avec les bons le plaisir sacré de la bienfaisance ? Dieu permettrait-il qu'une famille vertueuse reçût, de la main d'un scélérat, des secours dont elle rendrait grâce à sa divine Providence ? et pourrait-il se plaire à entendre des bouches pures répandre leurs bénédictions sur un

---

* Madame de Tourvel n'ose donc pas dire que c'était par son ordre ?

réprouvé ? Non. J'aime mieux croire que des erreurs, pour être longues, ne sont pas éternelles ; et je ne puis penser que celui qui fait du bien soit l'ennemi de la vertu. M. de Valmont n'est peut-être qu'un exemple de plus du danger des liaisons. Je m'arrête à cette idée qui me plaît. Si, d'une part, elle peut servir à le justifier dans votre esprit, de l'autre, elle me rend de plus en plus précieuse l'amitié tendre qui m'unit à vous pour la vie.

J'ai l'honneur d'être, etc.

P. S. Madame de Rosemonde et moi nous allons, dans l'instant, voir aussi l'honnête et malheureuse famille, et joindre nos secours tardifs à ceux de M. de Valmont. Nous le mènerons avec nous. Nous donnerons au moins à ces bonnes gens le plaisir de revoir leur bienfaiteur ; c'est, je crois, tout ce qu'il nous a laissé à faire.

De..., ce 20 août 17**.

LETTRE XXIII

LE VICOMTE DE VALMONT À LA MARQUISE DE MERTEUIL

Nous en sommes restés à mon retour au château : je reprends mon récit.

Je n'eus que le temps de faire une courte toilette, et je me rendis au salon, où ma belle faisait de la tapisserie, tandis que le curé du lieu lisait la gazette à ma vieille tante. J'allai m'asseoir auprès du métier. Des regards, plus doux encore que de coutume, et presque caressants, me firent bientôt deviner que le domestique avait déjà rendu compte de sa mission. En effet, mon aimable curieuse ne put garder plus longtemps le secret qu'elle m'avait dérobé ; et, sans crainte d'interrompre un vénérable pasteur dont le débit ressemblait pourtant à celui d'un prône : « J'ai bien aussi ma nouvelle à débiter », dit-elle ; et tout de suite elle raconta mon

aventure, avec une exactitude qui faisait honneur à
l'intelligence de son historien. Vous jugez comme je
déployai toute ma modestie : mais qui pourrait arrêter une femme qui fait, sans s'en douter, l'éloge de ce
qu'elle aime ? Je pris donc le parti de la laisser aller.
On eût dit qu'elle prêchait le panégyrique d'un saint.
Pendant ce temps, j'observais, non sans espoir, tout
ce que promettaient à l'amour son regard animé, son
geste devenu plus libre, et surtout ce son de voix qui,
par son altération déjà sensible, trahissait l'émotion de
son âme. A peine elle finissait de parler : « Venez, mon
neveu, me dit madame de Rosemonde ; venez, que je
vous embrasse. » Je sentis aussitôt que la jolie prêcheuse ne pourrait se défendre d'être embrassée à son
tour. Cependant elle voulut fuir ; mais elle fut bientôt
dans mes bras ; et, loin d'avoir la force de résister, à
peine lui restait-il celle de se soutenir. Plus j'observe
cette femme, et plus elle me paraît désirable. Elle
s'empressa de retourner à son métier, et eut l'air, pour
tout le monde, de recommencer sa tapisserie ; mais
moi, je m'aperçus bien que sa main tremblante ne lui
permettait pas de continuer son ouvrage.

Après le dîner, les dames voulurent aller voir les
infortunés que j'avais si pieusement secourus ; je les
accompagnai. Je vous sauve l'ennui de cette seconde
scène de reconnaissance et d'éloges. Mon cœur, pressé
d'un souvenir délicieux, hâte le moment du retour au
château. Pendant la route, ma belle Présidente, plus
rêveuse qu'à l'ordinaire, ne disait pas un mot. Tout
occupé de trouver les moyens de profiter de l'effet
qu'avait produit l'événement du jour, je gardais le
même silence. Madame de Rosemonde seule parlait et
n'obtenait de nous que des réponses courtes et rares.
Nous dûmes l'ennuyer : j'en avais le projet, et il réussit. Aussi, en descendant de voiture, elle passa dans son
appartement, et nous laissa tête à tête ma belle et moi,
dans un salon mal éclairé ; obscurité douce, qui enhar-
dit l'amour timide.

Je n'eus pas la peine de diriger la conversation où je

voulais la conduire. La ferveur de l'aimable prêcheuse me servit mieux que n'aurait pu faire mon adresse. « Quand on est si digne de faire le bien, me dit-elle, en arrêtant sur moi son doux regard : comment passe-t-on sa vie à mal faire ? — Je ne mérite, lui répondis-je, ni cet éloge, ni cette censure [1] ; et je ne conçois pas qu'avec autant d'esprit que vous en avez, vous ne m'ayez pas encore deviné. Dût ma confiance me nuire auprès de vous, vous en êtes trop digne, pour qu'il me soit possible de vous la refuser. Vous trouverez la clef de ma conduite dans un caractère malheureusement trop facile. Entouré de gens sans mœurs, j'ai imité leurs vices ; j'ai peut-être mis de l'amour-propre à les surpasser. Séduit de même ici par l'exemple des vertus, sans espérer de vous atteindre, j'ai au moins essayé de vous suivre. Eh ! peut-être l'action dont vous me louez aujourd'hui perdrait-elle tout son prix à vos yeux, si vous en connaissiez le véritable motif ! (Vous voyez, ma belle amie, combien j'étais près de la vérité.) Ce n'est pas à moi, continuai-je, que ces malheureux ont dû mes secours. Où vous croyez voir une action louable, je ne cherchais qu'un moyen de plaire. Je n'étais, puisqu'il faut le dire, que le faible agent de la divinité que j'adore (ici elle voulut m'interrompre ; mais je ne lui en donnai pas le temps). Dans ce moment même, ajoutai-je, mon secret ne m'échappe que par faiblesse. Je m'étais promis de vous le taire ; je me faisais un bonheur de rendre à vos vertus comme à vos appas un hommage pur que vous ignoreriez toujours ; mais, incapable de tromper, quand j'ai sous les yeux l'exemple de la candeur, je n'aurai point à me reprocher avec vous une dissimulation coupable. Ne croyez pas que je vous outrage, par une criminelle espérance. Je serai malheureux, je le sais ; mais mes souffrances me seront chères ; elles me prouveront l'excès de mon amour ; c'est

---

1. Junie dans *Britannicus* (II, 3) :
   « J'ose dire, Seigneur, que je n'ai mérité
   Ni cet excès d'honneur, ni cette indignité. »

à vos pieds, c'est dans votre sein que je déposerai mes
peines. J'y puiserai des forces pour souffrir de nouveau ; j'y trouverai la bonté compatissante, et je me
croirai consolé, parce que vous m'aurez plaint. O vous
que j'adore ! écoutez-moi, plaignez-moi, secourez-
moi. » Cependant j'étais à ses genoux, et je serrais ses
mains dans les miennes : mais elle, les dégageant tout
à coup, et les croisant sur ses yeux avec l'expression
du désespoir : « Ah ! malheureuse ! » s'écria-t-elle ;
puis elle fondit en larmes. Par bonheur je m'étais livré
à tel point, que je pleurais aussi ; et, reprenant ses
mains, je les baignais de pleurs. Cette précaution était
bien nécessaire ; car elle était si occupée de sa douleur,
qu'elle ne se serait pas aperçue de la mienne, si je
n'avais pas trouvé ce moyen de l'en avertir. J'y gagnai
de plus de considérer à loisir cette charmante figure,
embellie encore par l'attrait puissant des larmes. Ma
tête s'échauffait, et j'étais si peu maître de moi, que
je fus tenté de profiter de ce moment.

Quelle est donc notre faiblesse ? quel est l'empire des
circonstances, si moi-même, oubliant mes projets, j'ai
risqué de perdre, par un triomphe prématuré, le charme
des longs combats et les détails d'une pénible défaite ;
si, séduit par un désir de jeune homme, j'ai pensé exposer le vainqueur de madame de Tourvel à ne recueillir,
pour fruit de ses travaux, que l'insipide avantage
d'avoir eu une femme de plus ! Ah ! qu'elle se rende,
mais qu'elle combatte ; que, sans avoir la force de vaincre, elle ait celle de résister ; qu'elle savoure à loisir le
sentiment de sa faiblesse, et soit contrainte d'avouer
sa défaite. Laissons le braconnier obscur tuer à l'affût
le cerf qu'il a surpris ; le vrai chasseur doit le forcer.
Ce projet est sublime, n'est-ce pas ? mais peut-être
serais-je à présent au regret de ne l'avoir pas suivi, si
le hasard ne fût venu au secours de ma prudence.

Nous entendîmes du bruit. On venait au salon.
Madame de Tourvel, effrayée, se leva précipitamment,
se saisit d'un des flambeaux, et sortit. Il fallut bien la
laisser faire. Ce n'était qu'un domestique. Aussitôt que

j'en fus assuré, je la suivis. A peine eus-je fait quelques pas, que, soit qu'elle me reconnût, soit un sentiment vague d'effroi, je l'entendis précipiter sa marche, et se jeter plutôt qu'entrer dans son appartement dont elle ferma la porte sur elle. J'y allai ; mais la clef était en dedans. Je me gardai bien de frapper ; c'eût été lui fournir l'occasion d'une résistance trop facile. J'eus l'heureuse et simple idée de tenter de voir à travers la serrure, et je vis en effet cette femme adorable à genoux, baignée de larmes, et priant avec ferveur. Quel Dieu osait-elle invoquer ? en est-il d'assez puissant contre l'amour ? En vain cherche-t-elle à présent des secours étrangers : c'est moi qui réglerai son sort.

Croyant en avoir assez fait pour un jour, je me retirai aussi dans mon appartement et me mis à vous écrire. J'espérais la revoir au souper ; mais elle fit dire qu'elle s'était trouvée indisposée et s'était mise au lit. Madame de Rosemonde voulut monter chez elle, mais la malicieuse malade prétexta un mal de tête qui ne lui permettait de voir personne. Vous jugez qu'après le souper la veillée fut courte, et que j'eus aussi mon mal de tête. Retiré chez moi, j'écrivis une longue lettre pour me plaindre de cette rigueur, et je me couchai, avec le projet de la remettre ce matin. J'ai mal dormi, comme vous pouvez voir par la date de cette lettre. Je me suis levé, et j'ai relu mon épître. Je me suis aperçu que je ne m'y étais pas assez observé, que j'y montrais plus d'ardeur que d'amour, et plus d'humeur que de tristesse. Il faudra la refaire ; mais il faudrait être plus calme.

J'aperçois le point du jour, et j'espère que la fraîcheur qui l'accompagne m'amènera le sommeil. Je vais me remettre au lit ; et, quel que soit l'empire de cette femme, je vous promets de ne pas m'occuper tellement d'elle, qu'il ne me reste le temps de songer beaucoup à vous. Adieu, ma belle amie.

De..., ce 21 août 17**, 4 heures du matin.

LETTRE XXIV

LE VICOMTE DE VALMONT À LA PRÉSIDENTE DE TOURVEL

Ah ! par pitié, Madame, daignez calmer le trouble
de mon âme ; daignez m'apprendre ce que je dois espérer ou craindre. Placé entre l'excès du bonheur et celui
de l'infortune, l'incertitude est un tourment cruel.
Pourquoi vous ai-je parlé ? que n'ai-je pu résister au
charme impérieux qui vous livrait mes pensées ?
Content de vous adorer en silence, je jouissais au moins
de mon amour ; et ce sentiment pur, que ne troublait
point alors l'image de votre douleur, suffisait à ma félicité : mais cette source de bonheur en est devenue une
de désespoir, depuis que j'ai vu couler vos larmes ;
depuis que j'ai entendu ce cruel *Ah ! malheureuse !*
Madame, ces deux mots retentiront longtemps dans
mon cœur. Par quelle fatalité, le plus doux des sentiments ne peut-il vous inspirer que l'effroi ? quelle est
donc cette crainte ? Ah ! ce n'est pas celle de le partager : votre cœur que j'ai mal connu, n'est pas fait pour
l'amour ; le mien, que vous calomniez sans cesse, est
le seul qui soit sensible ; le vôtre est même sans pitié.
S'il n'en était pas ainsi, vous n'auriez pas refusé un mot
de consolation au malheureux qui vous racontait ses
souffrances ; vous ne vous seriez pas soustraite à ses
regards, quand il n'a d'autre plaisir que celui de vous
voir ; vous ne vous seriez pas fait un jeu cruel de son
inquiétude, en lui faisant annoncer que vous étiez
malade sans lui permettre d'aller s'informer de votre
état ; vous auriez senti que cette même nuit, qui n'était
pour vous que douze heures de repos, allait être pour
lui un siècle de douleurs.

Par où, dites-moi, ai-je mérité cette rigueur désolante ? Je ne crains pas de vous prendre pour juge :
qu'ai-je donc fait ? que céder à un sentiment involontaire, inspiré par la beauté et justifié par la vertu ;

toujours contenu par le respect, et dont l'innocent aveu
fut l'effet de la confiance et non de l'espoir : la trahirez-
vous cette confiance que vous-même avez semblé me
permettre, et à laquelle je me suis livré sans réserve ?
Non, je ne puis le croire ; ce serait vous supposer un
tort, et mon cœur se révolte à la seule idée de vous en
trouver un : je désavoue mes reproches ; j'ai pu les
écrire, mais non pas les penser. Ah ! laissez-moi vous
croire parfaite, c'est le seul plaisir qui me reste.
Prouvez-moi que vous l'êtes en m'accordant vos soins
généreux. Quel malheureux avez-vous secouru, qui en
eût autant de besoin que moi ? ne m'abandonnez pas
dans le délire où vous m'avez plongé : prêtez-moi votre
raison, puisque vous avez ravi la mienne ; après m'avoir
corrigé, éclairez-moi pour finir votre ouvrage.

Je ne veux pas vous tromper, vous ne parviendrez
point à vaincre mon amour ; mais vous m'apprendrez
à le régler : en guidant mes démarches, en dictant mes
discours, vous me sauverez au moins du malheur
affreux de vous déplaire. Dissipez surtout cette crainte
désespérante ; dites-moi que vous me pardonnez, que
vous me plaignez ; assurez-moi de votre indulgence.
Vous n'aurez jamais toute celle que je vous désirerais ;
mais je réclame celle dont j'ai besoin : me la refuserez-
vous ?

Adieu, Madame ; recevez avec bonté l'hommage de
mes sentiments ; il ne nuit point à celui de mon respect.

De..., ce 20 août 17**.

LETTRE XXV

LE VICOMTE DE VALMONT À LA MARQUISE DE MERTEUIL

Voici le bulletin d'hier.

A onze heures j'entrai chez madame de Rosemonde ;
et, sous ses auspices, je fus introduit chez la feinte
malade, qui était encore couchée. Elle avait les yeux
très battus ; j'espère qu'elle avait aussi mal dormi que

moi. Je saisis un moment, où madame de Rosemonde
s'était éloignée, pour remettre ma lettre : on refusa de
la prendre ; mais je la laissai sur le lit, et allai bien hon-
nêtement approcher le fauteuil de ma vieille tante, qui
voulait être auprès de *son cher enfant* : il fallut bien
serrer la lettre pour éviter le scandale. La malade dit
maladroitement qu'elle croyait avoir un peu de fièvre.
Madame de Rosemonde m'engagea à lui tâter le pouls,
en vantant beaucoup mes connaissances en médecine.
Ma belle eut donc le double chagrin d'être obligée de
me livrer son bras, et de sentir que son petit mensonge
allait être découvert. En effet, je pris sa main que je
serrai dans une des miennes, pendant que, de l'autre,
je parcourais son bras frais et potelé ; la malicieuse personne ne répondit à rien, ce qui me fit dire en me retirant : « Il n'y a pas même la plus légère émotion. » Je
me doutai que ses regards devaient être sévères, et, pour
la punir, je ne les cherchai pas : un moment après, elle
dit qu'elle voulait se lever, et nous la laissâmes seule.
Elle parut au dîner qui fut triste ; elle annonça qu'elle
n'irait pas se promener, ce qui était me dire que je
n'aurais pas occasion de lui parler. Je sentis bien qu'il
fallait placer là un soupir et un regard douloureux : sans
doute elle s'y attendait, car ce fut le seul moment de
la journée où je parvins à rencontrer ses yeux. Toute
sage qu'elle est, elle a ses petites ruses comme une autre.
Je trouvai le moment de lui demander *si elle avait eu
la bonté de m'instruire de mon sort,* et je fus un peu
étonné de l'entendre me répondre : *Oui, Monsieur, je
vous ai écrit.* J'étais fort empressé d'avoir cette lettre ;
mais soit ruse encore, ou maladresse, ou timidité, elle
ne me la remit que le soir, au moment de se retirer chez
elle. Je vous l'envoie ainsi que le brouillon de la
mienne ; lisez et jugez : voyez avec quelle insigne fausseté elle affirme qu'elle n'a point d'amour, quand je
suis sûr du contraire ; et puis elle se plaindra si je la
trompe après, quand elle ne craint pas de me tromper
avant ! Ma belle amie, l'homme le plus adroit ne peut
encore que se tenir au niveau de la femme la plus vraie.

Il faudra pourtant feindre de croire à tout ce radotage, et se fatiguer de désespoir, parce qu'il plaît à madame de jouer la rigueur ! Le moyen de ne pas se venger de ces noirceurs-là !... ah ! patience... mais adieu. J'ai encore beaucoup à écrire.

A propos, vous me renverrez la lettre de l'inhumaine ; il se pourrait faire que par la suite elle voulût qu'on mît du prix à ces misères-là, et il faut être en règle.

Je ne vous parle pas de la petite Volanges ; nous en causerons au premier jour.

Du château de..., ce 22 août 17**.

LETTRE XXVI

LA PRÉSIDENTE DE TOURVEL AU VICOMTE DE VALMONT

Sûrement, Monsieur, vous n'auriez eu aucune lettre de moi, si ma sotte conduite d'hier au soir ne me forçait d'entrer aujourd'hui en explication avec vous. Oui, j'ai pleuré, je l'avoue : peut-être aussi les deux mots, que vous me citez avec tant de soin, me sont-ils échappés ; larmes et paroles, vous avez tout remarqué ; il faut donc vous expliquer tout.

Accoutumée à n'inspirer que des sentiments honnêtes, à n'entendre que des discours que je puis écouter sans rougir, à jouir par conséquent d'une sécurité que j'ose dire que je mérite, je ne sais ni dissimuler ni combattre les impressions que j'éprouve. L'étonnement et l'embarras où m'a jetée votre procédé ; je ne sais quelle crainte, inspirée par une situation qui n'eût jamais dû être faite pour moi ; peut-être l'idée révoltante de me voir confondue avec les femmes que vous méprisez, et traitée aussi légèrement qu'elles ; toutes ces causes réunies ont provoqué mes larmes, et ont pu me faire dire, avec raison je crois, que j'étais malheureuse. Cette expression, que vous trouvez si forte, serait sûrement beaucoup trop faible encore, si mes pleurs et mes

discours avaient eu un autre motif ; si au lieu de désap-
prouver des sentiments qui doivent m'offenser, j'avais
pu craindre de les partager.

Non, Monsieur, je n'ai pas cette crainte ; si je l'avais,
je fuirais à cent lieues de vous ; j'irais pleurer dans un
désert le malheur de vous avoir connu. Peut-être même,
malgré la certitude où je suis de ne point vous aimer
jamais, peut-être aurais-je mieux fait de suivre les
conseils de mes amis ; de ne pas vous laisser approcher
de moi.

J'ai cru, et c'est là mon seul tort, j'ai cru que vous
respecteriez une femme honnête, qui ne demandait pas
mieux que de vous trouver tel et de vous rendre justice, qui déjà vous défendait, tandis que vous l'outra-
giez par vos vœux criminels. Vous ne me connaissez
pas ; non, Monsieur, vous ne me connaissez pas. Sans
cela, vous n'auriez pas cru vous faire un droit de vos
torts : parce que vous m'avez tenu des discours que je
ne devais pas entendre, vous ne vous seriez pas cru
autorisé à m'écrire une lettre que je ne devais pas lire :
et vous me demandez *de guider vos démarches, de dicter vos discours !* Hé bien, Monsieur, le silence et
l'oubli, voilà les conseils qu'il me convient de vous donner, comme à vous de les suivre ; alors, vous aurez,
en effet, des droits à mon indulgence : il ne tiendrait
qu'à vous d'en obtenir même à ma reconnaissance...
Mais non, je ne ferai point une demande à celui qui
ne m'a point respectée ; je ne donnerai point une marque de confiance à celui qui a abusé de ma sécurité.
Vous me forcez à vous craindre, peut-être à vous haïr :
je ne le voulais pas ; je ne voulais voir en vous que le
neveu de ma plus respectable amie ; j'opposais la voix
de l'amitié à la voix publique qui vous accusait. Vous
avez tout détruit ; et, je le prévois, vous ne voudrez rien
réparer.

Je m'en tiens, Monsieur, à vous déclarer que vos sentiments m'offensent, que leur aveu m'outrage, et surtout que, loin d'en venir un jour à les partager, vous
me forceriez à ne vous revoir jamais, si vous ne vous

imposiez sur cet objet un silence qu'il me semble avoir droit d'attendre, et même d'exiger de vous. Je joins à cette lettre celle que vous m'avez écrite, et j'espère que vous voudrez bien de même me remettre celle-ci ; je serais vraiment peinée qu'il restât aucune trace d'un événement qui n'eût jamais dû exister. J'ai l'honneur d'être, etc.

*De..., ce 21 août 17**.*

LETTRE XXVII

CÉCILE VOLANGES À LA MARQUISE DE MERTEUIL

Mon Dieu, que vous êtes bonne, Madame ! comme vous avez bien senti qu'il me serait plus facile de vous écrire que de vous parler ! Aussi, c'est que ce que j'ai à vous dire, est bien difficile ; mais vous êtes mon amie, n'est-il pas vrai ? Oh ! oui, ma bien bonne amie ! Je vais tâcher de n'avoir pas peur ; et puis, j'ai tant besoin de vous, de vos conseils ! J'ai bien du chagrin, il me semble que tout le monde devine ce que je pense ; et surtout quand il est là, je rougis dès qu'on me regarde. Hier, quand vous m'avez vue pleurer, c'est que je voulais vous parler, et puis, je ne sais quoi m'en empêchait ; et quand vous m'avez demandé ce que j'avais, mes larmes sont venues malgré moi. Je n'aurais pas pu dire une parole. Sans vous, maman allait s'en apercevoir, et qu'est-ce que je serais devenue ? Voilà pourtant comme je passe ma vie, surtout depuis quatre jours !

C'est ce jour-là, Madame, oui je vais vous le dire, c'est ce jour-là que M. le chevalier Danceny m'a écrit : oh ! je vous assure que quand j'ai trouvé sa lettre, je ne savais pas du tout ce que c'était ; mais, pour ne pas mentir, je ne peux pas dire que je n'aie eu bien du plaisir en la lisant ; voyez-vous, j'aimerais mieux avoir du chagrin toute ma vie, que s'il ne me l'eût pas écrite. Mais je savais bien que je ne devais pas le lui dire, et je peux

bien vous assurer même que je lui ai dit que j'en étais
fâchée : mais il dit que c'était plus fort que lui, et je
le crois bien ; car j'avais résolu de ne lui pas répondre,
et pourtant je n'ai pas pu m'en empêcher. Oh ! je ne
lui ai écrit qu'une fois, et même c'était, en partie, pour
lui dire de ne plus écrire : mais malgré cela il m'écrit
toujours ; et comme je ne lui réponds pas, je vois bien
qu'il est triste, et ça m'afflige encore davantage : si bien
que je ne sais plus que faire, ni que devenir, et que je
suis bien à plaindre.

Dites-moi, je vous en prie, Madame, est-ce que ce
serait bien mal de lui répondre de temps en temps ? seulement jusqu'à ce qu'il ait pu prendre sur lui de ne plus
m'écrire lui-même, et de rester comme nous étions
avant : car, pour moi, si cela continue, je ne sais pas
ce que je deviendrai. Tenez, en lisant sa dernière lettre, j'ai pleuré que ça ne finissait pas ; et je suis bien
sûre que si je ne lui réponds pas encore, ça nous fera
bien de la peine.

Je vais vous envoyer sa lettre aussi, ou bien une
copie, et vous jugerez ; vous verrez bien que ce n'est
rien de mal qu'il demande. Cependant si vous trouvez
que ça ne se doit pas, je vous promets de m'en empêcher ; mais je crois que vous penserez comme moi, que
ce n'est pas là du mal.

Pendant que j'y suis, Madame, permettez-moi de
vous faire encore une question : on m'a dit que c'était
mal d'aimer quelqu'un ; mais pourquoi cela ? Ce qui
me fait vous le demander, c'est que M. le chevalier Danceny prétend que ce n'est pas mal du tout, et que presque tout le monde aime ; si cela était, je ne vois pas
pourquoi je serais la seule à m'en empêcher ; ou bien
est-ce que ce n'est un mal que pour les demoiselles ?
car j'ai entendu maman elle-même dire que Madame
D… aimait M. M… et elle n'en parlait pas comme
d'une chose qui serait si mal ; et pourtant je suis sûre
qu'elle se fâcherait contre moi, si elle se doutait seulement de mon amitié pour M. Danceny. Elle me traite
toujours comme un enfant, maman ; et elle ne me dit

rien du tout. Je croyais, quand elle m'a fait sortir du couvent, que c'était pour me marier ; mais à présent il me semble que non : ce n'est pas que je m'en soucie, je vous assure ; mais vous, qui êtes si amie avec elle, vous savez peut-être ce qui en est, et si vous le savez, j'espère que vous me le direz.

Voilà une bien longue lettre, Madame, mais puisque vous m'avez permis de vous écrire, j'en ai profité pour vous dire tout, et je compte sur votre amitié.

J'ai l'honneur d'être, etc.

Paris, ce 23 août 17**.

LETTRE XXVIII

LE CHEVALIER DANCENY À CÉCILE VOLANGES

Eh ! quoi, Mademoiselle, vous refusez toujours de me répondre ! rien ne peut vous fléchir ; et chaque jour emporte avec lui l'espoir qu'il avait amené ! Quelle est donc cette amitié que vous consentez qui subsiste entre nous, si elle n'est pas même assez puissante pour vous rendre sensible à ma peine ; si elle vous laisse froide et tranquille, tandis que j'éprouve les tourments d'un feu que je ne puis éteindre ; si, loin de vous inspirer de la confiance, elle ne suffit pas même à faire naître votre pitié ? Quoi ! votre ami souffre et vous ne faites rien pour le secourir ! Il ne vous demande qu'un mot, et vous le lui refusez ! et vous voulez qu'il se contente d'un sentiment si faible, dont vous craignez encore de lui réitérer les assurances !

Vous ne voudriez pas être ingrate, disiez-vous hier : ah ! croyez-moi, Mademoiselle, vouloir payer de l'amour avec de l'amitié, ce n'est pas craindre l'ingratitude, c'est redouter seulement d'en avoir l'air. Cependant je n'ose plus vous entretenir d'un sentiment qui ne peut que vous être à charge, s'il ne vous intéresse pas ; il faut au moins le renfermer en soi-même, en attendant que j'apprenne à le vaincre. Je sens combien ce travail sera pénible ; je ne me dissimule pas que j'aurai besoin de toutes mes forces ; je tenterai tous les moyens : il en est un qui coûtera le plus à mon cœur, ce sera celui de me répéter souvent que le vôtre est insensible. J'essaierai même de vous voir moins, et déjà je m'occupe d'en trouver un prétexte plausible.

Quoi ! je perdrais la douce habitude de vous voir chaque jour ! Ah ! du moins je ne cesserai jamais de la regretter. Un malheur éternel sera le prix de l'amour le plus tendre ; et vous l'aurez voulu, et ce sera votre ouvrage ! Jamais, je le sens, je ne retrouverai le bonheur que je perds aujourd'hui ; vous seule étiez faite pour mon cœur ; avec quel plaisir je ferais le serment de ne vivre que pour vous. Mais vous ne voulez pas le recevoir ; votre silence m'apprend assez que votre cœur ne vous dit rien pour moi ; il est à la fois la preuve la plus sûre de votre indifférence, et la manière la plus cruelle de me l'annoncer. Adieu, Mademoiselle.

Je n'ose plus me flatter d'une réponse ; l'amour l'eût écrite avec empressement, l'amitié avec plaisir, la pitié même avec complaisance : mais la pitié, l'amitié et l'amour, sont également étrangers à votre cœur.

*Paris, ce 23 août 17**.*

LETTRE XXIX

CÉCILE VOLANGES À SOPHIE CARNAY

Je te le disais bien, Sophie, qu'il y avait des cas où on pouvait écrire ; et je t'assure que je me reproche bien d'avoir suivi ton avis, qui nous a tant fait de peine, au chevalier Danceny et à moi. La preuve que j'avais raison, c'est que madame de Merteuil, qui est une femme qui sûrement le sait bien, a fini par penser comme moi. Je lui ai tout avoué. Elle m'a bien dit d'abord comme toi : mais quand je lui ai eu tout expliqué, elle est convenue que c'était bien différent ; elle exige seulement que je lui fasse voir toutes mes lettres et toutes celles du

chevalier Danceny, afin d'être sûre que je ne dirai que
ce qu'il faudra ; ainsi, à présent, me voilà tranquille.
Mon Dieu, que je l'aime madame de Merteuil ! Elle
est si bonne ! et c'est une femme bien respectable. Ainsi
il n'y a rien à dire.

Comme je m'en vas écrire à M. Danceny, et comme
il va être content ! il le sera encore plus qu'il ne croit ;
car jusqu'ici je ne lui parlais que de mon amitié, et lui
voulait toujours que je dise mon amour. Je crois que
c'était bien la même chose ; mais enfin je n'osais pas,
et il tenait à cela. Je l'ai dit à madame de Merteuil ;
elle m'a dit que j'avais eu raison, et qu'il ne fallait
convenir d'avoir de l'amour, que quand on ne pouvait
plus s'en empêcher : or je suis bien sûre que je ne pourrai pas m'en empêcher plus longtemps ; après tout c'est
la même chose, et cela lui plaira davantage.

Madame de Merteuil m'a dit aussi qu'elle me prête-
rait des livres qui parlaient de tout cela, et qui
m'apprendraient bien à me conduire, et aussi à mieux
écrire que je ne fais : car, vois-tu, elle me dit tous mes
défauts, ce qui est une preuve qu'elle m'aime bien ; elle
m'a recommandé seulement de ne rien dire à maman
de ces livres-là, parce que ça aurait l'air de trouver
qu'elle a trop négligé mon éducation, et ça pourrait la
fâcher. Oh ! je ne lui en dirai rien.

C'est pourtant bien extraordinaire qu'une femme qui
ne m'est presque pas parente prenne plus de soin de
moi que ma mère ! c'est bien heureux pour moi de
l'avoir connue !

Elle a demandé aussi à maman de me mener après-
demain à l'Opéra, dans sa loge ; elle m'a dit que nous
y serions toutes seules, et nous causerons tout le temps,
sans craindre qu'on nous entende : j'aime bien mieux
cela que l'Opéra. Nous causerons aussi de mon
mariage : car elle m'a dit que c'était bien vrai que
j'allais me marier ; mais nous n'avons pas pu en dire
davantage. Par exemple, n'est-ce pas encore bien étonnant que maman ne m'en dise rien du tout ?

Adieu, ma Sophie, je m'en vas écrire au chevalier Danceny. Oh ! je suis bien contente.

*De..., ce 24 août 17**.*

LETTRE XXX

CÉCILE VOLANGES AU CHEVALIER DANCENY

Enfin, Monsieur, je consens à vous écrire, à vous assurer de mon amitié, de mon *amour,* puisque, sans cela, vous seriez malheureux. Vous dites que je n'ai pas bon cœur ; je vous assure bien que vous vous trompez, et j'espère qu'à présent vous n'en doutez plus. Si vous avez du chagrin de ce que je ne vous écrivais pas, croyez-vous que ça ne me faisait pas de la peine aussi ? Mais c'est que, pour toute chose au monde, je ne voudrais pas faire quelque chose qui fût mal ; et même je ne serais sûrement pas convenue de mon amour, si j'avais pu m'en empêcher : mais votre tristesse me faisait trop de peine. J'espère qu'à présent vous n'en aurez plus, et que nous allons être bien heureux.

Je compte avoir le plaisir de vous voir ce soir, et que vous viendrez de bonne heure ; ce ne sera jamais aussi tôt que je le désire. Maman soupe chez elle, et je crois qu'elle vous proposera d'y rester : j'espère que vous ne serez pas engagé comme avant-hier. C'était donc bien agréable, le souper où vous alliez ? car vous y avez été de bien bonne heure. Mais enfin ne parlons pas de ça : à présent que vous savez que je vous aime, j'espère que vous resterez avec moi le plus que vous pourrez ; car je ne suis contente que lorsque je suis avec vous, et je voudrais bien que vous fussiez tout de même.

Je suis bien fâchée que vous êtes encore triste à présent, mais ce n'est pas ma faute. Je demanderai à jouer de la harpe aussitôt que vous serez arrivé, afin que vous ayez ma lettre tout de suite. Je ne peux mieux faire.

Adieu, Monsieur. Je vous aime bien, de tout mon

cœur ; plus je vous le dis, plus je suis contente ; j'espère
que vous le serez aussi.

De..., ce 24 août 17**.

LETTRE XXXI

LE CHEVALIER DANCENY À CÉCILE VOLANGES

Oui, sans doute, nous serons heureux. Mon bonheur
est bien sûr, puisque je suis aimé de vous ; le vôtre ne
finira jamais, s'il doit durer, autant que l'amour que
vous m'avez inspiré. Quoi ! vous m'aimez, vous ne
craignez plus de m'assurer de votre *amour ! Plus vous
me le dites, et plus vous êtes contente !* Après avoir lu
ce charmant *je vous aime,* écrit de votre main, j'ai
entendu votre belle bouche m'en répéter l'aveu. J'ai
vu se fixer sur moi ces yeux charmants, qu'embellissait encore l'expression de la tendresse. J'ai reçu vos
serments de vivre toujours pour moi. Ah ! recevez le
mien de consacrer ma vie entière à votre bonheur ;
recevez-le, et soyez sûre que je ne le trahirai pas.

Quelle heureuse journée nous avons passée hier !
Ah ! pourquoi madame de Merteuil n'a-t-elle pas tous
les jours des secrets à dire à votre maman ? pourquoi
faut-il que l'idée de la contrainte qui nous attend,
vienne se mêler au souvenir délicieux qui m'occupe ?
pourquoi ne puis-je sans cesse tenir cette jolie main qui
m'a écrit *je vous aime !* la couvrir de baisers, et me venger ainsi du refus que vous m'avez fait d'une faveur
plus grande !

Dites-moi, ma Cécile, quand votre maman a été rentrée ; quand nous avons été forcés, par sa présence, de
n'avoir plus l'un pour l'autre que des regards indiffé-
rents ; quand vous ne pouviez plus me consoler par
l'assurance de votre amour, du refus que vous faisiez
de m'en donner des preuves, n'avez-vous donc senti
aucun regret ? ne vous êtes-vous pas dit : Un baiser
l'eût rendu plus heureux, et c'est moi qui lui ai ravi ce

bonheur ? Promettez-moi, mon aimable amie, qu'à la première occasion vous serez moins sévère. A l'aide de cette promesse, je trouverai du courage pour supporter les contrariétés que les circonstances nous préparent ; et les privations cruelles seront au moins adoucies par la certitude que vous en partagez le secret.

Adieu, ma charmante Cécile : voici l'heure où je dois me rendre chez vous. Il me serait impossible de vous quitter, si ce n'était pour aller vous revoir. Adieu, vous que j'aime tant ! vous, que j'aimerai toujours davantage !

*De..., ce 25 août 17**.*

LETTRE XXXII

MADAME DE VOLANGES À LA PRÉSIDENTE DE TOURVEL

Vous voulez donc, Madame, que je croie à la vertu de M. de Valmont ? J'avoue que je ne puis m'y résoudre, et que j'aurais autant de peine à le juger honnête, d'après le seul fait que vous me racontez, qu'à croire vicieux un homme de bien reconnu, dont j'apprendrais une faute. L'humanité n'est parfaite dans aucun genre, pas plus dans le mal que dans le bien. Le scélérat a ses vertus, comme l'honnête homme a ses faiblesses. Cette vérité me paraît d'autant plus nécessaire à croire, que c'est d'elle que dérive la nécessité de l'indulgence pour les méchants comme pour les bons ; et qu'elle préserve ceux-ci de l'orgueil, et sauve les autres du découragement. Vous trouverez sans doute que je pratique bien mal dans ce moment cette indulgence que je prêche ; mais je ne vois plus en elle qu'une faiblesse dangereuse, quand elle nous mène à traiter de même le vicieux et l'homme de bien.

Je ne me permettrai point de scruter les motifs de l'action de M. de Valmont ; je veux croire qu'ils sont louables comme elle : mais en a-t-il moins passé sa vie à porter dans les familles le trouble, le déshonneur et le

scandale ? Écoutez, si vous voulez, la voix du malheureux qu'il a secouru ; mais qu'elle ne vous empêche pas
d'entendre les cris de cent victimes qu'il a immolées.
Quand il ne serait, comme vous le dites, qu'un exemple du danger des liaisons, en serait-il moins lui-même
une liaison dangereuse ? Vous le supposez susceptible
d'un retour heureux ? allons plus loin ; supposons ce
miracle arrivé. Ne resterait-il pas contre lui l'opinion
publique, et ne suffit-elle pas pour régler votre
conduite ? Dieu seul peut absoudre au moment du
repentir ; il lit dans les cœurs : mais les hommes ne peuvent juger les pensées que par les actions ; et nul d'entre
eux, après avoir perdu l'estime des autres, n'a droit de
se plaindre de la méfiance nécessaire, qui rend cette
perte si difficile à réparer. Songez surtout, ma jeune
amie, que quelquefois il suffit, pour perdre cette estime,
d'avoir l'air d'y attacher trop peu de prix ; et ne taxez
pas cette sévérité d'injustice : car, outre qu'on est fondé
à croire qu'on ne renonce pas à ce bien précieux quand
on a droit d'y prétendre, celui-là est en effet plus près
de mal faire, qui n'est plus contenu par ce frein puissant. Tel serait cependant l'aspect sous lequel vous
montrerait une liaison intime avec M. de Valmont,
quelque innocente qu'elle pût être.

Effrayée de la chaleur avec laquelle vous le défendez, je me hâte de prévenir les objections que je prévois. Vous me citerez madame de Merteuil, à qui on
a pardonné cette liaison ; vous me demanderez pourquoi je le reçois chez moi ; vous me direz que loin d'être
rejeté par les gens honnêtes, il est admis, recherché
même dans ce qu'on appelle la bonne compagnie. Je
peux, je crois, répondre à tout.

D'abord madame de Merteuil, en effet très estimable, n'a peut-être d'autre défaut que trop de confiance
en ses forces ; c'est un guide adroit qui se plaît à
conduire un char entre les rochers et les précipices, et
que le succès seul justifie : il est juste de la louer, il serait
imprudent de la suivre ; elle-même en convient et s'en
accuse. A mesure qu'elle a vu davantage, ses principes

sont devenus plus sévères ; et je ne crains pas de vous assurer qu'elle penserait comme moi.

Quant à ce qui me regarde, je ne me justifierai pas plus que les autres. Sans doute, je reçois M. de Valmont, et il est reçu partout ; c'est une inconséquence de plus à ajouter à mille autres qui gouvernent la société. Vous savez, comme moi, qu'on passe sa vie à les remarquer, à s'en plaindre et à s'y livrer. M. de Valmont, avec un beau nom, une grande fortune, beaucoup de qualités aimables, a reconnu de bonne heure que pour avoir l'empire dans la société, il suffisait de manier, avec une égale adresse, la louange et le ridicule. Nul ne possède comme lui ce double talent : il séduit avec l'un, et se fait craindre avec l'autre. On ne l'estime pas ; mais on le flatte. Telle est son existence au milieu d'un monde qui, plus prudent que courageux, aime mieux le ménager que le combattre.

Mais ni madame de Merteuil elle-même, ni aucune autre femme, n'oserait sans doute aller s'enfermer à la campagne, presque en tête à tête avec un tel homme. Il était réservé à la plus sage, à la plus modeste d'entre elles, de donner l'exemple de cette inconséquence ; pardonnez-moi ce mot, il échappe à l'amitié. Ma belle amie, votre honnêteté même vous trahit, par la sécurité qu'elle vous inspire. Songez donc que vous aurez pour juges, d'une part, des gens frivoles, qui ne croiront pas à une vertu dont ils ne trouvent pas le modèle chez eux ; et de l'autre, des méchants qui feindront de n'y pas croire, pour vous punir de l'avoir eue. Considérez que vous faites, dans ce moment, ce que quelques hommes n'oseraient pas risquer. En effet, parmi les jeunes gens, dont M. de Valmont ne s'est que trop rendu l'oracle, je vois les plus sages craindre de paraître liés trop intimement avec lui ; et vous, vous ne le craignez pas ! Ah ! revenez, revenez, je vous en conjure... Si mes raisons ne suffisent pas pour vous persuader, cédez à mon amitié ; c'est elle qui me fait renouveler mes instances, c'est à elle à les justifier. Vous la trouvez sévère, et je désire qu'elle soit inutile ; mais

j'aime mieux que vous ayez à vous plaindre de sa sollicitude que de sa négligence.

De..., ce 24 août 17**.

LETTRE XXXIII

LA MARQUISE DE MERTEUIL AU VICOMTE DE VALMONT

Dès que vous craignez de réussir, mon cher Vicomte,
dès que votre projet est de fournir des armes contre
vous, et que vous désirez moins de vaincre que de combattre, je n'ai plus rien à dire. Votre conduite est un
chef-d'œuvre de prudence. Elle en serait un de sottise
dans la supposition contraire ; et pour vous parler vrai,
je crains que vous ne vous fassiez illusion.

Ce que je vous reproche n'est pas de n'avoir point
profité du moment. D'une part, je ne vois pas clairement qu'il fût venu ; de l'autre, je sais assez, quoi qu'on
en dise, qu'une occasion manquée se retrouve, tandis
qu'on ne revient jamais d'une démarche précipitée.

Mais la véritable école [1] est de vous être laissé aller
à écrire. Je vous défie à présent de prévoir où ceci peut
vous mener. Par hasard, espérez-vous prouver à cette
femme qu'elle doit se rendre ? Il me semble que ce ne
peut être là qu'une vérité de sentiment, et non de
démonstration ; et que pour la faire recevoir, il s'agit
d'attendrir et non de raisonner ; mais à quoi vous servirait d'attendrir par lettres, puisque vous ne seriez pas
là pour en profiter ? Quand vos belles phrases produi-
raient l'ivresse de l'amour, vous flattez-vous qu'elle soit
assez longue pour que la réflexion n'ait pas le temps
d'en empêcher l'aveu ? Songez donc à celui qu'il faut
pour écrire une lettre, à celui qui se passe avant qu'on
la remette ; et voyez si, surtout une femme à principes
comme votre Dévote, peut vouloir si longtemps ce

_____

1. Faute d'écolier. Vocabulaire du jeu : l'*école* est le fait d'oublier
de marquer un point au trictrac.

qu'elle tâche de ne vouloir jamais. Cette marche peut
réussir avec des enfants, qui, quand ils écrivent « je
vous aime », ne savent pas qu'ils disent « je me
rends ». Mais la vertu raisonneuse de madame de Tourvel, me paraît fort bien connaître la valeur des termes.
Aussi, malgré l'avantage que vous aviez pris sur elle
dans votre conversation, elle vous bat dans sa lettre.
Et puis, savez-vous ce qui arrive ? par cela seul qu'on
dispute, on ne veut pas céder. A force de chercher de
bonnes raisons, on en trouve ; on les dit ; et après on
y tient, non pas tant parce qu'elles sont bonnes que
pour ne pas se démentir.

De plus, une remarque que je m'étonne que vous
n'ayez pas faite, c'est qu'il n'y a rien de si difficile en
amour, que d'écrire ce qu'on ne sent pas. Je dis écrire
d'une façon vraisemblable : ce n'est pas qu'on ne se
serve des mêmes mots ; mais on ne les arrange pas de
même, ou plutôt on les arrange, et cela suffit. Relisez
votre lettre : il y règne un ordre qui vous décèle à chaque phrase. Je veux croire que votre Présidente est assez
peu formée pour ne s'en pas apercevoir : mais qu'importe ? l'effet n'en est pas moins manqué. C'est le
défaut des romans ; l'auteur se bat les flancs pour
s'échauffer, et le lecteur reste froid. *Héloïse* est le seul
qu'on en puisse excepter ; et malgré le talent de
l'auteur, cette observation m'a toujours fait croire que
le fonds en était vrai. Il n'en est pas de même en parlant. L'habitude de travailler son organe y donne de
la sensibilité ; la facilité des larmes y ajoute encore :
l'expression du désir se confond dans les yeux avec celle
de la tendresse ; enfin le discours moins suivi amène
plus aisément cet air de trouble et de désordre, qui est
la véritable éloquence de l'amour ; et surtout la présence de l'objet aimé empêche la réflexion et nous fait
désirer d'être vaincues.

Croyez-moi, Vicomte : on vous demande de ne plus
écrire : profitez-en pour réparer votre faute et attendez l'occasion de parler. Savez-vous que cette femme
a plus de force que je ne croyais ? Sa défense est

bonne ; et sans la longueur de sa lettre, et le prétexte qu'elle vous donne pour rentrer en matière dans sa phrase de reconnaissance, elle ne se serait pas du tout trahie.

Ce qui me paraît encore devoir vous rassurer sur le succès, c'est qu'elle use trop de forces à la fois ; je prévois qu'elle les épuisera pour la défense du mot, et qu'il ne lui en restera plus pour celle de la chose.

Je vous renvoie vos deux lettres, et si vous êtes prudent, ce seront les dernières jusqu'après l'heureux moment. S'il était moins tard, je vous parlerais de la petite Volanges qui avance assez vite et dont je suis fort contente. Je crois que j'aurai fini avant vous, et vous devez en être bien heureux. Adieu pour aujourd'hui.

De..., ce 24 août 17**.

LETTRE XXXIV

LE VICOMTE DE VALMONT À LA MARQUISE DE MERTEUIL

Vous parlez à merveille, ma belle amie : mais pourquoi vous tant fatiguer à prouver ce que personne n'ignore ? Pour aller vite en amour, il vaut mieux parler qu'écrire ; voilà, je crois, toute votre lettre. Eh mais ! ce sont les plus simples éléments de l'art de séduire. Je remarquerai seulement que vous ne faites qu'une exception à ce principe, et qu'il y en a deux. Aux enfants qui suivent cette marche par timidité et se livrent par ignorance, il faut joindre les femmes beaux esprits, qui s'y laissent engager par amour-propre, et que la vanité conduit dans le piège. Par exemple, je suis bien sûr que la comtesse de B... qui répondit sans difficulté à ma première lettre, n'avait pas alors plus d'amour pour moi que moi pour elle ; et qu'elle ne vit que l'occasion de traiter un sujet qui devait lui faire honneur.

Quoi qu'il en soit, un avocat vous dirait que le principe ne s'applique pas à la question. En effet, vous sup-

posez que j'ai le choix entre écrire et parler, ce qui n'est
pas. Depuis l'affaire du 19, mon inhumaine, qui se tient
sur la défense, a mis à éviter les rencontres, une adresse
qui a déconcerté la mienne. C'est au point que si cela
continue, elle me forcera à m'occuper sérieusement des
moyens de reprendre cet avantage ; car assurément je
ne veux être vaincu par elle en aucun genre. Mes lettres mêmes sont le sujet d'une petite guerre : non
contente de n'y pas répondre, elle refuse de les recevoir. Il faut pour chacune une ruse nouvelle, et qui ne
réussit pas toujours.

Vous vous rappelez par quel moyen simple j'avais
remis la première ; la seconde n'offrit pas plus de difficulté. Elle m'avait demandé de lui rendre sa lettre :
je lui donnai la mienne en place, sans qu'elle eût le
moindre soupçon. Mais soit dépit d'avoir été attrapée,
soit caprice, ou enfin soit vertu, car elle me forcera d'y
croire, elle refusa obstinément la troisième. J'espère
pourtant que l'embarras où a pensé la mettre la suite
de ce refus, la corrigera pour l'avenir.

Je ne fus pas très étonné qu'elle ne voulût pas recevoir cette lettre que je lui offrais tout simplement ; c'eût
été déjà accorder quelque chose, et je m'attends à une
plus longue défense. Après cette tentative, qui n'était
qu'un essai fait en passant, je mis une enveloppe à ma
lettre ; et prenant le moment de la toilette, où madame
de Rosemonde et la femme de chambre étaient présentes, je la lui envoyai par mon chasseur, avec ordre de
lui dire que c'était le papier qu'elle m'avait demandé.
J'avais bien deviné qu'elle craindrait l'explication scandaleuse que nécessiterait un refus : en effet elle prit la
lettre ; et mon ambassadeur, qui avait ordre d'observer sa figure, et qui ne voit pas mal, n'aperçut qu'une
légère rougeur et plus d'embarras que de colère.

Je me félicitais donc, bien sûr, ou qu'elle garderait
cette lettre, ou que si elle voulait me la rendre, il faudrait qu'elle se trouvât seule avec moi ; ce qui me donnerait une occasion de lui parler. Environ une heure
après, un de ses gens entre dans ma chambre et me

remet, de la part de sa maîtresse, un paquet d'une autre forme que le mien, et sur l'enveloppe duquel je reconnais l'écriture tant désirée. J'ouvre avec précipitation... C'était ma lettre elle-même, non décachetée et pliée seulement en deux. Je soupçonne que la crainte que je ne fusse moins scrupuleux qu'elle sur le scandale, lui a fait employer cette ruse diabolique.

Vous me connaissez ; je n'ai pas besoin de vous peindre ma fureur. Il fallut pourtant reprendre son sang-froid, et chercher de nouveaux moyens. Voici le seul que je trouvai.

On va d'ici, tous les matins, chercher les lettres à la poste, qui est à environ trois quarts de lieue : on se sert, pour cet objet, d'une boîte couverte à peu près comme un tronc, dont le maître de la poste a une clef et madame de Rosemonde l'autre. Chacun y met ses lettres dans la journée, quand bon lui semble ; on les porte le soir à la poste, et le matin on va chercher celles qui sont arrivées. Tous les gens, étrangers ou autres, font ce service également. Ce n'était pas le tour de mon domestique ; mais il se chargea d'y aller, sous le prétexte qu'il avait affaire de ce côté.

Cependant j'écrivis ma lettre. Je déguisai mon écriture pour l'adresse, et je contrefis assez bien, sur l'enveloppe, le timbre de *Dijon*. Je choisis cette ville, parce que je trouvai plus gai, puisque je demandais les mêmes droits que le mari, d'écrire aussi du même lieu, et aussi parce que ma belle avait parlé toute la journée du désir qu'elle avait de recevoir des lettres de Dijon. Il me parut juste de lui procurer ce plaisir.

Ces précautions une fois prises, il était facile de faire joindre cette lettre aux autres. Je gagnais encore à cet expédient, d'être témoin de la réception : car l'usage est ici de se rassembler pour déjeuner et d'attendre l'arrivée des lettres avant de se séparer. Enfin elles arrivèrent.

Madame de Rosemonde ouvrit la boîte. « De Dijon », dit-elle, en donnant la lettre à madame de Tourvel. « Ce n'est pas l'écriture de mon mari », reprit

celle-ci d'une voix inquiète, en rompant le cachet avec
vivacité : le premier coup d'œil l'instruisit ; et il se fit
une telle révolution sur sa figure que madame de Rosemonde s'en aperçut, et lui dit : « Qu'avez-vous ? » Je
m'approchai aussi, en disant : « Cette lettre est donc
bien terrible ? » La timide dévote n'osait lever les yeux,
ne disait mot, et, pour sauver son embarras, feignait
de parcourir l'épître, qu'elle n'était guère en état de lire.
Je jouissais de son trouble ; et n'étant pas fâché de la
pousser un peu : « Votre air plus tranquille, ajoutai-
je, fait espérer que cette lettre vous a causé plus d'étonnement que de douleur. » La colère alors l'inspira
mieux que n'eût pu faire la prudence. « Elle contient,
répondit-elle, des choses qui m'offensent, et que je suis
étonnée qu'on ait osé m'écrire. » — « Et qui donc ? »
interrompit madame de Rosemonde. « Elle n'est pas
signée », répondit la belle courroucée : « mais la lettre
et son auteur m'inspirent un égal mépris. On m'obli-
gera de ne m'en plus parler. » En disant ces mots, elle
déchira l'audacieuse missive, en mit les morceaux dans
sa poche, se leva, et sortit.

Malgré cette colère, elle n'en a pas moins eu ma lettre ; et je m'en remets bien à sa curiosité, du soin de
l'avoir lue en entier.

Le détail de la journée me mènerait trop loin. Je joins
à ce récit le brouillon de mes deux lettres : vous serez
aussi instruite que moi. Si vous voulez être au courant
de ma correspondance, il faut vous accoutumer à
déchiffrer mes minutes : car pour rien au monde, je
ne dévorerais l'ennui de les recopier. Adieu, ma belle
amie.

De..., ce 25 août 17**.

LETTRE XXXV

LE VICOMTE DE VALMONT À LA PRÉSIDENTE DE TOURVEL

Il faut vous obéir, Madame, il faut vous prouver qu'au milieu des torts que vous vous plaisez à me croire, il me reste au moins assez de délicatesse pour ne pas me permettre un reproche, et assez de courage pour m'imposer les plus douloureux sacrifices. Vous m'ordonnez le silence et l'oubli ! eh bien ! je forcerai mon amour à se taire ; et j'oublierai, s'il est possible, la façon cruelle dont vous l'avez accueilli. Sans doute le désir de vous plaire n'en donnait pas le droit ; et j'avoue encore que le besoin que j'avais de votre indulgence, n'était pas un titre pour l'obtenir : mais vous regardez mon amour comme un outrage ; vous oubliez que si ce pouvait être un tort, vous en seriez à la fois et la cause et l'excuse. Vous oubliez aussi, qu'accoutumé à vous ouvrir mon âme, lors même que cette confiance pouvait me nuire, il ne m'était plus possible de vous cacher les sentiments dont je suis pénétré ; et ce qui fut l'ouvrage de ma bonne foi, vous le regardez comme le fruit de l'audace. Pour prix de l'amour le plus tendre, le plus respectueux, le plus vrai, vous me rejetez loin de vous. Vous me parlez enfin de votre haine... Quel autre ne se plaindrait pas d'être traité ainsi ? Moi seul, je me soumets ; je souffre tout et ne murmure point ; vous frappez et j'adore. L'inconcevable empire que vous avez sur moi vous rend maîtresse absolue de mes sentiments ; et si mon amour seul vous résiste, si vous ne pouvez le détruire, c'est qu'il est votre ouvrage et non pas le mien.

Je ne demande point un retour dont jamais je ne me suis flatté. Je n'attends pas même cette pitié, que l'intérêt que vous m'aviez témoigné quelquefois pouvait me faire espérer. Mais je crois, je l'avoue, pouvoir réclamer votre justice.

Vous m'apprenez, Madame, qu'on a cherché à me nuire dans votre esprit. Si vous en eussiez cru les

conseils de vos amis, vous ne m'eussiez pas même laissé
approcher de vous : ce sont vos termes. Quels sont donc
ces amis officieux ? Sans doute ces gens si sévères, et
d'une vertu si rigide, consentent à être nommés ; sans
doute ils ne voudraient pas se couvrir d'une obscurité
qui les confondrait avec de vils calomniateurs ; et je
n'ignorerai ni leur nom, ni leurs reproches. Songez,
Madame, que j'ai le droit de savoir l'un et l'autre, puisque vous me jugez d'après eux. On ne condamne point
un coupable sans lui dire son crime, sans lui nommer
ses accusateurs. Je ne demande point d'autre grâce, et
je m'engage d'avance à me justifier, à les forcer de se
dédire.

Si j'ai trop méprisé, peut-être, les vaines clameurs
d'un public dont je fais peu de cas, il n'en est pas ainsi
de votre estime ; et quand je consacre ma vie à la mériter, je ne me la laisserai pas ravir impunément. Elle me
devient d'autant plus précieuse, que je lui devrai sans
doute cette demande que vous craignez de me faire, et
qui me donnerait, dites-vous, *des droits à votre reconnaissance*. Ah ! loin d'en exiger, je croirai vous en
devoir, si vous me procurez l'occasion de vous être
agréable. Commencez donc à me rendre plus de justice, en ne me laissant plus ignorer ce que vous désirez
de moi. Si je pouvais le deviner, je vous éviterais la
peine de le dire. Au plaisir de vous voir, ajoutez le bonheur de vous servir, et je me louerai de votre indulgence.
Qui [1] peut donc vous arrêter ? ce n'est pas, je l'espère,
la crainte d'un refus ? je sens que je ne pourrais vous
la pardonner. Ce n'en est pas un que de ne pas vous
rendre votre lettre. Je désire plus que vous, qu'elle ne
me soit plus nécessaire : mais accoutumé à vous croire
une âme si douce, ce n'est que dans cette lettre que je
puis vous trouver telle que vous voulez paraître. Quand
je forme le vœu de vous rendre sensible, j'y vois que
plutôt que d'y consentir, vous fuiriez à cent lieues de
moi ; quand tout en vous augmente et justifie mon

1. Quel motif ? (neutre, emploi classique).

amour, c'est encore elle qui me répète que mon amour
vous outrage ; et lorsqu'en vous voyant, cet amour me
semble le bien suprême, j'ai besoin de vous lire, pour
sentir que ce n'est qu'un affreux tourment. Vous conce-
vez à présent que mon plus grand bonheur serait de
pouvoir vous rendre cette lettre fatale : me la demander encore serait m'autoriser à ne plus croire ce qu'elle
contient ; vous ne doutez pas, j'espère, de mon empressement à vous la remettre.

*De..., ce 21 août 17**.*

LETTRE XXXVI

LE VICOMTE DE VALMONT À LA PRÉSIDENTE DE TOURVEL
(Timbrée de Dijon.)

Votre sévérité augmente chaque jour, Madame, et
si je l'ose dire, vous semblez craindre moins d'être
injuste que d'être indulgente. Après m'avoir condamné
sans m'entendre, vous avez dû sentir, en effet, qu'il vous
serait plus facile de ne pas lire mes raisons que d'y
répondre. Vous refusez mes lettres avec obstination ;
vous me les renvoyez avec mépris. Vous me forcez enfin
de recourir à la ruse, dans le moment même où mon
unique but est de vous convaincre de ma bonne foi.
La nécessité où vous m'avez mis de me défendre, suffira sans doute pour en excuser les moyens. Convaincu
d'ailleurs par la sincérité de mes sentiments, que pour
les justifier à vos yeux il me suffit de vous les faire bien
connaître, j'ai cru pouvoir me permettre ce léger
détour. J'ose croire aussi que vous me le pardonnerez ;
et que vous serez peu surprise que l'amour soit plus
ingénieux à se produire, que l'indifférence à l'écarter.
Permettez donc, Madame, que mon cœur se dévoile
entièrement à vous. Il vous appartient, il est juste que
vous le connaissiez.
J'étais bien éloigné, en arrivant chez madame de
Rosemonde, de prévoir le sort qui m'y attendait.

J'ignorais que vous y fussiez ; et j'ajouterai, avec la sincérité qui me caractérise, que quand je l'aurais su, ma sécurité n'en eût point été troublée : non que je ne rendisse à votre beauté la justice qu'on ne peut lui refuser ; mais accoutumé à n'éprouver que des désirs, à ne me livrer qu'à ceux que l'espoir encourageait, je ne connaissais pas les tourments de l'amour.

Vous fûtes témoin des instances que me fit madame de Rosemonde pour m'arrêter quelque temps. J'avais déjà passé une journée avec vous : cependant je ne me rendis, ou au moins je ne crus me rendre qu'au plaisir, si naturel et si légitime, de témoigner des égards à une parente respectable. Le genre de vie qu'on menait ici différait beaucoup sans doute de celui auquel j'étais accoutumé ; il ne m'en coûta rien de m'y conformer ; et, sans chercher à pénétrer la cause du changement qui s'opérait en moi, je l'attribuais uniquement encore à cette facilité de caractère, dont je crois vous avoir déjà parlé.

Malheureusement (et pourquoi faut-il que ce soit un malheur ?), en vous connaissant mieux je reconnus bientôt que cette figure enchanteresse, qui seule m'avait frappé, était le moindre de vos avantages ; votre âme céleste étonna, séduisit la mienne. J'admirais la beauté, j'adorai la vertu. Sans prétendre à vous obtenir, je m'occupai de vous mériter. En réclamant votre indulgence pour le passé, j'ambitionnai votre suffrage pour l'avenir. Je le cherchais dans vos discours, je l'épiais dans vos regards ; dans ces regards d'où partait un poison d'autant plus dangereux, qu'il était répandu sans dessein et reçu sans méfiance.

Alors je connus l'amour. Mais que j'étais loin de m'en plaindre ! résolu de l'ensevelir dans un éternel silence, je me livrais sans crainte comme sans réserve, à ce sentiment délicieux. Chaque jour augmentait son empire. Bientôt le plaisir de vous voir se changea en besoin. Vous absentiez-vous un moment ? mon cœur se serrait de tristesse ; au bruit qui m'annonçait votre retour, il palpitait de joie. Je n'existais plus que par

vous, et pour vous. Cependant, c'est vous-même que
j'adjure : jamais dans la gaieté des folâtres jeux, ou
dans l'intérêt d'une conversation sérieuse, m'échappa-
t-il un mot qui pût trahir le secret de mon cœur ?

Enfin un jour arriva où devait commencer mon
infortune ; et par une inconcevable fatalité, une action
honnête en devint le signal. Oui, Madame, c'est au
milieu des malheureux que j'avais secourus, que, vous
livrant à cette sensibilité précieuse qui embellit la beauté
même et ajoute du prix à la vertu, vous achevâtes d'égarer un cœur que déjà trop d'amour enivrait. Vous vous
rappelez, peut-être, quelle préoccupation s'empara de
moi au retour ! Hélas ! je cherchais à combattre un
penchant que je sentais devenir plus fort que moi.

C'est après avoir épuisé mes forces dans ce combat
inégal, qu'un hasard, que je n'avais pu prévoir, me fit
trouver seul avec vous. Là, je succombai, je l'avoue.
Mon cœur trop plein ne put retenir ses discours ni ses
larmes. Mais est-ce donc un crime ? et si c'en est un,
n'est-il pas assez puni par les tourments affreux auxquels je suis livré ?

Dévoré par un amour sans espoir, j'implore votre
pitié et ne trouve que votre haine : sans autre bonheur
que celui de vous voir, mes yeux vous cherchent malgré moi, et je tremble de rencontrer vos regards. Dans
l'état cruel où vous m'avez réduit, je passe les jours
à déguiser mes peines et les nuits à m'y livrer ; tandis
que vous, tranquille et paisible, vous ne connaissez ces
tourments que pour les causer et vous en applaudir.
Cependant, c'est vous qui vous plaignez, et c'est moi
qui m'excuse.

Voilà pourtant, Madame, voilà le récit fidèle de ce
que vous nommez mes torts, et que peut-être il serait
plus juste d'appeler mes malheurs. Un amour pur et
sincère, un respect qui ne s'est jamais démenti, une soumission parfaite ; tels sont les sentiments que vous
m'avez inspirés. Je n'eusse pas craint d'en présenter
l'hommage à la Divinité même. O vous, qui êtes son
plus bel ouvrage, imitez-la dans son indulgence ! Son-

gez à mes peines cruelles ; songez surtout, que, placé
par vous entre le désespoir et la félicité suprême, le premier mot que vous prononcerez décidera pour jamais
de mon sort.

De..., ce 23 août 17**.

LETTRE XXXVII

LA PRÉSIDENTE DE TOURVEL À MADAME DE VOLANGES

Je me soumets, Madame, aux conseils que votre amitié me donne. Accoutumée à déférer en tout à vos avis,
je le suis à croire qu'ils sont toujours fondés en raison. J'avouerai même que M. de Valmont doit être,
en effet, infiniment dangereux, s'il peut à la fois feindre d'être ce qu'il paraît ici, et rester tel que vous le
dépeignez. Quoi qu'il en soit, puisque vous l'exigez,
je l'éloignerai de moi ; au moins j'y ferai mon possible : car souvent les choses, qui dans le fond devraient
être les plus simples, deviennent embarrassantes par la
forme.

Il me paraît toujours impraticable de faire cette
demande à sa tante ; elle deviendrait également déso-
bligeante, et pour elle, et pour lui. Je ne prendrais pas
non plus, sans quelque répugnance, le parti de m'éloigner moi-même : car outre les raisons que je vous ai
déjà mandées relatives à M. de Tourvel, si mon départ
contrariait M. de Valmont, comme il est possible,
n'aurait-il pas la facilité de me suivre à Paris ? et son
retour, dont je serais, dont au moins je paraîtrais être
l'objet, ne semblerait-il pas plus étrange qu'une rencontre à la campagne, chez une personne qu'on sait être
sa parente et mon amie ?

Il ne me reste donc d'autre ressource que d'obtenir
de lui-même qu'il veuille bien s'éloigner. Je sens que
cette proposition est difficile à faire ; cependant,
comme il me paraît avoir à cœur de me prouver qu'il
a en effet plus d'honnêteté qu'on ne lui en suppose,

je ne désespère pas de réussir. Je ne serai pas même fâchée de le tenter ; et d'avoir une occasion de juger si, comme il le dit souvent, les femmes vraiment honnêtes n'ont jamais eu, n'auront jamais à se plaindre de ses procédés. S'il part comme je le désire, ce sera en effet par égard pour moi : car je ne peux pas douter qu'il n'ait le projet de passer ici une grande partie de l'automne. S'il refuse ma demande et s'obstine à rester, je serai toujours à temps de partir moi-même, et je vous le promets.

Voilà, je crois, Madame, tout ce que votre amitié exigeait de moi ; je m'empresse d'y satisfaire, et de vous prouver que malgré *la chaleur* que j'ai pu mettre à défendre M. de Valmont, je n'en suis pas moins disposée, non seulement à écouter, mais même à suivre les conseils de mes amis.

J'ai l'honneur d'être, etc.

De..., ce 25 août 17**.

LETTRE XXXVIII

LA MARQUISE DE MERTEUIL AU VICOMTE DE VALMONT

Votre énorme paquet m'arrive à l'instant, mon cher Vicomte. Si la date en est exacte, j'aurais dû le recevoir vingt-quatre heures plus tôt ; quoi qu'il en soit, si je prenais le temps de le lire, je n'aurais plus celui d'y répondre. Je préfère donc de vous en accuser seulement la réception, et nous causerons d'autre chose. Ce n'est pas que j'aie rien à vous dire pour mon compte ; l'automne ne laisse à Paris presque point d'hommes qui aient figure humaine : aussi je suis, depuis un mois, d'une sagesse à périr ; et tout autre que mon chevalier serait fatigué des preuves de ma constance. Ne pouvant m'occuper, je me distrais avec la petite Volanges ; et c'est d'elle que je veux vous parler.

Savez-vous que vous avez perdu plus que vous ne croyez, à ne pas vous charger de cet enfant ? elle est

vraiment délicieuse ! cela n'a ni caractère ni principes ;
jugez combien sa société sera douce et facile. Je ne crois
pas qu'elle brille jamais par le sentiment ; mais tout
annonce en elle les sensations les plus vives. Sans esprit
et sans finesse, elle a pourtant une certaine fausseté
naturelle, si l'on peut parler ainsi, qui quelquefois
m'étonne moi-même, et qui réussira d'autant mieux,
que sa figure offre l'image de la candeur et de l'ingénuité. Elle est naturellement très caressante, et je m'en
amuse quelquefois : sa petite tête se monte avec une
facilité incroyable ; et elle est alors d'autant plus plaisante, qu'elle ne sait rien, absolument rien, de ce qu'elle
désire tant de savoir. Il lui en prend des impatiences
tout à fait drôles ; elle rit, elle se dépite, elle pleure,
et puis elle me prie de l'instruire, avec une bonne foi
réellement séduisante. En vérité, je suis presque jalouse
de celui à qui ce plaisir est réservé.

Je ne sais si je vous ai mandé que depuis quatre ou
cinq jours j'ai l'honneur d'être sa confidente. Vous
devinez bien que d'abord j'ai fait la sévère : mais aussitôt que je me suis aperçue qu'elle croyait m'avoir
convaincue par ses mauvaises raisons, j'ai eu l'air de
les prendre pour bonnes ; et elle est intimement persuadée qu'elle doit ce succès à son éloquence : il fallait cette précaution pour ne pas me compromettre. Je
lui ai permis d'écrire et de dire *j'aime* ; et le jour même,
sans qu'elle s'en doutât, je lui ai ménagé un tête-à-tête
avec son Danceny. Mais figurez-vous qu'il est si sot
encore, qu'il n'en a seulement pas obtenu un baiser.
Ce garçon-là fait pourtant de fort jolis vers ! Mon
Dieu ! que ces gens d'esprit sont bêtes ! celui-ci l'est
au point qu'il m'en embarrasse ; car enfin, pour lui,
je ne peux pas le conduire !

C'est à présent que vous me seriez bien utile. Vous
êtes assez lié avec Danceny pour avoir sa confidence,
et s'il vous la donnait une fois, nous irions grand train.
Dépêchez donc votre Présidente, car enfin je ne veux
pas que Gercourt s'en sauve : au reste, j'ai parlé de lui
hier à la petite personne, et le lui ai si bien peint, que

quand elle serait sa femme depuis dix ans, elle ne le
haïrait pas davantage. Je l'ai pourtant beaucoup prê-
chée sur la fidélité conjugale ; rien n'égale ma sévérité
sur ce point. Par là, d'une part, je rétablis auprès d'elle
ma réputation de vertu, que trop de condescendance
pourrait détruire ; de l'autre, j'augmente en elle la
haine dont je veux gratifier son mari. Et enfin, j'espère
qu'en lui faisant accroire qu'il ne lui est permis de se
livrer à l'amour que pendant le peu de temps qu'elle
a à rester fille, elle se décidera plus vite à n'en rien
perdre.

Adieu, Vicomte ; je vais me mettre à ma toilette où
je lirai votre volume.

De..., ce 27 août 17**.

LETTRE XXXIX

CÉCILE VOLANGES À SOPHIE CARNAY

Je suis triste et inquiète, ma chère Sophie. J'ai pleuré
presque toute la nuit. Ce n'est pas que pour le moment,
je ne sois bien heureuse ; mais je prévois que cela ne
durera pas.

J'ai été hier à l'Opéra avec madame de Merteuil ;
nous y avons beaucoup parlé de mon mariage, et je n'en
ai rien appris de bon. C'est M. le comte de Gercourt
que je dois épouser, et ce doit être au mois d'octobre.
Il est riche, il est homme de qualité, il est colonel du
régiment de... Jusque-là tout va fort bien. Mais d'abord
il est vieux : figure-toi qu'il a au moins trente-six ans !
et puis, madame de Merteuil dit qu'il est triste et sévère,
et qu'elle craint que je ne sois pas heureuse avec lui.
J'ai même bien vu qu'elle en était sûre, et qu'elle ne
voulait pas me le dire, pour ne pas m'affliger. Elle ne
m'a presque entretenue toute la soirée que des devoirs
des femmes envers leurs maris : elle convient que M. de
Gercourt n'est pas aimable du tout, et elle dit pour-

tant qu'il faudra que je l'aime. Ne m'a-t-elle pas dit
aussi qu'une fois mariée, je ne devais plus aimer le chevalier Danceny ? comme si c'était possible ! Oh ! je
t'assure bien que je l'aimerai toujours. Vois-tu, j'aimerais mieux plutôt ne pas me marier. Que ce M. de Gercourt s'arrange, je ne l'ai pas été chercher. Il est en
Corse à présent, bien loin d'ici ; je voudrais qu'il y restât dix ans. Si je n'avais pas peur de rentrer au couvent, je dirais bien à Maman que je ne veux pas de ce
mari-là ; mais ce serait encore pis. Je suis bien embarrassée. Je sens que je n'ai jamais tant aimé M. Danceny qu'à présent ; et quand je songe qu'il ne me reste
plus qu'un mois à être comme je suis, les larmes me
viennent aux yeux tout de suite ; je n'ai de consolation
que dans l'amitié de madame de Merteuil ; elle a si bon
cœur ! elle partage tous mes chagrins comme moi-
même ; et puis elle est si aimable, que quand je suis
avec elle, je n'y songe presque plus. D'ailleurs elle m'est
bien utile ; car le peu que je sais, c'est elle qui me l'a
appris : et elle est si bonne, que je lui dis tout ce que
je pense, sans être honteuse du tout. Quand elle trouve
que ce n'est pas bien, elle me gronde quelquefois ; mais
c'est tout doucement, et puis je l'embrasse de tout mon
cœur, jusqu'à ce qu'elle ne soit plus fâchée. Au moins
celle-là, je peux bien l'aimer tant que je voudrai, sans
qu'il y ait du mal, et ça me fait bien du plaisir. Nous
sommes pourtant convenues que je n'aurais pas l'air
de l'aimer tant devant le monde, et surtout devant
maman, afin qu'elle ne se méfie de rien au sujet du chevalier Danceny. Je t'assure que si je pouvais toujours
vivre comme je fais à présent, je crois que je serais bien
heureuse. Il n'y a que ce vilain M. de Gercourt !... Mais
je ne veux pas t'en parler davantage : car je redevien-
drais triste. Au lieu de cela, je vas écrire au chevalier
Danceny ; je ne lui parlerai que de mon amour et non
de mes chagrins, car je ne veux pas l'affliger.

Adieu, ma bonne amie. Tu vois bien que tu aurais
tort de te plaindre, et que j'ai beau être *occupée,* comme

tu dis, qu'il ne m'en reste pas moins le temps de t'aimer
et de t'écrire*.

*De..., ce 27 août 17**.*

LETTRE XL

LE VICOMTE DE VALMONT À LA MARQUISE DE MERTEUIL

C'est peu pour mon inhumaine de ne pas répondre
à mes lettres, de refuser de les recevoir ; elle veut me
priver de sa vue, elle exige que je m'éloigne. Ce qui vous
surprendra davantage, c'est que je me soumette à tant
de rigueur. Vous allez me blâmer. Cependant je n'ai
pas cru devoir perdre l'occasion de me laisser donner
un ordre : persuadé, d'une part, que qui commande
s'engage ; et de l'autre, que l'autorité illusoire que nous
avons l'air de laisser prendre aux femmes, est un des
pièges qu'elles évitent le plus difficilement. De plus,
l'adresse que celle-ci a su mettre à éviter de se trouver
seule avec moi, me plaçait dans une situation dangereuse, dont j'ai cru devoir sortir à quelque prix que ce
fût : car étant sans cesse avec elle, sans pouvoir l'occuper de mon amour, il y avait lieu de craindre qu'elle
ne s'accoutumât enfin à me voir sans trouble ; disposition dont vous savez assez combien il est difficile de
revenir.

Au reste, vous devinez que je ne me suis pas soumis
sans condition. J'ai même eu le soin d'en mettre une
impossible à accorder ; tant pour rester toujours maître de tenir ma parole, ou d'y manquer, que pour engager une discussion, soit de bouche, ou par écrit, dans
un moment où ma belle est plus contente de moi, où
elle a besoin que je le sois d'elle : sans compter que je
serais bien maladroit, si je ne trouvais moyen d'obte-

---

* On continue à supprimer les lettres de Cécile Volanges et du chevalier Danceny, qui sont peu intéressantes et n'annoncent aucun événement.

nir quelque dédommagement de mon désistement à cette prétention, tout insoutenable qu'elle est.

Après vous avoir exposé mes raisons dans ce long préambule, je commence l'historique de ces deux derniers jours. J'y joindrai comme pièces justificatives, la lettre de ma belle et ma réponse. Vous conviendrez qu'il y a peu d'historiens aussi exacts que moi.

Vous vous rappelez l'effet que fit avant-hier matin ma lettre de *Dijon* ; le reste de la journée fut très orageux. La jolie prude arriva seulement au moment du dîner, et annonça une forte migraine ; prétexte dont elle voulut couvrir un des violents accès d'humeur que femme puisse avoir. Sa figure en était vraiment altérée ; l'expression de douceur que vous lui connaissez s'était changée en un air mutin qui en faisait une beauté nouvelle. Je me promets bien de faire usage de cette découverte par la suite ; et de remplacer quelquefois la maîtresse tendre, par la maîtresse mutine.

Je prévis que l'après-dîner serait triste ; et pour m'en sauver l'ennui, je prétextai des lettres à écrire, et me retirai chez moi. Je revins au salon sur les six heures ; madame de Rosemonde proposa la promenade, qui fut acceptée. Mais au moment de monter en voiture, la prétendue malade, par une malice infernale, prétexta à son tour, et peut-être pour se venger de mon absence, un redoublement de douleurs, et me fit subir sans pitié le tête-à-tête de ma vieille tante. Je ne sais si les imprécations que je fis contre ce démon femelle furent exaucées, mais nous la trouvâmes couchée au retour.

Le lendemain au déjeuner, ce n'était plus la même femme. La douceur naturelle était revenue, et j'eus lieu de me croire pardonné. Le déjeuner était à peine fini, que la douce personne se leva d'un air dolent, et entra dans le parc ; je la suivis, comme vous pouvez croire. « D'où peut naître ce désir de promenade ? » lui dis-je en l'abordant. « J'ai beaucoup écrit ce matin, me répondit-elle, et ma tête est un peu fatiguée. » — « Je ne suis pas assez heureux, repris-je, pour avoir à me reprocher cette fatigue-là ? » — « Je vous ai bien

écrit », répondit-elle encore, « mais j'hésite à vous donner ma lettre. Elle contient une demande, et vous ne
m'avez pas accoutumée à en espérer le succès. » —
« Ah ! je jure que s'il m'est possible... » — « Rien
n'est plus facile », interrompit-elle ; « et quoique vous
dussiez peut-être l'accorder comme justice, je consens
à l'obtenir comme grâce. » En disant ces mots, elle me
présenta sa lettre ; en la prenant, je pris aussi sa main,
qu'elle retira, mais sans colère et avec plus d'embarras
que de vivacité. « La chaleur est plus vive que je ne
croyais », dit-elle ; « il faut rentrer. » Et elle reprit la
route du château. Je fis de vains efforts pour lui persuader de continuer sa promenade, et j'eus besoin de
me rappeler que nous pouvions être vus, pour n'y
employer que de l'éloquence. Elle rentra sans proférer
une parole, et je vis clairement que cette feinte promenade n'avait eu d'autre but que de me remettre sa lettre. Elle monta chez elle en rentrant, et je me retirai
chez moi pour lire l'épître, que vous ferez bien de lire
aussi, ainsi que ma réponse, avant d'aller plus loin...

LETTRE XLI

LA PRÉSIDENTE DE TOURVEL AU VICOMTE DE VALMONT

Il semble, Monsieur, par votre conduite avec moi,
que vous ne cherchiez qu'à augmenter, chaque jour,
les sujets de plainte que j'avais contre vous. Votre obstination à vouloir m'entretenir, sans cesse, d'un sentiment que je ne veux ni ne dois écouter ; l'abus que vous
n'avez pas craint de faire de ma bonne foi, ou de ma
timidité, pour me remettre vos lettres ; le moyen surtout, j'ose dire peu délicat, dont vous vous êtes servi
pour me faire parvenir la dernière, sans craindre au
moins l'effet d'une surprise qui pouvait me compromettre ; tout devrait donner lieu de ma part à des reproches aussi vifs que justement mérités. Cependant, au
lieu de revenir sur ces griefs, je m'en tiens à vous faire

une demande aussi simple que juste ; et si je l'obtiens de vous, je consens que tout soit oublié.

Vous-même m'avez dit, Monsieur, que je ne devais pas craindre un refus ; et quoique, par une inconséquence qui vous est particulière, cette phrase même soit suivie du seul refus que vous pouviez me faire*, je veux croire que vous n'en tiendrez pas moins aujourd'hui cette parole formellement donnée il y a si peu de jours.

Je désire donc que vous ayez la complaisance de vous éloigner de moi ; de quitter ce château, où un plus long séjour de votre part ne pourrait que m'exposer davantage au jugement d'un public toujours prompt à mal penser d'autrui, et que vous n'avez que trop accoutumé à fixer les yeux sur les femmes qui vous admettent dans leur société.

Avertie déjà, depuis longtemps, de ce danger par mes amis, j'ai négligé, j'ai même combattu leur avis tant que votre conduite à mon égard avait pu me faire croire que vous aviez bien voulu ne pas me confondre avec cette foule de femmes qui toutes ont eu à se plaindre de vous. Aujourd'hui que vous me traitez comme elles, que je ne peux plus l'ignorer, je dois au public, à mes amis, à moi-même, de suivre ce parti nécessaire. Je pourrais ajouter ici que vous ne gagneriez rien à refuser ma demande, décidée que je suis à partir moi-même, si vous vous obstiniez à rester : mais je ne cherche point à diminuer l'obligation que je vous aurai de cette complaisance, et je veux bien que vous sachiez qu'en nécessitant mon départ d'ici vous contrarieriez mes arrangements. Prouvez-moi donc, Monsieur, que comme vous me l'avez dit tant de fois, les femmes honnêtes n'auront jamais à se plaindre de vous ; prouvez-moi, au moins, que quand vous avez des torts avec elles, vous savez les réparer.

Si je croyais avoir besoin de justifier ma demande vis-à-vis de vous, il me suffirait de vous dire que vous avez passé votre vie à la rendre nécessaire, et que pour-

* Voyez lettre XXXV.

tant il n'a pas tenu à moi de ne la jamais former. Mais
ne rappelons pas des événements que je veux oublier,
et qui m'obligeraient à vous juger avec rigueur, dans
un moment où je vous offre l'occasion de mériter toute
ma reconnaissance. Adieu, Monsieur ; votre conduite
va m'apprendre avec quels sentiments je dois être, pour
la vie, votre très humble, etc.

De..., ce 25 août 17**.

LETTRE XLII

LE VICOMTE DE VALMONT À LA PRÉSIDENTE DE TOURVEL

Quelque dures que soient, Madame, les conditions
que vous m'imposez, je ne refuse pas de les remplir.
Je sens qu'il me serait impossible de contrarier aucun
de vos désirs. Une fois d'accord sur ce point, j'ose me
flatter qu'à mon tour, vous me permettrez de vous faire
quelques demandes, bien plus faciles à accorder que
les vôtres, et que pourtant je ne veux obtenir que de
ma soumission parfaite à votre volonté.

L'une, que j'espère qui sera sollicitée par votre justice, est de vouloir bien me nommer mes accusateurs
auprès de vous : ils me font, ce me semble, assez de
mal pour que j'aie le droit de les connaître ; l'autre,
que j'attends de votre indulgence, est de vouloir bien
me permettre de vous renouveler quelquefois l'hommage d'un amour qui va plus que jamais mériter votre
pitié.

Songez, Madame, que je m'empresse de vous obéir,
lors même que je ne peux le faire qu'aux dépens de mon
bonheur ; je dirai plus, malgré la persuasion où je suis,
que vous ne désirez mon départ, que pour vous sauver
le spectacle, toujours pénible, de l'objet de votre
injustice.

Convenez-en, Madame, vous craignez moins un
public trop accoutumé à vous respecter pour oser porter de vous un jugement désavantageux, que vous n'êtes

gênée par la présence d'un homme qu'il vous est plus facile de punir que de blâmer. Vous m'éloignez de vous comme on détourne ses regards d'un malheureux qu'on ne veut pas secourir.

Mais tandis que l'absence va redoubler mes tourments, à quelle autre qu'à vous puis-je adresser mes plaintes ? de quelle autre puis-je attendre des consolations qui vont me devenir si nécessaires? Me les refuserez-vous, quand vous seule causez mes peines ?

Sans doute vous ne serez pas étonnée non plus, qu'avant de partir j'aie à cœur de justifier auprès de vous, les sentiments que vous m'avez inspirés ; comme aussi que je ne trouve le courage de m'éloigner qu'en en recevant l'ordre de votre bouche.

Cette double raison me fait vous demander un moment d'entretien. Inutilement voudrions-nous y suppléer par lettres : on écrit des volumes et l'on explique mal ce qu'un quart d'heure de conversation suffit pour faire bien entendre. Vous trouverez facilement le temps de me l'accorder : car quelque empressé que je sois de vous obéir, vous savez que madame de Rosemonde est instruite de mon projet de passer chez elle une partie de l'automne, et il faudra au moins que j'attende une lettre pour pouvoir prétexter une affaire qui me force à partir.

Adieu, Madame ; jamais ce mot ne m'a tant coûté à écrire que dans ce moment où il me ramène à l'idée de notre séparation. Si vous pouviez imaginer ce qu'elle me fait souffrir, j'ose croire que vous me sauriez quelque gré de ma docilité. Recevez, au moins, avec plus d'indulgence, l'assurance et l'hommage de l'amour le plus tendre et le plus respectueux.

De..., ce 26 août 17**.

SUITE DE LA LETTRE XL

DU VICOMTE DE VALMONT À LA MARQUISE DE MERTEUIL

A présent, raisonnons, ma belle amie. Vous sentez comme moi que la scrupuleuse, l'honnête madame de Tourvel ne peut pas m'accorder la première de mes demandes, et trahir la confiance de ses amis, en me nommant mes accusateurs ; ainsi en promettant tout à cette condition, je ne m'engage à rien. Mais vous sentez aussi que ce refus qu'elle me fera, deviendra un titre pour obtenir tout le reste ; et qu'alors je gagne, en m'éloignant, d'entrer avec elle, et de son aveu, en correspondance réglée : car je compte pour peu le rendez-vous que je lui demande, et qui n'a presque d'autre objet que de l'accoutumer d'avance à n'en pas refuser d'autres quand ils me seront vraiment nécessaires.

La seule chose qui me reste à faire avant mon départ, est de savoir quels sont les gens qui s'occupent à me nuire auprès d'elle. Je présume que c'est son pédant de mari ; je le voudrais : outre qu'une défense conjugale est un aiguillon de désir, je serais sûr que du moment que ma belle aura consenti à m'écrire, je n'aurais plus rien à craindre de son mari, puisqu'elle se trouverait déjà dans la nécessité de le tromper.

Mais si elle a une amie assez intime pour avoir sa confidence, et que cette amie-là soit contre moi, il me paraît nécessaire de les brouiller, et je compte y réussir : mais avant tout il faut être instruit.

J'ai bien cru que j'allais l'être hier ; mais cette femme ne fait rien comme une autre. Nous étions chez elle, au moment où l'on vint avertir que le dîner était servi. Sa toilette se finissait seulement, et tout en se pressant, et en faisant des excuses, je m'aperçus qu'elle laissait la clef à son secrétaire ; et je connais son usage de ne pas ôter celle de son appartement. J'y rêvais pendant le dîner, lorsque j'entendis descendre sa femme de chambre : je pris mon parti aussitôt ; je feignis un saignement de nez, et sortis. Je volai au secrétaire ; mais je trouvai tous les tiroirs ouverts, et pas un papier écrit. Cependant on n'a pas d'occasion de les brûler dans cette saison. Que fait-elle des lettres qu'elle reçoit ? et elle en reçoit souvent. Je n'ai rien négligé ; tout était ouvert, et j'ai cherché partout : mais je n'y ai rien gagné, que de me convaincre que ce dépôt précieux reste dans ses poches.

Comment l'en tirer ? depuis hier je m'occupe inutilement d'en trouver les moyens : cependant je ne peux en vaincre le désir. Je regrette de n'avoir pas le talent des filous. Ne devrait-il pas, en effet, entrer dans l'éducation d'un homme qui se mêle d'intrigues ? ne serait-il pas plaisant de dérober la lettre ou le portrait d'un rival, ou de tirer des poches d'une prude de quoi la démasquer ? Mais nos parents ne songent à rien ; et, moi j'ai beau songer à tout, je ne fais que m'apercevoir que je suis gauche, sans pouvoir y remédier.

Quoi qu'il en soit, je revins me mettre à table, fort mécontent. Ma belle calma pourtant un peu mon humeur, par l'air d'intérêt que lui donna ma feinte indisposition ; et je ne manquai pas de l'assurer que j'avais, depuis quelque temps, de violentes agitations qui altéraient ma santé. Persuadée comme elle est, que c'est elle qui les cause, ne devrait-elle pas en conscience travailler à les calmer ? Mais, quoique dévote, elle est peu charitable ; elle refuse toute aumône amoureuse, et ce refus suffit bien, ce me semble, pour en autoriser le vol. Mais adieu ; car tout en causant avec vous, je ne songe qu'à ces maudites lettres.

*De..., ce 27 août 17**.*

LETTRE XLIII

LA PRÉSIDENTE DE TOURVEL AU VICOMTE DE VALMONT

Pourquoi chercher, Monsieur, à diminuer ma reconnaissance ? Pourquoi ne vouloir m'obéir qu'à demi, et marchander en quelque sorte un procédé honnête ?

Il ne vous suffit donc pas que j'en sente le prix ? Non
seulement vous demandez beaucoup ; mais vous
demandez des choses impossibles. Si en effet mes amis
m'ont parlé de vous, ils ne l'ont pu faire que par intérêt pour moi : quand même ils se seraient trompés, leur
intention n'en était pas moins bonne ; et vous me proposez de reconnaître cette marque d'attachement de
leur part, en vous livrant leur secret ! J'ai déjà eu tort
de vous en parler, et vous me le faites assez sentir en
ce moment. Ce qui n'eût été que de la candeur avec
tout autre, devient une étourderie avec vous, et me
mènerait à une noirceur, si je cédais à votre demande.
J'en appelle à vous-même, à votre honnêteté ; m'avez-
vous crue capable de ce procédé ? avez-vous dû me le
proposer ? non sans doute ; et je suis sûre, qu'en y
réfléchissant mieux, vous ne reviendrez plus sur cette
demande.

Celle que vous me faites de m'écrire n'est guère plus
facile à accorder ; et si vous voulez être juste, ce n'est
pas à moi que vous vous en prendrez. Je ne veux point
vous offenser ; mais avec la réputation que vous vous
êtes acquise, et que, de votre aveu même, vous méritez
du moins en partie, quelle femme pourrait avouer être
en correspondance avec vous ? et quelle femme honnête peut se déterminer à faire ce qu'elle sent qu'elle
serait obligée de cacher ?

Encore si j'étais assurée que vos lettres fussent telles
que je n'eusse jamais à m'en plaindre, que je pusse toujours me justifier à mes yeux de les avoir reçues ! peut-
être alors le désir de vous prouver que c'est la raison
et non la haine qui me guide, me ferait passer par-dessus
ces considérations puissantes, et faire beaucoup plus
que je ne devrais, en vous permettant de m'écrire quelquefois. Si en effet vous le désirez autant que vous me
le dites, vous vous soumettrez volontiers à la seule
condition qui puisse m'y faire consentir ; et si vous avez
quelque reconnaissance de ce que je fais pour vous en
ce moment, vous ne différerez plus de partir.

Permettez-moi de vous observer à ce sujet, que vous

avez reçu une lettre ce matin, et que vous n'en avez pas
profité pour annoncer votre départ à madame de Rosemonde, comme vous me l'aviez promis. J'espère qu'à
présent rien ne pourra vous empêcher de tenir votre
parole. Je compte surtout que vous n'attendrez pas,
pour cela, l'entretien que vous me demandez, auquel
je ne veux absolument pas me prêter ; et qu'au lieu de
l'ordre que vous prétendez vous être nécessaire, vous
vous contenterez de la prière que je vous renouvelle.
Adieu, Monsieur.

De..., ce 27 août 17**.

LETTRE XLIV

LE VICOMTE DE VALMONT À LA MARQUISE DE MERTEUIL

Partagez ma joie, ma belle amie ; je suis aimé ; j'ai
triomphé de ce cœur rebelle. C'est en vain qu'il dissimule encore ; mon heureuse adresse a surpris son
secret. Grâce à mes soins actifs, je sais tout ce qui
m'intéresse : depuis la nuit, l'heureuse nuit d'hier, je
me retrouve dans mon élément ; j'ai repris toute mon
existence ; j'ai dévoilé un double mystère d'amour et
d'iniquité : je jouirai de l'un, je me vengerai de l'autre ;
je volerai de plaisirs en plaisirs. La seule idée que je
m'en fais me transporte au point que j'ai quelque peine
à rappeler ma prudence ; que j'en aurai peut-être à mettre de l'ordre dans le récit que j'ai à vous faire.
Essayons cependant.

Hier même, après vous avoir écrit ma lettre, j'en
reçus une de la céleste dévote. Je vous l'envoie ; vous
y verrez qu'elle me donne, le moins maladroitement
qu'elle peut, la permission de lui écrire : mais elle y
presse mon départ, et je sentais bien que je ne pouvais
le différer trop longtemps sans me nuire.

Tourmenté cependant du désir de savoir qui pouvait
avoir écrit contre moi, j'étais encore incertain du parti
que je prendrais. Je tentai de gagner la femme de

chambre, et je voulus obtenir d'elle de me livrer les
poches de sa maîtresse, dont elle pouvait s'emparer aisément le soir, et qu'il lui était facile de replacer le matin,
sans donner le moindre soupçon. J'offris dix louis pour
ce léger service : mais je ne trouvai qu'une bégueule,
scrupuleuse ou timide, que mon éloquence ni mon
argent ne purent vaincre. Je la prêchais encore, quand
le souper sonna. Il fallut la laisser : trop heureux qu'elle
voulût bien me promettre le secret, sur lequel même
vous jugez que je ne comptais guère.

Jamais je n'eus plus d'humeur. Je me sentais
compromis ; et je me reprochais, toute la soirée, ma
démarche imprudente.

Retiré chez moi, non sans inquiétude, je parlai à mon
chasseur, qui, en sa qualité d'amant heureux, devait
avoir quelque crédit. Je voulais, ou qu'il obtînt de cette
fille de faire ce que je lui avais demandé, ou au moins
qu'il s'assurât de sa discrétion : mais lui, qui d'ordinaire ne doute de rien, parut douter du succès de cette
négociation, et me fit à ce sujet une réflexion qui
m'étonna par sa profondeur.

« Monsieur sait sûrement mieux que moi, me dit-il,
que coucher avec une fille, ce n'est que lui faire ce qui
lui plaît : de là, à lui faire faire ce que nous voulons,
il y a souvent bien loin. »

   Le bon sens du maraud quelquefois m'épouvante*

« Je réponds d'autant moins de celle-ci, ajouta-t-il,
que j'ai lieu de croire qu'elle a un amant, et que je ne
la dois qu'au désœuvrement de la campagne. Aussi,
sans mon zèle pour le service de Monsieur, je n'aurais
eu cela qu'une fois. » (C'est un vrai trésor que ce garçon !) « Quant au secret, ajouta-t-il encore, à quoi
servira-t-il de lui faire promettre, puisqu'elle ne risquera
rien à nous tromper ? lui en reparler ne ferait que lui

* Piron, *Métromanie*.

mieux apprendre qu'il est important, et par là lui donner plus d'envie d'en faire sa cour à sa maîtresse. »

Plus ces réflexions étaient justes, plus mon embarras augmentait. Heureusement le drôle était en train
de jaser ; et comme j'avais besoin de lui, je le laissais
faire. Tout en me racontant son histoire avec cette fille,
il m'apprit que comme la chambre qu'elle occupe n'est
séparée de celle de sa maîtresse que par une simple cloi-
son, qui pouvait laisser entendre un bruit suspect,
c'était dans la sienne qu'ils se rassemblaient chaque
nuit. Aussitôt je formai mon plan, je le lui communi-
quai, et nous l'exécutâmes avec succès.

J'attendis deux heures du matin ; et alors je me rendis, comme nous en étions convenus, à la chambre du
rendez-vous, portant de la lumière avec moi, et sous
prétexte d'avoir sonné plusieurs fois inutilement. Mon
confident, qui joue ses rôles à merveille, donna une
petite scène de surprise, de désespoir et d'excuse, que
je terminai en l'envoyant me faire chauffer de l'eau,
dont je feignis avoir besoin ; tandis que la scrupuleuse
chambrière était d'autant plus honteuse, que le drôle
qui avait voulu renchérir sur mes projets, l'avait déterminée à une toilette que la saison comportait, mais
qu'elle n'excusait pas.

Comme je sentais que plus cette fille serait humiliée,
plus j'en disposerais facilement, je ne lui permis de
changer ni de situation ni de parure ; et après avoir
ordonné à mon valet de m'attendre chez moi, je m'assis
à côté d'elle sur le lit qui était fort en désordre, et je
commençai ma conversation. J'avais besoin de garder
l'empire que la circonstance me donnait sur elle : aussi
conservai-je un sang-froid qui eût fait honneur à la
continence de Scipion [1] ; et sans prendre la plus petite
liberté avec elle, ce que pourtant sa fraîcheur et l'occasion semblaient lui donner le droit d'espérer. Je lui

---

1. Après la prise de Carthagène (209), Scipion le Premier Afri-
cain avait refusé de disposer des otages espagnols. Il remit une jeune
princesse à son fiancé. (Tite-Live, XXVI, 50.)

parlai d'affaires aussi tranquillement que j'aurais pu faire avec un procureur.

Mes conditions furent que je garderais fidèlement le secret, pourvu que le lendemain, à pareille heure à peu près, elle me livrât les poches de sa maîtresse. « Au reste, ajoutai-je, je vous avais offert dix louis hier ; je vous les promets encore aujourd'hui. Je ne veux pas abuser de votre situation. » Tout fut accordé, comme vous pouvez croire ; alors je me retirai, et permis à l'heureux couple de réparer le temps perdu.

J'employai le mien à dormir ; et à mon réveil, voulant avoir un prétexte pour ne pas répondre à la lettre de ma belle avant d'avoir visité ses papiers, ce que je ne pouvais faire que la nuit suivante, je me décidai à aller à la chasse, où je restai presque tout le jour.

A mon retour, je fus reçu assez froidement. J'ai lieu de croire qu'on fut un peu piqué du peu d'empressement que je mettais à profiter du temps qui me restait ; surtout après la lettre plus douce que l'on m'avait écrite. J'en juge ainsi, sur ce que madame de Rosemonde m'ayant fait quelques reproches sur cette longue absence, ma belle reprit avec un peu d'aigreur : « Ah ! ne reprochons pas à M. de Valmont de se livrer au seul plaisir qu'il peut trouver ici. » Je me plaignis de cette injustice, et j'en profitai pour assurer que je me plaisais tant avec ces dames, que j'y sacrifiais une lettre très intéressante que j'avais à écrire. J'ajoutai que, ne pouvant trouver le sommeil depuis plusieurs nuits, j'avais voulu essayer si la fatigue me le rendrait ; et mes regards expliquaient assez et le sujet de ma lettre, et la cause de mon insomnie. J'eus soin d'avoir toute la soirée une douceur mélancolique qui me parut réussir assez bien, et sous laquelle je masquai l'impatience où j'étais de voir arriver l'heure qui devait me livrer le secret qu'on s'obstinait à me cacher. Enfin nous nous séparâmes, et quelque temps après, la fidèle femme de chambre vint m'apporter le prix convenu de ma discrétion.

Une fois maître de ce trésor, je procédai à l'inventaire

avec la prudence que vous me connaissez : car il était important de remettre tout en place. Je tombai d'abord sur deux lettres du mari, mélange indigeste de détails de procès et de tirades d'amour conjugal, que j'eus la patience de lire en entier, et où je ne trouvai pas un mot qui eût rapport à moi. Je les replaçai avec humeur : mais elle s'adoucit, en trouvant sous ma main les morceaux de ma fameuse lettre de Dijon, soigneusement rassemblés. Heureusement il me prit fantaisie de la parcourir. Jugez de ma joie, en y apercevant les traces, bien distinctes, des larmes de mon adorable dévote. Je l'avoue, je cédai à un mouvement de jeune homme, et baisai cette lettre avec un transport dont je ne me croyais plus susceptible. Je continuai l'heureux examen ; je retrouvai toutes mes lettres de suite, et par ordre de dates ; et ce qui me surprit plus agréablement encore, fut de retrouver la première de toutes, celle que je croyais m'avoir été rendue par une ingrate, fidèlement copiée de sa main ; et d'une écriture altérée et tremblante, qui témoignait assez la douce agitation de son cœur pendant cette occupation.

Jusque-là j'étais tout entier à l'amour ; bientôt il fit place à la fureur. Qui croyez-vous qui veuille me perdre auprès de cette femme que j'adore ? quelle Furie supposez-vous assez méchante, pour tramer une pareille noirceur ? Vous la connaissez : c'est votre amie, votre parente, c'est madame de Volanges. Vous n'imaginez pas quel tissu d'horreurs l'infernale mégère lui a écrit sur mon compte. C'est elle, elle seule, qui a troublé la sécurité de cette femme angélique ; c'est par ses conseils, par ses avis pernicieux, que je me vois forcé de m'éloigner ; c'est à elle enfin que l'on me sacrifie. Ah ! sans doute il faut séduire sa fille : mais ce n'est pas assez, il faut la perdre ; et puisque l'âge de cette maudite femme la met à l'abri de mes coups, il faut la frapper dans l'objet de ses affections.

Elle veut donc que je revienne à Paris ! elle m'y force ! soit, j'y retournerai, mais elle gémira de mon retour. Je suis fâché que Danceny soit le héros de cette

aventure, il a un fonds d'honnêteté qui nous gênera :
cependant il est amoureux, et je le vois souvent ; on
pourra peut-être en tirer parti. Je m'oublie dans ma
colère, et je ne songe pas que je vous dois le récit de
ce qui s'est passé aujourd'hui. Revenons.

Ce matin, j'ai revu ma sensible prude. Jamais je ne
l'avais trouvée si belle. Cela devait être ainsi : le plus
beau moment d'une femme, le seul où elle puisse produire cette ivresse de l'âme, dont on parle toujours et
qu'on éprouve si rarement, est celui où, assurés de son
amour, nous ne le sommes pas de ses faveurs ; et c'est
précisément le cas où je me trouvais. Peut-être aussi
l'idée que j'allais être privé du plaisir de la voir servait-
elle à l'embellir. Enfin, à l'arrivée du courrier, on m'a
remis votre lettre du 27 ; et pendant que je la lisais,
j'hésitais encore pour savoir si je tiendrais ma parole :
mais j'ai rencontré les yeux de ma belle, et il m'aurait
été impossible de lui rien refuser.

J'ai donc annoncé mon départ. Un moment après,
madame de Rosemonde nous a laissés seuls : mais
j'étais encore à quatre pas de la farouche personne, que
se levant avec l'air de l'effroi : « Laissez-moi, laissez-
moi, Monsieur, m'a-t-elle dit ; au nom de Dieu, laissez-
moi. » Cette prière fervente, qui décelait son émotion,
ne pouvait que m'animer davantage. Déjà j'étais auprès
d'elle, et je tenais ses mains qu'elle avait jointes avec
une expression tout à fait touchante ; là, je commençais de tendres plaintes, quand un démon ennemi
ramena madame de Rosemonde. La timide dévote, qui
a en effet quelques raisons de craindre, en a profité
pour se retirer.

Je lui ai pourtant offert la main qu'elle a acceptée ;
et augurant bien de cette douceur, qu'elle n'avait pas
eue depuis longtemps, tout en recommençant mes
plaintes j'ai essayé de serrer la sienne. Elle a d'abord
voulu la retirer ; mais sur une instance plus vive, elle
s'est livrée d'assez bonne grâce, quoique sans répondre ni à ce geste, ni à mes discours. Arrivé à la porte
de son appartement, j'ai voulu baiser cette main, avant

de la quitter. La défense a commencé par être franche : mais un *songez donc que je pars,* prononcé bien tendrement, l'a rendue gauche et insuffisante. A peine le baiser a-t-il été donné, que la main a retrouvé sa force pour échapper, et que la belle est entrée dans son appartement où était sa femme de chambre. Ici finit mon histoire.

Comme je présume que vous serez demain chez la maréchale de..., où sûrement je n'irai pas vous trouver ; comme je me doute bien aussi qu'à notre première entrevue nous aurons plus d'une affaire à traiter, et notamment celle de la petite Volanges, que je ne perds pas de vue, j'ai pris le parti de me faire précéder par cette lettre ; et toute longue qu'elle est, je ne la fermerai qu'au moment de l'envoyer à la poste, car au terme où j'en suis, tout peut dépendre d'une occasion ; et je vous quitte pour aller l'épier.

P. S. à huit heures du soir.

Rien de nouveau ; pas le plus petit moment de liberté : du soin même pour l'éviter. Cependant, autant de tristesse que la décence en permettait, pour le moins. Un autre événement qui peut ne pas être indifférent, c'est que je suis chargé d'une invitation de madame de Rosemonde à madame de Volanges, pour venir passer quelque temps chez elle à la campagne.

Adieu, ma belle amie ; à demain ou après-demain au plus tard.

De..., ce 28 août 17**.

LETTRE XLV

LA PRÉSIDENTE DE TOURVEL À MADAME DE VOLANGES

M. de Valmont est parti ce matin, Madame ; vous m'avez paru tant désirer ce départ, que j'ai cru devoir vous en instruire. Madame de Rosemonde regrette beaucoup son neveu, dont il faut convenir qu'en effet la société est agréable : elle a passé toute la matinée à m'en parler avec la sensibilité que vous lui connaissez ; elle ne tarissait pas sur son éloge. J'ai cru lui devoir la complaisance de l'écouter sans la contredire, d'autant qu'il faut avouer qu'elle avait raison sur beaucoup de points. Je sentais de plus que j'avais à me reprocher d'être la cause de cette séparation, et je n'espère pas pouvoir la dédommager du plaisir dont je l'ai privée. Vous savez que j'ai naturellement peu de gaieté et le genre de vie que nous allons mener ici n'est pas fait pour l'augmenter.

Si je ne m'étais pas conduite d'après vos avis, je craindrais d'avoir agi un peu légèrement, car j'ai été vraiment peinée de la douleur de ma respectable amie ; elle m'a touchée au point que j'aurais volontiers mêlé mes larmes aux siennes.

Nous vivons à présent dans l'espoir que vous accepterez l'invitation que M. de Valmont doit vous faire, de la part de madame de Rosemonde, de venir passer quelque temps chez elle. J'espère que vous ne doutez pas du plaisir que j'aurai à vous y voir ; et en vérité vous nous devez ce dédommagement. Je serai fort aise de trouver cette occasion de faire une connaissance plus prompte avec mademoiselle de Volanges, et d'être à portée de vous convaincre de plus en plus des sentiments respectueux, etc.

*De..., ce 29 août 17**.*

LETTRE XLVI

LE CHEVALIER DANCENY À CÉCILE VOLANGES

Que vous est-il donc arrivé, mon adorable Cécile ? qui a pu causer en vous un changement si prompt et si cruel ? que sont devenus vos serments de ne jamais changer ? Hier encore, vous les réitériez avec tant de plaisir ! qui peut aujourd'hui vous les faire oublier ? J'ai beau m'examiner, je ne puis en trouver la cause en moi, et il m'est affreux d'avoir à la chercher en vous.

Ah ! sans doute vous n'êtes ni légère, ni trompeuse ;
et même dans ce moment de désespoir, un soupçon
outrageant ne flétrira point mon âme. Cependant, par
quelle fatalité n'êtes-vous plus la même ? Non, cruelle,
vous ne l'êtes plus ! La tendre Cécile, la Cécile que
j'adore, et dont j'ai reçu les serments, n'aurait point
évité mes regards, n'aurait point contrarié le hasard
heureux qui me plaçait auprès d'elle ; ou si quelque
raison que je ne peux concevoir l'avait forcée à me traiter avec tant de rigueur, elle n'eût pas au moins dédai-
gné de m'en instruire.

Ah ! vous ne savez pas, vous ne saurez jamais, ma
Cécile, ce que vous m'avez fait souffrir aujourd'hui,
ce que je souffre encore en ce moment. Croyez-vous
donc que je puisse vivre et ne plus être aimé de vous ?
Cependant, quand je vous ai demandé un mot, un seul
mot, pour dissiper mes craintes, au lieu de me répondre, vous avez feint de craindre d'être entendue ; et cet
obstacle qui n'existait pas alors, vous l'avez fait naître
aussitôt, par la place que vous avez choisie dans le cercle. Quand, forcé de vous quitter, je vous ai demandé
l'heure à laquelle je pourrais vous revoir demain, vous
avez feint de l'ignorer, et il a fallu que ce fût madame
de Volanges qui m'en instruisît. Ainsi ce moment toujours si désiré qui doit me rapprocher de vous, demain,
ne fera naître en moi que de l'inquiétude ; et le plaisir
de vous voir, jusqu'alors si cher à mon cœur, sera remplacé par la crainte de vous être importun.

Déjà, je le sens, cette crainte m'arrête, et je n'ose
vous parler de mon amour. Ce *je vous aime,* que
j'aimais tant à répéter quand je pouvais l'entendre à
mon tour, ce mot si doux qui suffisait à ma félicité,
ne m'offre plus, si vous êtes changée, que l'image d'un
désespoir éternel. Je ne puis croire pourtant que ce talis-
man de l'amour ait perdu toute sa puissance, et j'essaie
de m'en servir encore*. Oui, ma Cécile, *je vous aime.*

* Ceux qui n'ont pas eu l'occasion de sentir quelquefois le prix
d'un mot, d'une expression, consacrés par l'amour, ne trouveront
aucun sens dans cette phrase.

Répétez donc avec moi cette expression de mon bonheur. Songez que vous m'avez accoutumé à l'entendre,
et que m'en priver, c'est me condamner à un tourment
qui, de même que mon amour, ne finira qu'avec ma vie.

De..., ce 29 août 17**.

LETTRE XLVII

LE VICOMTE DE VALMONT À LA MARQUISE DE MERTEUIL

Je ne vous verrai pas encore aujourd'hui, ma belle
amie, et voici mes raisons, que je vous prie de recevoir
avec indulgence.

Au lieu de revenir hier directement, je me suis arrêté
chez la comtesse de ***, dont le château se trouvait
presque sur ma route, et à qui j'ai demandé à dîner.
Je ne suis arrivé à Paris que vers les sept heures, et je
suis descendu à l'Opéra, où j'espérais que vous pouviez être.

L'opéra fini, j'ai été revoir mes amies du foyer ; j'y
ai retrouvé mon ancienne Émilie, entourée d'une cour
nombreuse, tant en femmes qu'en hommes, à qui elle
donnait le soir même à souper à P... Je ne fus pas plutôt entré dans ce cercle, que je fus prié du souper, par
acclamation. Je le fus aussi par une petite figure grosse
et courte, qui me baragouina une invitation en français de Hollande, et que je reconnus pour le véritable
héros de la fête. J'acceptai.

J'appris, dans ma route, que la maison où nous
allions était le prix convenu des bontés d'Émilie pour
cette figure grotesque, et que ce souper était un véritable repas de noces. Le petit homme ne se possédait pas
de joie, dans l'attente du bonheur dont il allait jouir ;
il m'en parut si satisfait, qu'il me donna envie de le
troubler ; ce que je fis en effet.

La seule difficulté que j'éprouvai fut de décider Émilie, que la richesse du Bourguemestre rendait un peu
scrupuleuse. Elle se prêta pourtant, après quelques

façons, au projet que je donnai, de remplir de vin ce petit tonneau à bière, et de le mettre ainsi hors de combat pour toute la nuit.

L'idée sublime que nous nous étions formée d'un buveur hollandais nous fit employer tous les moyens connus. Nous réussîmes si bien, qu'au dessert il n'avait déjà plus la force de tenir son verre : mais la secourable Émilie et moi l'entonnions à qui mieux mieux. Enfin, il tomba sous la table, dans une ivresse telle, qu'elle doit au moins durer huit jours. Nous nous décidâmes alors à le renvoyer à Paris ; et comme il n'avait pas gardé sa voiture, je le fis charger dans la mienne, et je restai à sa place. Je reçus ensuite les compliments de l'assemblée, qui se retira bientôt après, et me laissa maître du champ de bataille. Cette gaieté, et peut-être ma longue retraite, m'ont fait trouver Émilie si désirable, que je lui ai promis de rester avec elle jusqu'à la résurrection du Hollandais.

Cette complaisance de ma part est le prix de celle qu'elle vient d'avoir, de me servir de pupitre pour écrire à ma belle dévote, à qui j'ai trouvé plaisant d'envoyer une lettre écrite du lit et presque d'entre les bras d'une fille, interrompue même pour une infidélité complète, et dans laquelle je lui rends un compte exact de ma situation et de ma conduite. Émilie, qui a lu l'épître, en a ri comme une folle, et j'espère que vous en rirez aussi.

Comme il faut que ma lettre soit timbrée de Paris, je vous l'envoie ; je la laisse ouverte. Vous voudrez bien la lire, la cacheter, et la faire mettre à la poste. Surtout n'allez pas vous servir de votre cachet, ni même d'aucun emblème amoureux ; une tête seulement. Adieu, ma belle amie.

P. S. Je rouvre ma lettre ; j'ai décidé Émilie à aller aux Italiens... Je profiterai de ce temps pour aller vous voir. Je serai chez vous à six heures au plus tard ; et si cela vous convient, nous irons ensemble sur les sept heures chez madame de Volanges. Il sera décent que je ne diffère pas l'invitation que j'ai à lui faire de la part de madame de Rosemonde ; de plus, je serai bien aise de voir la petite Volanges.

Adieu, la très belle dame. Je veux avoir tant de plaisir à vous embrasser que le chevalier puisse en être jaloux.

De..., ce 30 août 17**.

LETTRE XLVIII

LE VICOMTE DE VALMONT À LA PRÉSIDENTE DE TOURVEL
(Timbrée de Paris.)

C'est après une nuit orageuse, et pendant laquelle je n'ai pas fermé l'œil ; c'est après avoir été sans cesse ou dans l'agitation d'une ardeur dévorante, ou dans l'entier anéantissement de toutes les facultés de mon âme, que je viens chercher auprès de vous, Madame, un calme dont j'ai besoin, et dont pourtant je n'espère pas jouir encore. En effet, la situation où je suis en vous écrivant, me fait connaître plus que jamais, la puissance irrésistible de l'amour ; j'ai peine à conserver assez d'empire sur moi pour mettre quelque ordre dans mes idées ; et déjà je prévois que je ne finirai pas cette lettre, sans être obligé de l'interrompre. Quoi ! ne puis-je donc espérer que vous partagerez quelque jour le trouble que j'éprouve en ce moment ? J'ose croire cependant que, si vous le connaissiez bien, vous n'y seriez pas entièrement insensible. Croyez-moi, Madame, la froide tranquillité, le sommeil de l'âme, image de la mort, ne mènent point au bonheur ; les passions actives peuvent seules y conduire ; et malgré les tourments que vous me faites éprouver, je crois pouvoir assurer sans crainte, que, dans ce moment, je suis plus heureux que vous. En vain m'accablez-vous de vos rigueurs désolantes, elles ne m'empêchent point de m'abandonner entièrement à l'amour et d'oublier, dans le délire qu'il me cause, le désespoir auquel vous me livrez. C'est ainsi que je veux me venger de l'exil auquel vous me condamnez. Jamais je n'eus tant de plaisir en vous écrivant ; jamais je ne ressentis, dans cette occupation, une émotion si douce et cependant si vive. Tout semble augmenter mes transports : l'air que je respire est plein de volupté ; la table même sur laquelle je vous écris, consacrée pour la première fois à cet usage, devient pour moi l'autel sacré de l'amour ; combien elle va s'embellir à mes yeux ! j'aurai tracé sur elle le serment de vous aimer toujours ! Pardonnez, je vous en supplie, au désordre de mes sens. Je devrais peut-être m'abandonner moins à des transports que vous ne partagez pas : il faut vous quitter un moment pour dissiper une ivresse qui s'augmente à chaque instant, et qui devient plus forte que moi.

Je reviens à vous, Madame, et sans doute j'y reviens toujours avec le même empressement. Cependant le sentiment du bonheur a fui loin de moi ; il a fait place à celui des privations cruelles. A quoi me sert-il de vous parler de mes sentiments, si je cherche en vain les moyens de vous convaincre ? après tant d'efforts réitérés, la confiance et la force m'abandonnent à la fois. Si je me retrace encore les plaisirs de l'amour, c'est pour sentir plus vivement le regret d'en être privé. Je ne me vois de ressource que dans votre indulgence, et je sens trop, dans ce moment, combien j'en ai besoin pour espérer de l'obtenir. Cependant, jamais mon amour ne fut plus respectueux, jamais il ne dut moins vous offenser ; il est tel, j'ose le dire, que la vertu la plus sévère ne devrait pas le craindre : mais je crains moi-même de vous entretenir plus longtemps de la peine que j'éprouve. Assuré que l'objet qui la cause ne la partage pas, il ne faut pas au moins abuser de ses bontés ; et ce serait le faire, que d'employer plus de temps à vous retracer cette douloureuse image. Je ne prends plus que celui de vous supplier de me répondre, et de ne jamais douter de la vérité de mes sentiments.

*Écrite de P..., datée de Paris, ce 30 août 17**.*

LETTRE XLIX

CÉCILE VOLANGES AU CHEVALIER DANCENY

Sans être ni légère, ni trompeuse, il me suffit, Monsieur, d'être éclairée sur ma conduite, pour sentir la nécessité d'en changer ; j'en ai promis le sacrifice à Dieu, jusqu'à ce que je puisse lui offrir aussi celui de mes sentiments pour vous, que l'état religieux dans lequel vous êtes rend plus criminels encore. Je sens bien que cela me fera de la peine, et je ne vous cacherai même pas que depuis avant-hier j'ai pleuré toutes les fois que j'ai songé à vous. Mais j'espère que Dieu me fera la grâce de me donner la force nécessaire pour vous oublier, comme je la lui demande soir et matin. J'attends même de votre amitié, et de votre honnêteté, que vous ne chercherez pas à me troubler dans la bonne résolution qu'on m'a inspirée, et dans laquelle je tâche de me maintenir. En conséquence, je vous demande d'avoir la complaisance de ne me plus écrire, d'autant que je vous préviens que je ne vous répondrais plus, et que vous me forceriez d'avertir maman de tout ce qui se passe : ce qui me priverait tout à fait du plaisir de vous voir.

Je n'en conserverai pas moins pour vous tout l'attachement qu'on puisse avoir, sans qu'il y ait du mal ; et c'est bien de toute mon âme que je vous souhaite toute sorte de bonheur. Je sens bien que vous allez ne plus m'aimer autant, et que peut-être vous en aimerez bientôt une autre mieux que moi. Mais ce sera une pénitence de plus, de la faute que j'ai commise en vous donnant mon cœur, que je ne devais donner qu'à Dieu, et à mon mari quand j'en aurai un. J'espère que la miséricorde divine aura pitié de ma faiblesse, et qu'elle ne me donnera de peine que ce que j'en pourrai supporter.

Adieu, Monsieur ; je peux bien vous assurer que s'il m'était permis d'aimer quelqu'un, ce ne serait jamais que vous que j'aimerais. Mais voilà tout ce que je peux vous dire, et c'est peut-être même plus que je ne devrais.

De..., ce 31 août 17**.

LETTRE L

LA PRÉSIDENTE DE TOURVEL AU VICOMTE DE VALMONT

Est-ce donc ainsi, Monsieur, que vous remplissez les conditions auxquelles j'ai consenti à recevoir quelquefois de vos lettres ? Et puis-je ne *pas avoir à m'en plaindre,* quand vous ne m'y parlez que d'un sentiment auquel je craindrais encore de me livrer, quand même je le pourrais sans blesser tous mes devoirs ?

Au reste, si j'avais besoin de nouvelles raisons pour conserver cette crainte salutaire, il me semble que je pourrais les trouver dans votre dernière lettre. En effet, dans le moment même où vous croyez faire l'apologie de l'amour, que faites-vous au contraire, que m'en montrer les orages redoutables ? qui peut vouloir d'un bonheur acheté au prix de la raison, et dont les plaisirs peu durables sont au moins suivis des regrets, quand ils ne le sont pas des remords ?

Vous-même, chez qui l'habitude de ce délire dangereux doit en diminuer l'effet, n'êtes-vous pas cependant obligé de convenir qu'il devient souvent plus fort que vous, et n'êtes-vous pas le premier à vous plaindre du trouble involontaire qu'il vous cause ? Quel ravage effrayant ne ferait-il donc pas sur un cœur neuf et sensible, qui ajouterait encore à son empire par la grandeur des sacrifices qu'il serait obligé de lui faire ?

Vous croyez, Monsieur, ou vous feignez de croire que l'amour mène au bonheur ; et moi, je suis si persuadée qu'il me rendrait malheureuse, que je voudrais n'entendre jamais prononcer son nom. Il me semble que d'en parler seulement altère la tranquillité ; et c'est autant par goût que par devoir, que je vous prie de vouloir bien garder le silence sur ce point.

Après tout, cette demande doit vous être bien facile à m'accorder à présent. De retour à Paris, vous y trouverez assez d'occasions d'oublier un sentiment qui peut-être n'a dû sa naissance qu'à l'habitude où vous êtes de vous occuper de semblables objets, et sa force qu'au désœuvrement de la campagne. N'êtes-vous donc pas dans ce même lieu, où vous m'aviez vue avec tant d'indifférence ? Y pouvez-vous faire un pas sans y rencontrer un exemple de votre facilité à changer et n'y êtes-vous pas entouré de femmes, qui toutes, plus aimables que moi, ont plus de droits à vos hommages ? Je n'ai pas la vanité qu'on reproche à mon sexe ; j'ai encore moins cette fausse modestie qui n'est qu'un raffinement de l'orgueil ; et c'est de bien bonne foi que je vous dis ici, que je me connais bien peu de moyens de plaire : je les aurais tous, que je ne les croirais pas suffisants pour vous fixer. Vous demander de ne plus vous occuper de moi, ce n'est donc que vous prier de faire aujourd'hui ce que déjà vous aviez fait, et ce qu'à coup sûr vous feriez encore dans peu de temps, quand même je vous demanderais le contraire.

Cette vérité, que je ne perds pas de vue, serait, à elle seule, une raison assez forte pour ne pas vouloir vous entendre. J'en ai mille autres encore : mais sans entrer dans cette longue discussion, je m'en tiens à vous prier, comme je l'ai déjà fait, de ne plus m'entretenir d'un sentiment que je ne dois pas écouter, et auquel je dois encore moins répondre.

*De..., ce 1ᵉʳ septembre 17**.*

SECONDE PARTIE

LETTRE LI

LA MARQUISE DE MERTEUIL AU VICOMTE DE VALMONT

En vérité, Vicomte, vous êtes insupportable. Vous me traitez avec autant de légèreté que si j'étais votre maîtresse. Savez-vous que je me fâcherai, et que j'ai dans ce moment une humeur effroyable ? Comment ! vous devez voir Danceny demain matin ; vous savez combien il est important que je vous parle avant cette entrevue ; et sans vous inquiéter davantage, vous me laissez vous attendre toute la journée, pour aller courir je ne sais où ? Vous êtes cause que je suis arrivée *indécemment* tard chez madame de Volanges, et que toutes les vieilles femmes m'ont trouvée *merveilleuse*. Il m'a fallu leur faire des cajoleries toute la soirée pour les apaiser : car il ne faut pas fâcher les vieilles femmes ; ce sont elles qui font la réputation des jeunes.

A présent il est une heure du matin, et au lieu de me coucher, comme j'en meurs d'envie, il faut que je vous écrive une longue lettre, qui va redoubler mon sommeil par l'ennui qu'elle me causera. Vous êtes bien heureux que je n'aie pas le temps de vous gronder davantage. N'allez pas croire pour cela que je vous pardonne ; c'est seulement que je suis pressée. Écoutez-moi donc, je me dépêche.

Pour peu que vous soyez adroit, vous devez avoir demain la confidence de Danceny. Le moment est favorable pour la confiance : c'est celui du malheur. La petite fille a été à confesse ; elle a tout dit, comme un enfant ; et depuis, elle est tourmentée à un tel point de la peur du diable, qu'elle veut rompre absolument. Elle m'a raconté tous ses petits scrupules, avec une vivacité qui m'apprenait assez combien sa tête était montée. Elle m'a montré sa lettre de rupture, qui est une vraie capucinade [1]. Elle a babillé une heure avec moi, sans me dire un mot qui ait le sens commun. Mais elle ne m'en a pas moins embarrassée ; car vous jugez que je ne pouvais risquer de m'ouvrir vis-à-vis d'une aussi mauvaise tête.

J'ai vu pourtant au milieu de tout ce bavardage, qu'elle n'en aime pas moins son Danceny ; j'ai remarqué même une de ces ressources qui ne manquent jamais à l'amour, et dont la petite fille est assez plaisamment la dupe. Tourmentée par le désir de s'occuper de son amant, et par la crainte de se damner en s'en occupant, elle a imaginé de prier Dieu de le lui faire oublier ; et comme elle renouvelle cette prière à chaque instant du jour, elle trouve le moyen d'y penser sans cesse.

Avec quelqu'un de plus *usagé* [2] que Danceny, ce petit événement serait peut-être plus favorable que contraire, mais le jeune homme est si Céladon [3], que, si nous ne l'aidons pas, il lui faudra tant de temps pour vaincre les plus légers obstacles, qu'il ne nous laissera pas celui d'effectuer notre projet.

Vous avez bien raison ; c'est dommage, et je suis aussi fâchée que vous, qu'il soit le héros de cette aventure : mais que voulez-vous ? ce qui est fait est fait ; et c'est votre faute. J'ai demandé à voir sa réponse* ; elle m'a fait pitié. Il lui fait des raisonnements à perte

1. Discours hypocrite. Le mot est récent (Lesage, 1724).
2. Comme « maniéré » (lettre II) : rompu aux usages du monde (le mot n'est pas péjoratif).
3. Transformation ironique du nom du héros de *L'Astrée* en adjectif.
* Cette lettre ne s'est pas retrouvée.

d'haleine, pour lui prouver qu'un sentiment involontaire ne peut pas être un crime : comme s'il ne cessait
pas d'être involontaire, du moment qu'on cesse de le
combattre ! Cette idée est si simple, qu'elle est venue
même à la petite fille. Il se plaint de son malheur d'une
manière assez touchante : mais sa douleur est si douce
et paraît si forte et si sincère, qu'il me semble impossible qu'une femme qui trouve l'occasion de désespérer
un homme à ce point, et avec aussi peu de danger, ne
soit pas tentée de s'en passer la fantaisie. Il lui explique enfin qu'il n'est pas moine comme la petite le
croyait ; et c'est, sans contredit, ce qu'il fait de mieux :
car, pour faire tant que de se livrer à l'amour monasti-
que, assurément MM. les chevaliers de Malte ne méri-
teraient pas la préférence.

Quoi qu'il en soit, au lieu de perdre mon temps en
raisonnements qui m'auraient compromise, et peut-être
sans persuader, j'ai approuvé le projet de rupture : mais
j'ai dit qu'il était plus honnête, en pareil cas, de dire
ses raisons que de les écrire ; qu'il était d'usage aussi
de rendre les lettres et les autres bagatelles qu'on pouvait avoir reçues ; et paraissant entrer ainsi dans les vues
de la petite personne, je l'ai décidée à donner un rendez-
vous à Danceny. Nous en avons sur-le-champ concerté
les moyens, et je me suis chargée de décider la mère
à sortir sans sa fille ; c'est demain après-midi que sera
cet instant décisif. Danceny en est déjà instruit ; mais,
pour Dieu, si vous en trouvez l'occasion, décidez donc
ce beau berger à être moins langoureux ; et apprenez-
lui, puisqu'il faut lui tout dire, que la vraie façon de
vaincre les scrupules est de ne laisser rien à perdre à
ceux qui en ont.

Au reste, pour que cette ridicule scène ne se renou-
velât pas, je n'ai pas manqué d'élever quelques doutes
dans l'esprit de la petite fille, sur la discrétion des
confesseurs ; et je vous assure qu'elle paie à présent la
peur qu'elle m'a faite, par celle qu'elle a que le sien
n'aille tout dire à sa mère. J'espère qu'après que j'en

aurai causé encore une fois ou deux avec elle, elle n'ira
plus raconter ainsi ses sottises au premier venu*.

Adieu, Vicomte ; emparez-vous de Danceny, et
conduisez-le. Il serait honteux que nous ne fissions pas
ce que nous voulons, de deux enfants. Si nous y trou-
vons plus de peine que nous ne l'avions cru d'abord,
songeons, pour animer notre zèle, vous, qu'il s'agit de
la fille de madame de Volanges, et moi, qu'elle doit
devenir la femme de Gercourt. Adieu.

*De..., ce 2 septembre 17**.*

LETTRE LII

LE VICOMTE DE VALMONT À LA PRÉSIDENTE DE TOURVEL

Vous me défendez, Madame, de vous parler de mon
amour ; mais où trouver le courage nécessaire pour
vous obéir ? Uniquement occupé d'un sentiment qui
devrait être si doux, et que vous rendez si cruel ; languissant dans l'exil où vous m'avez condamné ; ne
vivant que de privations et de regrets ; en proie à des
tourments d'autant plus douloureux, qu'ils me rappel-
lent sans cesse votre indifférence ; me faudra-t-il encore
perdre la seule consolation qui me reste ? et puis-je en
avoir d'autre, que de vous ouvrir quelquefois une âme,
que vous remplissez de trouble et d'amertume ?
Détournerez-vous vos regards, pour ne pas voir les
pleurs que vous faites répandre ? Refuserez-vous
jusqu'à l'hommage des sacrifices que vous exigez ? Ne
serait-il donc pas plus digne de vous, de votre âme honnête et douce, de plaindre un malheureux, qui ne l'est
que par vous, que de vouloir encore aggraver ses peines, par une défense à la fois injuste et rigoureuse.

---

* Le lecteur a dû deviner depuis longtemps par les mœurs de
madame de Merteuil, combien peu elle respectait la religion. On aurait
supprimé tout cet alinéa, mais on a cru qu'en montrant les effets,
on ne devait pas négliger d'en faire connaître les causes.

Vous feignez de craindre l'amour, et vous ne voulez pas voir que vous seule causez les maux que vous lui reprochez. Ah ! sans doute, ce sentiment est pénible, quand l'objet qui l'inspire ne le partage point ; mais où trouver le bonheur, si un amour réciproque ne le procure pas ? L'amitié tendre, la douce confiance et la seule qui soit sans réserve, les peines adoucies, les plaisirs augmentés, l'espoir enchanteur, les souvenirs délicieux, où les trouver ailleurs que dans l'amour ? Vous le calomniez, vous qui, pour jouir de tous les biens qu'il vous offre, n'avez qu'à ne plus vous y refuser ; et moi j'oublie les peines que j'éprouve, pour m'occuper à le défendre.

Vous me forcez aussi à me défendre moi-même ; car tandis que je consacre ma vie à vous adorer, vous passez la vôtre à me chercher des torts : déjà vous me supposez léger et trompeur ; et abusant, contre moi, de quelques erreurs, dont moi-même je vous ai fait l'aveu, vous vous plaisez à confondre ce que j'étais alors, avec ce que je suis à présent. Non contente de m'avoir livré au tourment de vivre loin de vous, vous y joignez un persiflage cruel, sur des plaisirs auxquels vous savez assez combien vous m'avez rendu insensible. Vous ne croyez ni à mes promesses, ni à mes serments : eh bien ! il me reste un garant à vous offrir, qu'au moins vous ne suspecterez pas : c'est vous-même. Je ne vous demande que de vous interroger de bonne foi ; si vous ne croyez pas à mon amour, si vous doutez un moment de régner seule sur mon âme, si vous n'êtes pas assurée d'avoir fixé ce cœur, en effet, jusqu'ici trop volage, je consens à porter la peine de cette erreur ; j'en gémirai, mais n'en appellerai point ; mais si au contraire, nous rendant justice à tous deux, vous êtes forcée de convenir avec vous-même que vous n'avez, que vous n'aurez jamais de rivale, ne m'obligez plus, je vous supplie, à combattre des chimères, et laissez-moi au moins cette consolation de vous voir ne plus douter d'un sentiment qui, en effet, ne finira, ne peut finir qu'avec ma vie. Permettez-moi, Madame, de vous prier de répondre positivement à cet article de ma lettre.

Si j'abandonne cependant cette époque de ma vie, qui paraît me nuire si cruellement auprès de vous, ce n'est pas qu'au besoin les raisons me manquassent pour la défendre.

Qu'ai-je fait, après tout, que ne pas résister au tourbillon dans lequel j'avais été jeté ? Entré dans le monde, jeune et sans expérience ; passé, pour ainsi dire, de mains en mains, par une foule de femmes, qui toutes se hâtent de prévenir par leur facilité une réflexion qu'elles sentent devoir leur être défavorable ; était-ce donc à moi de donner l'exemple d'une résistance qu'on ne m'opposait point ? ou devais-je me punir d'un moment d'erreur, et que souvent on avait provoqué, par une constance à coup sûr inutile, et dans laquelle on n'aurait vu qu'un ridicule ? Eh ! quel autre moyen qu'une prompte rupture, peut justifier d'un choix honteux !

Mais, je puis le dire, cette ivresse des sens, peut-être même ce délire de la vanité, n'a point passé jusqu'à mon cœur. Né pour l'amour, l'intrigue pouvait le distraire, et ne suffisait pas pour l'occuper ; entouré d'objets séduisants mais méprisables, aucun n'allait jusqu'à mon âme : on m'offrait des plaisirs, je cherchais des vertus ; et moi-même enfin je me crus inconstant, parce que j'étais délicat et sensible.

C'est en vous voyant que je me suis éclairé : bientôt j'ai reconnu que le charme de l'amour tenait aux qualités de l'âme ; qu'elles seules pouvaient en causer l'excès, et le justifier. Je sentis enfin qu'il m'était également impossible et de ne pas vous aimer, et d'en aimer une autre que vous.

Voilà, Madame, quel est ce cœur auquel vous craignez de vous livrer, et sur le sort de qui vous avez à prononcer : mais quel que soit le destin que vous lui réservez, vous ne changerez rien aux sentiments qui l'attachent à vous ; ils sont inaltérables comme les vertus qui les ont fait naître.

*De..., ce 3 septembre 17**.*

LETTRE LIII

LE VICOMTE DE VALMONT À LA MARQUISE DE MERTEUIL

J'ai vu Danceny, mais je n'en ai obtenu qu'une demi-confidence ; il s'est obstiné, surtout, à me taire le nom de la petite Volanges, dont il ne m'a parlé que comme d'une femme très sage, et même un peu dévote : à cela près, il m'a raconté avec assez de vérité son aventure, et surtout le dernier événement. Je l'ai échauffé autant que j'ai pu, et l'ai beaucoup plaisanté sur sa délicatesse et ses scrupules ; mais il paraît qu'il y tient, et je ne puis pas répondre de lui : au reste, je pourrai vous en dire davantage après-demain. Je le mène demain à Versailles, et je m'occuperai à le scruter pendant la route.

Le rendez-vous qui doit avoir eu lieu aujourd'hui, me donne aussi quelque espérance : il se pourrait que tout s'y fût passé à notre satisfaction ; et peut-être ne nous reste-t-il à présent qu'à en arracher l'aveu, et à en recueillir les preuves. Cette besogne vous sera plus facile qu'à moi : car la petite personne est plus confiante, ou, ce qui revient au même, plus bavarde, que son discret amoureux. Cependant j'y ferai mon possible.

Adieu, ma belle amie, je suis fort pressé ; je ne vous verrai ni ce soir, ni demain : si de votre côté vous avez su quelque chose, écrivez-moi un mot pour mon retour. Je reviendrai sûrement coucher à Paris.

*De..., ce 3 septembre 17**, au soir.*

LETTRE LIV

LA MARQUISE DE MERTEUIL AU VICOMTE DE VALMONT

Oh ! oui ! c'est bien avec Danceny qu'il y a quelque chose à savoir ! S'il vous l'a dit, il s'est vanté. Je ne connais personne si bête en amour, et je me reproche de

plus en plus les bontés que nous avons pour lui. Savez-
vous que j'ai pensé être compromise par rapport à lui !
et que ce soit en pure perte ! Oh ! je m'en vengerai,
je le promets.

Quand j'arrivai hier pour prendre madame de Volanges, elle ne voulait plus sortir ; elle se sentait incommodée : il me fallut toute mon éloquence pour la décider, et je vis le moment que Danceny serait arrivé avant
notre départ ; ce qui eût été d'autant plus gauche que
madame de Volanges lui avait dit la veille qu'elle ne
serait pas chez elle. Sa fille et moi, nous étions sur les
épines. Nous sortîmes enfin ; et la petite me serra la
main si affectueusement en me disant adieu, que malgré son projet de rupture, dont elle croyait de bonne
foi s'occuper encore, j'augurai des merveilles de la
soirée.

Je n'étais pas au bout de mes inquiétudes. Il y avait
à peine une demi-heure que nous étions chez madame
de *** que madame de Volanges se trouva mal en effet,
mais sérieusement mal : et comme de raison, elle voulait rentrer chez elle ; moi, je le voulais d'autant moins,
que j'avais peur, si nous surprenions les jeunes gens,
comme il y avait tout à parier, que mes instances auprès
de la mère, pour la faire sortir, ne lui devinssent sus-
pectes. Je pris le parti de l'effrayer sur sa santé, ce qui
heureusement n'est pas difficile ; et je la tins une heure
et demie, sans consentir à la ramener chez elle, dans
la crainte que je feignis d'avoir, du mouvement dangereux de la voiture. Nous ne rentrâmes enfin qu'à
l'heure convenue. A l'air honteux que je remarquai en
arrivant, j'avoue que j'espérai qu'au moins mes peines n'auraient pas été perdues.

Le désir que j'avais d'être instruite me fit rester
auprès de madame de Volanges, qui se coucha aussitôt, et après avoir soupé auprès de son lit, nous la laissâmes de très bonne heure, sous le prétexte qu'elle avait
besoin de repos ; et nous passâmes dans l'appartement
de sa fille. Celle-ci a fait, de son côté, tout ce que
j'attendais d'elle : scrupules évanouis, nouveaux ser-

ments d'aimer toujours, etc., etc., elle s'est enfin exé-
cutée de bonne grâce : mais le sot Danceny n'a pas
passé d'une ligne le point où il était auparavant. Oh !
l'on peut se brouiller avec celui-là ; les raccommode-
ments ne sont pas dangereux.

La petite assure pourtant qu'il voulait davantage,
mais qu'elle a su se défendre. Je parierais bien qu'elle
se vante, ou qu'elle l'excuse ; je m'en suis même presque assurée. En effet, il m'a pris fantaisie de savoir à
quoi m'en tenir sur la défense dont elle était capable ;
et moi, simple femme, de propos en propos, j'ai monté
sa tête au point... Enfin vous pouvez m'en croire,
jamais personne ne fut plus susceptible d'une surprise
des sens. Elle est vraiment aimable, cette chère petite !
Elle méritait un autre amant ; elle aura au moins une
bonne amie, car je m'attache sincèrement à elle. Je lui
ai promis de la former et je crois que je lui tiendrai
parole. Je me suis souvent aperçue du besoin d'avoir
une femme dans ma confidence, et j'aimerais mieux
celle-là qu'une autre ; mais je ne puis en rien faire, tant
qu'elle ne sera pas... ce qu'il faut qu'elle soit ; et c'est
une raison de plus d'en vouloir à Danceny.

Adieu, Vicomte ; ne venez pas chez moi demain, à
moins que ce ne soit le matin. J'ai cédé aux instances
du chevalier, pour une soirée de petite maison.

De..., ce 4 septembre 17**.

LETTRE LV

CÉCILE VOLANGES À SOPHIE CARNAY

Tu avais raison, ma chère Sophie ; tes prophéties
réussissent mieux que tes conseils. Danceny, comme tu
l'avais prédit, a été plus fort que le confesseur, que toi,
que moi-même ; et nous voilà revenus exactement où
nous en étions. Ah ! je ne m'en repens pas ; et toi, si
tu m'en grondes ce sera faute de savoir le plaisir qu'il
y a à aimer Danceny. Il t'est bien aisé de dire comme

il faut faire, rien ne t'empêche ; mais si tu avais éprouvé combien le chagrin de quelqu'un qu'on aime nous fait mal, comment sa joie devient la nôtre, et comment il est difficile de dire non, quand c'est oui que l'on veut dire, tu ne t'étonnerais plus de rien : moi-même qui l'ai senti, bien vivement senti, je ne le comprends pas encore. Crois-tu, par exemple, que je puisse voir pleurer Danceny sans pleurer moi-même ? Je t'assure bien que cela m'est impossible ; et quand il est content, je suis heureuse comme lui. Tu auras beau dire ; ce qu'on dit ne change pas ce qui est, et je suis bien sûre que c'est comme ça.

Je voudrais te voir à ma place... Non, ce n'est pas là ce que je veux dire, car sûrement je ne voudrais céder ma place à personne : mais je voudrais que tu aimasses aussi quelqu'un ; ce ne serait pas seulement pour que tu m'entendisses mieux, et que tu me grondasses moins ; car c'est qu'aussi tu serais plus heureuse, ou, pour mieux dire, tu commencerais seulement alors à le devenir.

Nos amusements, nos rires, tout cela, vois-tu, ce ne sont que des jeux d'enfants ; il n'en reste rien après qu'ils sont passés. Mais l'amour, ah ! l'amour !... un mot, un regard, seulement de le savoir là, eh bien ! c'est le bonheur. Quand je vois Danceny, je ne désire plus rien ; quand je ne le vois pas, je ne désire que lui. Je ne sais comment cela se fait : mais on dirait que tout ce qui me plaît lui ressemble. Quand il n'est pas avec moi, j'y songe ; et quand je peux y songer tout à fait, sans distraction, quand je suis toute seule, par exemple, je suis encore heureuse ; je ferme les yeux, et tout de suite je crois le voir ; je me rappelle ses discours, et je crois l'entendre ; cela me fait soupirer ; et puis je sens un feu, une agitation... Je ne saurais tenir en place. C'est comme un tourment, et ce tourment-là fait un plaisir inexprimable.

Je crois même que quand une fois on a de l'amour, cela se répand jusque sur l'amitié. Celle que j'ai pour toi n'a pourtant pas changé ; c'est toujours comme au

couvent : mais ce que je te dis, je l'éprouve avec
madame de Merteuil. Il me semble que je l'aime plus
comme Danceny que comme toi, et quelquefois je voudrais qu'elle fût lui. Cela vient peut-être de ce que ce
n'est pas une amitié d'enfant comme la nôtre ; ou bien
de ce que je les vois si souvent ensemble, ce qui fait
que je me trompe. Enfin, ce qu'il y a de vrai, c'est qu'à
eux deux, ils me rendent bien heureuse ; et après tout,
je ne crois pas qu'il y ait grand mal à ce que je fais.
Aussi je ne demanderais qu'à rester comme je suis ; et
il n'y a que l'idée de mon mariage qui me fasse de la
peine : car si M. de Gercourt est comme on me l'a dit,
et je n'en doute pas, je ne sais pas ce que je deviendrai. Adieu, ma Sophie ; je t'aime toujours bien tendrement.

*De..., ce 4 septembre 17**.*

LETTRE LVI

LA PRÉSIDENTE DE TOURVEL AU VICOMTE DE VALMONT

A quoi vous servirait, Monsieur, la réponse que vous
me demandez ? Croire à vos sentiments, ne serait-ce
pas une raison de plus pour les craindre ? et sans attaquer ni défendre leur sincérité, ne me suffit-il pas, ne
doit-il pas vous suffire à vous-même, de savoir que je
ne veux ni ne dois y répondre ?

Supposé que vous m'aimiez véritablement (et c'est
seulement pour ne plus revenir sur cet objet, que je
consens à cette supposition), les obstacles qui nous
séparent en seraient-ils moins insurmontables ? et
aurais-je autre chose à faire qu'à souhaiter que vous
pussiez bientôt vaincre cet amour, et surtout à vous y
aider de tout mon pouvoir, en me hâtant de vous ôter
toute espérance ? Vous convenez vous-même que *ce
sentiment est pénible quand l'objet qui l'inspire ne le
partage point.* Or, vous savez assez qu'il m'est impossible de le partager, et quand même ce malheur m'arri-

verait, j'en serais plus à plaindre, sans que vous en fussiez plus heureux. J'espère que vous m'estimez assez pour n'en pas douter un instant. Cessez donc, je vous en conjure, cessez de vouloir troubler un cœur à qui la tranquillité est si nécessaire ; ne me forcez pas à regretter de vous avoir connu.

Chérie et estimée d'un mari que j'aime et respecte, mes devoirs et mes plaisirs se rassemblent dans le même objet. Je suis heureuse, je dois l'être. S'il existe des plaisirs plus vifs, je ne les désire pas ; je ne veux point les connaître. En est-il de plus doux que d'être en paix avec soi-même, de n'avoir que des jours sereins, de s'endormir sans trouble, et de s'éveiller sans remords ? Ce que vous appelez le bonheur, n'est qu'un tumulte des sens, un orage des passions dont le spectacle est effrayant, même à le regarder du rivage. Eh ! comment affronter ces tempêtes ? comment oser s'embarquer sur une mer couverte des débris de mille et mille naufrages [1] ? Et avec qui ? Non, Monsieur, je reste à terre ; je chéris les liens qui m'y attachent. Je pourrais les rompre, que je ne le voudrais pas ; si je ne les avais, je me hâterais de les prendre.

Pourquoi vous attacher à mes pas ? pourquoi vous obstiner à me suivre ? Vos lettres, qui devaient être rares, se succèdent avec rapidité. Elles devaient être sages, et vous ne m'y parlez que de votre fol amour. Vous m'entourez de votre idée, plus que vous ne le faisiez de votre personne. Écarté sous une forme, vous vous reproduisez sous une autre. Les choses qu'on vous demande de ne plus dire, vous les redites seulement d'une autre manière. Vous vous plaisez à m'embarrasser par des raisonnements captieux ; vous échappez aux miens. Je ne veux plus vous répondre, je ne vous répondrai plus... Comme vous traitez les femmes que vous

1. *Naufrages* et *orages* sont à la rime du discours d'Hippolyte (*Phèdre*, II, 2)
    « Moi [...] Qui des faibles mortels déplorant les naufrages,
      Pensais toujours du bord contempler les orages... »
Rivage leur fait écho.

avez séduites ! avec quel mépris vous en parlez ! Je
veux croire que quelques-unes le méritent : mais toutes sont-elles donc si méprisables ? Ah ! sans doute,
puisqu'elles ont trahi leurs devoirs pour se livrer à un
amour criminel. De ce moment, elles ont tout perdu,
jusqu'à l'estime de celui à qui elles ont tout sacrifié.
Ce supplice est juste, mais l'idée seule en fait frémir.
Que m'importe, après tout ? pourquoi m'occuperais-
je d'elles ou de vous ? de quel droit venez-vous troubler ma tranquillité ? Laissez-moi, ne me voyez plus ;
ne m'écrivez plus, je vous en prie ; je l'exige. Cette lettre est la dernière que vous recevrez de moi.

*De..., ce 5 septembre 17**.*

LETTRE LVII

LE VICOMTE DE VALMONT À LA MARQUISE DE MERTEUIL

J'ai trouvé votre lettre hier à mon arrivée. Votre
colère m'a tout à fait réjoui. Vous ne sentiriez pas plus
vivement les torts de Danceny, quand il les aurait eus
vis-à-vis de vous. C'est sans doute par vengeance, que
vous accoutumez sa maîtresse à lui faire de petites infi-
délités ; vous êtes un bien mauvais sujet ! Oui, vous
êtes charmante, et je ne m'étonne pas qu'on vous résiste
moins qu'à Danceny.

Enfin je le sais par cœur, ce beau héros de roman !
il n'a plus de secret pour moi. Je lui ai tant dit que
l'amour honnête était le bien suprême, qu'un sentiment
valait mieux que dix intrigues, que j'étais moi-même,
dans ce moment, amoureux et timide ; il m'a trouvé
enfin une façon de penser si conforme à la sienne, que
dans l'enchantement où il était de ma candeur, il m'a
tout dit, et m'a juré une amitié sans réserve. Nous n'en
sommes guère plus avancés pour notre projet.

D'abord, il m'a paru que son système était qu'une
demoiselle mérite beaucoup plus de ménagements
qu'une femme, comme ayant plus à perdre. Il trouve,

surtout, que rien ne peut justifier un homme de mettre
une fille dans la nécessité de l'épouser ou de vivre dés-
honorée, quand la fille est infiniment plus riche que
l'homme, comme dans le cas où il se trouve. La sécurité de la mère, la candeur de la fille, tout l'intimide
et l'arrête. L'embarras ne serait point de combattre ses
raisonnements, quelque vrais qu'ils soient. Avec un peu
d'adresse et aidé par la passion, on les aurait bientôt
détruits ; d'autant qu'ils prêtent au ridicule, et qu'on
aurait pour soi l'autorité de l'usage. Mais ce qui empêche qu'il n'y ait de prise sur lui, c'est qu'il se trouve
heureux comme il est. En effet, si les premiers amours
paraissent, en général, plus honnêtes, et comme on dit
plus purs ; s'ils sont au moins plus lents dans leur marche, ce n'est pas, comme on le pense, délicatesse ou
timidité, c'est que le cœur, étonné par un sentiment
inconnu, s'arrête pour ainsi dire à chaque pas, pour
jouir du charme qu'il éprouve, et que ce charme est si
puissant sur un cœur neuf, qu'il l'occupe au point de
lui faire oublier tout autre plaisir. Cela est si vrai, qu'un
libertin amoureux, si un libertin peut l'être, devient de
ce moment même moins pressé de jouir ; et qu'enfin,
entre la conduite de Danceny avec la petite Volanges,
et la mienne avec la prude madame de Tourvel, il n'y
a que la différence du plus au moins.

Il aurait fallu, pour échauffer notre jeune homme,
plus d'obstacles qu'il n'en a rencontrés ; surtout qu'il
eût eu besoin de plus de mystère, car le mystère mène
à l'audace. Je ne suis pas éloigné de croire que vous
nous avez nui en le servant si bien ; votre conduite eût
été excellente avec un homme *usagé,* qui n'eût eu que
des désirs : mais vous auriez pu prévoir que pour un
homme jeune, honnête et amoureux, le plus grand prix
des faveurs est d'être la preuve de l'amour ; et que par
conséquent, plus il serait sûr d'être aimé, moins il serait
entreprenant. Que faire à présent ? Je n'en sais rien ;
mais je n'espère pas que la petite soit prise avant le
mariage, et nous en serons pour nos frais ; j'en suis
fâché, mais je n'y vois pas de remède.

Pendant que je disserte ici, vous faites mieux avec votre chevalier. Cela me fait songer que vous m'avez promis une infidélité en ma faveur, j'en ai votre promesse par écrit et je ne veux pas en faire *un billet de la Châtre*[1]. Je conviens que l'échéance n'est pas encore arrivée : mais il serait généreux à vous de ne pas l'attendre ; et de mon côté, je vous tiendrais compte des intérêts. Qu'en dites-vous, ma belle amie ? est-ce que vous n'êtes pas fatiguée de votre constance ? Ce chevalier est donc bien merveilleux ? Oh ! laissez-moi faire ; je veux vous forcer de convenir que si vous lui avez trouvé quelque mérite, c'est que vous m'aviez oublié.

Adieu, ma belle amie ; je vous embrasse comme je vous désire ; je défie tous les baisers du chevalier d'avoir autant d'ardeur.

De..., ce 5 septembre 17**.

LETTRE LVIII

LE VICOMTE DE VALMONT À LA PRÉSIDENTE DE TOURVEL

Par où ai-je donc mérité, Madame, et les reproches que vous me faites, et la colère que vous me témoignez ? L'attachement le plus vif et pourtant le plus respectueux, la soumission la plus entière à vos moindres volontés ; voilà en deux mots l'histoire de mes sentiments et de ma conduite. Accablé par les peines d'un amour malheureux, je n'avais d'autre consolation que celle de vous voir : vous m'avez ordonné de m'en priver ; j'ai obéi sans me permettre un murmure. Pour prix de ce sacrifice, vous m'avez permis de vous écrire, et aujourd'hui vous voulez m'ôter cet unique plaisir.

---

1. Expression proverbiale pour une promesse non tenue. A chaque infidélité au marquis de La Châtre qui lui avait fait signer un billet, Ninon de Lenclos s'écriait : « Oh ! le bon billet qu'a là La Châtre ! »

Me le laisserai-je ravir, sans essayer de le défendre ?
Non, sans doute : eh ! comment ne serait-il pas cher
à mon cœur ? c'est le seul qui me reste, et je le tiens
de vous.

Mes lettres, dites-vous, sont trop fréquentes ! Songez donc, je vous prie, que depuis dix jours que dure
mon exil, je n'ai passé aucun moment sans m'occuper
de vous, et que cependant vous n'avez reçu que deux
lettres de moi. *Je ne vous y parle que de mon amour !*
eh ! que puis-je dire, que ce que je pense ? tout ce que
j'ai pu faire a été d'en affaiblir l'expression ; et vous
pouvez m'en croire, je ne vous en ai laissé voir que ce
qu'il m'a été impossible d'en cacher. Vous me mena-
cez enfin de ne plus me répondre. Ainsi l'homme qui
vous préfère à tout et qui vous respecte encore plus qu'il
ne vous aime, non contente de le traiter avec rigueur,
vous voulez y joindre le mépris ! Et pourquoi ces mena-
ces et ce courroux ? qu'en avez-vous besoin ? n'êtes-
vous pas sûre d'être obéie, même dans vos ordres injustes ? m'est-il donc possible de contrarier aucun de vos
désirs, et ne l'ai-je pas déjà prouvé ? Mais abuserez-
vous de cet empire que vous avez sur moi ? Après
m'avoir rendu malheureux, après être devenue injuste,
vous sera-t-il donc bien facile de jouir de cette tranquillité que vous assurez vous être si nécessaire ? ne
vous direz-vous jamais : Il m'a laissée maîtresse de son
sort, et j'ai fait son malheur ? il implorait mes secours,
et je l'ai regardé sans pitié ? Savez-vous jusqu'où peut
aller mon désespoir ? non.

Pour calculer mes maux, il faudrait savoir à quel
point je vous aime, et vous ne connaissez pas mon
cœur.

A quoi me sacrifiez-vous ? à des craintes chimériques. Et qui vous les inspire ? un homme qui vous
adore ; un homme sur qui vous ne cesserez jamais
d'avoir un empire absolu. Que craignez-vous, que
pouvez-vous craindre d'un sentiment que vous serez
toujours maîtresse de diriger à votre gré ? Mais votre
imagination se crée des monstres, et l'effroi qu'ils vous

causent, vous l'attribuez à l'amour. Un peu de
confiance, et ces fantômes disparaîtront.

Un sage a dit que pour dissiper ses craintes il suffisait presque toujours d'en approfondir la cause*[1].
C'est surtout en amour que cette vérité trouve son application. Aimez, et vos craintes s'évanouiront. A la place
des objets qui vous effrayent, vous trouverez un sentiment délicieux, un amant tendre et soumis ; et tous vos
jours, marqués par le bonheur, ne vous laisseront
d'autre regret que d'en avoir perdu quelques-uns dans
l'indifférence. Moi-même, depuis que, revenu de mes
erreurs, je n'existe plus que pour l'amour, je regrette
un temps que je croyais avoir passé dans les plaisirs ;
et je sens que c'est à vous seule qu'il appartient de me
rendre heureux. Mais, je vous en supplie, que le plaisir que je trouve à vous écrire, ne soit plus troublé par
la crainte de vous déplaire. Je ne veux pas vous déso-
béir : mais je suis à vos genoux, j'y réclame le bonheur
que vous voulez me ravir, le seul que vous m'ayez
laissé ; je vous crie, écoutez mes prières, et voyez mes
larmes ; ah ! Madame, me refuserez-vous ?

*De..., ce 7 septembre 17**.*

LETTRE LIX

LE VICOMTE DE VALMONT À LA MARQUISE DE MERTEUIL

Apprenez-moi, si vous savez, ce que signifie ce radotage de Danceny. Qu'est-il donc arrivé, et qu'est-ce
qu'il a perdu ? Sa belle s'est peut-être fâchée de son

---

* On croit que c'est Rousseau dans *Émile,* mais la citation n'est
pas exacte, et l'application qu'en fait Valmont est bien fausse ; et
puis, madame de Tourvel avait-elle lu *Émile ?*
1. Allusion à l'anecdote, reprise dans *Les Confessions,* de la Bible
à rechercher au temple pour vaincre la peur de l'obscurité. Rousseau en fait une leçon pour son élève (Livre second). Madame de
Tourvel n'a certainement pas lu l'*Émile.* Ce n'est pas le cas de l'idéo-
logue Valmont.

respect éternel ? Il faut être juste, on se fâcherait à moins. Que lui dirai-je ce soir, au rendez-vous qu'il me demande, et que je lui ai donné à tout hasard ? Assurément je ne perdrai pas mon temps à écouter ses doléances, si cela ne doit nous mener à rien. Les complaintes amoureuses ne sont bonnes à entendre qu'en récitatifs obligés [1], ou en grandes ariettes. Instruisez-moi donc de ce qui est et de ce que je dois faire, ou bien je déserte, pour éviter l'ennui que je prévois. Pourrai-je causer avec vous ce matin ? Si vous êtes *occupée,* au moins écrivez-moi un mot, et donnez-moi les réclames [2] de mon rôle.

Où étiez-vous donc hier ? Je ne parviens plus à vous voir. En vérité, ce n'était pas la peine de me retenir à Paris au mois de septembre. Décidez-vous pourtant, car je viens de recevoir une invitation fort pressante de la comtesse de B***, pour aller la voir à la campagne ; et, comme elle me le mande assez plaisamment, « son mari a le plus beau bois [3] du monde, qu'il conserve soigneusement pour les plaisirs de ses amis ». Or, vous savez que j'ai bien quelques droits, sur ce bois-là ; et j'irai le revoir si je ne vous suis pas utile. Adieu, songez que Danceny sera chez moi sur les quatre heures.

De..., ce 8 septembre 17**.

1. Récitatif obligé : « C'est celui qui, entremêlé de ritournelles et de traits de symphonie, *oblige* pour ainsi dire le récitant et l'orchestre l'un envers l'autre, en sorte qu'ils doivent être attentifs et s'attendre mutuellement. » Ariette : « Ce diminutif, venu de l'italien, signifie proprement *petit air* ; mais le sens de ce mot a changé en France, et l'on y donne le nom d'*ariette* à de grands morceaux de musique. » (Rousseau, *Dictionnaire de musique.*)
2. Terme de bréviaire (dernière partie d'un répons) passé dans la langue du théâtre (fin de réplique).
3. Jeu de mot grivois (à triple entente).

LETTRE LX

LE CHEVALIER DANCENY AU VICOMTE DE VALMONT
(Incluse dans la précédente.)

Ah ! Monsieur, je suis désespéré, j'ai tout perdu. Je
n'ose confier au papier le secret de mes peines : mais
j'ai besoin de les répandre dans le sein d'un ami fidèle
et sûr. A quelle heure pourrais-je vous voir, et aller
chercher auprès de vous des consolations et des
conseils ? J'étais si heureux le jour où je vous ouvris
mon âme ! A présent, quelle différence ! tout est
changé pour moi. Ce que je souffre pour mon compte
n'est encore que la moindre partie de mes tourments ;
mon inquiétude sur un objet bien plus cher, voilà ce
que je ne puis supporter. Plus heureux que moi, vous
pourrez la voir, et j'attends de votre amitié que vous
ne me refuserez pas cette démarche : mais il faut que
je vous parle, que je vous instruise. Vous me plaindrez,
vous me secourrez ; je n'ai d'espoir qu'en vous. Vous
êtes sensible, vous connaissez l'amour, et vous êtes le
seul à qui je puisse me confier ; ne me refusez pas vos
secours.

Adieu, Monsieur ; le seul soulagement que j'éprouve
dans ma douleur est de songer qu'il me reste un ami
tel que vous. Faites-moi savoir, je vous prie, à quelle
heure je pourrai vous trouver. Si ce n'est pas ce matin,
je désirerais que ce fût de bonne heure dans l'après-
midi.

*De..., ce 8 septembre 17**.*

LETTRE LXI

CÉCILE VOLANGES À SOPHIE CARNAY

Ma chère Sophie, plains ta Cécile, ta pauvre Cécile ;
elle est bien malheureuse ! Maman sait tout. Je ne
conçois pas comment elle a pu se douter de quelque

chose, et pourtant elle a tout découvert. Hier au soir,
maman me parut bien avoir un peu d'humeur ; mais
je n'y fis pas grande attention ; et même en attendant
que sa partie fût finie, je causai très gaiement avec
madame de Merteuil qui avait soupé ici, et nous parlâ-
mes beaucoup de Danceny. Je ne crois pourtant pas
qu'on ait pu nous entendre. Elle s'en alla, et je me retirai dans mon appartement.

Je me déshabillais, quand maman entra et fit sortir
ma femme de chambre ; elle me demanda la clef de
mon secrétaire. Le ton dont elle me fit cette demande
me causa un tremblement si fort que je pouvais à peine
me soutenir. Je faisais semblant de ne la pas trouver,
mais enfin il fallut obéir. Le premier tiroir qu'elle
ouvrit, fut justement celui où étaient les lettres du chevalier Danceny. J'étais si troublée, que quand elle me
demanda ce que c'était, je ne sus lui répondre autre
chose, sinon que ce n'était rien ; mais quand je la vis
commencer à lire celle qui se présentait la première, je
n'eus que le temps de gagner un fauteuil, et je me trouvai mal au point que je perdis connaissance. Aussitôt
que je revins à moi, ma mère, qui avait appelé ma
femme de chambre, se retira, en me disant de me coucher. Elle a emporté toutes les lettres de Danceny. Je
frémis toutes les fois que je songe qu'il me faudra reparaître devant elle. Je n'ai fait que pleurer toute la nuit.

Je t'écris au point du jour, dans l'espoir que Joséphine viendra. Si je peux lui parler seule, je la prierai
de remettre chez madame de Merteuil un petit billet que
je vas lui écrire ; sinon, je le mettrai dans ta lettre, et
tu voudras bien l'envoyer comme de toi. Ce n'est que
d'elle que je puis recevoir quelque consolation. Au
moins, nous parlerons de lui, car je n'espère plus le
voir. Je suis bien malheureuse ! Elle aura peut-être la
bonté de se charger d'une lettre pour Danceny. Je n'ose
pas me confier à Joséphine pour cet objet, et encore
moins à ma femme de chambre ; car c'est peut-être elle
qui aura dit à ma mère que j'avais des lettres dans mon
secrétaire.

Je ne t'écrirai pas plus longuement, parce que je veux avoir le temps d'écrire à madame de Merteuil, et aussi à Danceny, pour avoir ma lettre toute prête, si elle veut bien s'en charger. Après cela, je me recoucherai, pour qu'on me trouve au lit quand on entrera dans ma chambre. Je dirai que je suis malade, pour me dispenser de passer chez maman. Je ne mentirai pas beaucoup ; sûrement je souffre plus que si j'avais la fièvre. Les yeux me brûlent à force d'avoir pleuré ; et j'ai un poids sur l'estomac qui m'empêche de respirer. Quand je songe que je ne verrai plus Danceny, je voudrais être morte. Adieu, ma chère Sophie. Je ne peux pas t'en dire davantage ; les larmes me suffoquent.

De..., ce 7 septembre 17**.

(*Nota :* On a supprimé la lettre de Cécile Volanges à la Marquise, parce qu'elle ne contenait que les mêmes faits de la lettre précédente et avec moins de détails. Celle au chevalier Danceny ne s'est point retrouvée : on en verra la raison dans la lettre LXIII, de madame de Merteuil au Vicomte.)

LETTRE LXII

MADAME DE VOLANGES AU CHEVALIER DANCENY

Après avoir abusé, Monsieur, de la confiance d'une mère et de l'innocence d'un enfant, vous ne serez pas surpris, sans doute, de ne plus être reçu dans une maison où vous n'avez répondu aux preuves de l'amitié la plus sincère, que par l'oubli de tous les procédés. Je préfère de vous prier de ne plus venir chez moi, à donner des ordres à ma porte, qui nous compromettraient tous également, par les remarques que les valets ne manqueraient pas de faire. J'ai droit d'espérer que vous ne me forcerez pas de recourir à ce moyen. Je vous préviens aussi que si vous faites à l'avenir la moindre tentative pour entretenir ma fille dans l'égarement où vous

l'avez plongée, une retraite austère et éternelle la sous-
traira à vos poursuites. C'est à vous de voir, Monsieur,
si vous craindrez aussi peu de causer son infortune, que
vous avez peu craint de tenter son déshonneur. Quant
à moi, mon choix est fait, et je l'en ai instruite.

Vous trouverez ci-joint le paquet de vos lettres. Je
compte que vous me renverrez en échange toutes celles de ma fille ; et que vous vous prêterez à ne laisser
aucune trace d'un événement dont nous ne pourrions
garder le souvenir, moi sans indignation, elle sans
honte, et vous sans remords. J'ai l'honneur d'être, etc.

*De..., ce 7 septembre 17**.*

LETTRE LXIII

LA MARQUISE DE MERTEUIL AU VICOMTE DE VALMONT

Vraiment oui, je vous expliquerai le billet de Danceny. L'événement qui le lui a fait écrire est mon
ouvrage, et c'est, je crois, mon chef-d'œuvre. Je n'ai
pas perdu mon temps depuis votre dernière lettre, et
j'ai dit comme l'architecte athénien : « Ce qu'il a dit,
je le ferai [1]. »

Il lui faut donc des obstacles à ce beau héros de
roman, et il s'endort dans la félicité ! oh ! qu'il s'en
rapporte à moi, je lui donnerai de la besogne ; et je
me trompe, ou son sommeil ne sera plus tranquille. Il
fallait bien lui apprendre le prix du temps, et je me flatte
qu'à présent il regrette celui qu'il a perdu. Il fallait,
dites-vous aussi, qu'il eût besoin de plus de mystère ;
eh bien ! ce besoin-là ne lui manquera plus. J'ai cela
de bon, moi, c'est qu'il ne faut que me faire apercevoir de mes fautes ; je ne prends point de repos que
je n'aie tout réparé. Apprenez donc ce que j'ai fait.

En rentrant chez moi avant-hier matin, je lus votre

---

1. Anecdote racontée par Plutarque, reprise par Montaigne, puis
par Rousseau (*La Nouvelle Héloïse,* IV, lettre II).

lettre ; je la trouvai lumineuse. Persuadée que vous aviez très bien indiqué la cause du mal, je ne m'occupai plus qu'à trouver le moyen de le guérir. Je commençai pourtant par me coucher ; car l'infatigable chevalier ne m'avait pas laissée dormir un moment, et je croyais avoir sommeil : mais point du tout ; tout entière à Danceny, le désir de le tirer de son indolence, ou de l'en punir, ne me permit pas de fermer l'œil, et ce ne fut qu'après avoir bien concerté mon plan, que je pus trouver deux heures de repos.

J'allai le soir même chez madame de Volanges, et, suivant mon projet, je lui fis confidence que je me croyais sûre qu'il existait entre sa fille et Danceny une liaison dangereuse. Cette femme, si clairvoyante contre vous, était aveuglée au point qu'elle me répondit d'abord qu'à coup sûr je me trompais ; que sa fille était un enfant, etc., etc. Je ne pouvais pas lui dire tout ce que j'en savais ; mais je citai des regards, des propos, *dont ma vertu et mon amitié s'alarmaient*. Je parlai enfin presque aussi bien qu'aurait pu faire une dévote, et, pour frapper le coup décisif, j'allai jusqu'à dire que je croyais avoir vu donner et recevoir une lettre. Cela me rappelle, ajoutai-je, qu'un jour elle ouvrit devant moi un tiroir de son secrétaire, dans lequel je vis beaucoup de papiers, que sans doute elle conserve. Lui connaissez-vous quelque correspondance fréquente ? Ici la figure de madame de Volanges changea, et je vis quelques larmes rouler dans ses yeux. « Je vous remercie, ma digne amie, me dit-elle, en me serrant la main, je m'en éclaircirai. »

Après cette conversation, trop courte pour être suspecte, je me rapprochai de la jeune personne. Je la quittai bientôt après, pour demander à la mère de ne pas me compromettre vis-à-vis de sa fille, ce qu'elle me promit d'autant plus volontiers, que je lui fis observer combien il serait heureux que cet enfant prît assez de confiance en moi pour m'ouvrir son cœur, et me mettre à portée de lui donner *mes sages conseils*. Ce qui m'assure qu'elle me tiendra sa promesse, c'est que je

ne doute pas qu'elle ne veuille se faire honneur de sa
pénétration auprès de sa fille. Je me trouvais, par là,
autorisée à garder mon ton d'amitié avec la petite, sans
paraître fausse aux yeux de madame de Volanges ; ce
que je voulais éviter. J'y gagnais encore d'être, par la
suite, aussi longtemps et aussi secrètement que je voudrais, avec la jeune personne, sans que la mère en prît
jamais d'ombrage.

J'en profitai dès le soir même ; et après ma partie
finie, je chambrai[1] la petite dans un coin, et la mis sur
le chapitre de Danceny, sur lequel elle ne tarit jamais.
Je m'amusais à lui monter la tête sur le plaisir qu'elle
aurait à le voir le lendemain ; il n'est sorte de folies
que je ne lui aie fait dire. Il fallait bien lui rendre en
espérance ce que je lui ôtais en réalité ; et puis, tout
cela devait lui rendre le coup plus sensible, et je suis
persuadée que plus elle aura souffert, plus elle sera pressée de s'en dédommager à la première occasion. Il est
bon, d'ailleurs, d'accoutumer aux grands événements,
quelqu'un qu'on destine aux grandes aventures.

Après tout, ne peut-elle pas payer de quelques larmes le plaisir d'avoir son Danceny ? elle en raffole !
eh bien, je lui promets qu'elle l'aura, et plus tôt même
qu'elle ne l'aurait eu sans cet orage. C'est un mauvais
rêve dont le réveil sera délicieux ; et, à tout prendre,
il me semble qu'elle me doit de la reconnaissance : au
fait, quand j'y aurais mis un peu de malice, il faut bien
s'amuser :

Les sots sont ici-bas pour nos menus plaisirs*.

Je me retirai enfin, fort contente de moi. Ou Danceny, me disais-je, animé par les obstacles, va redoubler d'amour, et alors je le servirai de tout mon pouvoir ; ou si ce n'est qu'un sot, comme je suis tentée
quelquefois de le croire, il sera désespéré, et se tiendra

1. Prendre quelqu'un à l'écart.
* GRESSET, *Le Méchant*, comédie.

pour battu : or, dans ce cas, au moins me serai-je vengée de lui, autant qu'il était en moi ; chemin faisant
j'aurai augmenté pour moi l'estime de la mère, l'amitié de la fille, et la confiance de toutes deux. Quant à
Gercourt, premier objet de mes soins, je serais bien malheureuse ou bien maladroite, si, maîtresse de l'esprit
de sa femme, comme je le suis et vas l'être plus encore,
je ne trouvais pas mille moyens d'en faire ce que je veux
qu'il soit. Je me couchai dans ces douces idées : aussi
je dormis, et me réveillai fort tard.

A mon réveil, je trouvai deux billets, un de la mère,
et un de la fille ; et je ne pus m'empêcher de rire, en
trouvant dans tous deux littéralement cette même
phrase : *C'est de vous seule que j'attends quelque
consolation.* N'est-il pas plaisant, en effet, de consoler pour et contre, et d'être le seul agent de deux intérêts directement contraires ? Me voilà comme la Divinité ; recevant les vœux opposés des aveugles mortels,
et ne changeant rien à mes décrets immuables. J'ai
quitté pourtant ce rôle auguste, pour prendre celui
d'ange consolateur ; et j'ai été, suivant le précepte, visiter mes amis dans leur affliction.

J'ai commencé par la mère ; je l'ai trouvée d'une tristesse, qui déjà vous venge en partie des contrariétés
qu'elle vous a fait éprouver de la part de votre belle
prude. Tout a réussi à merveille : ma seule inquiétude
était que madame de Volanges ne profitât de ce moment
pour gagner la confiance de sa fille ; ce qui eût été bien
facile, en n'employant, avec elle, que le langage de la
douceur et de l'amitié ; et en donnant aux conseils de
la raison, l'air et le ton de la tendresse indulgente. Par
bonheur, elle s'est armée de sévérité ; elle s'est enfin
si mal conduite, que je n'ai eu qu'à applaudir. Il est
vrai qu'elle a pensé rompre tous nos projets, par le parti
qu'elle avait pris de faire rentrer sa fille au couvent :
mais j'ai paré ce coup ; et je l'ai engagée à en faire seulement la menace, dans le cas où Danceny continue-
rait ses poursuites : afin de les forcer tous deux à une
circonspection que je crois nécessaire pour le succès.

Ensuite j'ai été chez la fille. Vous ne sauriez croire combien la douleur l'embellit ! Pour peu qu'elle prenne de coquetterie, je vous garantis qu'elle pleurera souvent : pour cette fois, elle pleurait sans malice... Frappée de ce nouvel agrément que je ne lui connaissais pas, et que j'étais bien aise d'observer, je ne lui donnai d'abord que de ces consolations gauches, qui augmentent plus les peines qu'elles ne les soulagent ; et, par ce moyen, je l'amenai au point d'être véritablement suffoquée. Elle ne pleurait plus, et je craignis un moment les convulsions. Je lui conseillai de se coucher, ce qu'elle accepta ; je lui servis de femme de chambre : elle n'avait point fait de toilette, et bientôt ses cheveux épars tombèrent sur ses épaules et sur sa gorge entièrement découvertes ; je l'embrassai ; elle se laissa aller dans mes bras, et ses larmes recommencèrent à couler sans effort. Dieu ! qu'elle était belle ! Ah ! si Magdeleine était ainsi, elle dut être bien plus dangereuse pénitente que pécheresse.

Quand la belle désolée fut au lit, je me mis à la consoler de bonne foi. Je la rassurai d'abord sur la crainte du couvent. Je fis naître en elle l'espoir de voir Danceny en secret ; et m'asseyant sur le lit : « S'il était là », lui dis-je ; puis brodant sur ce thème, je la reconduisis, de distraction en distraction, à ne plus se souvenir du tout qu'elle était affligée. Nous nous serions séparées parfaitement contentes l'une et l'autre, si elle n'avait voulu me charger d'une lettre pour Danceny ; ce que j'ai constamment refusé. En voici les raisons, que vous approuverez sans doute.

D'abord, celle que c'était me compromettre vis-à-vis de Danceny ; et si c'était la seule dont je pus me servir avec la petite, il y en avait beaucoup d'autres de vous à moi. Ne serait-ce pas risquer le fruit de mes travaux, que de donner sitôt à nos jeunes gens un moyen si facile d'adoucir leurs peines ? Et puis, je ne serais pas fâchée de les obliger à mêler quelques domestiques dans cette aventure ; car enfin si elle se conduit à bien, comme je l'espère, il faudra qu'elle se sache immédiatement après le mariage ; et il y a peu de moyens plus sûrs pour la répandre ; ou, si par miracle ils ne parlaient pas, nous parlerions, nous, et il sera plus commode de mettre l'indiscrétion sur leur compte.

Il faudra donc que vous donniez aujourd'hui cette idée à Danceny ; et comme je ne suis pas sûre de la femme de chambre de la petite Volanges, dont elle-même paraît se défier, indiquez-lui la mienne, ma fidèle Victoire. J'aurai soin que la démarche réussisse. Cette idée me plaît d'autant plus, que la confidence ne sera utile qu'à nous, et point à eux : car je ne suis pas à la fin de mon récit.

Pendant que je me défendais de me charger de la lettre de la petite, je craignais à tout moment qu'elle ne me proposât de la mettre à la Petite-Poste ; ce que je n'aurais guère pu refuser. Heureusement, soit trouble, soit ignorance de sa part, ou encore qu'elle tînt moins à la lettre qu'à la réponse, qu'elle n'aurait pas pu avoir par ce moyen, elle ne m'en a point parlé : mais pour éviter que cette idée ne lui vînt, ou au moins qu'elle ne pût s'en servir, j'ai pris mon parti sur-le-champ ; et en rentrant chez la mère, je l'ai décidée à éloigner sa fille pour quelque temps, à la mener à la campagne... Et où ? Le cœur ne vous bat pas de joie ?... Chez votre tante, chez la vieille Rosemonde. Elle doit l'en prévenir aujourd'hui : ainsi vous voilà autorisé à aller retrouver votre dévote qui n'aura plus à vous objecter le scandale du tête-à-tête ; et grâce à mes soins, madame de Volanges réparera elle-même le tort qu'elle vous a fait.

Mais écoutez-moi, et ne vous occupez pas si vivement de vos affaires, que vous perdiez celle-ci de vue ; songez qu'elle m'intéresse.

Je veux que vous vous rendiez le correspondant et le conseil des deux jeunes gens. Apprenez donc ce voyage à Danceny, et offrez-lui vos services. Ne trouvez de difficulté qu'à faire parvenir entre les mains de la belle, votre lettre de créance ; et levez cet obstacle sur-le-champ, en lui indiquant la voie de ma femme de chambre. Il n'y a point de doute qu'il n'accepte ; et

vous aurez, pour prix de vos peines, la confidence d'un
cœur neuf, qui est toujours intéressante. La pauvre
petite ! comme elle rougira en vous remettant sa première lettre ! Au vrai, ce rôle de confident, contre
lequel il s'est établi des préjugés, me paraît un très joli
délassement, quand on est occupé d'ailleurs ; et c'est
le cas où vous serez.

C'est de vos soins que va dépendre le dénouement
de cette intrigue. Jugez du moment où il faudra réunir
les acteurs. La campagne offre mille moyens ; et Danceny, à coup sûr, sera prêt à s'y rendre à votre premier
signal. Une nuit, un déguisement, une fenêtre... que
sais-je, moi ? Mais enfin, si la petite fille en revient telle
qu'elle y aura été, je m'en prendrai à vous. Si vous jugez
qu'elle ait besoin de quelque encouragement de ma
part, mandez-le-moi. Je crois lui avoir donné une assez
bonne leçon sur le danger de garder des lettres, pour
oser lui écrire à présent ; et je suis toujours dans le dessein d'en faire mon élève.

Je crois avoir oublié de vous dire que ses soupçons
au sujet de sa correspondance trahie s'étaient portés
d'abord sur sa femme de chambre, et que je les ai
détournés sur le confesseur. C'est faire d'une pierre
deux coups.

Adieu, Vicomte ; voilà bien longtemps que je suis
à vous écrire, et mon dîner en a été retardé : mais
l'amour-propre et l'amitié dictaient ma lettre, et tous
deux sont bavards. Au reste, elle sera chez vous à trois
heures, et c'est tout ce qu'il vous faut.

Plaignez-vous de moi à présent, si vous l'osez ; et
allez revoir, si vous en êtes tenté, le bois du comte de
B***. Vous dites qu'il le garde pour le plaisir de ses
amis ! Cet homme est donc l'ami de tout le monde ?
Mais adieu, j'ai faim.

*De..., ce 9 septembre 17**.*

LETTRE LXIV

LE CHEVALIER DANCENY À MADAME DE VOLANGES
*(Minute jointe à la lettre LXVI du Vicomte
à la Marquise.)*

Sans chercher, Madame, à justifier ma conduite, et sans me plaindre de la vôtre, je ne puis que m'affliger d'un événement qui fait le malheur de trois personnes, toutes trois dignes d'un sort plus heureux. Plus sensible encore au chagrin d'en être la cause, qu'à celui d'en être la victime, j'ai souvent essayé, depuis hier, d'avoir l'honneur de vous répondre sans pouvoir en trouver la force. J'ai cependant tant de choses à vous dire, qu'il faut bien faire un effort sur soi-même ; et si cette lettre a peu d'ordre et de suite, vous devez sentir assez combien ma situation est douloureuse, pour m'accorder quelque indulgence.

Permettez-moi d'abord de réclamer contre la première phrase de votre lettre. Je n'ai abusé, j'ose le dire, ni de votre confiance ni de l'innocence de mademoiselle de Volanges ; j'ai respecté l'une et l'autre dans mes actions. Elles seules dépendaient de moi ; et quand vous me rendriez responsable d'un sentiment involontaire, je ne crains pas d'ajouter, que celui que m'a inspiré mademoiselle votre fille est tel, qu'il peut vous déplaire, mais non vous offenser. Sur cet objet qui me touche plus que je ne puis vous dire, je ne veux que vous pour juge, et mes lettres pour témoins.

Vous me défendez de me présenter chez vous à l'avenir, et sans doute je me soumettrai à tout ce qu'il vous plaira d'ordonner à ce sujet : mais cette absence subite et totale ne donnera-t-elle donc pas autant de prise aux remarques que vous voulez éviter, que l'ordre que, par cette raison même, vous n'avez point voulu donner à votre porte ? J'insisterai d'autant plus sur ce point, qu'il est bien plus important pour mademoiselle de Volanges que pour moi. Je vous supplie donc de peser attentivement toutes choses, et de ne pas permettre que

votre sévérité altère votre prudence. Persuadé que
l'intérêt seul de mademoiselle votre fille dictera vos
résolutions, j'attendrai de nouveaux ordres de votre
part.

Cependant, dans le cas où vous me permettriez de
vous faire ma cour quelquefois, je m'engage, Madame
(et vous pouvez compter sur ma promesse), à ne point
abuser de ces occasions pour tenter de parler en particulier à mademoiselle de Volanges, ou de lui faire tenir
aucune lettre. La crainte de ce qui pourrait compromettre sa réputation, m'engage à ce sacrifice ; et le bonheur de la voir quelquefois m'en dédommagera.

Cet article de ma lettre est aussi la seule réponse que
je puisse faire à ce que vous me dites, sur le sort que
vous destinez à mademoiselle de Volanges, et que vous
voulez rendre dépendant de ma conduite. Ce serait vous
tromper, que de vous promettre davantage. Un vil
séducteur peut plier ses projets aux circonstances, et
calculer avec les événements : mais l'amour qui
m'anime ne me permet que deux sentiments : le courage et la constance.

Qui, moi ! consentir à être oublié de mademoiselle
de Volanges, à l'oublier moi-même ? non, non, jamais !
Je lui serai fidèle ; elle en a reçu le serment, et je le
renouvelle en ce jour. Pardon, Madame, je m'égare,
il faut revenir.

Il me reste un autre objet à traiter avec vous ; celui
des lettres que vous me demandez. Je suis vraiment
peiné, d'ajouter un refus aux torts que vous me trouvez déjà : mais, je vous en supplie, écoutez mes raisons, et daignez vous souvenir, pour les apprécier, que
la seule consolation au malheur d'avoir perdu votre
amitié, est l'espoir de conserver votre estime.

Les lettres de mademoiselle de Volanges, toujours
si précieuses pour moi, me le deviennent bien plus dans
ce moment. Elles sont l'unique bien qui me reste ; elles
seules me retracent encore un sentiment qui fait tout
le charme de ma vie. Cependant, vous pouvez m'en
croire, je ne balancerais pas un instant à vous en faire

le sacrifice, et le regret d'en être privé céderait au désir de vous prouver ma déférence respectueuse ; mais des considérations puissantes me retiennent, et je m'assure que vous-même ne pourrez les blâmer.

Vous avez, il est vrai, le secret de mademoiselle de Volanges ; mais permettez-moi de le dire, je suis autorisé à croire que c'est l'effet de la surprise, et non de la confiance. Je ne prétends pas blâmer une démarche qu'autorise, peut-être, la sollicitude maternelle. Je respecte vos droits, mais ils ne vont pas jusqu'à me dispenser de mes devoirs. Le plus sacré de tous est de ne jamais trahir la confiance qu'on nous accorde. Ce serait y manquer, que d'exposer aux yeux d'un autre les secrets d'un cœur qui n'a voulu les dévoiler qu'aux miens. Si mademoiselle votre fille consent à vous les confier, qu'elle parle ; ses lettres vous sont inutiles. Si elle veut, au contraire, renfermer son secret en elle-même, vous n'attendez pas, sans doute, que ce soit moi qui vous en instruise.

Quant au mystère dans lequel vous désirez que cet événement reste enseveli, soyez tranquille, Madame ; sur tout ce qui intéresse mademoiselle de Volanges, je peux défier le cœur même d'une mère. Pour achever de vous ôter toute inquiétude, j'ai tout prévu. Ce dépôt précieux, qui portait jusqu'ici pour suscription : *papiers à brûler* ; porte à présent : *papiers appartenant à madame de Volanges*. Ce parti que je prends doit vous prouver ainsi que mes refus ne portent pas sur la crainte que vous trouviez dans ces lettres un seul sentiment dont vous ayez personnellement à vous plaindre.

Voilà, Madame, une bien longue lettre. Elle ne le serait pas encore assez, si elle vous laissait le moindre doute de l'honnêteté de mes sentiments, du regret bien sincère de vous avoir déplu, et du profond respect avec lequel j'ai l'honneur d'être, etc.

De..., ce 9 septembre 17**.

LETTRE LXV

LE CHEVALIER DANCENY À CÉCILE VOLANGES
(Envoyée ouverte à la marquise de Merteuil
dans la lettre LXVI du Vicomte.)

O ma Cécile, qu'allons-nous devenir ? quel Dieu nous sauvera des malheurs qui nous menacent ? Que l'amour nous donne au moins le courage de les supporter ! Comment vous peindre mon étonnement, mon désespoir à la vue de mes lettres, à la lecture du billet de madame de Volanges ? qui a pu nous trahir ? sur qui tombent vos soupçons ? auriez-vous commis quelque imprudence ? que faites-vous à présent ? que vous a-t-on dit ? Je voudrais tout savoir, et j'ignore tout. Peut-être vous-même n'êtes-vous pas plus instruite que moi.

Je vous envoie le billet de votre maman, et la copie de ma réponse. J'espère que vous approuverez ce que je lui dis. J'ai bien besoin que vous approuviez aussi les démarches que j'ai faites depuis ce fatal événement ; elles ont toutes pour but d'avoir de vos nouvelles, de vous donner des miennes ; et, que sait-on ? peut-être de vous revoir encore, et plus librement que jamais.

Concevez-vous, ma Cécile, quel plaisir de nous retrouver ensemble, de pouvoir nous jurer de nouveau un amour éternel, et de voir dans nos yeux, de sentir dans nos âmes que ce serment ne sera pas trompeur ? Quelles peines un moment si doux ne ferait-il pas oublier ? Hé bien ! j'ai l'espoir de le voir naître, et je le dois à ces mêmes démarches que je vous supplie d'approuver. Que dis-je ? je le dois aux soins consolateurs de l'ami le plus tendre ; et mon unique demande est que vous permettiez que cet ami soit aussi le vôtre.

Peut-être ne devais-je pas donner votre confiance sans votre aveu ? mais j'ai pour excuse le malheur et la nécessité. C'est l'amour qui m'a conduit ; c'est lui qui réclame votre indulgence, qui vous demande de pardonner une confidence nécessaire, et sans laquelle nous

restions peut-être à jamais séparés*. Vous connaissez
l'ami dont je vous parle ; il est celui de la femme que
vous aimez le mieux. C'est le vicomte de Valmont.

Mon projet, en m'adressant à lui, était d'abord de
le prier d'engager madame de Merteuil à se charger
d'une lettre pour vous. Il n'a pas cru que ce moyen pût
réussir ; mais au défaut de la maîtresse, il répond de
la femme de chambre, qui lui a des obligations. Ce sera
elle qui vous remettra cette lettre, et vous pourrez lui
donner votre réponse.

Ce secours ne nous sera guère utile, si, comme le croit
M. de Valmont, vous partez incessamment pour la
campagne. Mais alors c'est lui-même qui veut nous servir. La femme chez qui vous allez est sa parente. Il pro-
fitera de ce prétexte pour s'y rendre dans le même temps
que vous ; et ce sera par lui que passera notre correspondance mutuelle. Il assure même que, si vous voulez vous laisser conduire, il nous procurera les moyens
de nous y voir sans risquer de vous compromettre en
rien.

A présent, ma Cécile, si vous m'aimez, si vous plaignez mon malheur, si, comme je l'espère, vous partagez mes regrets, refuserez-vous votre confiance à un
homme qui sera notre ange tutélaire ? Sans lui, je serais
réduit au désespoir de ne pouvoir même adoucir les chagrins que je vous cause. Ils finiront, je l'espère : mais,
ma tendre amie, promettez-moi de ne pas trop vous y
livrer, de ne point vous en laisser abattre. L'idée de
votre douleur m'est un tourment insupportable. Je donnerais ma vie pour vous rendre heureuse ! Vous le savez
bien. Puisse la certitude d'être adorée porter quelque
consolation dans votre âme ! La mienne a besoin que
vous m'assuriez que vous pardonnez à l'amour les
maux qu'il vous fait souffrir.

Adieu, ma Cécile ; adieu, ma tendre amie.

*De..., ce 9 septembre 17**.*

---

* M. Danceny n'accuse pas vrai. Il avait déjà fait sa confidence
à M. de Valmont avant cet événement. Voyez la lettre LVII.

LETTRE LXVI

LE VICOMTE DE VALMONT À LA MARQUISE DE MERTEUIL

Vous verrez, ma belle amie, en lisant les deux lettres ci-jointes, si j'ai bien rempli votre projet. Quoique toutes deux soient datées d'aujourd'hui, elles ont été écrites hier, chez moi, et sous mes yeux : celle à la petite fille, dit tout ce que nous voulions. On ne peut que s'humilier devant la profondeur de vos vues, si on en juge par le succès de vos démarches. Danceny est tout de feu ; et sûrement à la première occasion, vous n'aurez plus de reproches à lui faire. Si sa belle ingénue veut être docile, tout sera terminé peu de temps après son arrivée à la campagne ; j'ai cent moyens tout prêts. Grâce à vos soins me voilà bien décidément *l'ami de Danceny ;* il ne lui manque plus que d'être *Prince**.

Il est encore bien jeune, ce Danceny ! croiriez-vous que je n'ai jamais pu obtenir de lui qu'il promît à la mère de renoncer à son amour ; comme s'il était bien gênant de promettre, quand on est décidé à ne pas tenir ! Ce serait tromper, me répétait-il sans cesse : ce scrupule n'est-il pas édifiant, surtout en voulant séduire la fille ? Voilà bien les hommes ! tous également scélérats dans leurs projets, ce qu'ils mettent de faiblesse dans l'exécution, ils l'appellent probité.

C'est votre affaire d'empêcher que madame de Volanges ne s'effarouche des petites échappées que notre jeune homme s'est permises dans sa lettre ; préservez-nous du couvent ; tâchez aussi de faire abandonner la demande des lettres de la petite. D'abord il ne les rendra point, il ne le veut pas, et je suis de son avis ; ici l'amour et la raison sont d'accord. Je les ai lues ces lettres, j'en ai dévoré l'ennui. Elles peuvent devenir utiles. Je m'explique.

Malgré la prudence que nous y mettrons, il peut arriver un éclat ; il ferait manquer le mariage, n'est-il pas

---

* Expression relative à un passage d'un poème de M. de Voltaire.

vrai, et échouer tous nos projets Gercourt ? Mais
comme, pour mon compte, j'ai aussi à me venger de
la mère, je me réserve en ce cas de déshonorer la fille.
En choisissant bien dans cette correspondance, et n'en
produisant qu'une partie, la petite Volanges paraîtrait
avoir fait toutes les premières démarches, et s'être absolument jetée à la tête. Quelques-unes des lettres pourraient même compromettre la mère, et *l'entacheraient*
au moins d'une négligence impardonnable. Je sens bien
que le scrupuleux Danceny se révolterait d'abord ; mais
comme il serait personnellement attaqué, je crois qu'on
en viendrait à bout. Il y a mille à parier contre un, que
la chance ne tournera pas ainsi ; mais il faut tout
prévoir.

Adieu, ma belle amie ; vous seriez bien aimable de
venir souper demain chez la maréchale de *** ; je n'ai
pas pu refuser.

J'imagine que je n'ai pas besoin de vous recommander le secret, vis-à-vis de madame de Volanges, sur mon
projet de campagne ; elle aurait bientôt celui de rester
à la ville : au lieu qu'une fois arrivée, elle ne repartira
pas le lendemain ; et si elle nous donne seulement huit
jours, je réponds de tout.

De..., ce 9 septembre 17**.

LETTRE LXVII

LA PRÉSIDENTE DE TOURVEL AU VICOMTE DE VALMONT

Je ne voulais plus vous répondre, Monsieur, et peut-
être l'embarras que j'éprouve en ce moment, est-il lui-
même une preuve qu'en effet je ne le devrais pas.
Cependant je ne veux vous laisser aucun sujet de plainte
contre moi ; je veux vous convaincre que j'ai fait pour
vous tout ce que je pouvais faire.

Je vous ai permis de m'écrire, dites-vous ? J'en
conviens ; mais quand vous me rappelez cette permission, croyez-vous que j'oublie à quelles conditions elle

vous fut donnée ? Si j'y eusse été aussi fidèle que vous l'avez été peu, auriez-vous reçu une seule réponse de moi ? Voilà pourtant la troisième ; et quand vous faites tout ce qu'il faut pour m'obliger à rompre cette correspondance, c'est moi qui m'occupe des moyens de l'entretenir. Il en est un, mais c'est le seul ; et si vous refusez de le prendre, ce sera, quoi que vous puissiez dire, me prouver assez combien peu vous y mettez de prix.

Quittez donc un langage que je ne puis ni ne veux entendre ; renoncez à un sentiment qui m'offense et m'effraie, et auquel, peut-être, vous devriez être moins attaché en songeant qu'il est l'obstacle qui nous sépare. Ce sentiment est-il donc le seul que vous puissiez connaître, et l'amour aura-t-il ce tort de plus à mes yeux, d'exclure l'amitié ? vous-même, auriez-vous celui de ne pas vouloir pour votre amie celle en qui vous avez désiré des sentiments plus tendres ? Je ne veux pas le croire : cette idée humiliante me révolterait, m'éloignerait de vous sans retour.

En vous offrant mon amitié, Monsieur, je vous donne tout ce qui est à moi, tout ce dont je puis disposer. Que pouvez-vous désirer davantage ? Pour me livrer à ce sentiment si doux, si bien fait pour mon cœur, je n'attends que votre aveu ; et la parole, que j'exige de vous, que cette amitié suffira à votre bonheur. J'oublierai tout ce qu'on a pu me dire ; je me reposerai sur vous du soin de justifier mon choix.

Vous voyez ma franchise, elle doit vous prouver ma confiance ; il ne tiendra qu'à vous de l'augmenter encore : mais je vous préviens que le premier mot d'amour la détruit à jamais, et me rend toutes mes craintes ; que surtout il deviendra pour moi le signal d'un silence éternel vis-à-vis de vous.

Si, comme vous le dites, vous êtes *revenu de vos erreurs,* n'aimerez-vous pas mieux être l'objet de l'amitié d'une femme honnête, que celui des remords d'une femme coupable ? Adieu, Monsieur ; vous sentez

qu'après avoir parlé ainsi, je ne puis rien dire que vous
ne m'ayez répondu.

De..., ce 9 septembre 17**.

LETTRE LXVIII

LE VICOMTE DE VALMONT À LA PRÉSIDENTE DE TOURVEL

Comment répondre, Madame, à votre dernière lettre ? Comment oser être vrai, quand ma sincérité peut
me perdre auprès de vous ? N'importe, il le faut ; j'en
aurai le courage. Je me dis, je me répète, qu'il vaut
mieux vous mériter que vous obtenir ; et dussiez-vous
me refuser toujours un bonheur que je désirerai sans
cesse, il faut vous prouver au moins que mon cœur en
est digne.

Quel dommage que, comme vous le dites, je sois
revenu de mes erreurs ! avec quels transports de joie
j'aurais lu cette même lettre à laquelle je tremble de
répondre aujourd'hui ! Vous m'y parlez avec *franchise,*
vous me témoignez de la *confiance,* vous m'offrez enfin
votre *amitié* : que de biens, Madame, et quels regrets
de ne pouvoir en profiter ! Pourquoi ne suis-je plus le
même ?

Si je l'étais en effet ; si je n'avais pour vous qu'un
goût ordinaire, que ce goût léger, enfant de la séduction et du plaisir, qu'aujourd'hui pourtant on nomme
amour, je me hâterais de tirer avantage de tout ce que
je pourrais obtenir. Peu délicat sur les moyens, pourvu
qu'ils me procurassent le succès, j'encouragerais votre
franchise par le besoin de vous deviner ; je désirerais
votre confiance dans le dessein de la trahir ; j'accepte-
rais votre amitié dans l'espoir de l'égarer... Quoi !
Madame, ce tableau vous effraie ?... hé bien ! il serait
pourtant tracé d'après moi, si je vous disais que je consens à n'être que votre ami...

Qui, moi ! je consentirais à partager avec quelqu'un
un sentiment émané de votre âme ? Si jamais je vous le

dis, ne me croyez plus. De ce moment je chercherai à vous tromper ; je pourrai vous désirer encore, mais à coup sûr je ne vous aimerai plus.

Ce n'est pas que l'aimable franchise, la douce confiance, la sensible amitié, soient sans prix à mes yeux... Mais l'amour ! l'amour véritable, et tel que vous l'inspirez, en réunissant tous ces sentiments, en leur donnant plus d'énergie, ne saurait se prêter, comme eux, à cette tranquillité, à cette froideur de l'âme, qui permet des comparaisons, qui souffre même des préférences. Non, Madame, je ne serai point votre ami ; je vous aimerai de l'amour le plus tendre, et même le plus ardent, quoique le plus respectueux. Vous pourrez le désespérer, mais non l'anéantir.

De quel droit prétendez-vous disposer d'un cœur dont vous refusez l'hommage ? Par quel raffinement de cruauté m'enviez-vous jusqu'au bonheur de vous aimer ? Celui-là est à moi, il est indépendant de vous ; je saurai le défendre. S'il est la source de mes maux, il en est aussi le remède.

Non, encore une fois, non. Persistez dans vos refus cruels ; mais laissez-moi mon amour. Vous vous plaisez à me rendre malheureux ! eh bien ! soit ; essayez de lasser mon courage, je saurai vous forcer au moins à décider de mon sort ; et peut-être, quelque jour, vous me rendrez plus de justice. Ce n'est pas que j'espère vous rendre jamais sensible : mais sans être persuadée, vous serez convaincue, vous vous direz : Je l'avais mal jugé.

Disons mieux, c'est à vous que vous faites injustice. Vous connaître sans vous aimer, vous aimer sans être constant, sont tous deux également impossibles ; et malgré la modestie qui vous pare, il doit vous être plus facile de vous plaindre, que de vous étonner de sentiments que vous faites naître. Pour moi, dont le seul mérite est d'avoir su vous apprécier, je ne veux pas le perdre ; et loin de consentir à vos offres insidieuses, je renouvelle à vos pieds le serment de vous aimer toujours.

*De..., ce 10 septembre 17**.*

LETTRE LXIX

CÉCILE VOLANGES AU CHEVALIER DANCENY
(Billet écrit au crayon, et recopié par Danceny.)

Vous me demandez ce que je fais ; je vous aime, et
je pleure. Ma mère ne me parle plus ; elle m'a ôté
papier, plumes et encre ; je me sers d'un crayon, qui
par bonheur m'est resté, et je vous écris sur un mor-
ceau de votre lettre. Il faut bien que j'approuve tout
ce que vous avez fait ; je vous aime trop pour ne pas
prendre tous les moyens d'avoir de vos nouvelles et de
vous donner des miennes. Je n'aimais pas M. de Valmont, et je ne le croyais pas tant votre ami ; je tâcherai de m'accoutumer à lui, et je l'aimerai à cause de
vous. Je ne sais pas qui est-ce qui nous a trahis ; ce ne
peut être que ma femme de chambre ou mon confesseur. Je suis bien malheureuse : nous partons demain
pour la campagne ; j'ignore pour combien de temps.
Mon Dieu ! ne plus vous voir ! Je n'ai plus de place.
Adieu ; tâchez de me lire. Ces mots tracés au crayon
s'effaceront peut-être, mais jamais les sentiments gra-
vés dans mon cœur.

De..., ce 10 septembre 17**.

LETTRE LXX

LE VICOMTE DE VALMONT À LA MARQUISE DE MERTEUIL

J'ai un avis important à vous donner, ma chère amie.
Je soupai hier, comme vous savez, chez la maréchale
de *** ; on y parla de vous, et j'en dis, non pas tout
le bien que j'en pense, mais tout celui que je n'en pense
pas. Tout le monde paraissait être de mon avis, et la
conversation languissait, comme il arrive toujours

quand on ne dit que du bien de son prochain, lorsqu'il
s'éleva un contradicteur [1] : c'était Prévan.

« A Dieu ne plaise, dit-il en se levant, que je doute
de la sagesse de madame de Merteuil ! mais j'oserais
croire qu'elle la doit plus à sa légèreté qu'à ses principes. Il est peut-être plus difficile de la suivre que de
lui plaire ; et comme on ne manque guère, en courant
après une femme, d'en rencontrer d'autres sur son chemin comme, à tout prendre, ces autres-là peuvent valoir
autant et plus qu'elle, les uns sont distraits par un goût
nouveau, les autres s'arrêtent de lassitude ; et c'est peut-
être la femme de Paris qui a eu le moins à se défendre.
Pour moi, ajouta-t-il (encouragé par le sourire de quelques femmes), je ne croirai à la vertu de madame de
Merteuil, qu'après avoir crevé six chevaux à lui faire
ma cour. »

Cette mauvaise plaisanterie réussit, comme toutes celles qui tiennent à la médisance ; et pendant le rire
qu'elle excitait, Prévan reprit sa place, et la conversation générale changea. Mais les deux comtesses de B***,
auprès de qui était notre incrédule, en firent avec lui
leur conversation particulière, qu'heureusement je me
trouvais à portée d'entendre.

Le défi de vous rendre sensible a été accepté ; la
parole de tout dire a été donnée ; et de toutes celles qui
se donneraient dans cette aventure, ce serait sûrement
la plus religieusement gardée. Mais vous voilà bien avertie, et vous savez le proverbe.

Il me reste à vous dire que ce Prévan, que vous ne
connaissez pas, est infiniment aimable, et encore plus
adroit. Que si quelquefois vous m'avez entendu dire
le contraire, c'est seulement que je ne l'aime pas, que
je me plais à contrarier ses succès, et que je n'ignore
pas de quel poids est mon suffrage auprès d'une tren-
taine de nos femmes les plus à la mode.

En effet, je l'ai empêché longtemps, par ce moyen,
de paraître sur ce que nous appelons le grand théâtre ;

---

1. Mot technique récemment emprunté au vocabulaire juridique.

et il faisait des prodiges, sans en avoir plus de réputation. Mais l'éclat de sa triple aventure, en fixant les yeux
sur lui, lui a donné cette confiance qui lui manquait
jusque-là, et l'a rendu vraiment redoutable. C'est enfin
aujourd'hui le seul homme, peut-être, que je craindrais
de rencontrer sur mon chemin ; et votre intérêt à part,
vous me rendrez un vrai service de lui donner quelque
ridicule chemin faisant. Je le laisse en bonnes mains ;
et j'ai l'espoir qu'à mon retour, ce sera un homme
noyé[1].

Je vous promets en revanche, de mener à bien l'aventure de votre pupille, et de m'occuper d'elle autant que
de ma belle prude.

Celle-ci vient de m'envoyer un projet de capitulation.
Toute sa lettre annonce le désir d'être trompée. Il est
impossible d'en offrir un moyen plus commode et aussi
plus usé. Elle veut que je sois *son ami*. Mais moi, qui
aime les méthodes nouvelles et difficiles je ne prétends
pas l'en tenir quitte à si bon marché ; et assurément
je n'aurai pas pris tant de peine auprès d'elle, pour terminer par une séduction ordinaire.

Mon projet, au contraire, est qu'elle sente, qu'elle
sente bien la valeur et l'étendue de chacun des sacrifices qu'elle me fera ; de ne pas la conduire si vite, que
le remords ne puisse la suivre ; de faire expirer sa vertu
dans une lente agonie ; de la fixer sans cesse sur ce désolant spectacle ; et de ne lui accorder le bonheur de
m'avoir dans ses bras, qu'après l'avoir forcée à n'en
plus dissimuler le désir. Au fait, je vaux bien peu, si
je ne vaux pas la peine d'être demandé. Et puis-je me
venger moins d'une femme hautaine, qui semble rougir d'avouer qu'elle adore ?

J'ai donc refusé la précieuse amitié, et m'en suis tenu
à mon titre d'amant. Comme je ne me dissimule point
que ce titre, qui ne paraît d'abord qu'une dispute de
mots, est pourtant d'une importance réelle à obtenir,

---

1. Un homme qui ne se « distingue » pas des autres (jargon des
libertins).

j'ai mis beaucoup de soin à ma lettre, et j'ai tâché d'y
répandre ce désordre, qui peut seul peindre le sentiment. J'ai enfin déraisonné le plus qu'il m'a été possible : car sans déraisonnement, point de tendresse ; et
c'est, je crois, par cette raison que les femmes nous sont
si supérieures dans les lettres d'amour.

J'ai fini la mienne par une cajolerie, et c'est encore
une suite de mes profondes observations. Après que
le cœur d'une femme a été exercé quelque temps, il a
besoin de repos ; et j'ai remarqué qu'une cajolerie était,
pour toutes, l'oreiller le plus doux à leur offrir.

Adieu, ma belle amie. Je pars demain. Si vous avez
des ordres à me donner pour la comtesse de ***, je
m'arrêterai chez elle, au moins pour dîner. Je suis fâché
de partir sans vous voir. Faites-moi passer vos sublimes instructions, et aidez-moi de vos sages conseils,
dans ce moment décisif.

Surtout, défendez-vous de Prévan ; et puissé-je un
jour vous dédommager de ce sacrifice ! Adieu.

*De..., ce 11 septembre 17**.*

LETTRE LXXI

LE VICOMTE DE VALMONT À LA MARQUISE DE MERTEUIL

Mon étourdi de chasseur n'a-t-il pas laissé mon por-
tefeuille à Paris ! Les lettres de ma belle, celles de Danceny pour la petite Volanges, tout est resté, et j'ai
besoin de tout. Il va partir pour réparer sa sottise ; et
tandis qu'il selle son cheval, je vous raconterai mon histoire de cette nuit : car je vous prie de croire que je ne
perds pas mon temps.

L'aventure, par elle-même, est bien peu de chose ;
ce n'est qu'un réchauffé avec la vicomtesse de M...
Mais elle m'a intéressé par les détails. Je suis bien aise
d'ailleurs de vous faire voir que si j'ai le talent de perdre les femmes, je n'ai pas moins, quand je veux, celui
de les sauver. Le parti le plus difficile, ou le plus gai,

est toujours celui que je prends ; et je ne me reproche pas une bonne action, pourvu qu'elle m'exerce ou m'amuse.

J'ai donc trouvé la vicomtesse ici, et comme elle joignait ses instances aux persécutions qu'on me faisait pour passer la nuit au château : « Eh bien ! j'y consens lui dis-je, à condition que je la passerai avec vous. » — « Cela m'est impossible, me répondit-elle, Vressac est ici. » Jusque-là je n'avais cru que lui dire une honnêteté : mais ce mot d'impossible me révolta comme de coutume. Je me sentis humilié d'être sacrifié à Vressac, et je résolus de ne le pas souffrir : j'insistai donc.

Les circonstances ne m'étaient pas favorables. Ce Vressac a eu la gaucherie de donner de l'ombrage au vicomte ; en sorte que la vicomtesse ne peut plus le recevoir chez elle : et ce voyage chez la bonne comtesse avait été concerté entre eux, pour tâcher d'y dérober quelques nuits. Le vicomte avait même d'abord montré de l'humeur d'y rencontrer Vressac ; mais comme il est encore plus chasseur que jaloux, il n'en est pas moins resté : et la comtesse, toujours telle que vous la connaissez, après avoir logé la femme dans le grand corridor, a mis le mari d'un côté et l'amant de l'autre, et les a laissés s'arranger entre eux. Le mauvais destin de tous deux a voulu que je fusse logé vis-à-vis.

Ce jour-là même, c'est-à-dire hier, Vressac, qui, comme vous pouvez croire, cajole le vicomte, chassait avec lui malgré son peu de goût pour la chasse, et comptait bien se consoler la nuit, entre les bras de la femme, de l'ennui que le mari lui causait tout le jour : mais moi, je jugeai qu'il aurait besoin de repos, et je m'occupai des moyens de décider sa maîtresse à lui laisser le temps d'en prendre.

Je réussis, et j'obtins qu'elle lui ferait une querelle de cette même partie de chasse, à laquelle, bien évidemment, il n'avait consenti que pour elle. On ne pouvait prendre un plus mauvais prétexte : mais nulle femme n'a, mieux que la vicomtesse, ce talent commun à toutes, de mettre l'humeur à la place de la raison, et de n'être jamais si difficile à apaiser que quand elle a tort. Le moment d'ailleurs n'était pas commode pour les explications ; et ne voulant qu'une nuit, je consentais qu'ils se raccommodassent le lendemain.

Vressac fut donc boudé à son retour. Il voulut en demander la cause, on le querella. Il essaya de se justifier ; le mari, qui était présent, servit de prétexte pour rompre la conversation ; il tenta enfin de profiter d'un moment où le mari était absent, pour demander qu'on voulût bien l'entendre le soir : ce fut alors que la vicomtesse devint sublime. Elle s'indigna contre l'audace des hommes qui, parce qu'ils ont éprouvé les bontés d'une femme, croient avoir le droit d'en abuser encore, même alors qu'elle a à se plaindre d'eux ; et ayant changé de thèse par cette adresse, elle parla si bien délicatesse et sentiment, que Vressac resta muet et confus ; et que moi-même je fus tenté de croire qu'elle avait raison : car vous saurez que comme ami de tous deux, j'étais en tiers dans cette conversation.

Enfin, elle déclara positivement qu'elle n'ajouterait pas les fatigues de l'amour à celles de la chasse, et qu'elle se reprocherait de troubler d'aussi doux plaisirs. Le mari rentra. Le désolé Vressac, qui n'avait plus la liberté de répondre, s'adressa à moi ; et après m'avoir fort longuement conté ses raisons, que je savais aussi bien que lui, il me pria de parler à la vicomtesse, et je le lui promis. Je lui parlai en effet ; mais ce fut pour la remercier, et convenir avec elle de l'heure et des moyens de notre rendez-vous.

Elle me dit que logée entre son mari et son amant elle avait trouvé plus prudent d'aller chez Vressac, que de le recevoir dans son appartement ; et que, puisque je logeais vis-à-vis d'elle, elle croyait plus sûr aussi de venir chez moi ; qu'elle s'y rendrait aussitôt que sa femme de chambre l'aurait laissée seule ; que je n'avais qu'à tenir ma porte entrouverte, et l'attendre.

Tout s'exécuta comme nous en étions convenus ; et elle arriva chez moi vers une heure du matin,

> ... dans le simple appareil
> D'une beauté qu'on vient d'arracher au sommeil*.

Comme je n'ai point de vanité, je ne m'arrête pas aux détails de la nuit : mais vous me connaissez, et j'ai été content de moi.

Au point du jour, il a fallu se séparer. C'est ici que l'intérêt commence. L'étourdie avait cru laisser sa porte entrouverte, nous la trouvâmes fermée, et la clef était restée en dedans : vous n'avez pas d'idée de l'expression de désespoir avec laquelle la vicomtesse me dit aussitôt : « Ah ! je suis perdue. » Il faut convenir qu'il eût été plaisant de la laisser dans cette situation : mais pouvais-je souffrir qu'une femme fût perdue pour moi, sans l'être par moi ? Et devais-je, comme le commun des hommes, me laisser maîtriser par les circonstances ? Il fallait donc trouver un moyen. Qu'eussiez-vous fait, ma belle amie ? Voici ma conduite, et elle a réussi.

J'eus bientôt reconnu que la porte en question pouvait s'enfoncer, en se permettant de faire beaucoup de bruit. J'obtins donc de la vicomtesse, non sans peine, qu'elle jetterait des cris perçants et d'effroi, comme *au voleur, à l'assassin,* etc., etc. Et nous convînmes qu'au premier cri, j'enfoncerais la porte, et qu'elle courrait à son lit. Vous ne sauriez croire combien il fallut de temps pour la décider, même après qu'elle eut consenti. Il fallut pourtant finir par là, et au premier coup de pied la porte céda.

La vicomtesse fit bien de ne pas perdre de temps ; car au même instant, le vicomte et Vressac furent dans le corridor ; et la femme de chambre accourut aussi à la chambre de sa maîtresse.

J'étais seul de sang-froid, et j'en profitai pour aller éteindre une veilleuse qui brûlait encore et la renverser par terre ; car jugez combien il eût été ridicule de feindre cette terreur panique, en ayant de la lumière dans

---

* RACINE, tragédie de *Britannicus*.

sa chambre. Je querellai ensuite le mari et l'amant sur leur sommeil léthargique, en les assurant que les cris auxquels j'étais accouru, et mes efforts pour enfoncer la porte, avaient duré au moins cinq minutes.

La vicomtesse qui avait retrouvé son courage dans son lit, me seconda assez bien, et jura ses grands dieux qu'il y avait un voleur dans son appartement ; elle protesta avec plus de sincérité que de la vie elle n'avait eu tant de peur. Nous cherchions partout et nous ne trouvions rien, lorsque je fis apercevoir la veilleuse renversée, et conclus que, sans doute, un rat avait causé le dommage et la frayeur ; mon avis passa tout d'une voix, et après quelques plaisanteries rebattues sur les rats, le vicomte s'en alla le premier regagner sa chambre et son lit, en priant sa femme d'avoir à l'avenir des rats plus tranquilles.

Vressac resté seul avec nous, s'approcha de la vicomtesse pour lui dire tendrement que c'était une vengeance de l'amour ; à quoi elle répondit en me regardant : « Il était donc bien en colère, car il s'est beaucoup vengé, mais, ajouta-t-elle, je suis rendue de fatigue et je veux dormir. »

J'étais dans un moment de bonté ; en conséquence, avant de nous séparer, je plaidai la cause de Vressac, et j'amenai le raccommodement. Les deux amants s'embrassèrent, et je fus, à mon tour, embrassé par tous deux. Je ne me souciais plus des baisers de la vicomtesse : mais j'avoue que celui de Vressac me fit plaisir. Nous sortîmes ensemble ; et après avoir reçu ses longs remerciements, nous allâmes chacun nous remettre au lit.

Si vous trouvez cette histoire plaisante, je ne vous en demande pas le secret. A présent que je m'en suis amusé, il est juste que le public ait son tour. Pour le moment, je ne parle que de l'histoire, peut-être bientôt en dirons-nous autant de l'héroïne ?

Adieu, il y a une heure que mon chasseur attend ; je ne prends plus que le moment de vous embrasser,

et de vous recommander surtout de vous garder de
Prévan.

*Du château de..., ce 13 septembre 17**.*

LETTRE LXXII

LE CHEVALIER DANCENY À CÉCILE VOLANGES
(Remise seulement le 14.)

O ma Cécile ! que j'envie le sort de Valmont !
demain il vous verra. C'est lui qui vous remettra cette
lettre ; et moi, languissant loin de vous, je traînerai ma
pénible existence entre les regrets et le malheur. Mon
amie, ma tendre amie, plaignez-moi de mes maux ; surtout plaignez-moi des vôtres ; c'est contre eux que le
courage m'abandonne.

Qu'il m'est affreux de causer votre malheur ! sans
moi, vous seriez heureuse et tranquille. Me pardonnez-
vous ? dites ! ah ! dites que vous me pardonnez ; dites-
moi aussi que vous m'aimez, que vous m'aimerez toujours. J'ai besoin que vous me le répétiez. Ce n'est pas
que j'en doute : mais il me semble que plus on en est
sûr, et plus il est doux de se l'entendre dire. Vous
m'aimez, n'est-ce pas ? oui, vous m'aimez de toute
votre âme. Je n'oublie pas que c'est la dernière parole
que je vous ai entendue prononcer. Comme je l'ai
recueillie dans mon cœur ! comme elle s'y est profondément gravée ! et avec quels transports le mien y a
répondu !

Hélas ! dans ce moment de bonheur, j'étais loin de
prévoir le sort affreux qui nous attendait. Occupons-
nous, ma Cécile, des moyens de l'adoucir. Si j'en crois
mon ami il suffira, pour y parvenir, que vous preniez
en lui une confiance qu'il mérite.

J'ai été peiné, je l'avoue, de l'idée désavantageuse
que vous paraissez avoir de lui. J'y ai reconnu les pré-
ventions de votre maman : c'était pour m'y soumettre
que j'avais négligé, depuis quelque temps, cet homme

vraiment aimable, qui aujourd'hui fait tout pour moi ;
qui enfin travaille à nous réunir, lorsque votre maman
nous a séparés. Je vous en conjure, ma chère amie,
voyez-le d'un œil plus favorable. Songez qu'il est mon
ami, qu'il veut être le vôtre, qu'il peut me rendre le bonheur de vous voir. Si ces raisons ne vous ramènent pas,
ma Cécile, vous ne m'aimez pas autant que je vous
aime, vous ne m'aimez plus autant que vous m'aimiez.
Ah ! si jamais vous deviez m'aimer moins... Mais non,
le cœur de ma Cécile est à moi ; il y est pour la vie ;
et si j'ai à craindre les peines d'un amour malheureux,
sa constance au moins me sauvera des tourments d'un
amour trahi.

Adieu, ma charmante amie ; n'oubliez pas que je
souffre, et qu'il ne tient qu'à vous de me rendre heureux, parfaitement heureux. Écoutez le vœu de mon
cœur, et recevez les plus tendres baisers de l'amour.

Paris, ce 11 septembre 17**.

LETTRE LXXIII

LE VICOMTE DE VALMONT À CÉCILE VOLANGES
(Jointe à la précédente.)

L'ami qui vous sert a su que vous n'aviez rien de ce
qu'il vous fallait pour écrire, et il y a déjà pourvu. Vous
trouverez dans l'antichambre de l'appartement que
vous occupez, sous la grande armoire à main gauche,
une provision de papier, de plumes et d'encre, qu'il
renouvellera quand vous voudrez, et qu'il lui semble
que vous pouvez laisser à cette même place si vous n'en
trouvez pas de plus sûre.

Il vous demande de ne pas vous offenser, s'il a l'air
de ne faire aucune attention à vous dans le cercle, et
de ne vous y regarder que comme un enfant. Cette
conduite lui paraît nécessaire pour inspirer la sécurité
dont il a besoin, et pouvoir travailler plus efficacement
au bonheur de son ami et au vôtre. Il tâchera de faire

naître les occasions de vous parler, quand il aura quelque chose à vous apprendre ou à vous remettre ; et il espère y parvenir, si vous mettez du zèle à le seconder.

Il vous conseille aussi de lui rendre, à mesure, les lettres que vous aurez reçues, afin de risquer moins de vous compromettre.

Il finit par vous assurer que si vous voulez lui donner votre confiance, il mettra tous ses soins à adoucir la persécution qu'une mère trop cruelle fait éprouver à deux personnes, dont l'une est déjà son meilleur ami, et l'autre lui paraît mériter l'intérêt le plus tendre.

Du château de..., ce 14 septembre 17**.

LETTRE LXXIV

LA MARQUISE DE MERTEUIL AU VICOMTE DE VALMONT

Eh ! depuis quand, mon ami, vous effrayez-vous si facilement ? ce Prévan est donc bien redoutable ? Mais voyez comme je suis simple et modeste ! Je l'ai rencontré souvent, ce superbe vainqueur ; à peine l'avais-je regardé ! Il ne fallait pas moins que votre lettre pour m'y faire faire attention. J'ai réparé mon injustice hier. Il était à l'Opéra, presque vis-à-vis de moi, je m'en suis occupée. Il est joli au moins, mais très joli ; des traits fins et délicats ! il doit gagner à être vu de près. Et vous dites qu'il veut m'avoir ! assurément il me fera honneur et plaisir. Sérieusement, j'en ai fantaisie, et je vous confie ici que j'ai fait les premières démarches. Je ne sais pas si elles réussiront. Voilà le fait.

Il était à deux pas de moi, à la sortie de l'Opéra et j'ai donné, très haut, rendez-vous à la marquise de *** pour souper le vendredi chez la maréchale. C'est, je crois, la seule maison où je peux le rencontrer. Je ne doute pas qu'il m'ait entendue... Si l'ingrat allait n'y pas venir ? Mais, dites-moi donc, croyez-vous qu'il y vienne ? Savez-vous que s'il n'y vient pas, j'aurai de

l'humeur toute la soirée ? Vous voyez qu'il ne trouvera
pas tant de difficulté *à me suivre* ; et ce qui vous éton-
nera davantage, c'est qu'il en trouvera moins encore
à me plaire. Il veut, dit-il, crever six chevaux à me faire
sa cour ! Oh ! je sauverai la vie à ces chevaux-là. Je
n'aurai jamais la patience d'attendre si longtemps.
Vous savez qu'il n'est pas dans mes principes de faire
languir, quand une fois je suis décidée, et je le suis pour
lui.

Oh ! çà, convenez qu'il y a plaisir à me parler raison ! Votre *avis important* n'a-t-il pas un grand succès ? Mais que voulez-vous ? je végète depuis si longtemps ! Il y a plus de six semaines que je ne me suis
pas permis une gaieté. Celle-là se présente ; puis-je me
la refuser ? le sujet n'en vaut-il pas la peine ? en est-il
de plus agréable, dans quelque sens que vous preniez
ce mot ?

Vous-même, vous êtes forcé de lui rendre justice ;
vous faites plus que le louer, vous en êtes jaloux. Eh
bien ! je m'établis juge entre vous deux : mais d'abord,
il faut s'instruire, et c'est ce que je veux faire. Je serai
juge intègre, et vous serez pesés tous deux dans la même
balance. Pour vous, j'ai déjà vos mémoires, et votre
affaire est parfaitement instruite. N'est-il pas juste que
je m'occupe à présent de votre adversaire ? Allons,
exécutez-vous de bonne grâce ; et, pour commencer,
apprenez-moi je vous prie, quelle est cette triple aventure dont il est le héros. Vous m'en parlez, comme si
je ne connaissais autre chose, et je n'en sais pas le premier mot. Apparemment elle se sera passée pendant
mon voyage à Genève, et votre jalousie vous aura empêché de me l'écrire. Réparez cette faute au plus tôt ; songez que *rien de ce qui l'intéresse ne m'est étranger.* Il
me semble bien qu'on en parlait encore à mon retour :
mais j'étais occupée d'autre chose, et j'écoute rarement
en ce genre tout ce qui n'est pas du jour ou de la veille.

Quand ce que je vous demande vous contrarierait un
peu, n'est-ce pas le moindre prix que vous deviez aux
soins que je me suis donnés pour vous ? ne sont-ce pas

eux qui vous ont rapproché de votre Présidente, quand vos sottises vous en avaient éloigné ? n'est-ce pas encore moi qui ai remis entre vos mains de quoi vous venger du zèle amer de madame de Volanges ? Vous vous êtes plaint si souvent du temps que vous perdiez à aller chercher vos aventures ! A présent vous les avez sous la main. L'amour, la haine, vous n'avez qu'à choisir, tout couche sous le même toit ; et vous pouvez, doublant votre existence, caresser d'une main et frapper de l'autre.

C'est même encore à moi, que vous devez l'aventure de la vicomtesse. J'en suis assez contente : mais, comme vous dites, il faut qu'on en parle ; car si l'occasion a pu vous engager, comme je le conçois, à préférer pour le moment le mystère à l'éclat, il faut convenir pourtant que cette femme ne méritait pas un procédé si honnête.

J'ai d'ailleurs à m'en plaindre. Le chevalier de Belleroche la trouve plus jolie que je ne voudrais ; et par beaucoup de raisons, je serai bien aise d'avoir un prétexte pour rompre avec elle : or, il n'en est pas de plus commode, que d'avoir à dire : On ne peut plus voir cette femme-là.

Adieu, Vicomte ; songez que placé où vous êtes, le temps est précieux : je vais employer le mien à m'occuper du bonheur de Prévan.

*Paris, ce 15 septembre 17**.*

LETTRE LXXV

(*Nota :* Dans cette lettre, Cécile Volanges rend compte avec le plus grand détail de tout ce qui est relatif à elle dans les événements que le lecteur a vus à la fin de la première partie, lettre LXI et suivantes. On a cru devoir supprimer cette répétition. Elle parle enfin du vicomte de Valmont, et elle s'exprime ainsi.)

CÉCILE VOLANGES À SOPHIE CARNAY

... Je t'assure que c'est un homme bien extraordinaire. Maman en dit beaucoup de mal ; mais le chevalier Danceny en dit beaucoup de bien, et je crois que
c'est lui qui a raison. Je n'ai jamais vu d'homme aussi
adroit. Quand il m'a rendu la lettre de Danceny, c'était
au milieu de tout le monde, et personne n'en a rien vu ;
il est vrai que j'ai eu bien peur parce que je n'étais prévenue de rien : mais à présent je m'y attendrai. J'ai déjà
fort bien compris comment il voulait que je fisse pour
lui remettre ma réponse. Il est bien facile de s'entendre avec lui, car il a un regard qui dit tout ce qu'il veut.
Je ne sais pas comment il fait : il me disait dans le billet, dont je t'ai parlé, qu'il n'aurait pas l'air de s'occuper de moi devant maman : en effet, on dirait toujours
qu'il n'y songe pas ; et pourtant toutes les fois que je
cherche ses yeux, je suis sûre de les rencontrer tout de
suite.

Il y a ici une bonne amie de maman, que je ne
connaissais pas, qui a aussi l'air de ne guère aimer
M. de Valmont, quoiqu'il ait bien des attentions pour
elle. J'ai peur qu'il ne s'ennuie bientôt de la vie qu'on
mène ici, et qu'il ne s'en retourne à Paris ; cela serait
bien fâcheux. Il faut qu'il ait bien bon cœur d'être venu
exprès pour rendre service à son ami et à moi ! Je voudrais bien lui en témoigner ma reconnaissance, mais
je ne sais comment faire pour lui parler ; et quand j'en
trouverais l'occasion, je serais si honteuse, que je ne
saurais peut-être que lui dire.

Il n'y a que madame de Merteuil avec qui je parle
librement, quand je parle de mon amour. Peut-être
même qu'avec toi, à qui je dis tout, si c'était en causant, je serais embarrassée. Avec Danceny lui-même,
j'ai souvent senti, comme malgré moi, une certaine
crainte qui m'empêchait de lui dire tout ce que je pensais. Je me le reproche bien à présent, et je donnerais
tout au monde pour trouver le moment de lui dire une
fois, une seule fois, combien je l'aime. M. de Valmont

lui a promis que si je me laissais conduire, il nous procurerait l'occasion de nous revoir. Je ferai bien assez ce qu'il voudra ; mais je ne peux pas concevoir que cela soit possible.

Adieu, ma bonne amie, je n'ai plus de place*.

*Du château de... ce 14 septembre 17**.*

LETTRE LXXVI

LE VICOMTE DE VALMONT À LA MARQUISE DE MERTEUIL

Ou votre lettre est un persiflage, que je n'ai pas compris ; ou vous étiez, en me l'écrivant, dans un délire très dangereux. Si je vous connaissais moins, ma belle amie, je serais vraiment très effrayé ; et quoi que vous en puissiez dire, je ne m'effraierais pas trop facilement.

J'ai beau vous lire et vous relire, je n'en suis pas plus avancé ; car, de prendre votre lettre dans le sens naturel qu'elle présente, il n'y a pas moyen. Qu'avez-vous donc voulu dire ?

Est-ce seulement qu'il était inutile de se donner tant de soins contre un ennemi si peu redoutable ? mais, dans ce cas, vous pourriez avoir tort. Prévan est réellement aimable ; il l'est plus que vous ne le croyez ; il a surtout le talent très utile d'occuper beaucoup de son amour, par l'adresse qu'il a d'en parler dans le cercle, et devant tout le monde, en se servant de la première conversation qu'il trouve. Il est peu de femmes qui se sauvent alors du piège d'y répondre, parce que toutes ayant des prétentions à la finesse, aucune ne veut perdre l'occasion d'en montrer. Or, vous savez assez que femme qui consent à parler d'amour, finit bientôt par en prendre, ou au moins par se conduire comme

---

* Mademoiselle de Volanges ayant, peu de temps après, changé de confidente, comme on le verra par la suite de ces lettres, on ne trouvera plus dans ce recueil aucune de celles qu'elle a continué d'écrire à son amie du couvent ; elles n'apprendraient rien au lecteur.

si elle en avait. Il gagne encore à cette méthode, qu'il a réellement perfectionnée, d'appeler souvent les femmes elles-mêmes en témoignage de leur défaite ; et cela, je vous en parle pour l'avoir vu.

Je n'étais dans le secret que de la seconde main ; car jamais je n'ai été lié avec Prévan : mais enfin nous y étions six : et la comtesse de P***, tout en se croyant bien fine, et ayant l'air en effet, pour tout ce qui n'était pas instruit, de tenir une conversation générale, nous raconta dans le plus grand détail, et comme quoi elle s'était rendue à Prévan, et tout ce qui s'était passé entre eux. Elle faisait ce récit avec une telle sécurité, qu'elle ne fut pas même troublée par un fou rire qui nous prit à tous six en même temps ; et je me souviendrai toujours qu'un de nous ayant voulu, pour s'excuser, feindre de douter de ce qu'elle disait, ou plutôt de ce qu'elle avait l'air de dire, elle répondit gravement qu'à coup sûr nous n'étions aucun aussi bien instruits qu'elle ; et elle ne craignit pas même de s'adresser à Prévan, pour lui demander si elle s'était trompée d'un mot.

J'ai donc pu croire cet homme dangereux pour tout le monde : mais pour vous, Marquise, ne suffisait-il pas qu'il fût *joli, très joli,* comme vous le dites vous-même ? ou qu'il vous fît *une de ces attaques, que vous vous plaisiez quelquefois à récompenser, sans autre motif que de les trouver bien faites* ? ou que vous eussiez trouvé plaisant de vous rendre par une raison quelconque ? ou... que sais-je ? puis-je deviner les mille et mille caprices qui gouvernent la tête d'une femme, et par qui seuls vous tenez encore à votre sexe ? A présent que vous êtes avertie du danger, je ne doute pas que vous ne vous en sauviez facilement : mais pourtant fallait-il vous avertir. Je reviens donc à mon texte ; qu'avez-vous voulu dire ?

Si ce n'est qu'un persiflage sur Prévan, outre qu'il est bien long, ce n'était pas vis-à-vis de moi qu'il était utile ; c'est dans le monde qu'il faut lui donner quelque bon ridicule, et je vous renouvelle ma prière à ce sujet.

Ah ! je crois tenir le mot de l'énigme ! votre lettre

est une prophétie, non de ce que vous ferez, mais de ce qu'il vous croira prête à faire au moment de la chute que vous lui préparez. J'approuve assez ce projet ; il exige pourtant de grands ménagements. Vous savez comme moi que, pour l'effet public, avoir un homme ou recevoir ses soins, est absolument la même chose, à moins que cet homme ne soit un sot ; et Prévan ne l'est pas, à beaucoup près. S'il peut gagner seulement une apparence, il se vantera, et tout sera dit. Les sots y croiront, les méchants auront l'air d'y croire : quelles seront vos ressources ? Tenez, j'ai peur. Ce n'est pas que je doute de votre adresse : mais ce sont les bons nageurs qui se noient.

Je ne me crois pas plus bête qu'un autre ! des moyens de déshonorer une femme, j'en ai trouvé cent, j'en ai trouvé mille : mais quand je me suis occupé de chercher comment elle pourrait s'en sauver, je n'en ai jamais vu la possibilité. Vous-même, ma belle amie, dont la conduite est un chef-d'œuvre, cent fois j'ai cru vous voir plus de bonheur que de bien joué.

Mais après tout, je cherche peut-être une raison à ce qui n'en a point. J'admire comment, depuis une heure, je traite sérieusement ce qui n'est, à coup sûr, qu'une plaisanterie de votre part. Vous allez vous moquer de moi ! Hé bien ! soit ; mais dépêchez-vous, et parlons d'autre chose. D'autre chose ! je me trompe, c'est toujours de la même ; toujours des femmes à avoir ou à perdre, et souvent tous les deux.

J'ai ici, comme vous l'avez fort bien remarqué, de quoi m'exercer dans les deux genres, mais non pas avec la même facilité. Je prévois que la vengeance ira plus vite que l'amour. La petite Volanges est rendue, j'en réponds ; elle ne dépend plus que de l'occasion, et je me charge de la faire naître. Mais il n'en est pas de même de madame de Tourvel : cette femme est désolante, je ne la conçois pas [1] ; j'ai cent preuves de son

---

1. Concevoir : (toujours dans un tour négatif) comprendre le comportement de quelqu'un.

amour, mais j'en ai mille de sa résistance ; et en vérité, je crains qu'elle ne m'échappe.

Le premier effet qu'avait produit mon retour, me faisait espérer davantage. Vous devinez que je voulais en juger par moi-même ; et pour m'assurer de voir les premiers mouvements, je ne m'étais fait précéder par personne, et j'avais calculé ma route pour arriver pendant qu'on serait à table. En effet, je tombai des nues, comme une divinité d'Opéra qui vient faire un dénouement.

Ayant fait assez de bruit en entrant pour fixer les regards sur moi, je pus voir du même coup d'œil la joie de ma vieille tante, le dépit de madame de Volanges, et le plaisir décontenancé de sa fille. Ma belle, par la place qu'elle occupait, tournait le dos à la porte. Occupée dans ce moment à couper quelque chose, elle ne tourna seulement pas la tête : mais j'adressai la parole à madame de Rosemonde ; et au premier mot, la sensible dévote ayant reconnu ma voix, il lui échappa un cri dans lequel je crus reconnaître plus d'amour que de surprise et d'effroi. Je m'étais alors assez avancé pour voir sa figure : le tumulte de son âme, le combat de ses idées et de ses sentiments, s'y peignirent de vingt façons différentes. Je me mis à table à côté d'elle ; elle ne savait exactement rien de ce qu'elle faisait ni de ce qu'elle disait. Elle essaya de continuer à manger ; il n'y eut pas moyen : enfin, moins d'un quart d'heure après, son embarras et son plaisir devenant plus forts qu'elle, elle n'imagina rien de mieux, que de demander permission de sortir de table, et elle se sauva dans le parc, sous le prétexte d'avoir besoin de prendre l'air. Madame de Volanges voulut l'accompagner ; la tendre prude ne le permit pas : trop heureuse, sans doute, de trouver un prétexte pour être seule, et se livrer sans contrainte à la douce émotion de son cœur.

J'abrégeai le dîner le plus qu'il me fut possible. A peine avait-on servi le dessert, que l'infernale Volanges, pressée apparemment du besoin de me nuire, se leva de sa place pour aller trouver la charmante ma-

lade : mais j'avais prévu ce projet, et je le traversai.
Je feignis donc de prendre ce mouvement particulier
pour le mouvement général ; et m'étant levé en même
temps, la petite Volanges et le curé du lieu se laissèrent
entraîner par ce double exemple ; en sorte que madame
de Rosemonde se trouva seule à table avec le vieux commandeur de T***, et tous deux prirent aussi le parti
d'en sortir. Nous allâmes donc tous rejoindre ma belle,
que nous trouvâmes dans le bosquet près du château ;
et comme elle avait besoin de solitude et non de promenade, elle aima autant revenir avec nous, que nous
faire rester avec elle.

Dès que je fus assuré que madame de Volanges
n'aurait pas l'occasion de lui parler seule, je songeai
à exécuter vos ordres, et je m'occupai des intérêts de
votre pupille. Aussitôt après le café, je montai chez
moi, et j'entrai aussi chez les autres, pour reconnaître
le terrain ; je fis mes dispositions pour assurer la correspondance de la petite ; et après ce premier bienfait,
j'écrivis un mot pour l'en instruire et lui demander sa
confiance ; je joignis mon billet à la lettre de Danceny.
Je revins au salon. J'y trouvai ma belle établie sur une
chaise longue dans un abandon délicieux.

Ce spectacle, en éveillant mes désirs, anima mes
regards ; je sentis qu'ils devaient être tendres et pres-
sants, et je me plaçai de manière à pouvoir en faire
usage. Leur premier effet fut de faire baisser les grands
yeux modestes de la céleste prude. Je considérai quelque temps cette figure angélique ; puis, parcourant
toute sa personne je m'amusais à deviner les contours
et les formes à travers un vêtement léger, mais toujours
importun. Après être descendu de la tête aux pieds, je
remontais des pieds à la tête... Ma belle amie, le doux
regard était fixé sur moi ; sur-le-champ il se baissa de
nouveau, mais voulant en favoriser le retour, je détour-
nai mes yeux. Alors s'établit entre nous cette convention tacite, premier traité de l'amour timide, qui, pour
satisfaire le besoin mutuel de se voir, permet aux regards
de se succéder en attendant qu'ils se confondent.

Persuadé que ce nouveau plaisir occupait ma belle tout entière, je me chargeai de veiller à notre commune sûreté : mais après m'être assuré qu'une conversation assez vive nous sauvait des remarques du cercle, je tâchai d'obtenir de ses yeux qu'ils parlassent franchement leur langage. Pour cela je surpris d'abord quelques regards ; mais avec tant de réserve, que la modestie n'en pouvait être alarmée ; et, pour mettre la timide personne plus à son aise, je paraissais moi-même aussi embarrassé qu'elle. Peu à peu nos yeux, accoutumés à se rencontrer, se fixèrent plus longtemps ; enfin ils ne se quittèrent plus, et j'aperçus dans les siens cette douce langueur, signal heureux de l'amour et du désir ; mais ce ne fut qu'un moment ; et bientôt revenue à elle-même, elle changea, non sans quelque honte, son maintien et son regard.

Ne voulant pas qu'elle pût douter que j'eusse remarqué ses divers mouvements, je me levai avec vivacité, en lui demandant, avec l'air de l'effroi, si elle se trouvait mal. Aussitôt tout le monde vint l'entourer. Je les laissai tous passer devant moi ; et comme la petite Volanges, qui travaillait à la tapisserie auprès d'une fenêtre, eut besoin de quelque temps pour quitter son métier, je saisis ce moment pour lui remettre la lettre de Danceny.

J'étais un peu loin d'elle ; je jetai l'épître sur ses genoux. Elle ne savait en vérité qu'en faire. Vous auriez trop ri de son air de surprise et d'embarras ; pourtant je ne riais point, car je craignais que tant de gaucherie ne nous trahît. Mais un coup d'œil et un geste fortement prononcés, lui firent enfin comprendre qu'il fallait mettre le paquet dans sa poche.

Le reste de la journée n'eut rien d'intéressant. Ce qui s'est passé depuis amènera peut-être des événements dont vous serez contente, au moins pour ce qui regarde votre pupille ; mais il vaut mieux employer son temps à exécuter ses projets qu'à les raconter. Voilà d'ailleurs la huitième page que j'écris, et j'en suis fatigué ; ainsi, adieu.

Vous vous doutez bien, sans que je vous le dise, que la petite a répondu à Danceny*. J'ai eu aussi une réponse de ma belle, à qui j'avais écrit le lendemain de mon arrivée. Je vous envoie les deux lettres. Vous les lirez ou vous ne les lirez pas : car ce perpétuel rabâchage, qui déjà ne m'amuse pas trop, doit être bien insipide pour toute personne désintéressée.

Encore une fois, adieu. Je vous aime toujours beaucoup ; mais je vous en prie, si vous me reparlez de Prévan, faites en sorte que je vous entende.

Du château de..., ce 17 septembre 17**.

LETTRE LXXVII

LE VICOMTE DE VALMONT À LA PRÉSIDENTE DE TOURVEL

D'où peut venir, Madame, le soin cruel que vous mettez à me fuir ? comment se peut-il que l'empressement le plus tendre de ma part, n'obtienne de la vôtre que des procédés qu'on se permettrait à peine envers l'homme dont on aurait le plus à se plaindre ? Quoi ! l'amour me ramène à vos pieds ; et quand un heureux hasard me place à côté de vous, vous aimez mieux feindre une indisposition, alarmer vos amis, que de consentir à rester près de moi ! Combien de fois hier n'avez-vous pas détourné vos yeux pour me priver de la faveur d'un regard ? et si un seul instant j'ai pu y voir moins de sévérité, ce moment a été si court, qu'il semble que vous ayez voulu moins m'en faire jouir, que me faire sentir ce que je perdais à en être privé.

Ce n'est là, j'ose le dire, ni le traitement que mérite l'amour, ni celui que peut se permettre l'amitié ; et toutefois, de ces deux sentiments, vous savez si l'un m'anime, et j'étais, ce me semble, autorisé à croire que vous ne vous refusiez pas à l'autre. Cette amitié précieuse, dont sans doute vous m'avez cru digne, puisque

---

* Cette lettre ne s'est pas retrouvée.

vous avez bien voulu me l'offrir, qu'ai-je donc fait pour
l'avoir perdue depuis ? me serai-je nui par ma
confiance, et me puniriez-vous de ma franchise ? ne
craignez-vous pas au moins d'abuser de l'une et de
l'autre ? En effet, n'est-ce pas dans le sein de mon amie,
que j'ai déposé le secret de mon cœur ? n'est-ce pas
vis-à-vis d'elle seule, que j'ai pu me croire obligé de
refuser des conditions qu'il me suffisait d'accepter,
pour me donner la facilité de ne les pas tenir, et peut-
être celle d'en abuser utilement ? Voudriez-vous enfin,
par une rigueur si peu méritée, me forcer à croire qu'il
n'eût fallu que vous tromper pour obtenir plus d'indulgence ?

Je ne me repens point d'une conduite que je vous
devais, que je me devais à moi-même ; mais par quelle
fatalité, chaque action louable devient-elle pour moi
le signal d'un malheur nouveau ?

C'est après avoir donné lieu au seul éloge que vous
ayez encore daigné faire de ma conduite, que j'ai eu,
pour la première fois, à gémir du malheur de vous avoir
déplu. C'est après vous avoir prouvé ma soumission
parfaite, en me privant du bonheur de vous voir, uniquement pour rassurer votre délicatesse, que vous avez
voulu rompre toute correspondance avec moi, m'ôter
ce faible dédommagement d'un sacrifice que vous aviez
exigé, et me ravir jusqu'à l'amour qui seul avait pu vous
en donner le droit. C'est enfin après vous avoir parlé
avec une sincérité, que l'intérêt même de cet amour n'a
pu affaiblir, que vous me fuyez aujourd'hui comme un
séducteur dangereux, dont vous auriez reconnu la perfidie.

Ne vous lasserez-vous donc jamais d'être injuste ?
Apprenez-moi du moins quels nouveaux torts ont pu
vous porter à tant de sévérité, et ne refusez pas de me
dicter les ordres que vous voulez que je suive ; quand
je m'engage à les exécuter, est-ce trop prétendre que
de demander à les connaître ?

De..., ce 15 septembre 17**.

LETTRE LXXVIII

LA PRÉSIDENTE DE TOURVEL AU VICOMTE DE VALMONT

Vous paraissez, Monsieur, surpris de ma conduite, et peu s'en faut même que vous ne m'en demandiez compte, comme ayant le droit de la blâmer. J'avoue que je me serais crue plus autorisée que vous à m'étonner et à me plaindre ; mais depuis le refus contenu dans votre dernière réponse, j'ai pris le parti de me renfermer dans une indifférence qui ne laisse plus lieu aux remarques ni aux reproches. Cependant, comme vous me demandez des éclaircissements, et que, grâces au Ciel, je ne sens rien en moi qui puisse m'empêcher de vous les donner, je veux bien entrer encore une fois en explication avec vous.

Qui lirait vos lettres, me croirait injuste ou bizarre. Je crois mériter que personne n'ait cette idée de moi ; il me semble surtout que vous étiez moins qu'un autre dans le cas de la prendre. Sans doute, vous avez senti qu'en nécessitant ma justification, vous me forciez à rappeler tout ce qui s'est passé entre nous. Apparemment vous avez cru n'avoir qu'à gagner à cet examen ; comme, de mon côté, je ne crois pas avoir à y perdre, au moins à vos yeux, je ne crains pas de m'y livrer. Peut-être est-ce, en effet, le seul moyen de connaître qui de nous deux a le droit de se plaindre de l'autre.

A compter, Monsieur, du jour de votre arrivée dans ce château, vous avouerez, je crois, qu'au moins votre réputation m'autorisait à user de quelque réserve avec vous, et que j'aurais pu, sans craindre d'être taxée d'un excès de pruderie, m'en tenir aux seules expressions de la politesse la plus froide. Vous-même m'eussiez traitée avec indulgence, et vous eussiez trouvé simple qu'une femme aussi peu formée n'eût pas même le mérite nécessaire pour apprécier le vôtre. C'était sûrement là le parti de la prudence ; et il m'eût d'autant moins coûté à suivre, que je ne vous cacherai pas que, quand madame de Rosemonde vint me faire part de votre arrivée, j'eus besoin de me rappeler mon amitié pour elle, et celle qu'elle a pour vous, pour ne pas lui laisser voir combien cette nouvelle me contrariait.

Je conviens volontiers que vous vous êtes montré d'abord sous un aspect plus favorable que je ne l'avais imaginé ; mais vous conviendrez à votre tour qu'il a bien peu duré, et que vous vous êtes bientôt lassé d'une contrainte, dont apparemment vous ne vous êtes pas cru suffisamment dédommagé par l'idée avantageuse qu'elle m'avait fait prendre de vous.

C'est alors qu'abusant de ma bonne foi, de ma sécurité, vous n'avez pas craint de m'entretenir d'un sentiment dont vous ne pouviez pas douter que je ne me trouvasse offensée ; et moi, tandis que vous ne vous occupiez qu'à aggraver vos torts en les multipliant, je cherchais un motif pour les oublier, en vous offrant l'occasion de les réparer, au moins en partie. Ma demande était si juste que vous-même ne crûtes pas devoir vous y refuser : mais vous faisant un droit de mon indulgence, vous en profitâtes pour me demander une permission, que, sans doute, je n'aurais pas dû accorder, et que pourtant vous avez obtenue. Des conditions qui y furent mises, vous n'en avez tenu aucune ; et votre correspondance a été telle, que chacune de vos lettres me faisait un devoir de ne plus vous répondre. C'est dans le moment même où votre obstination me forçait à vous éloigner de moi que, par une condescendance peut-être blâmable, j'ai tenté le seul moyen qui pouvait me permettre de vous en rapprocher : mais de quel prix est à vos yeux un sentiment honnête ? Vous méprisez l'amitié ; et dans votre folle ivresse, comptant pour rien les malheurs et la honte, vous ne cherchez que des plaisirs et des victimes.

Aussi léger dans vos démarches, qu'inconséquent dans vos reproches, vous oubliez vos promesses, ou plutôt vous vous faites un jeu de les violer, et après avoir consenti à vous éloigner de moi, vous revenez ici sans

y être rappelé ; sans égard pour mes prières, pour mes
raisons, sans avoir même l'attention de m'en prévenir,
vous n'avez pas craint de m'exposer à une surprise dont
l'effet, quoique bien simple assurément, aurait pu être
interprété défavorablement pour moi, par les personnes qui nous entouraient. Ce moment d'embarras que
vous aviez fait naître, loin de chercher à en distraire,
ou à le dissiper, vous avez paru mettre tous vos soins
à l'augmenter encore. A table, vous choisissez précisément votre place à côté de la mienne : une légère indisposition me force d'en sortir avant les autres ; et au
lieu de respecter ma solitude, vous engagez tout le
monde à venir la troubler. Rentrée au salon, si je fais
un pas, je vous trouve à côté de moi ; si je dis une
parole, c'est toujours vous qui me répondez. Le mot
le plus indifférent vous sert de prétexte pour ramener
une conversation que je ne voulais pas entendre, qui
pouvait même me compromettre : car enfin, Monsieur,
quelque adresse que vous y mettiez, ce que je comprends, je crois que les autres peuvent aussi le comprendre.

Forcée ainsi par vous à l'immobilité et au silence,
vous n'en continuez pas moins de me poursuivre ; je
ne puis lever les yeux sans rencontrer les vôtres. Je suis
sans cesse obligée de détourner mes regards ; et par une
inconséquence bien incompréhensible, vous fixez sur
moi ceux du cercle, dans un moment où j'aurais voulu
pouvoir même me dérober aux miens.

Et vous vous plaignez de mes procédés ! et vous vous
étonnez de mon empressement à vous fuir ! Ah !
blâmez-moi plutôt de mon indulgence, étonnez-vous
que je ne sois pas partie au moment de votre arrivée.
Je l'aurais dû peut-être, et vous me forcerez à ce parti
violent mais nécessaire, si vous ne cessez enfin des poursuites offensantes. Non, je n'oublie point, je n'oublierai jamais ce que je me dois, ce que je dois à des nœuds
que j'ai formés, que je respecte et que je chéris ; et je
vous prie de croire que, si jamais je me trouvais réduite
à ce choix malheureux, de les sacrifier ou de me sacri-

fier moi-même, je ne balancerais pas un instant. Adieu,
Monsieur.

De..., ce 16 septembre 17**.

LETTRE LXXIX

LE VICOMTE DE VALMONT À LA MARQUISE DE MERTEUIL

Je comptais aller à la chasse ce matin : mais il fait
un temps détestable. Je n'ai pour toute lecture qu'un
roman nouveau, qui ennuierait même une pensionnaire.
On déjeunera au plus tôt dans deux heures : ainsi malgré ma longue lettre d'hier, je vais encore causer avec
vous. Je suis bien sûr de ne pas vous ennuyer, car je
vous parlerai *du très joli Prévan*. Comment n'avez-vous
pas su sa fameuse aventure, celle qui a séparé les *inséparables* ? Je parie que vous vous la rappellerez au premier mot. La voici pourtant, puisque vous la désirez.

Vous vous souvenez que tout Paris s'étonnait que
trois femmes, toutes trois jolies, ayant toutes trois les
mêmes talents, et pouvant avoir les mêmes prétentions,
restassent intimement liées entre elles depuis le moment
de leur entrée dans le monde. On crut d'abord en trouver la raison dans leur extrême timidité : mais bientôt,
entourées d'une cour nombreuse dont elles partageaient
les hommages, et éclairées sur leur valeur par l'empressement et les soins dont elles étaient l'objet, leur union
n'en devint pourtant que plus forte ; et l'on eût dit que
le triomphe de l'une était toujours celui des deux autres.
On espérait au moins que le moment de l'amour amè-
nerait quelque rivalité. Nos agréables se disputaient
l'honneur d'être la pomme de discorde ; et moi-même,
je me serais mis alors sur les rangs, si la grande faveur
où la comtesse de*** s'éleva dans ce même temps,
m'eût permis de lui être infidèle avant d'avoir obtenu
l'agrément que je demandais.

Cependant nos trois beautés, dans le même carna-
val firent leur choix comme de concert ; et loin qu'il

excitât les orages qu'on s'en était promis, il ne fit que rendre leur amitié plus intéressante, par le charme des confidences.

La foule des prétendants malheureux se joignit alors à celle des femmes jalouses, et la scandaleuse constance fut soumise à la censure publique. Les uns prétendaient que dans cette société *des inséparables* (ainsi la nomma-t-on alors), la loi fondamentale était la communauté de biens, et que l'amour même y était soumis ; d'autres assuraient que les trois amants, exempts de rivaux, ne l'étaient pas de rivales : on alla même jusqu'à dire qu'ils n'avaient été admis que par décence, et n'avaient obtenu qu'un titre sans fonction.

Ces bruits, vrais ou faux, n'eurent pas l'effet qu'on s'en était promis. Les trois couples, au contraire, sentirent qu'ils étaient perdus s'ils se séparaient dans ce moment ; ils prirent le parti de faire tête à l'orage. Le public, qui se lasse de tout, se lassa bientôt d'une satire infructueuse. Emporté par sa légèreté naturelle, il s'occupa d'autres objets : puis, revenant à celui-ci avec son inconséquence ordinaire, il changea la critique en éloge. Comme ici tout est de mode, l'enthousiasme gagna ; il devenait un vrai délire, lorsque Prévan entreprit de vérifier ces prodiges, et de fixer sur eux l'opinion publique et la sienne.

Il chercha donc ces modèles de perfection. Admis facilement dans leur société, il en tira un favorable augure. Il savait assez que les gens heureux ne sont pas d'un accès si facile. Il vit bientôt, en effet, que ce bonheur si vanté était, comme celui des rois, plus envié que désirable. Il remarqua que, parmi ces prétendus inséparables, on commençait à rechercher les plaisirs du dehors, qu'on s'y occupait même de distraction ; et il en conclut que les liens d'amour ou d'amitié étaient déjà relâchés ou rompus, et que ceux de l'amour-propre et de l'habitude conservaient seuls quelque force.

Cependant les femmes, que le besoin rassemblait, conservaient entre elles l'apparence de la même intimité : mais les hommes, plus libres dans leurs démarches, retrouvaient des devoirs à remplir ou des affaires à suivre ; ils s'en plaignaient encore, mais ne s'en dispensaient plus, et rarement les soirées étaient complètes.

Cette conduite de leur part fut profitable à l'assidu Prévan, qui, placé naturellement auprès de la délaissée du jour, trouvait à offrir alternativement, et selon les circonstances, le même hommage aux trois amies. Il sentit facilement que faire un choix entre elles, c'était se perdre ; que la fausse honte de se trouver la première infidèle, effaroucherait la préférée ; que la vanité blessée des deux autres, les rendrait ennemies du nouvel amant, et qu'elles ne manqueraient pas de déployer contre lui la sévérité des grands principes ; enfin, que la jalousie ramènerait à coup sûr les soins d'un rival qui pouvait être encore à craindre. Tout fût devenu obstacle ; tout devenait facile dans son triple projet ; chaque femme était indulgente, parce qu'elle y était intéressée, chaque homme, parce qu'il croyait ne pas l'être.

Prévan, qui n'avait alors qu'une seule femme à sacrifier, fut assez heureux pour qu'elle prît de la célébrité. Sa qualité d'étrangère, et l'hommage d'un grand prince assez adroitement refusé, avaient fixé sur elle l'attention de la cour et de la ville ; son amant en partageait l'honneur, et en profita auprès de ses nouvelles maîtresses. La seule difficulté était de mener de front ces trois intrigues, dont la marche devait forcément se régler sur la plus tardive ; en effet, je tiens d'un de ses confidents, que sa plus grande peine fut d'en arrêter une, qui se trouva prête à éclore près de quinze jours avant les autres.

Enfin le grand jour arriva. Prévan, qui avait obtenu les trois aveux, se trouvait déjà maître des démarches, et les régla comme vous allez voir. Des trois maris, l'un était absent, l'autre partait le lendemain au point du jour, le troisième était à la ville. Les inséparables amies devaient souper chez la veuve future ; mais le nouveau maître n'avait pas permis que les anciens serviteurs y fussent invités. Le matin même de ce jour, il fait trois lots des lettres de sa belle, il accompagne l'un du por-trait qu'il avait reçu d'elle, le second d'un chiffre amou-reux qu'elle-même avait peint, le troisième d'une bou-cle de ses cheveux ; chacune reçut pour complet ce tiers de sacrifice, et consentit, en échange, à envoyer à l'amant disgracié, une lettre éclatante de rupture.

C'était beaucoup ; ce n'était pas assez. Celle dont le mari était à la ville ne pouvait disposer que de la jour-née ; il fut convenu qu'une feinte indisposition la dis-penserait d'aller souper chez son amie, et que la soirée serait toute à Prévan : la nuit fut accordée par celle dont le mari était absent : et le point du jour, moment du départ du troisième époux, fut marqué par la dernière, pour l'heure du berger.

Prévan qui ne néglige rien, court ensuite chez la belle étrangère, y porte et y fait naître l'humeur dont il avait besoin, et n'en sort qu'après avoir établi une querelle qui lui assure vingt-quatre heures de liberté. Ses dis-positions ainsi faites, il rentra chez lui, comptant pren-dre quelque repos ; d'autres affaires l'y attendaient.

Les lettres de rupture avaient été un coup de lumière pour les amants disgraciés : chacun d'eux ne pouvait douter qu'il n'eût été sacrifié à Prévan ; et le dépit d'avoir été joué, se joignant à l'humeur que donne pres-que toujours la petite humiliation d'être quitté, tous trois, sans se communiquer, mais comme de concert, avaient résolu d'en avoir raison, et pris le parti de la demander à leur fortuné rival.

Celui-ci trouva donc chez lui les trois cartels ; il les accepta loyalement : mais ne voulant perdre ni les plai-sirs, ni l'éclat de cette aventure, il fixa les rendez-vous au lendemain matin, et les assigna tous les trois au même lieu et à la même heure. Ce fut à une des portes du bois de Boulogne.

Le soir venu, il courut sa triple carrière avec un suc-cès égal ; au moins s'est-il vanté depuis, que chacune de ses nouvelles maîtresses avait reçu trois fois, le gage et le serment de son amour. Ici, comme vous le jugez bien, les preuves manquent à l'histoire ; tout ce que

peut faire l'historien impartial, c'est de faire remarquer
au lecteur incrédule, que la vanité et l'imagination exal-
tées peuvent enfanter des prodiges ; et de plus, que la
matinée qui devait suivre une si brillante nuit, paraissait devoir dispenser de ménagement pour l'avenir.
Quoi qu'il en soit, les faits suivants ont plus de certitude.

Prévan se rendit exactement au rendez-vous qu'il
avait indiqué ; il y trouva ses trois rivaux, un peu surpris de leur rencontre, et peut-être chacun d'eux déjà
consolé en partie, en se voyant des compagnons d'infortune. Il les aborda d'un air affable et cavalier, et leur
tint ce discours, qu'on m'a rendu fidèlement :

« Messieurs, leur dit-il, en vous trouvant rassemblés
ici, vous avez deviné sans doute que vous aviez tous
trois le même sujet de plainte contre moi. Je suis prêt
à vous rendre raison. Que le sort décide, entre vous,
qui des trois tentera le premier une vengeance à laquelle
vous avez tous un droit égal. Je n'ai amené ici ni
second, ni témoins. Je n'en ai point pris pour l'offense ;
je n'en demande point pour la réparation. » Puis
cédant à son caractère joueur : « Je sais, ajouta-t-il,
qu'on gagne rarement *le sept et le va* ; mais quel que
soit le sort qui m'attend, on a toujours assez vécu,
quand on a eu le temps d'acquérir l'amour des femmes et l'estime des hommes. »

Pendant que ses adversaires étonnés se regardaient
en silence, et que leur délicatesse calculait peut-être que
ce triple combat ne laissait pas la partie égale, Prévan
reprit la parole : « Je ne vous cache pas, continua-t-il
donc, que la nuit que je viens de passer m'a cruellement fatigué. Il serait généreux à vous de me permettre de réparer mes forces. J'ai donné mes ordres pour
qu'on tînt ici un déjeuner prêt ; faites-moi l'honneur
de l'accepter. Déjeunons ensemble, et surtout déjeunons gaiement. On peut se battre pour de semblables
bagatelles ; mais elles ne doivent pas, je crois, altérer
notre humeur. »

Le déjeuner fut accepté. Jamais, dit-on, Prévan ne

fut plus aimable. Il eut l'adresse de n'humilier aucun de ses rivaux ; de leur persuader que tous eussent eu facilement les mêmes succès, et surtout de les faire convenir qu'ils n'en eussent pas plus que lui laissé échapper l'occasion. Ces faits une fois avoués, tout s'arrangeait de soi-même. Aussi le déjeuner n'était-il pas fini, qu'on y avait déjà répété dix fois que de pareilles femmes ne méritaient pas que d'honnêtes gens se battissent pour elles. Cette idée amena la cordialité ; le vin la fortifia ; si bien que peu de moments après, ce ne fut pas assez de n'avoir plus de rancune, on se jura amitié sans réserve.

Prévan, qui sans doute aimait bien autant ce dénouement que l'autre, ne voulait pourtant y rien perdre de sa célébrité. En conséquence, pliant adroitement ses projets aux circonstances : « En effet, dit-il aux trois offensés, ce n'est pas de moi, mais de vos infidèles maîtresses que vous avez à vous venger. Je vous en offre l'occasion. Déjà je ressens, comme vous-mêmes, une injure que bientôt je partagerais : car si chacun de vous n'a pu parvenir à en fixer une seule, puis-je espérer de les fixer toutes trois ? Votre querelle devient la mienne. Acceptez pour ce soir, un souper dans ma petite maison, et j'espère ne pas différer plus longtemps votre vengeance. » On voulut le faire expliquer : mais lui, avec ce ton de supériorité que la circonstance l'autorisait à prendre : « Messieurs, répondit-il, je crois vous avoir prouvé que j'avais quelque esprit de conduite ; reposez-vous sur moi. » Tous consentirent ; et après avoir embrassé leur nouvel ami, ils se séparèrent jusqu'au soir, en attendant l'effet de ses promesses.

Celui-ci, sans perdre de temps retourne à Paris, et va, suivant l'usage, visiter ses nouvelles conquêtes. Il obtint de toutes trois, qu'elles viendraient le soir même souper *en tête à tête* à sa petite maison. Deux d'entre elles firent bien quelques difficultés, mais que reste-t-il à refuser le lendemain ? Il donna le rendez-vous à une heure de distance, temps nécessaire à ses projets. Après ces préparatifs, il se retira, fit avertir les trois

autres conjurés, et tous quatre allèrent gaiement attendre leurs victimes.

On entend arriver la première. Prévan se présente
seul, la reçoit avec l'air de l'empressement, la conduit
jusque dans le sanctuaire dont elle se croyait la divinité ; puis, disparaissant sur un léger prétexte, il se fait
remplacer aussitôt par l'amant outragé.

Vous jugez que la confusion d'une femme qui n'a
point encore l'usage des aventures, rendait, en ce
moment, le triomphe bien facile : tout reproche qui ne
fut pas fait, fut compté pour une grâce ; et l'esclave
fugitive, livrée de nouveau à son ancien maître, fut trop
heureuse de pouvoir espérer son pardon, en reprenant
sa première chaîne. Le traité de paix se ratifia dans un
lieu plus solitaire, et la scène, restée vide, fut alternativement remplie par les autres acteurs, à peu près de la
même manière, et surtout avec le même dénouement.

Chacune des femmes pourtant se croyait encore seule
en jeu. Leur étonnement et leur embarras augmentè-
rent, quand, au moment du souper, les trois couples
se réunirent ; mais la confusion fut au comble, quand
Prévan, qui reparut au milieu de tous, eut la cruauté
de faire aux trois infidèles des excuses, qui, en livrant
leur secret, leur apprenaient entièrement jusqu'à quel
point elles avaient été jouées.

Cependant on se mit à table, et peu après, la contenance revint ; les hommes se livrèrent, les femmes se
soumirent. Tous avaient la haine dans le cœur ; mais
les propos n'en étaient pas moins tendres : la gaieté
éveilla le désir, qui, à son tour, lui prêta de nouveaux
charmes. Cette étonnante orgie dura jusqu'au matin ;
et quand on se sépara, les femmes durent se croire par-
données : mais les hommes, qui avaient conservé leur
ressentiment, firent dès le lendemain une rupture qui
n'eut point de retour ; et non contents de quitter leurs
légères maîtresses, ils achevèrent leur vengeance, en
publiant leur aventure. Depuis ce temps, une d'elles est
au couvent, et les deux autres languissent exilées dans
leurs terres.

Voilà l'histoire de Prévan ; c'est à vous de voir si vous voulez ajouter à sa gloire, et vous atteler à son char de triomphe. Votre lettre m'a vraiment donné de l'inquiétude et j'attends avec impatience une réponse plus sage et plus claire à la dernière que je vous ai écrite.

Adieu, ma belle amie ; méfiez-vous des idées plaisantes ou bizarres qui vous séduisent toujours trop facilement. Songez que dans la carrière que vous courez, l'esprit ne suffit pas, qu'une seule imprudence y devient un mal sans remède. Souffrez enfin que la prudente amitié soit quelquefois le guide de vos plaisirs.

Adieu. Je vous aime pourtant comme si vous étiez raisonnable.

*De..., ce 18 septembre 17**.*

LETTRE LXXX

LE CHEVALIER DANCENY À CÉCILE VOLANGES

Cécile, ma chère Cécile, quand viendra le temps de nous revoir ? qui m'apprendra à vivre loin de vous ? qui m'en donnera la force et le courage ? Jamais, non, jamais, je ne pourrai supporter cette fatale absence. Chaque jour ajoute à mon malheur : et n'y point voir de terme ! Valmont qui m'avait promis des secours, des consolations, Valmont me néglige, et peut-être m'oublie. Il est auprès de ce qu'il aime ; il ne sait plus ce qu'on souffre quand on en est éloigné. En me faisant passer votre dernière lettre, il ne m'a point écrit. C'est lui pourtant qui doit m'apprendre quand je pourrai vous voir et par quel moyen. N'a-t-il donc rien à me dire ? Vous-même, vous ne m'en parlez pas, serait-ce que vous n'en partagez plus le désir ? Ah ! Cécile, Cécile, je suis bien malheureux. Je vous aime plus que jamais : mais cet amour, qui fait le charme de ma vie, en devient le tourment.

Non, je ne peux plus vivre ainsi, il faut que je vous voie, il le faut, ne fût-ce qu'un moment. Quand je me

lève, je me dis : Je ne la verrai pas. Je me couche en
disant : Je ne l'ai point vue. Les journées, si longues,
n'ont pas un moment pour le bonheur. Tout est privation, tout est regret, tout est désespoir ; et tous ces
maux me viennent d'où j'attendais tous mes plaisirs !
Ajoutez à ces peines mortelles, mon inquiétude sur les
vôtres, et vous aurez une idée de ma situation. Je pense
à vous sans cesse, et n'y pense jamais sans trouble. Si
je vous vois affligée, malheureuse, je souffre de tous
vos chagrins ; si je vous vois tranquille et consolée, ce
sont les miens qui redoublent. Partout je trouve le malheur.

Ah ! qu'il n'en était pas ainsi, quand vous habitiez
les mêmes lieux que moi ! Tout alors était plaisir. La
certitude de vous voir embellissait même les moments
de l'absence ; le temps qu'il fallait passer loin de vous,
m'approchait de vous en s'écoulant. L'emploi que j'en
faisais ne vous était jamais étranger. Si je remplissais
des devoirs, ils me rendaient plus digne de vous ; si je
cultivais quelque talent, j'espérais vous plaire davantage. Lors même que les distractions du monde
m'emportaient loin de vous, je n'en étais point séparé.
Au spectacle, je cherchais à deviner ce qui vous aurait
plu ; un concert me rappelait vos talents et nos si douces occupations. Dans le cercle, comme aux promenades, je saisissais la plus légère ressemblance. Je vous
comparais à tout ; partout vous aviez l'avantage. Chaque moment du jour était marqué par un hommage
nouveau, et chaque soir j'en apportais le tribut à vos
pieds.

A présent, que me reste-t-il ? des regrets douloureux,
des privations éternelles, et un léger espoir que le silence
de Valmont diminue, que le vôtre change en inquiétude.
Dix lieues seulement nous séparent, et cet espace si
facile à franchir, devient pour moi seul un obstacle
insurmontable ! et quand, pour m'aider à le vaincre,
j'implore mon ami, ma maîtresse, tous deux restent
froids et tranquilles ! Loin de me secourir, ils ne me
répondent même pas.

Qu'est donc devenue l'amitié active de Valmont ? que sont devenus, surtout, vos sentiments si tendres, et qui vous rendaient si ingénieuse pour trouver les moyens de nous voir tous les jours ? Quelquefois, je m'en souviens, sans cesser d'en avoir le désir, je me trouvais forcé de le sacrifier à des considérations, à des devoirs ; que ne me disiez-vous pas alors ? par combien de prétexte ne combattiez-vous pas mes raisons ! Et qu'il vous en souvienne, ma Cécile, toujours mes raisons cédaient à vos désirs. Je ne m'en fais point un mérite ; je n'avais pas même celui du sacrifice. Ce que vous désiriez d'obtenir, je brûlais de l'accorder. Mais enfin je demande à mon tour ; et quelle est cette demande ? de vous voir un moment, de vous renouveler et de recevoir le serment d'un amour éternel. N'est-ce donc plus votre bonheur comme le mien ? Je repousse cette idée désespérante, qui mettrait le comble à mes maux. Vous m'aimez, vous m'aimerez toujours ; je le crois, j'en suis sûr, je ne veux jamais en douter : mais ma situation est affreuse et je ne puis la soutenir plus longtemps. Adieu, Cécile.

Paris, ce 18 septembre 17**.

LETTRE LXXXI

LA MARQUISE DE MERTEUIL AU VICOMTE DE VALMONT

Que vos craintes me causent de pitié ! Combien elles me prouvent ma supériorité sur vous ! et vous voulez m'enseigner, me conduire ? Ah ! mon pauvre Valmont, quelle distance il y a encore de vous à moi ! Non, tout l'orgueil de votre sexe ne suffirait pas pour remplir l'intervalle qui nous sépare. Parce que vous ne pourriez exécuter mes projets, vous les jugez impossibles ! Être orgueilleux et faible, il te sied bien de vouloir calculer mes moyens et juger de mes ressources ! Au vrai, Vicomte, vos conseils m'ont donné de l'humeur, et je ne puis vous le cacher.

Que pour masquer votre incroyable gaucherie auprès de votre Présidente, vous m'étaliez comme un triomphe d'avoir déconcerté un moment cette femme timide et qui vous aime, j'y consens ; d'en avoir obtenu un regard, un seul regard, je souris et vous le passe. Que sentant, malgré vous, le peu de valeur de votre conduite, vous espériez la dérober à mon attention, en me flattant de l'effort sublime de rapprocher deux enfants qui, tous deux, brûlent de se voir, et qui, soit dit en passant, doivent à moi seule l'ardeur de ce désir ; je le veux bien encore. Qu'enfin vous vous autorisiez de ces actions d'éclat, pour me dire d'un ton doctoral, qu'*il vaut mieux employer son temps à exécuter ses projets qu'à les raconter* ; cette vanité ne me nuit pas, et je la pardonne. Mais que vous puissiez croire que j'aie besoin de votre prudence, que je m'égarerais en ne déférant pas à vos avis, que je dois leur sacrifier un plaisir, une fantaisie : en vérité, Vicomte, c'est aussi vous trop enorgueillir de la confiance que je veux bien avoir en vous !

Et qu'avez-vous donc fait, que je n'aie surpassé mille fois ? Vous avez séduit, perdu même beaucoup de femmes : mais quelles difficultés avez-vous eues à vaincre ? quels obstacles à surmonter ? où est le mérite qui soit véritablement à vous ? Une belle figure, pur effet du hasard ; des grâces, que l'usage donne presque toujours, de l'esprit à la vérité, mais auquel du jargon suppléerait au besoin ; une impudence assez louable, mais peut-être uniquement due à la facilité de vos premiers succès ; si je ne me trompe, voilà tous vos moyens : car, pour la célébrité que vous avez pu acquérir, vous n'exigerez pas, je crois, que je compte pour beaucoup l'art de faire naître ou de saisir l'occasion d'un scandale.

Quant à la prudence, à la finesse, je ne parle pas de moi : mais quelle femme n'en aurait pas plus que vous ? Eh ! votre Présidente vous mène comme un enfant.

Croyez-moi, Vicomte, on acquiert rarement les qualités dont on peut se passer. Combattant sans risque, vous devez agir sans précaution. Pour vous autres hommes, les défaites ne sont que des succès de moins. Dans cette partie si inégale, notre fortune est de ne pas perdre, et votre malheur de ne pas gagner. Quand je vous accorderais autant de talents qu'à nous, de combien encore ne devrions-nous pas vous surpasser, par la nécessité où nous sommes d'en faire un continuel usage !

Supposons, j'y consens, que vous mettiez autant d'adresse à nous vaincre, que nous à nous défendre ou à céder, vous conviendrez au moins, qu'elle vous devient inutile après le succès. Uniquement occupé de votre nouveau goût, vous vous y livrez sans crainte, sans réserve : ce n'est pas à vous que sa durée importe.

En effet, ces liens réciproquement donnés et reçus, pour parler le jargon de l'amour, vous seul pouvez, à votre choix, les resserrer ou les rompre : heureuses encore, si dans votre légèreté, préférant le mystère à l'éclat, vous vous contentez d'un abandon humiliant, et ne faites pas de l'idole de la veille la victime du lendemain !

Mais qu'une femme infortunée sente la première le poids de sa chaîne, quels risques n'a-t-elle pas à courir, si elle tente de s'y soustraire, si elle ose seulement la soulever ? Ce n'est qu'en tremblant qu'elle essaie d'éloigner d'elle l'homme que son cœur repousse avec effort. S'obstine-t-il à rester, ce qu'elle accordait à l'amour, il faut le livrer à la crainte :

Ses bras s'ouvrent encor, quand son cœur est fermé.

Sa prudence doit dénouer avec adresse, ces mêmes liens que vous auriez rompus. A la merci de son ennemi, elle est sans ressource, s'il est sans générosité : et comment en espérer de lui, lorsque, si quelquefois on le loue d'en avoir, jamais pourtant on ne le blâme d'en manquer ?

Sans doute, vous ne nierez pas ces vérités que leur évidence a rendues triviales. Si cependant vous m'avez

vue, disposant des événements et des opinions, faire
de ces hommes si redoutables le jouet de mes caprices
ou de mes fantaisies ; ôter aux uns la volonté, aux
autres la puissance de me nuire ; si j'ai su tour à tour,
et suivant mes goûts mobiles, attacher à ma suite ou
rejeter loin de moi

> Ces tyrans détrônés devenus mes esclaves* ;

si, au milieu de ces révolutions fréquentes, ma réputation s'est pourtant conservée pure, n'avez-vous pas dû
en conclure que, née pour venger mon sexe et maîtriser le vôtre, j'avais su me créer des moyens inconnus
jusqu'à moi ?

Ah ! gardez vos conseils et vos craintes pour ces femmes à délire, et qui se disent *à sentiment ;* dont l'imagination exaltée ferait croire que la nature a placé leurs
sens dans leur tête ; qui, n'ayant jamais réfléchi,
confondent sans cesse l'amour et l'amant ; qui, dans
leur folle illusion, croient que celui-là seul avec qui elles
ont cherché le plaisir, en est l'unique dépositaire ; et
vraies superstitieuses, ont pour le prêtre, le respect et
la foi qui n'est dû qu'à la dinivité.

Craignez encore pour celles qui, plus vaines que pru-
dentes, ne savent pas au besoin consentir à se faire
quitter.

Tremblez surtout pour ces femmes actives dans leur
oisiveté, que vous nommez *sensibles,* et dont l'amour
s'empare si facilement et avec tant de puissance ; qui
sentent le besoin de s'en occuper encore, même
lorsqu'elles n'en jouissent pas ; et s'abandonnant sans

---

* On ne sait si ce vers, ainsi que celui qui se trouve plus haut, *Ses
bras s'ouvrent encor, quand son cœur est fermé,* sont des citations
d'ouvrages peu connus ; ou s'ils font partie de la prose de madame
de Merteuil. Ce qui le ferait croire, c'est la multitude de fautes de
ce genre qui se trouvent dans toutes les lettres de cette correspondance. Celles du chevalier Danceny sont les seules qui en soient exemp-
tes : peut-être que, comme il s'occupait quelquefois de poésie, son
oreille plus exercée lui faisait éviter plus facilement ce défaut.

réserve à la fermentation de leurs idées, enfantent par elles ces lettres si douces, mais si dangereuses à écrire ; et ne craignent pas de confier ces preuves de leur faiblesse à l'objet qui les cause : imprudentes, qui, dans leur amant actuel, ne savent pas voir leur ennemi futur.

Mais moi, qu'ai-je de commun avec ces femmes inconsidérées ? quand m'avez-vous vue m'écarter des règles que je me suis prescrites, et manquer à mes principes ? je dis mes principes, et je le dis à dessein : car ils ne sont pas, comme ceux des autres femmes, donnés au hasard, reçus sans examen et suivis par habitude, ils sont le fruit de mes profondes réflexions ; je les ai créés, et je puis dire que je suis mon ouvrage.

Entrée dans le monde dans le temps où, fille encore, j'étais vouée par état au silence et à l'inaction, j'ai su en profiter pour observer et réfléchir. Tandis qu'on me croyait étourdie ou distraite, écoutant peu à la vérité les discours qu'on s'empressait à me tenir, je recueillais avec soin ceux qu'on cherchait à me cacher.

Cette utile curiosité, en servant à m'instruire, m'apprit encore à dissimuler ; forcée souvent de cacher les objets de mon attention aux yeux de ceux qui m'entouraient, j'essayai de guider les miens à mon gré ; j'obtins dès lors de prendre à volonté ce regard distrait que vous avez loué si souvent. Encouragée par ce premier succès, je tâchai de régler de même les divers mouvements de ma figure. Ressentais-je quelque chagrin, je m'étudiais à prendre l'air de la sérénité, même celui de la joie ; j'ai porté le zèle jusqu'à me causer des douleurs volontaires, pour chercher pendant ce temps l'expression du plaisir. Je me suis travaillée avec le même soin et plus de peine, pour réprimer les symptômes d'une joie inattendue. C'est ainsi que j'ai su prendre, sur ma physionomie, cette puissance dont je vous ai vu quelquefois si étonné.

J'étais bien jeune encore, et presque sans intérêt : mais je n'avais à moi que ma pensée, et je m'indignais qu'on pût me la ravir ou me la surprendre contre ma volonté. Munie de ces premières armes, j'en essayai l'usage : non contente de ne plus me laisser pénétrer, je m'amusais à me montrer sous des formes différentes ; sûre de mes gestes, j'observais mes discours ; je réglais les uns et les autres, suivant les circonstances, ou même seulement suivant mes fantaisies : dès ce moment, ma façon de penser fut pour moi seule, et je ne montrai plus que celle qu'il m'était utile de laisser voir.

Ce travail sur moi-même avait fixé mon attention sur l'expression des figures et le caractère des physionomies ; et j'y gagnai ce coup d'œil pénétrant, auquel l'expérience m'a pourtant appris à ne pas me fier entièrement ; mais qui, en tout, m'a rarement trompée.

Je n'avais pas quinze ans, je possédais déjà les talents auxquels la plus grande partie de nos politiques doivent leur réputation, et je ne me trouvais encore qu'aux premiers éléments de la science que je voulais acquérir.

Vous jugez bien que, comme toutes les jeunes filles, je cherchais à deviner l'amour et ses plaisirs : mais n'ayant jamais été au couvent, n'ayant point de bonne amie, et surveillée par une mère vigilante, je n'avais que des idées vagues et que je ne pouvais fixer ; la nature même, dont assurément je n'ai eu qu'à me louer depuis, ne me donnait encore aucun indice. On eût dit qu'elle travaillait en silence à perfectionner son ouvrage. Ma tête seule fermentait ; je ne désirais pas de jouir, je voulais savoir ; le désir de m'instruire m'en suggéra les moyens.

Je sentis que le seul homme avec qui je pouvais parler sur cet objet, sans me compromettre, était mon confesseur. Aussitôt je pris mon parti ; je surmontai ma petite honte ; et me vantant d'une faute que je n'avais pas commise, je m'accusai d'avoir fait *tout ce que font les femmes*. Ce fut mon expression ; mais en parlant ainsi je ne savais, en vérité, quelle idée j'exprimais. Mon espoir ne fut ni tout à fait trompé, ni entièrement rempli ; la crainte de me trahir m'empêchait de m'éclairer : mais le bon père me fit le mal si grand, que j'en conclus que le plaisir devait être

extrême ; et au désir de le connaître succéda celui de
le goûter.

Je ne sais où ce désir m'aurait conduite ; et alors
dénuée d'expérience, peut-être une seule occasion m'eût
perdue : heureusement pour moi, ma mère m'annonça
peu de jours après que j'allais me marier ; sur-le-champ
la certitude de savoir éteignit ma curiosité, et j'arrivai
vierge entre les bras de M. de Merteuil.

J'attendais avec sécurité le moment qui devait m'instruire et j'eus besoin de réflexion pour montrer de
l'embarras et de la crainte. Cette première nuit, dont
on se fait pour l'ordinaire une idée si cruelle ou si
douce, ne me présentait qu'une occasion d'expérience :
douleur et plaisir, j'observai tout exactement, et ne
voyais dans ces diverses sensations, que des faits à
recueillir et à méditer.

Ce genre d'étude parvint bientôt à me plaire : mais
fidèle à mes principes, et sentant, peut-être par instinct,
que nul ne devait être plus loin de ma confiance que
mon mari, je résolus, par cela seul que j'étais sensible,
de me montrer impassible à ses yeux. Cette froideur
apparente fut par la suite le fondement inébranlable
de son aveugle confiance : j'y joignis, par une seconde
réflexion, l'air d'étourderie qu'autorisait mon âge ; et
jamais il ne me jugea plus enfant que dans les moments
où je le jouais avec plus d'audace.

Cependant, je l'avouerai, je me laissai d'abord
entraîner par le tourbillon du monde, et je me livrai
tout entière à ses distractions futiles. Mais au bout de
quelques mois, M. de Merteuil m'ayant menée à sa
triste campagne, la crainte de l'ennui fit revenir le goût
de l'étude ; et ne m'y trouvant entourée que de gens
dont la distance avec moi me mettait à l'abri de tout
soupçon, j'en profitai pour donner un champ plus vaste
à mes expériences. Ce fut là, surtout, que je m'assurai
que l'amour que l'on nous vante comme la cause de
nos plaisirs, n'en est au plus que le prétexte.

La maladie de M. de Merteuil vint interrompre de
si douces occupations ; il fallut le suivre à la ville, où

il venait chercher des secours. Il mourut, comme vous savez, peu de temps après ; et quoique, à tout prendre, je n'eusse pas à me plaindre de lui, je n'en sentis pas moins vivement le prix de la liberté qu'allait me donner mon veuvage, et je me promis bien d'en profiter.

Ma mère comptait que j'entrerais au couvent, ou reviendrais vivre avec elle. Je refusai l'un et l'autre parti ; et tout ce que j'accordai à la décence, fut de retourner dans cette même campagne, où il me restait bien encore quelques observations à faire.

Je les fortifiai par le secours de la lecture : mais ne croyez pas qu'elle fût toute du genre que vous la supposez. J'étudiai nos mœurs dans les romans ; nos opinions dans les philosophes ; je cherchai même dans les moralistes les plus sévères ce qu'ils exigeaient de nous, et je m'assurai ainsi de ce qu'on pouvait faire, de ce qu'on devait penser, et de ce qu'il fallait paraître. Une fois fixée sur ces trois objets, le dernier seul présentait quelques difficultés dans son exécution ; j'espérai les vaincre et j'en méditai les moyens.

Je commençais à m'ennuyer de mes plaisirs rustiques, trop peu variés pour ma tête active ; je sentais un besoin de coquetterie qui me raccommoda avec l'amour ; non pour le ressentir à la vérité, mais pour l'inspirer et le feindre. En vain m'avait-on dit, et avais-je lu qu'on ne pouvait feindre ce sentiment ; je voyais pourtant que, pour y parvenir, il suffisait de joindre à l'esprit d'un auteur, le talent d'un comédien. Je m'exerçai dans les deux genres, et peut-être avec quelque succès : mais au lieu de rechercher les vains applaudissements du théâtre, je résolus d'employer à mon bonheur ce que tant d'autres sacrifiaient à la vanité.

Un an se passa dans ces occupations différentes. Mon deuil me permettant alors de reparaître, je revins à la ville avec mes grands projets ; je ne m'attendais pas au premier obstacle que j'y rencontrai.

Cette longue solitude, cette austère retraite, avaient jeté sur moi un vernis de pruderie qui effrayait nos plus

agréables ; ils se tenaient à l'écart, et me laissaient livrée
à une foule d'ennuyeux, qui tous prétendaient à ma
main. L'embarras n'était pas de les refuser ; mais plusieurs de ces refus déplaisaient à ma famille, et je perdais dans ces tracasseries intérieures, le temps dont je
m'étais promis un si charmant usage. Je fus donc obligée, pour rappeler les uns et éloigner les autres, d'affi-
cher quelques inconséquences, et d'employer à nuire
à ma réputation, le soin que je comptais mettre à la
conserver. Je réussis facilement, comme vous pouvez
croire. Mais n'étant emportée par aucune passion, je
ne fis que ce que je jugeai nécessaire, et mesurai avec
prudence les doses de mon étourderie.

Dès que j'eus touché le but que je voulais atteindre,
je revins sur mes pas, et fis honneur de mon amende-
ment à quelques-unes de ces femmes qui, dans l'impuissance d'avoir des prétentions à l'agrément, se rejettent
sur celles du mérite et de la vertu. Ce fut un coup de
partie qui me valut plus que je n'avais espéré. Ces
reconnaissantes duègnes s'établirent mes apologistes ;
et leur zèle aveugle pour ce qu'elles appelaient leur
ouvrage, fut porté au point qu'au moindre propos
qu'on se permettait sur moi, tout le parti prude criait
au scandale et à l'injure. Le même moyen me valut
encore le suffrage de nos femmes à prétentions, qui,
persuadées que je renonçais à courir la même carrière
qu'elles, me choisirent pour l'objet de leurs éloges, toutes les fois qu'elles voulaient prouver qu'elles ne médi-
saient pas de tout le monde.

Cependant ma conduite précédente avait ramené les
amants ; et pour me ménager entre eux et mes fidèles
protectrices, je me montrai comme une femme sensible, mais difficile, à qui l'excès de sa délicatesse four-
nissait des armes contre l'amour.

Alors je commençai à déployer sur le grand théâtre,
les talents que je m'étais donnés. Mon premier soin fut
d'acquérir le renom d'invincible. Pour y parvenir, les
hommes qui ne me plaisaient point furent toujours les
seuls dont j'eus l'air d'accepter les hommages. Je les

employais utilement à me procurer les honneurs de la résistance, tandis que je me livrais sans crainte à l'amant préféré. Mais, celui-là, ma feinte timidité ne lui a jamais permis de me suivre dans le monde ; et les regards du cercle ont été, ainsi, toujours fixés sur l'amant malheureux.

Vous savez combien je me décide vite : c'est pour avoir observé que ce sont presque toujours les soins antérieurs qui livrent le secret des femmes. Quoi qu'on puisse faire, le ton n'est jamais le même, avant ou après le succès. Cette différence n'échappe point à l'observateur attentif et j'ai trouvé moins dangereux de me tromper dans le choix, que de me laisser pénétrer. Je gagne encore par là d'ôter les vraisemblances, sur lesquelles seules on peut nous juger.

Ces précautions et celle de ne jamais écrire, de ne délivrer jamais aucune preuve de ma défaite, pouvaient paraître excessives, et ne m'ont jamais paru suffisantes. Descendue dans mon cœur, j'y ai étudié celui des autres. J'y ai vu qu'il n'est personne qui n'y conserve un secret qu'il lui importe qui ne soit point dévoilé : vérité que l'antiquité paraît avoir mieux connue que nous, et dont l'histoire de Samson pourrait n'être qu'un ingénieux emblème. Nouvelle Dalila, j'ai toujours, comme elle, employé ma puissance à surprendre ce secret important. Hé ! de combien de nos Samsons modernes, ne tiens-je pas la chevelure sous le ciseau ! et ceux-là, j'ai cessé de les craindre ; ce sont les seuls que je me sois permis d'humilier quelquefois. Plus souple avec les autres, l'art de les rendre infidèles pour éviter de leur paraître volage, une feinte amitié, une apparente confiance, quelques procédés généreux, l'idée flatteuse et que chacun conserve d'avoir été mon seul amant, m'ont obtenu leur discrétion. Enfin, quand ces moyens m'ont manqué, j'ai su, prévoyant mes ruptures, étouffer d'avance, sous le ridicule ou la calomnie, la confiance que ces hommes dangereux auraient pu obtenir.

Ce que je vous dis là, vous me le voyez pratiquer sans

cesse ; et vous doutez de ma prudence ! Hé bien ! rappelez-vous le temps où vous me rendîtes vos premiers soins : jamais hommage ne me flatta autant : je vous désirais avant de vous avoir vu. Séduite par votre réputation, il me semblait que vous manquiez à ma gloire ; je brûlais de vous combattre corps à corps. C'est le seul de mes goûts qui ait jamais pris un moment d'empire sur moi. Cependant, si vous eussiez voulu me perdre, quels moyens eussiez-vous trouvés ? de vains discours qui ne laissent aucune trace après eux, que votre réputation même eût aidé à rendre suspects, et une suite de faits sans vraisemblance, dont le récit sincère aurait l'air d'un roman mal tissu.

A la vérité, je vous ai depuis livré tous mes secrets : mais vous savez quels intérêts nous unissent, et si de nous deux, c'est moi qu'on doit taxer d'imprudence*.

Puisque je suis en train de vous rendre compte, je veux le faire exactement. Je vous entends d'ici me dire que je suis au moins à la merci de ma femme de chambre ; en effet, si elle n'a pas le secret de mes sentiments, elle a celui de mes actions. Quand vous m'en parlâtes jadis, je vous répondis seulement que j'étais sûre d'elle ; et la preuve que cette réponse suffit alors à votre tranquillité, c'est que vous lui avez confié depuis, et pour votre compte, des secrets assez dangereux. Mais à présent que Prévan vous donne de l'ombrage, et que la tête vous en tourne, je me doute bien que vous ne me croyez plus sur ma parole. Il faut donc vous édifier.

Premièrement, cette fille est ma sœur de lait, et ce lien qui ne nous en paraît pas un, n'est pas sans force pour les gens de cet état : de plus, j'ai son secret, et mieux encore ; victime d'une folie de l'amour, elle était perdue si je ne l'eusse sauvée. Ses parents, tout hérissés d'honneur, ne voulaient pas moins que la faire enfermer. Ils s'adressèrent à moi. Je vis, d'un coup

---

* On saura dans la suite, lettre CLII, non pas le secret de M. de Valmont, mais à peu près de quel genre il était ; et le lecteur sentira qu'on n'a pas pu l'éclaircir davantage sur cet objet.

d'œil, combien leur courroux pouvait m'être utile. Je
le secondai, et sollicitai l'ordre, que j'obtins. Puis passant tout à coup au parti de la clémence auquel j'amenai ses parents, et profitant de mon crédit auprès du
vieux ministre, je les fis tous consentir à me laisser
dépositaire de cet ordre, et maîtresse d'en arrêter ou
demander l'exécution, suivant que je jugerais du mérite
de la conduite future de cette fille. Elle sait donc que
j'ai son sort entre les mains ; et quand, par impossible, ces moyens puissants ne l'arrêteraient point, n'est-il
pas évident que sa conduite dévoilée et sa punition
authentique ôteraient bientôt toute créance à ses discours ?

A ces précautions que j'appelle fondamentales, s'en
joignent mille autres, ou locales, ou d'occasion, que
la réflexion et l'habitude font trouver au besoin ; dont
le détail serait minutieux, mais dont la pratique est
importante, et qu'il faut vous donner la peine de
recueillir dans l'ensemble de ma conduite, si vous voulez parvenir à les connaître.

Mais de prétendre que je me sois donné tant de soins
pour n'en pas retirer de fruits ; qu'après m'être autant
élevée au-dessus des autres femmes par mes travaux
pénibles, je consente à ramper comme elles dans ma
marche, entre l'imprudence et la timidité ; que surtout
je pusse redouter un homme au point de ne plus voir
mon salut que dans la fuite ? Non, Vicomte, jamais.
Il faut vaincre ou périr. Quant à Prévan, je veux l'avoir
et je l'aurai ; il veut le dire, et il ne le dira pas : en deux
mots, voilà notre roman. Adieu.

De..., ce 20 septembre 17**.

LETTRE LXXXII

CÉCILE VOLANGES AU CHEVALIER DANCENY

Mon Dieu, que votre lettre m'a fait de peine ! J'avais
bien besoin d'avoir tant d'impatience de la recevoir !

J'espérais y trouver de la consolation, et voilà que je suis plus affligée qu'avant de l'avoir reçue. J'ai bien pleuré en la lisant : ce n'est pas cela que je vous reproche ; j'ai déjà bien pleuré des fois à cause de vous, sans que ça me fasse de la peine. Mais cette fois-ci, ce n'est pas la même chose.

Qu'est-ce donc que vous voulez dire, que votre amour devient un tourment pour vous, que vous ne pouvez plus vivre ainsi, ni soutenir plus longtemps votre situation ? Est-ce que vous allez cesser de m'aimer, parce que cela n'est pas si agréable qu'autrefois ? Il me semble que je ne suis pas plus heureuse que vous, bien au contraire ; et pourtant je ne vous aime que davantage. Si M. de Valmont ne vous a pas écrit, ce n'est pas ma faute ; je n'ai pas pu l'en prier, parce que je n'ai pas été seule avec lui, et que nous sommes convenus que nous ne nous parlerions jamais devant le monde : et ça, c'est encore pour vous ; afin qu'il puisse faire le plus tôt ce que vous désirez. Je ne dis pas que je ne le désire pas aussi, et vous devez en être bien sûr : mais comment voulez-vous que je fasse ? Si vous croyez que c'est facile, trouvez donc le moyen, je ne demande pas mieux.

Croyez-vous qu'il me soit bien agréable d'être grondée tous les jours par maman, elle qui auparavant ne me disait jamais rien ; bien au contraire ? A présent, c'est pis que si j'étais au couvent. Je m'en consolais pourtant en songeant que c'était pour vous ; il y avait même des moments où je trouvais que j'en étais bien aise ; mais quand je vois que vous êtes fâché aussi, et ça sans qu'il y ait du tout de ma faute, je deviens plus chagrine que pour tout ce qui vient de m'arriver jusqu'ici.

Rien que pour recevoir vos lettres, c'est un embarras, que si M. de Valmont n'était pas aussi complaisant et aussi adroit qu'il l'est, je ne saurais comment faire ; et pour vous écrire, c'est plus difficile encore. De toute la matinée, je n'ose pas, parce que maman est tout près de moi, et qu'elle vient à tout moment dans

ma chambre. Quelquefois je le peux l'après-midi ; sous
prétexte de chanter ou de jouer de la harpe ; encore
faut-il que j'interrompe à chaque ligne pour qu'on
entende que j'étudie. Heureusement ma femme de
chambre s'endort quelquefois le soir, et je lui dis que
je me coucherai bien toute seule, afin qu'elle s'en aille
et me laisse de la lumière. Et puis, il faut que je me
mette sous mon rideau, pour qu'on ne puisse pas voir
de clarté, et puis que j'écoute au moindre bruit pour
pouvoir tout cacher dans mon lit, si on venait. Je voudrais que vous y fussiez, pour voir ! Vous verriez bien
qu'il faut bien aimer pour faire ça. Enfin, il est bien
vrai que je fais tout ce que je peux, et que je voudrais
en pouvoir faire davantage.

Assurément, je ne refuse pas de vous dire que je vous
aime et que je vous aimerai toujours ; jamais je ne l'ai
dit de meilleur cœur ; et vous êtes fâché ! Vous m'aviez
pourtant bien assuré, avant que je vous l'eusse dit, que
cela suffisait pour vous rendre heureux. Vous ne pouvez pas le nier : c'est dans vos lettres. Quoique je ne
les aie plus, je m'en souviens comme quand je les lisais
tous les jours. Et parce que nous voilà absents, vous
ne pensez plus de même ! Mais cette absence ne durera
pas toujours, peut-être ! Mon Dieu, que je suis malheureuse ! et c'est bien vous qui en êtes cause !

A propos de vos lettres, j'espère que vous avez gardé
celles que maman m'a prises, et qu'elle vous a ren-
voyées ; il faudra bien qu'il vienne un temps où je ne
serai plus si gênée qu'à présent, et vous me les rendrez
toutes. Comme je serai heureuse, quand je pourrai les
garder toujours, sans que personne ait rien à y voir !
A présent, je les remets à M. de Valmont, parce qu'il
y aurait trop à risquer autrement : malgré cela je ne
lui en rends jamais, que cela ne me fasse bien de la
peine.

Adieu, mon cher ami ! Je vous aime de tout mon
cœur. Je vous aimerai toute ma vie. J'espère qu'à présent vous n'êtes plus fâché ; et si j'en étais sûre, je ne
le serais plus moi-même. Écrivez-moi le plus tôt que

vous pourrez, car je sens que jusque-là je serai toujours triste.

Du château de... ce 21 septembre 17**.

LETTRE LXXXIII

LE VICOMTE DE VALMONT À LA PRÉSIDENTE DE TOURVEL

De grâce, Madame, renouons cet entretien si mal-heureusement rompu ! Que je puisse achever de vous prouver combien je diffère de l'odieux portrait qu'on vous avait fait de moi ; que je puisse, surtout, jouir encore de cette aimable confiance que vous commenciez à me témoigner ! Que de charmes vous savez prêter à la vertu ! comme vous embellissez et faites chérir tous les sentiments honnêtes ! Ah ! c'est là votre séduction ; c'est la plus forte ; c'est la seule qui soit, à la fois, puissante et respectable.

Sans doute il suffit de vous voir, pour désirer de vous plaire ; de vous entendre dans le cercle, pour que ce désir augmente. Mais celui qui a le bonheur de vous connaître davantage, qui peut quelquefois lire dans votre âme, cède bientôt à un plus noble enthousiasme, et pénétré de vénération comme d'amour, adore en vous l'image de toutes les vertus. Plus fait qu'un autre, peut-être, pour les aimer et les suivre, entraîné par quel-ques erreurs qui m'avaient éloigné d'elles, c'est vous qui m'en avez rapproché, qui m'en avez de nouveau fait sentir tout le charme : me ferez-vous un crime de ce nouvel amour ? blâmerez-vous votre ouvrage ? Vous reprocheriez-vous même l'intérêt que vous pourriez y prendre ? Quel mal peut-on craindre d'un sentiment si pur, et quelles douceurs n'y aurait-il pas à le goû-ter ?

Mon amour vous effraie, vous le trouvez violent, effréné ? Tempérez-le par un amour plus doux ; ne refusez pas l'empire que je vous offre, auquel je jure de ne jamais me soustraire, et qui, j'ose le croire, ne serait pas entièrement perdu pour la vertu. Quel sacrifice pourrait me paraître pénible, sûr que votre cœur m'en garderait le prix ? Quel est donc l'homme assez malheureux pour ne pas savoir jouir des privations qu'il s'impose ; pour ne pas préférer un mot, un regard accordés, à toutes les jouissances qu'il pourrait ravir ou surprendre ! et vous avez cru que j'étais cet homme-là ! et vous m'avez craint ! Ah ! pourquoi votre bonheur ne dépend-il pas de moi ? comme je me vengerais de vous, en vous rendant heureuse. Mais ce doux empire, la stérile amitié ne le produit pas ; il n'est dû qu'à l'amour.

Ce mot vous intimide ! et pourquoi ? un attachement plus tendre, une union plus forte, une seule pensée, le même bonheur comme les mêmes peines, qu'y a-t-il donc là d'étranger à votre âme ? Tel est pourtant l'amour ! tel est au moins celui que vous inspirez et que je ressens ! C'est lui surtout, qui, calculant sans intérêt, sait apprécier les actions sur leur mérite et non sur leur valeur ; trésor inépuisable des âmes sensibles, tout devient précieux, fait par lui ou pour lui.

Ces vérités si faciles à saisir, si douces à pratiquer, qu'ont-elles donc d'effrayant ? Quelles craintes peut aussi vous causer un homme sensible, à qui l'amour ne permet plus un autre bonheur que le vôtre ? C'est aujourd'hui l'unique vœu que je forme : je sacrifierai tout pour le remplir, excepté le sentiment qui l'inspire ; et ce sentiment lui-même, consentez à le partager, et vous le réglerez à votre choix. Mais ne souffrons plus qu'il nous divise, lorsqu'il devrait nous réunir. Si l'amitié que vous m'avez offerte n'est pas un vain mot ; si, comme vous me le disiez hier, c'est le sentiment le plus doux que votre âme connaisse ; que ce soit elle qui stipule entre nous, je ne la récuserai point : mais juge de l'amour, qu'elle consente à l'écouter ; le refus de l'entendre deviendrait une injustice, et l'amitié n'est point injuste.

Un second entretien n'aura pas plus d'inconvénients que le premier : le hasard peut encore en fournir l'occa-

sion ; vous pourriez vous-même en indiquer le moment.
Je veux croire que j'ai tort ; n'aimerez-vous pas mieux
me ramener que me combattre, et doutez-vous de ma
docilité ? Si ce tiers importun ne fût pas venu nous
interrompre, peut-être serais-je déjà entièrement revenu
à votre avis ; qui sait jusqu'où peut aller votre pouvoir ?

Vous le dirai-je ? cette puissance invincible, à laquelle
je me livre sans oser la calculer, ce charme irrésistible,
qui vous rend souveraine de mes pensées comme de mes
actions, il m'arrive quelquefois de les craindre. Hélas !
cet entretien que je vous demande, peut-être est-ce à
moi à le redouter ! peut-être après, enchaîné par mes
promesses, me verrai-je réduit à brûler d'un amour que
je sens bien qui ne pourra s'éteindre, sans oser même
implorer votre secours ! Ah ! Madame, de grâce,
n'abusez pas de votre empire ! Mais quoi ! si vous
devez en être plus heureuse, si je dois vous en paraître
plus digne de vous, quelles peines ne sont pas adoucies
par ces idées consolantes ! Oui, je le sens ; vous parler
encore, c'est vous donner contre moi de plus fortes
armes ; c'est me soumettre plus entièrement à votre
volonté. Il est plus aisé de se défendre contre vos lettres ; ce sont bien vos mêmes discours, mais vous n'êtes
pas là pour leur prêter des forces. Cependant, le plaisir de vous entendre m'en fait braver le danger : au
moins aurai-je ce bonheur d'avoir tout fait pour vous,
même contre moi ; et mes sacrifices deviendront un
hommage. Trop heureux de vous prouver de mille
manières, comme je le sens de mille façons, que, sans
m'en excepter, vous êtes, vous serez toujours l'objet
le plus cher à mon cœur.

*Du château de... ce 23 septembre 17**.*

LETTRE LXXXIV

LE VICOMTE DE VALMONT À CÉCILE VOLANGES

Vous avez vu combien nous avons été contrariés hier. De toute la journée je n'ai pas pu vous remettre la lettre que j'avais pour vous ; j'ignore si j'y trouverai plus de facilité aujourd'hui. Je crains de vous compromettre, en y mettant plus de zèle que d'adresse ; et je ne me pardonnerais pas une imprudence qui vous deviendrait si fatale, et causerait le désespoir de mon ami, en vous rendant éternellement malheureuse. Cependant je connais les impatiences de l'amour ; je sens combien il doit être pénible, dans votre situation, d'éprouver quelque retard à la seule consolation que vous puissiez goûter dans ce moment. A force de m'occuper des moyens d'écarter les obstacles, j'en ai trouvé un dont l'exécution sera aisée, si vous y mettez quelque soin.

Je crois avoir remarqué que la clef de la porte de votre chambre, qui donne sur le corridor, est toujours sur la cheminée de votre maman. Tout deviendrait facile avec cette clef, vous devez bien le sentir ; mais à son défaut, je vous en procurerai une semblable, et qui la suppléera. Il me suffira, pour y parvenir, d'avoir l'autre une heure ou deux à ma disposition. Vous devez trouver aisément l'occasion de la prendre, et pour qu'on ne s'aperçoive pas qu'elle manque, j'en joins ici une à moi, qui est assez semblable, pour qu'on n'en voie pas la différence, à moins qu'on ne l'essaie ; ce qu'on ne tentera pas. Il faudra seulement que vous ayez soin d'y mettre un ruban, bleu et passé, comme celui qui est à la vôtre.

Il faudrait tâcher d'avoir cette clef pour demain ou après-demain, à l'heure du déjeuner ; parce qu'il vous sera plus facile de me la donner alors, et qu'elle pourra être remise à sa place pour le soir, temps où votre maman pourrait y faire plus d'attention. Je pourrai vous la rendre au moment du dîner, si nous nous entendons bien.

Vous savez que quand on passe du salon à la salle à manger, c'est toujours madame de Rosemonde qui marche la dernière. Je lui donnerai la main. Vous n'aurez qu'à quitter votre métier de tapisserie lentement, ou bien laisser tomber quelque chose, de façon à rester en arrière : vous saurez bien alors prendre la clef, que j'aurai soin de tenir derrière moi. Il ne faudra pas négliger, aussitôt après l'avoir prise, de rejoindre ma vieille tante, et de lui faire quelques caresses. Si par hasard vous laissiez tomber cette clef, n'allez pas vous déconcerter ; je feindrai que c'est moi, et je vous réponds de tout.

Le peu de confiance que vous témoigne votre maman, et ses procédés si durs envers vous, autorisent de reste cette petite supercherie. C'est au surplus le seul moyen de continuer à recevoir les lettres de Danceny, et à lui faire passer les vôtres ; tout autre est réellement trop dangereux, et pourrait vous perdre tous deux sans ressource : aussi ma prudente amitié se reprocherait-elle de les employer davantage.

Une fois maîtres de la clef, il nous restera quelques précautions à prendre contre le bruit de la porte et de la serrure : mais elles sont bien faciles. Vous trouverez, sous la même armoire où j'avais mis votre papier, de l'huile et une plume. Vous allez quelquefois chez vous à des heures où vous y êtes seule : il faut en profiter pour huiler la serrure et les gonds. La seule attention à avoir, est de prendre garde aux taches qui déposeraient contre vous. Il faudra aussi attendre que la nuit soit venue, parce que, si cela se fait avec l'intelligence dont vous êtes capable, il n'y paraîtra plus le lendemain matin.

Si pourtant on s'en aperçoit, n'hésitez pas à dire que c'est le frotteur du château. Il faudrait, dans ce cas, spécifier le temps, même les discours qu'il vous aura tenus : comme par exemple, qu'il prend ce soin contre la rouille, pour toutes les serrures dont on ne fait pas usage. Car vous sentez qu'il ne serait pas vraisemblable que vous eussiez été témoin de ce tracas sans en demander la cause. Ce sont ces petits détails qui donnent la vraisemblance, et la vraisemblance rend les mensonges sans conséquence, en ôtant le désir de les vérifier.

Après que vous aurez lu cette lettre, je vous prie de la relire, et même de vous en occuper : d'abord, c'est qu'il faut bien savoir ce qu'on veut bien faire ; ensuite, pour vous assurer que je n'ai rien omis. Peu accoutumé à employer la finesse pour mon compte, je n'en ai pas grand usage ; il n'a pas même fallu moins que ma vive amitié pour Danceny, et l'intérêt que vous inspirez, pour me déterminer à me servir de ces moyens, quelque innocents qu'ils soient. Je hais tout ce qui a l'air de la tromperie ; c'est là mon caractère. Mais vos malheurs m'ont touché au point que je tenterai tout pour les adoucir.

Vous pensez bien que, cette communication une fois établie entre nous, il me sera plus facile de vous procurer, avec Danceny, l'entretien qu'il désire. Cependant ne lui parlez pas encore de tout ceci ; vous ne feriez qu'augmenter son impatience, et le moment de la satisfaire n'est pas encore tout à fait venu. Vous lui devez, je crois, de la calmer plutôt que de l'aigrir. Je m'en rapporte là-dessus à votre délicatesse. Adieu, ma belle pupille : car vous êtes ma pupille. Aimez un peu votre tuteur, et surtout ayez avec lui de la docilité ; vous vous en trouverez bien. Je m'occupe de votre bonheur, et soyez sûre que j'y trouverai le mien.

De..., ce 24 septembre 17**.

LETTRE LXXXV

LA MARQUISE DE MERTEUIL AU VICOMTE DE VALMONT

Enfin vous serez tranquille et surtout vous me rendrez justice. Écoutez, et ne me confondez plus avec les autres femmes. J'ai mis à fin mon aventure avec Prévan ; *à fin !* entendez-vous bien ce que cela veut dire ?

A présent vous allez juger qui de lui ou de moi pourra se vanter. Le récit ne sera pas si plaisant que l'action : aussi ne serait-il pas juste que, tandis que vous n'avez fait que raisonner bien ou mal sur cette affaire, il vous en revînt autant de plaisir qu'à moi, qui y donnais mon temps et ma peine.

Cependant, si vous avez quelque grand coup à faire, si vous devez tenter quelque entreprise où ce rival dangereux vous paraisse à craindre, arrivez. Il vous laisse le champ libre, au moins pour quelque temps ; peut-être même ne se relèvera-t-il jamais du coup que je lui ai porté.

Que vous êtes heureux de m'avoir pour amie ! Je suis pour vous une fée bienfaisante. Vous languissez loin de la beauté qui vous engage ; je dis un mot, et vous vous retrouvez auprès d'elle. Vous voulez vous venger d'une femme qui vous nuit ; je vous marque l'endroit où vous devez frapper et la livre à votre discrétion. Enfin, pour écarter de la lice un concurrent redoutable, c'est encore moi que vous invoquez, et je vous exauce. En vérité, si vous ne passez pas votre vie à me remercier, c'est que vous êtes un ingrat. Je reviens à mon aventure et la reprends d'origine.

Le rendez-vous, donné si haut, à la sortie de l'Opéra*, fut entendu comme je l'avais espéré. Prévan s'y rendit ; et quand la maréchale lui dit obligeamment qu'elle se félicitait de le voir deux fois de suite à ses jours, il eut soin de répondre que depuis mardi soir il avait défait mille arrangements, pour pouvoir ainsi disposer de cette soirée. *A bon entendeur, salut !* Comme je voulais pourtant savoir, avec plus de certitude, si j'étais ou non le véritable objet de cet empressement flatteur, je voulus forcer le soupirant nouveau de choisir entre moi et son goût dominant. Je déclarai que je ne jouerais point ; en effet, il trouva, de son côté, mille prétextes pour ne pas jouer ; et mon premier triomphe fut sur le lansquenet.

* Voyez la lettre LXXIV.

Je m'emparai de l'évêque de*** pour ma conversation ; je le choisis à cause de sa liaison avec le héros
du jour, à qui je voulais donner toute facilité de
m'aborder. J'étais bien aise aussi d'avoir un témoin respectable qui pût, au besoin, déposer de ma conduite
et de mes discours. Cet arrangement réussit.

Après les propos vagues et d'usage, Prévan s'étant
bientôt rendu maître de la conversation, prit tour à tour
différents tons, pour essayer celui qui pourrait me
plaire. Je refusai celui du sentiment, comme n'y croyant
pas ; j'arrêtai par mon sérieux, sa gaieté qui me parut
trop légère pour un début ; il se rabattit sur la délicate
amitié ; et ce fut sous ce drapeau banal, que nous com-
mençâmes notre attaque réciproque.

Au moment du souper, l'évêque ne descendait pas ;
Prévan me donna donc la main, et se trouva naturellement placé à table à côté de moi. Il faut être juste ;
il soutint avec beaucoup d'adresse notre conversation
particulière, en ne paraissant s'occuper que de la conversation générale, dont il eut l'air de faire tous les frais.
Au dessert, on parla d'une pièce nouvelle qu'on devait
donner le lundi suivant aux Français. Je témoignai quelques regrets de n'avoir pas ma loge ; il m'offrit la sienne
que je refusai d'abord, comme cela se pratique : à quoi
il répondit assez plaisamment que je ne l'entendais pas,
qu'à coup sûr il ne ferait pas le sacrifice de sa loge à
quelqu'un qu'il ne connaissait pas, mais qu'il m'aver-
tissait seulement que madame la maréchale en dispo-
serait. Elle se prêta à cette plaisanterie, et j'acceptai.

Remonté au salon, il demanda, comme vous pouvez croire, une place dans cette loge ; et comme la maréchale, qui le traite avec beaucoup de bonté, la lui promit *s'il était sage*, il en prit l'occasion d'une de ces
conversations à double entente, pour lesquelles vous
m'avez vanté son talent. En effet, s'étant mis à ses
genoux, comme un enfant soumis, disait-il, sous prétexte de lui demander ses avis et d'implorer sa raison,
il dit beaucoup de choses flatteuses et assez tendres,
dont il m'était facile de me faire l'application. Plusieurs

personnes ne s'étant pas remises au jeu l'après-souper,
la conversation fut plus générale et moins intéressante :
mais nos yeux parlèrent beaucoup. Je dis nos yeux :
je devrais dire les siens ; car les miens n'eurent qu'un
langage, celui de la surprise. Il dut penser que je
m'étonnais et m'occupais excessivement de l'effet pro-
digieux qu'il faisait sur moi. Je crois que je le laissai
fort satisfait ; je n'étais pas moins contente.

Le lundi suivant, je fus aux Français, comme nous
en étions convenus. Malgré votre curiosité littéraire, je
ne puis vous rien dire du spectacle, sinon que Prévan
a un talent merveilleux pour la cajolerie, et que la pièce
est tombée : voilà tout ce que j'y ai appris. Je voyais
avec peine finir cette soirée, qui réellement me plaisait
beaucoup ; et pour la prolonger, j'offris à la maréchale
de venir souper chez moi : ce qui me fournit le prétexte
de le proposer à l'aimable cajoleur, qui ne demanda
que le temps de courir, pour se dégager, jusque chez
les comtesses de B***. * Ce nom me rendit toute ma
colère ; je vis clairement qu'il allait commencer les
confidences : je me rappelai vos sages conseils et me
promis bien... de poursuivre l'aventure ; sûre que je
le guérirais de cette dangereuse indiscrétion.

Étranger dans ma société, qui ce soir-là était peu
nombreuse, il me devait les soins d'usage ; aussi, quand
on alla souper, m'offrit-il la main. J'eus la malice, en
l'acceptant, de mettre dans la mienne un léger frémis-
sement, et d'avoir, pendant ma marche, les yeux baissés et la respiration haute. J'avais l'air de pressentir ma
défaite, et de redouter mon vainqueur. Il le remarqua
à merveille ; aussi le traître changea-t-il sur-le-champ
de ton et de maintien. Il était galant, il devint tendre.
Ce n'est pas que les propos ne fussent à peu près les
mêmes ; la circonstance y forçait : mais son regard,
devenu moins vif, était plus caressant ; l'inflexion de
sa voix plus douce ; son sourire n'était plus celui de
la finesse, mais du contentement. Enfin dans ses dis-

* Voyez la lettre LXX.

cours, éteignant peu à peu le feu de la saillie, l'esprit fit place à la délicatesse. Je vous le demande, qu'eussiez-vous fait de mieux ?

De mon côté, je devins rêveuse, à tel point qu'on fut forcé de s'en apercevoir, et quand on m'en fit le reproche, j'eus l'adresse de m'en défendre maladroitement et de jeter sur Prévan un coup d'œil prompt, mais timide et déconcerté, et propre à lui faire croire que toute ma crainte était qu'il ne devinât la cause de mon trouble.

Après souper, je profitai du temps où la bonne maréchale contait une de ces histoires qu'elle conte toujours, pour me placer sur mon ottomane, dans cet abandon que donne une tendre rêverie. Je n'étais pas fâchée que Prévan me vît ainsi ; il m'honora, en effet, d'une attention toute particulière. Vous jugez bien que mes timides regards n'osaient chercher les yeux de mon vainqueur : mais dirigés vers lui d'une manière plus humble, ils m'apprirent bientôt que j'obtenais l'effet que je voulais produire. Il fallait encore lui persuader que je le partageais : aussi, quand la maréchale annonça qu'elle allait se retirer, je m'écriai d'une voix molle et tendre : « Ah Dieu ! j'étais si bien là ! » Je me levai pourtant : mais avant de me séparer d'elle, je lui demandai ses projets, pour avoir un prétexte de dire les miens et de faire savoir que je resterais chez moi le surlendemain. Là-dessus tout le monde se sépara.

Alors je me mis à réfléchir. Je ne doutais pas que Prévan ne profitât de l'espèce de rendez-vous que je venais de lui donner : qu'il n'y vînt d'assez bonne heure pour me trouver seule, et que l'attaque ne fût vive : mais j'étais bien sûre aussi, d'après ma réputation, qu'il ne me traiterait pas avec cette légèreté que, pour peu qu'on ait d'usage, on n'emploie qu'avec les femmes à aventures, ou celles qui n'ont aucune expérience ; et je voyais mon succès certain s'il prononçait le mot d'amour, s'il avait la prétention, surtout, de l'obtenir de moi.

Qu'il est commode d'avoir affaire à vous autres *gens*

à principes ! Quelquefois un brouillon d'amoureux vous déconcerte par sa timidité, ou vous embarrasse par ses fougueux transports ; c'est une fièvre qui, comme l'autre, a ses frissons et son ardeur, et quelquefois varie dans ses symptômes. Mais votre marche réglée se devine si facilement ! L'arrivée, le maintien, le ton, les discours, je savais tout dès la veille. Je ne vous rendrai donc pas notre conversation que vous suppléerez aisément. Observez seulement que, dans ma feinte défense, je l'aidais de tout mon pouvoir : embarras, pour lui donner le temps de parler ; mauvaises raisons, pour être combattues ; crainte et méfiance, pour ramener les protestations ; et ce refrain perpétuel de sa part, *je ne vous demande qu'un mot* ; et ce silence de la mienne, qui semble ne le laisser attendre que pour le faire désirer davantage ; au travers de tout cela une main cent fois prise, qui se retire toujours et ne se refuse jamais. On passerait ainsi tout un jour ; nous y passâmes une mortelle heure : nous y serions peut-être encore si nous n'avions entendu entrer un carrosse dans ma cour. Cet heureux contretemps rendit, comme de raison, ses instances plus vives ; et moi, voyant le moment arrivé, où j'étais à l'abri de toute surprise, après m'être préparée par un long soupir, j'accordai le mot précieux. On annonça, et peu de temps après, j'eus un cercle assez nombreux.

Prévan me demanda de venir le lendemain matin, et j'y consentis : mais, soigneuse de me défendre, j'ordonnai à ma femme de chambre de rester tout le temps de cette visite dans ma chambre à coucher, d'où vous savez qu'on voit tout ce qui se passe dans mon cabinet de toilette, et ce fut là que je le reçus. Libres dans notre conversation, et ayant tous deux le même désir, nous fûmes bientôt d'accord : mais il fallait se défaire de ce spectateur importun ; c'était où je l'attendais.

Alors, lui faisant à mon gré le tableau de ma vie intérieure, je lui persuadai aisément que nous ne trouverions jamais un moment de liberté ; et qu'il fallait regarder comme une espèce de miracle, celle dont nous avions joui hier, qui même laisserait encore des dangers trop grands pour m'y exposer, puisque à tout moment on pouvait entrer dans mon salon. Je ne manquai pas d'ajouter que tous ces usages s'étaient établis, parce que, jusqu'à ce jour, ils ne m'avaient jamais contrariée ; et j'insistai en même temps sur l'impossibilité de les changer, sans me compromettre aux yeux de mes gens. Il essaya de s'attrister, de prendre de l'humeur, de me dire que j'avais peu d'amour ; et vous devinez combien tout cela me touchait ! Mais voulant frapper le coup décisif, j'appelai les larmes à mon secours. Ce fut exactement le *Zaïre, vous pleurez*[1]. Cet empire qu'il se crut sur moi, et l'espoir qu'il en conçut de me perdre à son gré, lui tinrent lieu de tout l'amour d'Orosmane.

Ce coup de théâtre passé, nous revînmes aux arrangements. Au défaut du jour, nous nous occupâmes de la nuit : mais mon Suisse devenait un obstacle insurmontable, et je ne permettais pas qu'on essayât de le gagner. Il me proposa la petite porte de mon jardin : mais je l'avais prévu, et j'y créai un chien qui, tranquille et silencieux le jour, était un vrai démon la nuit. La facilité avec laquelle j'entrai dans tous ces détails était bien propre à l'enhardir ; aussi vint-il à me proposer l'expédient le plus ridicule, et ce fut celui que j'acceptai.

D'abord, son domestique était sûr comme lui-même : en cela il ne trompait guère, l'un l'était bien autant que l'autre. J'aurais un grand souper chez moi ; il y serait, il prendrait son temps pour sortir seul. L'adroit confident appellerait la voiture, ouvrirait la portière ; et lui Prévan, au lieu de monter, s'esquiverait adroitement. Son cocher ne pouvait s'en apercevoir en aucune façon : ainsi sorti pour tout le monde, et cependant resté chez moi, il s'agissait de savoir s'il pourrait parvenir à mon appartement. J'avoue que d'abord mon embarras fut de trouver, contre ce projet, d'assez mauvaises

1. Apostrophe célèbre d'Orosmane à Zaïre (*Zaïre*, IV, 2).

raisons pour qu'il pût avoir l'air de les détruire ; il y répondit par des exemples. A l'entendre, rien n'était plus ordinaire que ce moyen ; lui-même s'en était beaucoup servi ; c'est même celui dont il faisait le plus d'usage, comme le moins dangereux.

Subjuguée par ces autorités irrécusables, je convins avec candeur, que j'avais bien un escalier dérobé qui conduisait très près de mon boudoir ; que je pouvais y laisser la clef, et qu'il lui serait possible de s'y enfermer, et d'attendre, sans beaucoup de risques, que mes femmes fussent retirées ; et puis, pour donner plus de vraisemblance à mon consentement, le moment d'après je ne voulais plus, je ne revenais à consentir qu'à condition d'une soumission parfaite, d'une sagesse... Ah ! quelle sagesse ! Enfin je voulais bien lui prouver mon amour, mais non pas satisfaire le sien.

La sortie, dont j'oubliais de vous parler, devait se faire par la petite porte du jardin : il ne s'agissait que d'attendre le point du jour, le cerbère ne dirait plus mot. Pas une âme ne passe à cette heure-là, et les gens sont dans le plus fort du sommeil. Si vous vous étonnez de ce tas de mauvais raisonnements, c'est que vous oubliez notre situation réciproque. Qu'avions-nous besoin d'en faire de meilleurs ? Il ne demandait pas mieux que tout cela se sût, et moi, j'étais bien sûre qu'on ne le saurait pas. Le jour fixé fut au surlendemain.

Remarquez que voilà une affaire arrangée, et que personne n'a encore vu Prévan dans ma société. Je le rencontre à souper chez une de mes amies, il lui offre sa loge pour une pièce nouvelle, et j'y accepte une place. J'invite cette femme à souper, pendant le spectacle et devant Prévan ; je ne puis presque pas me dispenser de lui proposer d'en être. Il accepte et me fait, deux jours après, une visite que l'usage exige. Il vient, à la vérité, me voir le lendemain matin : mais, outre que les visites du matin ne marquent plus, il ne tient qu'à moi de trouver celle-ci trop leste ; et je le remets en effet dans la classe des gens moins liés avec moi, par une invitation écrite, pour un souper de cérémonie. Je puis bien dire comme Annette : *Mais voilà tout, pourtant !* [1]

Le jour fatal arrivé, ce jour où je devais perdre ma vertu et ma réputation, je donnai mes instructions à ma fidèle Victoire, et elle les exécuta comme vous le verrez bientôt.

Cependant le soir vint. J'avais déjà beaucoup de monde chez moi, quand on y annonça Prévan. Je le reçus avec une politesse marquée, qui constatait mon peu de liaison avec lui ; et je le mis à la partie de la maréchale, comme étant celle par qui j'avais fait cette connaissance. La soirée ne produisit rien qu'un très petit billet, que le discret amoureux trouva moyen de me remettre, et que j'ai brûlé suivant ma coutume. Il m'y annonçait que je pouvais compter sur lui ; et ce mot essentiel était entouré de tous les mots parasites, d'amour, de bonheur, etc., qui ne manquent jamais de se trouver à pareille fête.

A minuit, les parties étant finies, je proposai une courte macédoine*. J'avais le double projet de favoriser l'évasion de Prévan, et en même temps de la faire remarquer ; ce qui ne pouvait pas manquer d'arriver, vu sa réputation de joueur. J'étais bien aise aussi qu'on pût se rappeler au besoin, que je n'avais pas été pressée de rester seule.

Le jeu dura plus que je n'avais pensé. Le Diable me tentait, et je succombai au désir d'aller consoler l'impatient prisonnier. Je m'acheminais ainsi à ma perte, quand je réfléchis qu'une fois rendue tout à fait, je n'aurais plus sur lui, l'empire de le tenir dans le costume de décence nécessaire à mes projets. J'eus la force de résister. Je rebroussai chemin, et revins, non sans

---

1. Comédie de Favart (1762) : Annette et Lubin s'étonnent innocemment que leurs jeux fâchent le vieux Bailli qui est amoureux d'Annette.

* Quelques personnes ignorent peut-être qu'une macédoine est un assemblage de plusieurs jeux de hasard, parmi lesquels chaque coupeur a droit de choisir lorsque c'est à lui à tenir la main. C'est une des inventions du siècle.

humeur, reprendre place à ce jeu éternel. Il finit pourtant, et chacun s'en alla. Pour moi, je sonnai mes femmes, je me déshabillai fort vite, et les renvoyai de même.

Me voyez-vous, Vicomte, dans ma toilette légère, marchant d'un pas timide et circonspect, et d'une main mal assurée ouvrir la porte à mon vainqueur ? Il m'aperçut, l'éclair n'est pas plus prompt. Que vous dirais-je ? je fus vaincue, tout à fait vaincue, avant d'avoir pu dire un mot pour l'arrêter ou me défendre. Il voulut ensuite prendre une situation plus commode et plus convenable aux circonstances. Il maudissait sa parure, qui, disait-il, l'éloignait de moi, il voulait me combattre à armes égales : mais mon extrême timidité s'opposa à ce projet, et mes tendres caresses ne lui en laissèrent pas le temps. Il s'occupa d'autre chose.

Ses droits étaient doublés, et ses prétentions revinrent : mais alors : « Écoutez-moi, lui dis-je ; vous aurez jusqu'ici un assez agréable récit à faire aux deux comtesses de B***, et à mille autres : mais je suis curieuse de savoir comment vous raconterez la fin de l'aventure. » En parlant ainsi, je sonnais de toutes mes forces. Pour le coup j'eus mon tour, et mon action fut plus vive que sa parole. Il n'avait encore que balbutié, quand j'entendis Victoire accourir, et appeler *les gens* qu'elle avait gardés chez elle, comme je le lui avais ordonné. Là, prenant mon ton de reine, et élevant la voix : « Sortez, Monsieur, continuai-je, et ne reparaissez jamais devant moi. » Là-dessus, la foule de mes gens entra.

Le pauvre Prévan perdit la tête, et croyant voir un guet-apens dans ce qui n'était au fond qu'une plaisanterie, il se jeta sur son épée. Mal lui en prit : car mon valet de chambre, brave et vigoureux, le saisit au corps et le terrassa. J'eus, je l'avoue, une frayeur mortelle. Je criai qu'on arrêtât, et ordonnai qu'on laissât sa retraite libre, en s'assurant seulement qu'il sortît de chez moi. Mes gens m'obéirent : mais la rumeur était grande parmi eux ; ils s'indignaient qu'on eût osé manquer *à leur vertueuse maîtresse.* Tous accompagnèrent le malheureux chevalier, avec bruit et scandale, comme je le souhaitais. La seule Victoire resta, et nous nous occupâmes pendant ce temps à réparer le désordre de mon lit.

Mes gens remontèrent toujours en tumulte ; et moi, *encore tout émue*, je leur demandai par quel bonheur ils s'étaient encore trouvés levés ; et Victoire me raconta qu'elle avait donné à souper à deux de ses amies, qu'on avait veillé chez elle, et enfin tout ce dont nous étions convenues ensemble. Je les remerciai tous, et les fis retirer, en ordonnant pourtant à l'un d'eux d'aller sur-le-champ chercher mon médecin. Il me parut que j'étais autorisée à craindre l'effet de *mon saisissement mortel* ; et c'était un moyen sûr de donner du cours et de la célébrité à cette nouvelle.

Il vint en effet, me plaignit beaucoup, et ne m'ordonna que du repos. Moi, j'ordonnai de plus à Victoire, d'aller le matin de bonne heure bavarder dans le voisinage.

Tout a si bien réussi, qu'avant midi, et aussitôt qu'il a été jour chez moi, ma dévote voisine était déjà au chevet de mon lit, pour savoir la vérité et les détails de cette horrible aventure. J'ai été obligée de me désoler avec elle, pendant une heure, sur la corruption du siècle. Un moment après, j'ai reçu de la maréchale le billet que je joins ici. Enfin, avant cinq heures, j'ai vu arriver, à mon grand étonnement, M...*. Il venait, m'a-t-il dit, me faire ses excuses, de ce qu'un officier de son corps avait pu me manquer à ce point. Il ne l'avait appris qu'à dîner chez la maréchale, et avait sur-le-champ envoyé ordre à Prévan de se rendre en prison. J'ai demandé grâce, et il me l'a refusée. Alors j'ai pensé que, comme complice, il fallait m'exécuter de mon côté, et garder au moins de rigides arrêts. J'ai fait fermer ma porte, et dire que j'étais incommodée.

C'est à ma solitude que vous devez cette longue lettre.

---

* Le commandant du Corps dans lequel M. de Prévan servait.

J'en écrirai une à madame de Volanges, dont sûrement elle fera lecture publique et où vous verrez cette histoire telle qu'il faut la raconter.

J'oubliais de vous dire que Belleroche est outré, et veut absolument se battre avec Prévan. Le pauvre garçon ! heureusement j'aurai le temps de calmer sa tête. En attendant, je vais reposer la mienne, qui est fatiguée d'écrire. Adieu, Vicomte.

Paris, ce 25 septembre 17**, 7 heures du soir.

LETTRE LXXXVI

LA MARÉCHALE DE *** À LA MARQUISE DE MERTEUIL
(Billet inclus dans la précédente.)

Mon Dieu ! qu'est-ce donc que j'apprends, ma chère Madame ? est-il possible que ce petit Prévan fasse de pareilles abominations ? et encore vis-à-vis de vous ! A quoi on est exposé ! on ne sera donc plus en sûreté chez soi ! En vérité, ces événements-là consolent d'être vieille. Mais de quoi je ne me consolerai jamais, c'est d'avoir été en partie cause de ce que vous avez reçu un pareil monstre chez vous. Je vous promets bien que si ce qu'on m'en a dit est vrai, il ne remettra plus les pieds chez moi ; c'est le parti que tous les honnêtes gens prendront avec lui, s'ils font ce qu'ils doivent.

On m'a dit que vous vous étiez trouvée bien mal, et je suis inquiète de votre santé. Donnez-moi, je vous prie, de vos chères nouvelles ; ou faites-m'en donner par une de vos femmes, si vous ne le pouvez pas vous-même. Je ne vous demande qu'un mot pour me tranquilliser. Je serais accourue chez vous ce matin, sans mes bains que mon docteur ne me permet pas d'interrompre ; et il faut que j'aille cet après-midi à Versailles, toujours pour l'affaire de mon neveu.

Adieu, ma chère Madame ; comptez pour la vie sur ma sincère amitié.

Paris, ce 25 septembre 17**.

LETTRE LXXXVII

LA MARQUISE DE MERTEUIL À MADAME DE VOLANGES

Je vous écris de mon lit, ma chère bonne amie. L'événement le plus désagréable, et le plus impossible à prévoir, m'a rendue malade de saisissement et de chagrin. Ce n'est pas qu'assurément j'ai rien à me reprocher : mais il est toujours si pénible pour une femme honnête et qui conserve la modestie convenable à son sexe, de fixer sur elle l'attention publique, que je donnerais tout au monde pour avoir pu éviter cette malheureuse aventure, et que je ne sais encore, si je ne prendrai pas le parti d'aller à la campagne, attendre qu'elle soit oubliée. Voici ce dont il s'agit.

J'ai rencontré chez la maréchale de*** un M. de Prévan que vous connaissez sûrement de nom, et que je ne connaissais pas autrement. Mais en le trouvant dans cette maison, j'étais bien autorisée, ce me semble, à le croire bonne compagnie. Il est assez bien fait de sa personne, et m'a paru ne pas manquer d'esprit. Le hasard et l'ennui du jeu me laissèrent seule de femme entre lui et l'évêque de***, tandis que tout le monde était occupé au lansquenet. Nous causâmes tous trois jusqu'au moment du souper. A table, une nouveauté dont on parla, lui donna l'occasion d'offrir sa loge à la maréchale, qui l'accepta ; et il fut convenu que j'y aurais une place. C'était pour lundi dernier, aux Français. Comme la maréchale venait souper chez moi au sortir du spectacle, je proposai à ce monsieur de l'y accompagner, et il y vint. Le surlendemain il me fit une visite qui se passa en propos d'usage, et sans qu'il y eût du tout rien de marqué. Le lendemain il vint me voir le matin, ce qui me parut bien un peu leste : mais je crus qu'au lieu de le lui faire sentir par ma façon de le recevoir, il valait mieux l'avertir par une politesse, que nous n'étions pas encore aussi intimement liés qu'il paraissait le croire. Pour cela je lui envoyai, le jour même, une invitation bien sèche et bien cérémonieuse, pour un souper que je donnais avant-hier. Je ne lui adressai pas la parole quatre fois dans toute la soirée ; et lui de son côté, se retira aussitôt sa partie finie. Vous conviendrez que jusque-là rien n'a moins l'air de conduire à une aventure : on fit, après les parties, une macédoine qui nous mena jusqu'à près de deux heures : et enfin je me mis au lit.

Il y avait au moins une mortelle demi-heure que mes femmes étaient retirées, quand j'entendis du bruit dans mon appartement. J'ouvris mon rideau avec beaucoup de frayeur, et vis un homme entrer par la porte qui conduit à mon boudoir. Je jetai un cri perçant ; et je reconnus, à la clarté de ma veilleuse, ce M. de Prévan, qui, avec une effronterie inconcevable, me dit de ne pas m'alarmer ; qu'il allait m'éclaircir le mystère de sa conduite, et qu'il me suppliait de ne faire aucun bruit. En parlant ainsi, il allumait une bougie ; j'étais saisie au point que je ne pouvais parler. Son air aisé et tranquille me pétrifiait, je crois, encore davantage. Mais il n'eut pas dit deux mots, que je vis quel était ce prétendu mystère ; et ma seule réponse fut, comme vous pouvez croire, de me pendre à ma sonnette.

Par un bonheur incroyable, tous les gens de l'office avaient veillé chez une de mes femmes, et n'étaient pas encore couchés. Ma femme de chambre, qui, en venant chez moi, m'entendit parler avec beaucoup de chaleur, fut effrayée, et appela tout ce monde-là. Vous jugez quel scandale ! Mes gens étaient furieux ; je vis le moment où mon valet de chambre tuait Prévan. J'avoue que, pour l'instant, je fus fort aise de me voir en force : en y réfléchissant aujourd'hui, j'aimerais mieux qu'il ne fût venu que ma femme de chambre ; elle aurait suffi, et j'aurais peut-être évité cet éclat qui m'afflige.

Au lieu de cela, le tumulte a réveillé les voisins, les gens ont parlé, et c'est depuis hier la nouvelle de tout Paris. M. de Prévan est en prison par ordre du commandant de son corps, qui a eu l'honnêteté de passer chez moi, pour me faire des excuses, m'a-t-il dit. Cette prison va encore augmenter le bruit : mais je n'ai jamais pu obtenir que cela fût autrement. La ville et la cour se sont fait écrire à ma porte, que j'ai fermée à tout le monde. Le peu de personnes que j'ai vues m'a dit qu'on me rendait justice, et que l'indignation publique était au comble contre M. de Prévan : assurément, il le mérite bien, mais cela n'ôte pas le désagrément de cette aventure.

De plus, cet homme a sûrement quelques amis, et ses amis doivent être méchants : qui sait, qui peut savoir ce qu'ils inventeront pour me nuire ? Mon Dieu, qu'une jeune femme est malheureuse ! elle n'a rien fait encore, quand elle s'est mise à l'abri de la médisance ; il faut qu'elle en impose même à la calomnie.

Mandez-moi, je vous prie, ce que vous auriez fait, ce que vous feriez à ma place ; enfin, tout ce que vous pensez. C'est toujours de vous que j'ai reçu les consolations les plus douces et les avis les plus sages ; c'est de vous aussi que j'aime le mieux à en recevoir.

Adieu, ma chère et bonne amie ; vous connaissez les sentiments qui m'attachent à vous pour jamais. J'embrasse votre aimable fille.

Paris, ce 26 septembre 17**.

TROISIÈME PARTIE

LETTRE LXXXVIII

CÉCILE VOLANGES AU VICOMTE DE VALMONT

Malgré tout le plaisir que j'ai, Monsieur, à recevoir les lettres de M. le chevalier Danceny, et quoique je ne désire pas moins que lui, que nous puissions nous voir encore, sans qu'on puisse nous en empêcher, je n'ai pas osé cependant faire ce que vous me proposez. Premièrement, c'est trop dangereux ; cette clef que vous voulez que je mette à la place de l'autre lui ressemble bien assez à la vérité : mais pourtant, il ne laisse pas d'y avoir encore de la différence, et maman regarde à tout, et s'aperçoit de tout. De plus, quoiqu'on ne s'en soit pas encore servi depuis que nous sommes ici, il ne faut qu'un malheur ; et si on s'en apercevait, je serais perdue pour toujours. Et puis, il me semble aussi que ce serait mal ; faire comme cela une double clef : c'est bien fort ! Il est vrai que c'est vous qui auriez la bonté de vous en charger ; mais malgré cela, si on le savait, je n'en porterais pas moins le blâme et la faute, puisque ce serait pour moi que vous l'auriez faite. Enfin, j'ai voulu essayer deux fois de la prendre, et certainement cela serait bien facile, si c'était toute autre chose : mais je ne sais pas pourquoi je me suis toujours mise à trembler, et n'en ai jamais eu le courage. Je crois donc qu'il vaut mieux rester comme nous sommes.

Si vous avez toujours la bonté d'être aussi complaisant que jusqu'ici, vous trouverez toujours bien le moyen de me remettre une lettre. Même pour la dernière, sans le malheur qui a voulu que vous vous retourniez tout de suite dans un certain moment, nous aurions eu bien aisé [1]. Je sens bien que vous ne pouvez pas, comme moi, ne songer qu'à ça ; mais j'aime mieux avoir plus de patience et ne pas tant risquer. Je suis sûre que M. Danceny dirait comme moi : car toutes les fois qu'il voulait quelque chose qui me faisait trop de peine, il consentait toujours que cela ne fût pas.

Je vous remettrai, Monsieur, en même temps que cette lettre, la vôtre, celle de M. Danceny, et votre clef. Je n'en suis pas moins reconnaissante de toutes vos bontés. Je vous prie bien de me les continuer. Il est bien vrai que je suis bien malheureuse, et que sans vous je le serais encore bien davantage ; mais, après tout, c'est ma mère ; il faut bien prendre patience. Et pourvu que M. Danceny m'aime toujours, et que vous ne m'abandonniez pas, il viendra peut-être un temps plus heureux.

J'ai l'honneur d'être, Monsieur, avec bien de la reconnaissance, votre très humble et très obéissante servante.

De..., ce 26 septembre 17**.

LETTRE LXXXIX

LE VICOMTE DE VALMONT AU CHEVALIER DANCENY

Si vos affaires ne vont pas toujours aussi vite que vous le voudriez, mon ami, ce n'est pas tout à fait à moi qu'il faut vous en prendre. J'ai ici plus d'un obstacle à vaincre. La vigilance et la sévérité de madame de Volanges ne sont pas les seuls ; votre jeune amie m'en oppose aussi quelques-uns. Soit froideur, ou timidité, elle ne fait pas toujours ce que je lui conseille ;

---

1. Expression populaire dans une lettre qui multiplie les tournures familières.

et je crois cependant savoir mieux qu'elle ce qu'il faut faire.

J'avais trouvé un moyen simple, commode et sûr de lui remettre vos lettres, et même de faciliter, par la suite, les entrevues que vous désirez : mais je n'ai pu la décider à s'en servir. J'en suis d'autant plus affligé, que je n'en vois pas d'autre pour vous rapprocher d'elle ; et que même pour votre correspondance, je crains sans cesse de nous compromettre tous trois. Or, vous jugez que je ne veux ni courir ce risque-là, ni vous y exposer l'un et l'autre.

Je serais pourtant vraiment peiné que le peu de confiance de votre petite amie m'empêchât de vous être utile ; peut-être feriez-vous bien de lui en écrire. Voyez ce que vous voulez faire, c'est à vous seul à décider ; car ce n'est pas assez de servir ses amis, il faut encore les servir à leur manière. Ce pourrait être aussi une façon de plus de vous assurer de ses sentiments pour vous ; car la femme qui garde une volonté à elle n'aime pas autant qu'elle le dit.

Ce n'est pas que je soupçonne votre maîtresse d'inconstance : mais elle est bien jeune : elle a grand'peur de sa maman, qui, comme vous le savez, ne cherche qu'à vous nuire ; et peut-être serait-il dangereux de rester trop longtemps sans l'occuper de vous. N'allez pas cependant vous inquiéter à un certain point, de ce que je vous dis là. Je n'ai dans le fond nulle raison de méfiance ; c'est uniquement la sollicitude de l'amitié.

Je ne vous écris pas plus longuement, parce que j'ai bien aussi quelques affaires pour mon compte. Je ne suis pas aussi avancé que vous : mais j'aime autant, et cela console ; et quand je ne réussirais pas pour moi, si je parviens à vous être utile, je trouverai que j'ai bien employé mon temps. Adieu, mon ami.

*Du château de... ce 26 septembre 17**.*

LETTRE XC

LA PRÉSIDENTE DE TOURVEL AU VICOMTE DE VALMONT

Je désire beaucoup, Monsieur, que cette lettre ne vous fasse aucune peine ; ou, si elle doit vous en causer, qu'au moins elle puisse être adoucie par celle que j'éprouve en vous l'écrivant. Vous devez me connaître assez à présent pour être bien sûr que ma volonté n'est pas de vous affliger : mais vous, sans doute, vous ne voudriez pas non plus me plonger dans un désespoir éternel. Je vous conjure donc, au nom de l'amitié tendre que je vous ai promise, au nom même des sentiments peut-être plus vifs, mais à coup sûr pas plus sincères, que vous avez pour moi, ne nous voyons plus ; partez ; et, jusque-là, fuyons surtout ces entretiens particuliers et trop dangereux, où, par une inconcevable puissance, sans jamais parvenir à vous dire ce que je veux, je passe mon temps à écouter ce que je ne devrais pas entendre.

Hier encore, quand vous vîntes me joindre dans le parc, j'avais bien pour unique objet de vous dire ce que je vous écris aujourd'hui ; et cependant qu'ai-je fait ? que m'occuper de votre amour... de votre amour, auquel jamais je ne dois répondre ! Ah ! de grâce, éloignez-vous de moi.

Ne craignez pas que votre absence altère jamais mes sentiments pour vous : comment parviendrais-je à les vaincre, quand je n'ai plus le courage de les combattre ? Vous le voyez, je vous dis tout, je crains moins d'avouer ma faiblesse, que d'y succomber : mais cet empire que j'ai perdu sur mes sentiments, je le conserverai sur mes actions ; oui, je le conserverai, j'y suis résolue ; fût-ce aux dépens de ma vie.

Hélas ! le temps n'est pas loin, où je me croyais bien sûre de n'avoir jamais de pareils combats à soutenir. Je m'en félicitais ; je m'en glorifiais peut-être trop. Le Ciel a puni, cruellement puni cet orgueil : mais plein de miséricorde au moment même qu'il nous frappe, il

m'avertit encore avant la chute ; et je serais double-
ment coupable si je continuais à manquer de prudence,
déjà prévenue que je n'ai plus de force.

Vous m'avez dit cent fois que vous ne voudriez pas
d'un bonheur acheté par mes larmes. Ah ! ne parlons
plus de bonheur, mais laissez-moi reprendre quelque
tranquillité.

En accordant ma demande, quels nouveaux droits
n'acquerrez-vous pas sur mon cœur ? Et ceux-là, fondés sur la vertu, je n'aurai point à m'en défendre. Combien je me plairai dans ma reconnaissance ! Je vous
devrai la douceur de goûter sans remords un sentiment
délicieux. A présent, au contraire, effrayée de mes sentiments, de mes pensées, je crains également de m'occuper de vous et de moi ; votre idée même m'épouvante :
quand je ne peux la fuir, je la combats ; je ne l'éloigne
pas, mais je la repousse.

Ne vaut-il pas mieux pour tous deux faire cesser cet
état de trouble et d'anxiété ? O vous, dont l'âme toujours sensible, même au milieu de ses erreurs, est restée amie de la vertu, vous aurez égard à ma situation
douloureuse, vous ne rejetterez pas ma prière ! Un intérêt plus doux, mais non moins tendre, succédera à ces
agitations violentes : alors, respirant par vos bienfaits,
je chérirai mon existence, et je dirai dans la joie de mon
cœur : « Ce calme que je ressens, je le dois à mon
ami. »

En vous soumettant à quelques privations légères,
que je ne vous impose point, mais que je vous demande,
croirez-vous donc acheter trop cher la fin de mes tourments ! Ah ! si, pour vous rendre heureux, il ne fallait
que consentir à être malheureuse, vous pouvez m'en
croire, je n'hésiterais pas un moment... Mais devenir
coupable !... non, mon ami, non, plutôt mourir mille
fois.

Déjà assaillie par la honte, à la veille des remords,
je redoute et les autres et moi-même ; je rougis dans
le cercle, et frémis dans la solitude ; je n'ai plus qu'une
vie de douleur ; je n'aurai de tranquillité que par votre

consentement. Mes résolutions les plus louables ne suffisent pas pour me rassurer ; j'ai formé celle-ci dès hier,
et cependant j'ai passé cette nuit dans les larmes.

Voyez votre amie, celle que vous aimez, confuse et
suppliante, vous demander le repos et l'innocence. Ah
Dieu ! sans vous, eût-elle jamais été réduite à cette
humiliante demande ? Je ne vous reproche rien ; je sens
trop par moi-même, combien il est difficile de résister
à un sentiment impérieux. Une plainte n'est pas un murmure. Faites par générosité ce que je fais par devoir ;
et à tous les sentiments que vous m'avez inspirés, je
joindrai celui d'une éternelle reconnaissance. Adieu,
adieu, Monsieur.

De..., ce 27 septembre 17**.

LETTRE XCI

LE VICOMTE DE VALMONT À LA PRÉSIDENTE DE TOURVEL

Consterné par votre lettre, j'ignore encore, Madame,
comment je pourrai y répondre. Sans doute, s'il faut
choisir entre votre malheur et le mien, c'est à moi à
me sacrifier, et je ne balance pas : mais de si grands
intérêts méritent bien, ce me semble, d'être avant tout
discutés et éclaircis ; et comment y parvenir, si nous
ne devons plus nous parler ni nous voir ?

Quoi ! tandis que les sentiments les plus doux nous
unissent, une vaine terreur suffira pour nous séparer,
peut-être sans retour ! En vain l'amitié tendre, l'ardent
amour, réclameront leurs droits ; leurs voix ne seront
point entendues : et pourquoi ? quel est donc ce danger
pressant qui vous menace ? Ah ! croyez-moi, de pareilles craintes, et si légèrement conçues, sont déjà, ce me
semble, d'assez puissants motifs de sécurité.

Permettez-moi de vous le dire, je retrouve ici la trace
des impressions défavorables, qu'on vous a données sur
moi. On ne tremble point auprès de l'homme qu'on
estime ; on n'éloigne pas, surtout, celui qu'on a jugé

digne de quelque amitié : c'est l'homme dangereux qu'on redoute et qu'on fuit.

Cependant, qui fut jamais plus respectueux et plus soumis que moi ? Déjà, vous le voyez, je m'observe dans mon langage ; je ne me permets plus ces noms si doux, si chers à mon cœur, et qu'il ne cesse de vous donner en secret. Ce n'est plus l'amant fidèle et malheureux, recevant les conseils et les consolations d'une amie tendre et sensible ; c'est l'accusé devant son juge, l'esclave devant son maître. Ces nouveaux titres imposent sans doute de nouveaux devoirs ; je m'engage à les remplir tous. Écoutez-moi, et si vous me condamnez, j'y souscris, et je pars. Je promets davantage ; préférez-vous ce despotisme qui juge sans entendre ? vous sentez-vous le courage d'être injuste ? ordonnez et j'obéis encore.

Mais ce jugement, ou cet ordre, que je l'entende de votre bouche. Et pourquoi ? m'allez-vous dire à votre tour. Ah ! que si vous faites cette question, vous connaissez peu l'amour et mon cœur ! N'est-ce donc rien que de vous voir encore une fois ? Eh ! quand vous porterez le désespoir dans mon âme, peut-être un regard consolateur l'empêchera d'y succomber. Enfin s'il me faut renoncer à l'amour, à l'amitié, pour qui seuls j'existe, au moins vous verrez votre ouvrage, et votre pitié me restera : cette faveur légère, quand même je ne la mériterais pas, je me soumets, ce me semble, à la payer assez cher, pour espérer de l'obtenir.

Quoi ! vous allez m'éloigner de vous ! Vous consentez donc à ce que nous devenions étrangers l'un à l'autre ! que dis-je ? vous le désirez ; et tandis que vous m'assurez que mon absence n'altérera point vos sentiments, vous ne pressez mon départ que pour travailler plus facilement à les détruire.

Déjà, vous me parlez de les remplacer par de la reconnaissance. Ainsi le sentiment qu'obtiendrait de vous un inconnu pour le plus léger service, votre ennemi même en cessant de vous nuire, voilà ce que vous m'offrez ! et vous voulez que mon cœur s'en contente !

Interrogez le vôtre : si votre amant, si votre ami, venaient un jour vous parler de leur reconnaissance, ne leur diriez-vous pas avec indignation : « Retirez-vous, vous êtes des ingrats ? »

Je m'arrête et réclame votre indulgence. Pardonnez l'expression d'une douleur que vous faites naître : elle ne nuira point à ma soumission parfaite. Mais je vous en conjure à mon tour, au nom de ces sentiments si doux, que vous-même vous réclamez, ne refusez pas de m'entendre ; et par pitié du moins pour le trouble mortel où vous m'avez plongé, n'en éloignez pas le moment.

Adieu, Madame.

De..., ce 27 septembre 17**, au soir.

LETTRE XCII

LE CHEVALIER DANCENY AU VICOMTE DE VALMONT

O mon ami ! votre lettre m'a glacé d'effroi. Cécile... O Dieu ! est-il possible ? Cécile ne m'aime plus. Oui, je vois cette affreuse vérité à travers le voile dont votre amitié l'entoure. Vous avez voulu me préparer à recevoir un coup mortel ; je vous remercie de vos soins, mais peut-on en imposer à l'amour ? Il court au-devant de ce qui l'intéresse ; il n'apprend pas son sort, il le devine. Je ne doute plus du mien : parlez-moi sans détour, vous le pouvez, et je vous en prie. Mandez-moi tout ; ce qui a fait naître vos soupçons, ce qui les a confirmés. Les moindres détails sont précieux. Tâchez, surtout, de vous rappeler ses paroles. Un mot pour l'autre peut changer toute une phrase ; le même a quelquefois deux sens... Vous pouvez vous être trompé : hélas, je cherche à me flatter encore. Que vous a-t-elle dit ? me fait-elle quelque reproche ? au moins ne se défend-elle pas de ses torts ? J'aurais dû prévoir ce changement, par les difficultés que, depuis un temps, elle trouve à tout. L'amour ne connaît pas tant d'obstacles.

Quel parti dois-je prendre ? que me conseillez-vous ? Si je tentais de la voir ? cela est-il donc impossible ? L'absence est si cruelle, si funeste... et elle a refusé un moyen de me voir ! Vous ne me dites pas quel il était ; s'il y avait en effet trop de danger, elle sait bien que je ne veux pas qu'elle se risque trop. Mais aussi je connais votre prudence ; et pour mon malheur, je ne peux pas ne pas y croire.

Que vais-je faire à présent ? comment lui écrire ? Si je lui laisse voir mes soupçons, ils la chagrineront peut-être ; et s'ils sont injustes, me pardonnerais-je de l'avoir affligée ? Si je les lui cache, c'est la tromper, et je ne sais point dissimuler avec elle.

Oh ! si elle pouvait savoir ce que je souffre, ma peine la toucherait. Je la connais sensible ; elle a le cœur excellent et j'ai mille preuves de son amour. Trop de timidité, quelque embarras, elle est si jeune ! et sa mère la traite avec tant de sévérité ! Je vais lui écrire ; je me contiendrai ; je lui demanderai seulement de s'en remettre entièrement à vous. Quand même elle refuserait encore, elle ne pourra pas au moins se fâcher de ma prière ; et peut-être elle consentira.

Vous, mon ami, je vous fais mille excuses, et pour elle et pour moi. Je vous assure qu'elle sent le prix de vos soins, qu'elle en est reconnaissante. Ce n'est pas méfiance, c'est timidité. Ayez de l'indulgence ; c'est le plus beau caractère [1] de l'amitié. La vôtre m'est bien précieuse, et je ne sais comment reconnaître tout ce que vous faites pour moi. Adieu, je vais écrire tout de suite.

Je sens toutes mes craintes revenir ; qui m'eût dit que jamais il m'en coûterait de lui écrire ! Hélas ! hier encore, c'était mon plaisir le plus doux.

Adieu, mon ami ; continuez-moi vos soins, et plaignez-moi beaucoup.

Paris, ce 27 septembre 17**.

---

1. Preuve.

LETTRE XCIII

LE CHEVALIER DANCENY À CÉCILE VOLANGES
(Jointe à la précédente.)

Je ne puis vous dissimuler combien j'ai été affligé
en apprenant de Valmont le peu de confiance que vous
continuez à avoir en lui. Vous n'ignorez pas qu'il est
mon ami, qu'il est la seule personne qui puisse nous
rapprocher l'un de l'autre : j'avais cru que ces titres
seraient suffisants auprès de vous ; je vois avec peine
que je me suis trompé. Puis-je espérer qu'au moins vous
m'instruirez de vos raisons ? Ne trouverez-vous pas
encore quelques difficultés qui vous en empêcheront ?
Je ne puis cependant deviner, sans vous, le mystère de
cette conduite. Je n'ose soupçonner votre amour, sans
doute aussi vous n'oseriez trahir le mien. Ah !
Cécile !...

Il est donc vrai que vous avez refusé un moyen de
me voir ? un moyen *simple, commode et sûr** ? Et c'est
ainsi que vous m'aimez ! Une si courte absence a bien
changé vos sentiments. Mais pourquoi me tromper ?
pourquoi me dire que vous m'aimez toujours, que vous
m'aimez davantage ? Votre maman, en détruisant votre
amour, a-t-elle aussi détruit votre candeur ? Si au moins
elle vous a laissé quelque pitié, vous n'apprendrez pas
sans peine les tourments affreux que vous me causez.
Ah ! je souffrirais moins pour mourir.

Dites-moi donc, votre cœur m'est-il fermé sans
retour ? m'avez-vous entièrement oublié ! Grâce à vos
refus, je ne sais, ni quand vous entendrez mes plaintes, ni quand vous y répondrez. L'amitié de Valmont
avait assuré notre correspondance : mais vous, vous
n'avez pas voulu ; vous la trouviez pénible, vous avez
préféré qu'elle fût rare. Non, je ne croirai plus à
l'amour, à la bonne foi. Eh ! qui peut-on croire, si
Cécile m'a trompé ?

---

* Danceny ne sait pas quel était ce moyen ; il répète seulement
l'expression de Valmont.

Répondez-moi donc : est-il vrai que vous ne m'aimez plus ? Non, cela n'est pas possible ; vous vous faites illusion ; vous calomniez votre cœur. Une crainte passagère, un moment de découragement, mais que l'amour a bientôt fait disparaître ; n'est-il pas vrai, ma Cécile ? ah ! sans doute, et j'ai tort de vous accuser. Que je serais heureux d'avoir tort ! que j'aimerais à vous faire de tendres excuses, à réparer ce moment d'injustice par une éternité d'amour.

Cécile, Cécile, ayez pitié de moi ! Consentez à me voir, prenez-en tous les moyens ! Voyez ce que produit l'absence ! des craintes, des soupçons, peut-être de la froideur ! un seul regard, un seul mot et nous serons heureux. Mais quoi ! puis-je encore parler de bonheur ? peut-être est-il perdu pour moi, perdu pour jamais. Tourmenté par la crainte, cruellement pressé entre les soupçons injustes et la vérité plus cruelle, je ne puis m'arrêter à aucune pensée : je ne conserve d'existence que pour souffrir et vous aimer. Ah Cécile ! vous seule avez le droit de me la rendre chère ; et j'attends du premier mot que vous prononcerez, le retour du bonheur ou la certitude d'un désespoir éternel.

Paris, ce 27 septembre 17**.

LETTRE XCIV

CÉCILE VOLANGES AU CHEVALIER DANCENY

Je ne conçois rien à votre lettre, sinon la peine qu'elle me cause. Qu'est-ce que M. de Valmont vous a donc mandé, et qu'est-ce qui a pu vous faire croire que je ne vous aimais plus ? Cela serait peut-être bien heureux pour moi, car sûrement j'en serais moins tourmentés ; et il est bien dur, quand je vous aime comme je fais, de voir que vous croyez toujours que j'ai tort, et qu'au lieu de me consoler, ce soit de vous que me viennent toujours les peines qui me font le plus de chagrin. Vous croyez que je vous trompe, et que je vous dis ce

qui n'est pas ! vous avez là une jolie idée de moi ! Mais
quand je serais menteuse comme vous me le reprochez,
quel intérêt y aurais-je ? Assurément, si je ne vous
aimais plus je n'aurais qu'à le dire, et tout le monde
m'en louerait ; mais, par malheur, c'est plus fort que
moi ; et il faut que ce soit pour quelqu'un qui ne m'en
a pas d'obligation du tout !

Qu'est-ce que j'ai donc fait pour vous tant fâcher ?
Je n'ai pas osé prendre une clef, parce que je craignais
que maman ne s'en aperçût, et que cela ne me causât
encore du chagrin, et à vous aussi à cause de moi ; et
puis encore, parce qu'il me semble que c'est mal fait.
Mais ce n'était que M. de Valmont qui m'en avait
parlé ; je ne pouvais pas savoir si vous le vouliez ou
non, puisque vous n'en saviez rien. A présent que je
sais que vous le désirez, est-ce que je refuse de la prendre, cette clef ? je la prendrai dès demain ; et puis nous
verrons ce que vous aurez encore à dire.

M. de Valmont a beau être votre ami, je crois que
je vous aime bien autant qu'il peut vous aimer, pour
le moins ; et cependant c'est toujours lui qui a raison,
et moi j'ai toujours tort. Je vous assure que je suis bien
fâchée. Ça vous est bien égal, parce que vous savez que
je m'apaise tout de suite : mais à présent que j'aurai
la clef, je pourrai vous voir quand je voudrai ; et je
vous assure que je ne voudrai pas quand vous agirez
comme ça. J'aime mieux avoir du chagrin qui me
vienne de moi, que s'il me venait de vous : voyez ce
que vous voulez faire.

Si vous vouliez, nous nous aimerions tant ! et au
moins n'aurions-nous de peines que celles qu'on nous
fait ! Je vous assure bien que si j'étais maîtresse, vous
n'auriez jamais à vous plaindre de moi : mais si vous
ne me croyez pas, nous serons toujours bien malheureux, et ce ne sera pas ma faute. J'espère que bientôt
nous pourrons nous voir, et qu'alors nous n'aurons plus
d'occasions de nous chagriner comme à présent.

Si j'avais pu prévoir ça, j'aurais pris cette clef tout
de suite : mais, en vérité, je croyais bien faire. Ne m'en

voulez donc pas, je vous en prie. Ne soyez plus triste, et aimez-moi toujours autant que je vous aime ; alors je serai bien contente. Adieu, mon cher ami.

Du château de... ce 28 septembre 17**.

LETTRE XCV

CÉCILE VOLANGES AU VICOMTE DE VALMONT

Je vous prie, Monsieur, de vouloir bien avoir la bonté de me remettre cette clef que vous m'aviez donnée pour mettre à la place de l'autre : puisque tout le monde le veut, il faut bien que j'y consente aussi.

Je ne sais pas pourquoi vous avez mandé à M. Danceny que je ne l'aimais plus : je ne crois pas vous avoir jamais donné lieu de le penser ; et cela lui a fait bien de la peine, et à moi aussi. Je sais bien que vous êtes son ami ; mais ce n'est pas une raison pour le chagriner, ni moi non plus. Vous me feriez bien plaisir de lui mander le contraire, la première fois que vous lui écrirez, et que vous en êtes sûr : car c'est en vous qu'il a le plus confiance ; et moi, quand j'ai dit une chose, et qu'on ne la croit pas, je ne sais plus comment faire.

Pour ce qui est de la clef, vous pouvez être tranquille ; j'ai bien retenu tout ce que vous me recommandiez dans votre lettre. Cependant, si vous l'avez encore, et que vous vouliez me la donner en même temps, je vous promets que j'y ferai bien attention. Si ce pouvait être demain en allant dîner, je vous donnerais l'autre clef après-demain à déjeuner, et vous me la remettriez de la même façon que la première. Je voudrais bien que cela ne fût pas long, parce qu'il y aurait moins de temps à risquer que maman ne s'en aperçût.

Et puis, quand une fois vous aurez cette clef-là, vous aurez bien la bonté de vous en servir aussi pour prendre mes lettres ; et comme cela, M. Danceny aura plus souvent de mes nouvelles. Il est vrai que ce sera bien plus commode qu'à présent ; mais c'est que d'abord, cela m'a fait trop peur : je vous prie de m'excuser, et j'espère que vous n'en continuerez pas moins d'être aussi complaisant que par le passé. J'en serai aussi toujours bien reconnaissante.

J'ai l'honneur d'être, Monsieur, votre très humble et très obéissante servante.

De..., ce 28 septembre 17**.

LETTRE XCVI

LE VICOMTE DE VALMONT À LA MARQUISE DE MERTEUIL

Je parie bien que, depuis votre aventure, vous attendez chaque jour mes compliments et mes éloges ; je ne doute même pas que vous n'ayez pris un peu d'humeur de mon long silence : mais que voulez-vous ! j'ai toujours pensé que quand il n'y avait plus que des louanges à donner à une femme, on pouvait s'en reposer sur elle, et s'occuper d'autre chose. Cependant je vous remercie pour mon compte, et vous félicite pour le vôtre. Je veux bien même, pour vous rendre parfaitement heureuse, convenir que, pour cette fois, vous avez surpassé mon attente. Après cela, voyons si de mon côté j'aurai du moins rempli la vôtre en partie.

Ce n'est pas de madame de Tourvel dont je veux vous parler ; sa marche trop lente vous déplaît. Vous n'aimez que les affaires faites. Les scènes filées vous ennuient ; et moi, jamais je n'avais goûté le plaisir que j'éprouve dans ces lenteurs prétendues.

Oui, j'aime à voir, à considérer cette femme prudente, engagée, sans s'en être aperçue, dans un sentier qui ne permet plus de retour, et dont la pente rapide et dangereuse l'entraîne malgré elle, et la force à me suivre. Là, effrayée du péril qu'elle court, elle voudrait s'arrêter et ne peut se retenir. Ses soins et son adresse peuvent bien rendre ses pas moins grands ; mais il faut qu'ils se succèdent. Quelquefois, n'osant fixer le danger, elle ferme les yeux, et se laissant aller, s'abandonne à mes soins. Plus souvent, une nouvelle crainte ranime ses efforts : dans son effroi mortel, elle veut tenter encore de retourner en arrière ; elle épuise ses forces pour gravir péniblement un court espace ; et bientôt un magique pouvoir la replace plus près de ce danger, que vainement elle avait voulu fuir. Alors n'ayant plus que moi pour guide et pour appui, sans songer à me reprocher davantage une chute inévitable, elle m'implore pour la retarder. Les ferventes prières, les humbles supplications, tout ce que les mortels, dans leur crainte, offrent à la Divinité, c'est moi qui le reçois d'elle ; et vous voulez que, sourd à ses vœux, et détruisant moi-même le culte qu'elle me rend, j'emploie à la précipiter, la puissance qu'elle invoque pour la soutenir ! Ah ! laissez-moi du moins le temps d'observer ces touchants combats entre l'amour et la vertu.

Eh quoi ! ce même spectacle qui vous fait courir au théâtre avec empressement, que vous y applaudissez avec fureur, le croyez-vous moins attachant dans la réalité ? Ces sentiments d'une âme pure et tendre, qui redoute le bonheur qu'elle désire, et ne cesse pas de se défendre, même alors qu'elle cesse de résister, vous les écoutez avec enthousiasme : ne seraient-ils sans prix que pour celui qui les fait naître ? Voilà pourtant, voilà les délicieuses jouissances que cette femme céleste m'offre chaque jour : et vous me reprochez d'en savourer les douceurs ! Ah ! le temps ne viendra que trop tôt, où, dégradée par sa chute, elle ne sera plus pour moi qu'une femme ordinaire.

Mais j'oublie, en vous parlant d'elle, que je ne voulais pas vous en parler. Je ne sais quelle puissance m'y attache, m'y ramène sans cesse, même alors que je l'outrage. Écartons sa dangereuse idée ; que je redevienne moi-même pour traiter un sujet plus gai. Il s'agit de votre pupille, à présent devenue la mienne, et j'espère qu'ici vous allez me reconnaître.

Depuis quelques jours, mieux traité par ma tendre dévote, et par conséquent moins occupé d'elle, j'avais remarqué que la petite Volanges était en effet fort jolie ;

Laclos (1741-1803)
Portrait attribué
à La Tour.

Sept ans avant la Révolution, Choderlos de Laclos
publie "Les Liaisons dangereuses".

LA GLOIRE DE LA DÉFENSE

"Pour moi, je l'avoue, une des choses qui me flattent le plus, est une attaque vive et bien faite, où tout se succède avec ordre quoique avec rapidité" (Mme de Merteuil, Lettre X).

Le corps royal de l'artillerie, en 1772.

Laclos est officier d'artillerie depuis 1763 : le Traité de Paris ouvre une longue période de paix.

LES LIAISONS

DANGEREUSES,

O U

LETTRES

Recueillies dans une Société, & publiées
pour l'instruction de quelques autres.

Par M. C..... DE L...

J'ai vu les mœurs de mon temps, & j'ai publié ces *Lettres.*
J. J. ROUSSEAU, *Préf. de la Nouvelle Héloïse.*

PREMIERE PARTIE.

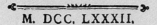

A AMSTERDAM;

Et se trouve à PARIS,

Chez DURAND Neveu, Libraire, à la
Sagesse, rue Galande.

M. DCC. LXXXII.

Édition I.

Le roman se donne pour un recueil de lettres réelles
et se recommande de "La Nouvelle Héloïse".

3

"Je ne lui permis de changer de situation ni de parure" (Lettre XLIV).

Collection de scènes et de récits licencieux,
le livre fait immédiatement scandale.

Dessins de Monnet pour l'édition de Londres (1796).

L'ÉDUCATION

"Elle est vraiment aimable, cette chère petite ! Elle méritait un autre Amant ; elle aura au moins une bonne amie car je m'attache sincèrement à elle. Je lui ai promis de la former et je crois que je lui tiendrai parole" (Mme de Merteuil, Lettre LIV).

C'est le plus désinvolte des traités de la cruauté. Ses "gaietés" le rendent plus terrible encore.

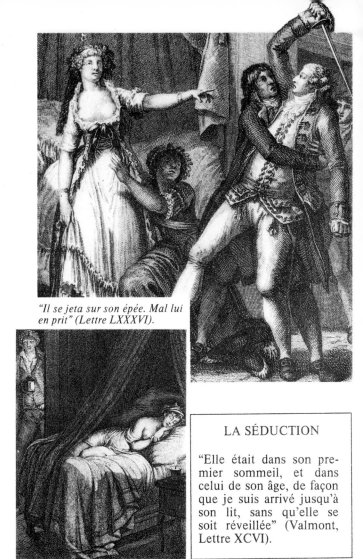

"Il se jeta sur son épée. Mal lui en prit" (Lettre LXXXVI).

LA SÉDUCTION

"Elle était dans son premier sommeil, et dans celui de son âge, de façon que je suis arrivé jusqu'à son lit, sans qu'elle se soit réveillée" (Valmont, Lettre XCVI).

"Les Liaisons" sont une multitude de romans en un seul ; on devrait en tirer non pas trois...

"Vous m'écouterez, je le veux. – Il faut vous fuir" (Lettre CXXV).

...ou quatre films, mais cent. Le guet-apens, par exemple (l'histoire de Prévan), se suffit à lui-même...

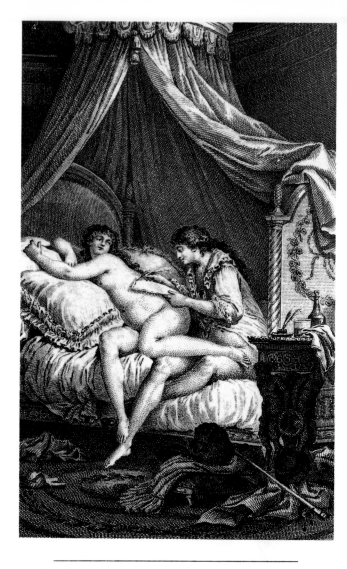

...La séquence du *pupitre* (ou comment écrire une
lettre *sur le vif*) devrait être...

LE PUPITRE

"Cette complaisance de ma part est le prix de celle qu'elle vient d'avoir, de me servir de pupitre pour écrire à ma belle Dévote, à qui j'ai trouvé plaisant d'envoyer une Lettre écrite du lit et presque d'entre les bras d'une fille" (Valmont, Lettre XLVII).

Film de Roger Vadim, avec Gérard Philipe dans le rôle de Valmont (1959).

Mise en scène de G. Vergez, 1988 avec B. Giraudeau.

... remise en scène à intervalles réguliers. Bref, il faudrait s'attarder partout..." (Ph. Sollers).

9

Mise en scène de P. Barrat avec P. Gottlieb et A.M. Blanzat (1980, Aix).

Les représentations du roman – cinéma, théâtre –
s'en tiennent à la légèreté de ses scènes.

Mise en scène d'Eric Civanyan (1984, Carré Silvia Monfort).

LA LETTRE LXXXI

"Pour vous autres hommes, les défaites ne sont que des succès de moins. Dans cette partie si inégale, notre fortune est de ne pas perdre, et votre malheur de ne pas gagner."

Les adaptations théâtrales rendent-elles compte de la nature des "Lettres"?

RÊVE ET DESTIN

"Laclos révéla les rêves de son temps en leur donnant la vie : en les faisant entrer dans le long domaine des rêves de tous, celui où les hommes promis à la mort contemplent avec envie les personnages un instant maîtres de leur destin" (Malraux).

Expressivité des gestes et des visages.

Les lettres sont aussi "douces que dangereuses" à écrire. Elles fondent un lien...

Plus sensible qu'une image, la lettre est "le portrait de l'âme".

... de lecture inédit, une liaison secrète. Elles supposent une "variété de styles".

Le film de Vadim, avec Gérard Philipe, Jeanne Moreau et Annette Stroyberg (1959).

Au moment où les amants s'écrivent, ils ne se voient pas. La lettre est objet de plaisir.

LA CONSÉCRATION

"Vous avez raison, me dit la tendre personne ; et je ne puis plus supporter mon existence qu'autant qu'elle servira à vous rendre heureux. Je m'y consacre tout entière" (Valmont, Lettre CXXV).

Film de S. Frears, avec J. Malkovich et M. Pfeiffer.

La diffusion des lettres, leur mise à jour, fait éclater le scandale. Il se confond avec celui du livre.

La mort de Valmont.

CRÉDITS PHOTOGRAPHIQUES :

P.1 : tableau attribué à La Tour (Amiens, hôtel de Berny)/
Giraudon. P.2 : lithographies de Simon (Paris, musée des
Armées)/Lauros-Giraudon. P.3 : page de titre de la 1re édition
(1782)/coll. Viollet. P.4, 5 et 6: dessins de Monnet pour
l'édition de Londres (1796-BN)/coll Viollet. P.6 et 7. dessins de
Mlle Gérard (BN)/coll. Viollet. P.8 : dessin de Monnet (BN)/
coll. Viollet. P.9 : Prod/DB.; Bernand. P.10, 11, 12 et 13 :
Bernand. P.14 : Prod/DB. P.15 : Prod/DB. P.16 : Prod/DB.
4e de couverture : "Le Verrou", tableau de Fragonard (Paris,
musée du Louvre).

et que, s'il y avait de la sottise à en être amoureux comme Danceny, peut-être n'y en avait-il pas moins de ma part, à ne pas chercher auprès d'elle une distraction que ma solitude me rendait nécessaire. Il me parut juste aussi de me payer des soins que je me donnais pour elle : je me rappelais en outre que vous me l'aviez offerte, avant que Danceny eût rien à y prétendre ; et je me trouvais fondé à réclamer quelques droits sur un bien qu'il ne possédait qu'à mon refus et par mon abandon. La jolie mine de la petite personne, sa bouche si fraîche, son air enfantin, sa gaucherie même fortifiaient ces sages réflexions ; je résolus d'agir en conséquence, et le succès a couronné l'entreprise.

Déjà vous cherchez par quel moyen j'ai supplanté si tôt l'amant chéri ; quelle séduction convient à cet âge, à cette inexpérience. Épargnez-vous tant de peine, je n'en ai employé aucune. Tandis que, maniant avec adresse les armes de votre sexe, vous triomphiez par la finesse, moi, rendant à l'homme ses droits imprescriptibles, je subjuguais par l'autorité. Sûr de saisir ma proie si je pouvais la joindre, je n'avais besoin de ruse que pour m'en approcher, et même celle dont je me suis servi ne mérite presque pas ce nom.

Je profitai de la première lettre que je reçus de Danceny pour sa belle, et après l'en avoir avertie par le signal convenu entre nous, au lieu de mettre mon adresse à la lui rendre, je la mis à n'en pas trouver le moyen : cette impatience que je faisais naître, je feignais de la partager, et après avoir causé le mal, j'indiquai le remède.

La jeune personne habite une chambre dont une porte donne sur le corridor ; mais, comme de raison, la mère en avait pris la clef. Il ne s'agissait que de s'en rendre maître. Rien de plus facile dans l'exécution ; je ne demandais que d'en disposer deux heures, et je répondais d'en avoir une semblable. Alors correspondances, entrevues, rendez-vous nocturnes, tout devenait commode et sûr : cependant, le croiriez-vous ? l'enfant timide prit peur et refusa. Un autre s'en serait

désolé ; moi, je n'y vis que l'occasion d'un plaisir plus
piquant. J'écrivis à Danceny pour me plaindre de ce
refus, et je fis si bien que notre étourdi n'eut de cesse
qu'il n'eût obtenu, exigé même de sa craintive maîtresse, qu'elle accordât ma demande et se livrât toute
à ma discrétion.

J'étais bien aise, je l'avoue, d'avoir ainsi changé de
rôle, et que le jeune homme fît pour moi ce qu'il
comptait que je ferais pour lui. Cette idée doublait, à
mes yeux, le prix de l'aventure : aussi dès que j'ai eu
la précieuse clef, me suis-je hâté d'en faire usage ; c'était
la nuit dernière.

Après m'être assuré que tout était tranquille dans le
château, armé de ma lanterne sourde, et dans la toilette
que comportait l'heure et qu'exigeait la circonstance,
j'ai rendu ma première visite à votre pupille. J'avais
tout fait préparer (et cela par elle-même), pour pouvoir entrer sans bruit. Elle était dans son premier sommeil, et dans celui de son âge, de façon que je suis arrivé
jusqu'à son lit, sans qu'elle se soit réveillée. J'ai d'abord
été tenté d'aller plus avant, et d'essayer de passer pour
un songe ; mais craignant l'effet de la surprise et le bruit
qu'elle entraîne, j'ai préféré d'éveiller avec précaution
la jolie dormeuse, et suis en effet parvenu à prévenir
le cri que je redoutais.

Après avoir calmé ses premières craintes, comme je
n'étais pas venu là pour causer, j'ai risqué quelques
libertés. Sans doute on ne lui a pas bien appris, dans
son couvent, à combien de périls divers est exposée la
timide innocence, et tout ce qu'elle a à garder pour
n'être pas surprise : car, portant toute son attention,
toutes ses forces, à se défendre d'un baiser, qui n'était
qu'une fausse attaque, tout le reste était laissé sans
défense ; le moyen de n'en pas profiter ! J'ai donc
changé ma marche, et sur-le-champ j'ai pris poste. Ici
nous avons pensé être perdus tous deux : la petite fille,
tout effarouchée, a voulu crier de bonne foi ; heureusement sa voix s'est éteinte dans les pleurs. Elle s'était

jetée aussi au cordon de sa sonnette, mais mon adresse
a retenu son bras à temps.

« Que voulez-vous faire (lui ai-je dit alors), vous perdre pour toujours ? Qu'on vienne, et que m'importe ?
à qui persuaderez-vous que je ne sois pas ici de votre
aveu ? Quel autre que vous m'aura fourni le moyen de
m'y introduire ? et cette clef que je tiens de vous, que
je n'ai pu avoir que par vous, vous chargerez-vous d'en
indiquer l'usage ? » Cette courte harangue n'a calmé ni
la douleur, ni la colère, mais elle a amené la soumission.
Je ne sais si j'avais le ton de l'éloquence ; au moins est-
il vrai que je n'en avais pas le geste. Une main occupée
pour la force, l'autre pour l'amour, quel orateur pourrait prétendre à la grâce en pareille situation ? Si vous
vous la peignez bien, vous conviendrez qu'au moins elle
était favorable à l'attaque : mais moi, je n'entends rien
à rien, et, comme vous dites, la femme la plus simple,
une pensionnaire, me mène comme un enfant.

Celle-ci, tout en se désolant, sentait qu'il fallait prendre un parti, et entrer en composition. Les prières me
trouvant inexorable, il a fallu passer aux offres. Vous
croyez que j'ai vendu bien cher ce poste important :
non, j'ai tout promis pour un baiser. Il est vrai que,
le baiser pris, je n'ai pas tenu ma promesse : mais
j'avais de bonnes raisons. Étions-nous convenus qu'il
serait pris ou donné ? A force de marchander, nous
sommes tombés d'accord pour un second ; et celui-là,
il était dit qu'il serait reçu. Alors ayant guidé les bras
timides autour de mon corps, et la pressant de l'un des
miens plus amoureusement, le doux baiser a été reçu
en effet ; mais bien, mais parfaitement reçu : tellement
enfin que l'amour n'aurait pas pu mieux faire.

Tant de bonne foi méritait récompense, aussi ai-je
aussitôt accordé la demande. La main s'est retirée ;
mais je ne sais par quel hasard je me suis trouvé moi-
même à sa place. Vous me supposez là bien empressé,
bien actif, n'est-il pas vrai ? Point du tout. J'ai pris
goût aux lenteurs, vous dis-je. Une fois sûr d'arriver,
pourquoi tant presser le voyage ?

Sérieusement, j'étais bien aise d'observer une fois la puissance de l'occasion, et je la trouvais ici dénuée de tout secours étranger. Elle avait pourtant à combattre l'amour, et l'amour soutenu par la pudeur ou la honte, et fortifié surtout par l'humeur que j'avais donnée, et dont on avait beaucoup pris. L'occasion était seule ; mais elle était là, toujours offerte, toujours présente, et l'amour était absent.

Pour assurer mes observations, j'avais la malice de n'employer de force que ce qu'on en pouvait combattre. Seulement, si ma charmante ennemie, abusant de ma facilité, se trouvait prête à m'échapper, je la contenais par cette même crainte, dont j'avais déjà éprouvé les heureux effets. Hé bien ! sans autre soin, la tendre amoureuse, oubliant ses serments, a cédé d'abord et fini par consentir : non pas qu'après ce premier moment les reproches et les larmes ne soient revenus de concert ; j'ignore s'ils étaient vrais ou feints : mais, comme il arrive toujours, ils ont cessé, dès que je me suis occupé à y donner lieu de nouveau. Enfin, de faiblesse en reproche, et de reproche en faiblesse, nous ne nous sommes séparés que satisfaits l'un de l'autre, et également d'accord pour le rendez-vous de ce soir.

Je ne me suis retiré chez moi qu'au point du jour, et j'étais rendu de fatigue et de sommeil : cependant j'ai sacrifié l'un et l'autre au désir de me trouver ce matin au déjeuner : j'aime, de passion, les mines de lendemain. Vous n'avez pas d'idée de celle-ci. C'était un embarras dans le maintien ! une difficulté dans la marche ! des yeux toujours baissés, et si gros et si battus ! Cette figure si ronde s'était tant allongée ! rien n'était si plaisant. Et pour la première fois, sa mère, alarmée de ce changement extrême, lui témoignait un intérêt assez tendre ! et la Présidente aussi, qui s'empressait autour d'elle ! Oh ! pour ces soins-là ils ne sont que prêtés ; un jour viendra où on pourra les lui rendre, et ce jour n'est pas loin. Adieu, ma belle amie.

*Du château de..., ce 1ᵉʳ octobre 17**.*

LETTRE XCVII

CÉCILE VOLANGES À LA MARQUISE DE MERTEUIL

Ah ! mon Dieu, Madame, que je suis affligée ! que je suis malheureuse ! Qui me consolera dans mes peines ? qui me conseillera dans l'embarras où je me trouve ? Ce M. de Valmont... et Danceny ! non, l'idée de Danceny me met au désespoir... Comment vous raconter ? comment vous dire ?... Je ne sais comment faire. Cependant mon cœur est plein... Il faut que je parle à quelqu'un, et vous êtes la seule à qui je puisse, à qui j'ose me confier. Vous avez tant de bonté pour moi ! Mais n'en ayez pas dans ce moment-ci ; je n'en suis pas digne : que vous dirai-je ? je ne le désire point. Tout le monde ici m'a témoigné de l'intérêt aujourd'hui... ils ont tous augmenté ma peine. Je sentais tant que je ne le méritais pas ! Grondez-moi au contraire ; grondez-moi bien, car je suis bien coupable : mais après, sauvez-moi ; si vous n'avez pas la bonté de me conseiller, je mourrai de chagrin.

Apprenez donc... ma main tremble, comme vous voyez, je ne peux presque pas écrire, je me sens le visage tout en feu... Ah ! c'est bien le rouge de la honte. Hé bien ! je la souffrirai ; ce sera la première punition de ma faute. Oui, je vous dirai tout.

Vous saurez donc que M. de Valmont, qui m'a remis jusqu'ici les lettres de M. Danceny, a trouvé tout d'un coup que c'était trop difficile ; il a voulu avoir une clef de ma chambre. Je puis bien vous assurer que je ne voulais pas ; mais il a été en écrire à Danceny, et Danceny l'a voulu aussi ; et moi, ça me fait tant de peine quand je lui refuse quelque chose, surtout depuis mon absence qui le rend si malheureux, que j'ai fini par y consentir. Je ne prévoyais pas le malheur qui en arriverait.

Hier, M. de Valmont s'est servi de cette clef pour venir dans ma chambre, comme j'étais endormie ; je m'y attendais si peu, qu'il m'a fait bien peur en me réveillant ; mais comme il m'a parlé tout de suite, je

l'ai reconnu, et je n'ai pas crié ; et puis l'idée m'est
venue d'abord, qu'il venait peut-être m'apporter une
lettre de Danceny. C'en était bien loin. Un petit moment
après, il a voulu m'embrasser ; et pendant que je me
défendais, comme c'est naturel, il a si bien fait, que
je n'aurais pas voulu pour toute chose au monde...
mais, lui voulait un baiser auparavant. Il a bien fallu,
car comment faire ? d'autant que j'avais essayé d'appeler, mais outre que je n'ai pas pu, il a bien su me dire
que s'il venait quelqu'un, il saurait bien rejeter toute
la faute sur moi ; et en effet, c'était bien facile, à cause
de cette clef. Ensuite, il ne s'est pas retiré davantage.
Il en a voulu un second ; et celui-là, je ne savais pas
ce qui en était, mais il m'a toute troublée ; et après,
c'était encore pis qu'auparavant. Oh ! par exemple,
c'est bien mal ça. Enfin après..., vous m'exempterez
bien de dire le reste ; mais je suis malheureuse autant
qu'on peut l'être.

Ce que je me reproche le plus, et dont pourtant il
faut que je vous parle, c'est que j'ai peur de ne pas
m'être défendue autant que je le pouvais. Je ne sais pas
comment cela se faisait : sûrement, je n'aime pas M.
de Valmont, bien au contraire ; et il y avait des
moments où j'étais comme si je l'aimais... Vous jugez
bien que ça ne m'empêchait pas de lui dire toujours
que non : mais je sentais bien que je ne faisais pas
comme je disais ; et ça, c'était comme malgré moi ; et
puis aussi, j'étais bien troublée ! S'il est toujours aussi
difficile que ça de se défendre, il faut y être bien accoutumée ! Il est vrai que M. de Valmont a des façons de
dire, qu'on ne sait pas comment faire pour lui répondre : enfin, croiriez-vous que quand il s'en est allé, j'en
étais comme fâchée, et que j'ai eu la faiblesse de consentir qu'il revînt ce soir : ça me désole encore plus que
tout le reste.

Oh ! malgré ça, je vous promets bien que je l'empê-
cherai d'y venir. Il n'a pas été sorti, que j'ai bien senti
que j'avais eu bien tort de lui promettre. Aussi, j'ai
pleuré tout le reste du temps. C'est surtout Danceny

qui me faisait de la peine ! toutes les fois que je songeais à lui mes pleurs redoublaient que j'en étais suffoquée, et j'y songeais toujours…, et à présent encore, vous en voyez l'effet ; voilà mon papier tout trempé. Non, je ne me consolerai jamais, ne fût-ce qu'à cause de lui… Enfin, je n'en pouvais plus, et pourtant je n'ai pas pu dormir une minute. Et ce matin en me levant, quand je me suis regardée au miroir, je faisais peur, tant j'étais changée.

Maman s'en est aperçue dès qu'elle m'a vue et elle m'a demandé ce que j'avais. Moi, je me suis mise à pleurer tout de suite. Je croyais qu'elle m'allait gronder, et peut-être ça m'aurait fait moins de peine : mais, au contraire. Elle m'a parlé avec douceur ! Je ne le méritais guère. Elle m'a dit de ne pas m'affliger comme ça. Elle ne savait pas le sujet de mon affliction. Que je me rendrais malade ! Il y a des moments où je voudrais être morte. Je n'ai pas pu y tenir. Je me suis jetée dans ses bras en sanglotant, et en lui disant : « Ah ! Maman, votre fille est bien malheureuse ! » Maman n'a pas pu s'empêcher de pleurer un peu ; et tout cela n'a fait qu'augmenter mon chagrin : heureusement elle ne m'a pas demandé pourquoi j'étais si malheureuse, car je n'aurais su que lui dire.

Je vous en supplie, Madame, écrivez-moi le plus tôt que vous pourrez, et dites-moi ce que je dois faire, car je n'ai pas le courage de songer à rien, et je ne sais que m'affliger. Vous voudrez bien m'adresser votre lettre par M. de Valmont ; mais je vous en prie, si vous lui écrivez en même temps, ne lui parlez pas que je vous aie rien dit.

J'ai l'honneur d'être, Madame, avec toujours bien de l'amitié, votre très humble et très obéissante servante…

Je n'ose pas signer cette lettre.

*Du château de…, ce 1er octobre 17**.*

LETTRE XCVIII

MADAME DE VOLANGES À LA MARQUISE DE MERTEUIL

Il y a bien peu de jours, ma charmante amie, que c'était vous qui me demandiez des consolations et des conseils : aujourd'hui, c'est mon tour ; et je vous fais pour moi la même demande que vous me faisiez pour vous. Je suis bien réellement affligée, et je crains de n'avoir pas pris les meilleurs moyens pour éviter les chagrins que j'éprouve.

C'est ma fille qui cause mon inquiétude. Depuis mon départ je l'avais bien vue toujours triste et chagrine ; mais je m'y attendais, et j'avais armé mon cœur d'une sévérité que je jugeais nécessaire. J'espérais que l'absence, les distractions détruiraient bientôt un amour que je regardais plutôt comme une erreur de l'enfance, que comme une véritable passion. Cependant, loin d'avoir rien gagné depuis mon séjour ici, je m'aperçois que cet enfant se livre de plus en plus à une mélancolie dangereuse ; et je crains, tout de bon, que sa santé ne s'altère. Particulièrement depuis quelques jours elle change à vue d'œil. Hier, surtout, elle me frappa, et tout le monde ici en fut vraiment alarmé.

Ce qui me prouve encore combien elle est affectée vivement, c'est que je la vois prête à surmonter la timidité qu'elle a toujours eue avec moi. Hier matin, sur la simple demande que je lui fis si elle était malade, elle se précipita dans mes bras en me disant qu'elle était bien malheureuse ; et elle pleura aux sanglots. Je ne puis vous rendre la peine qu'elle m'a faite ; les larmes me sont venues aux yeux tout de suite et je n'ai eu que le temps de me détourner, pour empêcher qu'elle ne me vît. Heureusement j'ai eu la prudence de ne lui faire aucune question, et elle n'a pas osé m'en dire davantage : mais il n'en est pas moins clair que c'est cette malheureuse passion qui la tourmente.

Quel parti prendre pourtant, si cela dure ? ferai-je le malheur de ma fille ? tournerai-je contre elle les qualités les plus précieuses de l'âme, la sensibilité et la constance ? est-ce pour cela que je suis sa mère ? et quand j'étoufferais ce sentiment si naturel qui nous fait vouloir le bonheur de nos enfants ; quand je regarderais comme une faiblesse ce que je crois, au contraire, le premier, le plus sacré de nos devoirs ; si je force son choix, n'aurai-je pas à répondre des suites funestes qu'il peut avoir ? Quel usage à faire de l'autorité maternelle, que de placer sa fille entre le crime et le malheur !

Mon amie, je n'imiterai pas ce que j'ai blâmé si souvent. J'ai pu, sans doute, tenter de faire un choix pour ma fille ; je ne faisais en cela que l'aider de mon expérience : ce n'était pas un droit que j'exerçais, je remplissais un devoir. J'en trahirais un, au contraire, en disposant d'elle au mépris d'un penchant que je n'ai pas su empêcher de naître et dont ni elle, ni moi ne pouvons connaître ni l'étendue ni la durée. Non, je ne souffrirai point qu'elle épouse celui-ci pour aimer celui-là, et j'aime mieux compromettre mon autorité que sa vertu.

Je crois donc que je vais prendre le parti le plus sage de retirer la parole que j'ai donnée à M. de Gercourt. Vous venez d'en voir les raisons ; elles me paraissent devoir l'emporter sur mes promesses. Je dis plus : dans l'état où sont les choses, remplir mon engagement, ce serait véritablement le violer. Car enfin, si je dois à ma fille de ne pas livrer son secret à M. de Gercourt, je dois au moins à celui-ci de ne pas abuser de l'ignorance où je le laisse, et de faire pour lui, tout ce que je crois qu'il ferait lui-même, s'il était instruit. Irai-je, au contraire, le trahir indignement, quand il se livre à ma foi et, tandis qu'il m'honore en me choisissant pour sa seconde mère, le tromper dans le choix qu'il veut faire de la mère de ses enfants ? Ces réflexions si vraies et auxquelles je ne peux me refuser, m'alarment plus que je ne puis vous dire.

Aux malheurs qu'elles me font redouter, je compare ma fille, heureuse avec l'époux que son cœur a choisi, ne connaissant ses devoirs que par la douceur qu'elle trouve à les remplir ; mon gendre également satisfait et se félicitant, chaque jour, de son choix ; chacun d'eux ne trouvant de bonheur que dans le bonheur de l'autre, et celui de tous deux se réunissant pour augmenter le mien. L'espoir d'un avenir si doux doit-il être sacrifié à de vaines considérations ? Et quelles sont celles qui me retiennent ? uniquement des vues d'intérêt. De quel avantage sera-t-il donc pour ma fille d'être née riche, si elle n'en doit pas moins être esclave de la fortune ?

Je conviens que M. de Gercourt est un parti meilleur, peut-être, que je ne devais l'espérer pour ma fille ; j'avoue même que j'ai été extrêmement flattée du choix qu'il a fait d'elle. Mais enfin, Danceny est d'une aussi bonne maison que lui ; il ne lui cède en rien pour les qualités personnelles ; il a sur M. de Gercourt l'avantage d'aimer et d'être aimé : il n'est pas riche à la vérité ; mais ma fille ne l'est-elle pas assez pour eux deux ? Ah ! pourquoi lui ravir la satisfaction si douce d'enrichir ce qu'elle aime !

Ces mariages qu'on calcule au lieu de les assortir, qu'on appelle de convenance, et où tout se convient en effet, hors les goûts et les caractères, ne sont-ils pas la source la plus féconde de ces éclats scandaleux qui deviennent tous les jours plus fréquents ? J'aime mieux différer : au moins j'aurai le temps d'étudier ma fille que je ne connais pas. Je me sens bien le courage de lui causer un chagrin passager, si elle en doit recueillir un bonheur plus solide : mais de risquer de la livrer à un désespoir éternel, cela n'est pas dans mon cœur.

Voilà, ma chère amie, les idées qui me tourmentent, et sur quoi je réclame vos conseils. Ces objets sévères contrastent beaucoup avec votre aimable gaieté, et ne paraissent guère de votre âge : mais votre raison l'a tant devancé ! Votre amitié d'ailleurs aidera votre prudence ; et je ne crains point que l'une ou l'autre se refusent à la sollicitude maternelle qui les implore.

Adieu, ma charmante amie ; ne doutez jamais de la sincérité de mes sentiments.

Du château de..., ce 2 octobre 17**.

LETTRE XCIX

LE VICOMTE DE VALMONT À LA MARQUISE DE MERTEUIL

Encore de petits événements, ma belle amie ; mais des scènes seulement, point d'actions. Ainsi, armez-vous de patience ; prenez-en même beaucoup : car tandis que ma Présidente marche à si petits pas, votre pupille recule, et c'est bien pis encore. Hé bien ! j'ai le bon esprit de m'amuser de ces misères-là. Véritablement je m'accoutume fort bien à mon séjour ici ; et je puis dire que dans le triste château de ma vieille tante, je n'ai pas éprouvé un moment d'ennui. Au fait, n'y ai-je pas jouissances, privations, espoir, incertitude ? Qu'a-t-on de plus sur un plus grand théâtre ? des spectateurs ? Hé ! laissez faire, ils ne me manqueront pas. S'ils ne me voient pas à l'ouvrage, je leur montrerai ma besogne faite ; ils n'auront plus qu'à admirer et applaudir. Oui, ils applaudiront ; car je puis enfin prédire, avec certitude, le moment de la chute de mon austère dévote. J'ai assisté ce soir à l'agonie de la vertu. La douce faiblesse va régner à sa place. Je n'en fixe pas l'époque plus tard qu'à notre première entrevue : mais déjà je vous entends crier à l'orgueil. Annoncer sa victoire, se vanter à l'avance ! Hé, là, là, calmez-vous ! Pour vous prouver ma modestie, je vais commencer par l'histoire de ma défaite...

En vérité, votre pupille est une petite personne bien ridicule ! C'est bien un enfant qu'il faudrait traiter comme tel, et à qui on ferait grâce en ne le mettant qu'en pénitence ! Croiriez-vous qu'après ce qui s'est passé avant-hier entre elle et moi, après la façon amicale dont nous nous sommes quittés hier matin ; lorsque j'ai voulu y retourner le soir, comme elle en était convenue, j'ai trouvé sa porte fermée en dedans ? Qu'en dites-vous ? on éprouve quelquefois de ces enfantillages-là la veille : mais le lendemain ! cela n'est-il pas plaisant ?

Je n'en ai pourtant pas ri d'abord ; jamais je n'avais autant senti l'empire de mon caractère. Assurément j'allais à ce rendez-vous sans plaisir, et uniquement par procédé. Mon lit, dont j'avais grand besoin, me semblait, pour le moment, préférable à celui de tout autre, et je ne m'en étais éloigné qu'à regret. Cependant je n'ai pas eu plutôt trouvé un obstacle, que je brûlais de le franchir ; j'étais humilié, surtout, qu'un enfant m'eût joué. Je me retirai donc avec beaucoup d'humeur : et dans le projet de ne plus me mêler de ce sot enfant, ni de ses affaires, je lui avais écrit, sur-le-champ, un billet que je comptais lui remettre aujourd'hui, et où je l'évaluais à son juste prix. Mais, comme on dit, la nuit porte conseil ; j'ai trouvé ce matin que, n'ayant pas ici le choix des distractions, il fallait garder celle-là : j'ai donc supprimé le sévère billet. Depuis que j'y ai réfléchi, je ne reviens pas d'avoir eu l'idée de finir une aventure, avant d'avoir en main de quoi en perdre l'héroïne. Où nous mène pourtant un premier mouvement ! Heureux, ma belle amie, qui a su, comme vous, s'accoutumer à n'y jamais céder ! Enfin j'ai différé ma vengeance ; j'ai fait ce sacrifice à vos vues sur Gercourt.

A présent que je ne suis plus en colère, je ne vois plus que du ridicule dans la conduite de votre pupille. En effet, je voudrais bien savoir ce qu'elle espère gagner par là ! pour moi je m'y perds : si ce n'est que pour se défendre, il faut convenir qu'elle s'y prend un peu tard. Il faudra bien qu'un jour elle me dise le mot de cette énigme ! J'ai grande envie de le savoir. C'est peut-être seulement qu'elle se trouvait fatiguée ! Franchement cela se pourrait ; car sans doute elle ignore encore que les flèches de l'amour, comme la lance d'Achille, portent avec elles le remède aux blessures qu'elles font. Mais non, à sa petite grimace de toute la journée, je parierais qu'il entre là-dedans du repen-

tir... là... quelque chose... comme de la vertu... De la
vertu !... c'est bien à elle qu'il convient d'en avoir !
Ah ! qu'elle la laisse à la femme véritablement née pour
elle, la seule qui sache l'embellir, qui la ferait aimer !...
Pardon, ma belle amie : mais c'est ce soir même que
s'est passée, entre madame de Tourvel et moi, la scène
dont j'ai à vous rendre compte, et j'en conserve encore
quelque émotion. J'ai besoin de me faire violence pour
me distraire de l'impression qu'elle m'a faite ; c'est
même pour m'y aider, que je me suis mis à vous écrire.
Il faut pardonner quelque chose à ce premier moment.

Il y a déjà quelques jours que nous sommes d'accord,
madame de Tourvel et moi, sur nos sentiments ; nous
ne disputons plus que sur les mots. C'était toujours,
à la vérité, *son amitié* qui répondait à *mon amour* :
mais ce langage de convention ne changeait pas le fond
des choses ; et quand nous serions restés ainsi, j'en
aurais peut-être été moins vite, mais non pas moins
sûrement. Déjà même il n'était plus question de m'éloigner, comme elle le voulait d'abord ; et pour les entretiens que nous avons journellement, si je mets mes soins
à lui en offrir l'occasion, elle met les siens à la saisir.

Comme c'est ordinairement à la promenade que se
passent nos petits rendez-vous, le temps affreux qu'il
a fait tout aujourd'hui, ne me laissait rien espérer : j'en
étais même vraiment contrarié ; je ne prévoyais pas
combien je devais gagner à ce contretemps.

Ne pouvant se promener, on s'est mis à jouer en sortant de table ; et comme je joue peu, et que je ne suis
plus nécessaire, j'ai pris ce temps pour monter chez
moi, sans autre projet que d'y attendre, à peu près, la
fin de la partie.

Je retournais joindre le cercle, quand j'ai trouvé la
charmante femme qui entrait dans son appartement,
et qui, soit imprudence ou faiblesse, m'a dit de sa douce
voix : « Où allez-vous donc ? Il n'y a personne au
salon. » Il ne m'en a pas fallu davantage, comme vous
pouvez croire, pour essayer d'entrer chez elle ; j'y ai
trouvé moins de résistance que je ne m'y attendais. Il

est vrai que j'avais eu la précaution de commencer la conversation à la porte, et de la commencer indifférente ; mais à peine avons-nous été établis, que j'ai ramené la véritable, et que j'ai parlé de *mon amour à mon amie*. Sa première réponse, quoique simple, m'a paru assez expressive : « Oh ! tenez, m'a-t-elle dit, ne parlons pas de cela ici » ; et elle tremblait. La pauvre femme ! elle se voit mourir.

Pourtant elle avait tort de craindre. Depuis quelque temps, assuré du succès un jour ou l'autre, et la voyant user tant de force dans d'inutiles combats, j'avais résolu de ménager les miennes, et d'attendre sans effort, qu'elle se rendît de lassitude. Vous sentez bien qu'ici il faut un triomphe complet, et que je ne veux rien devoir à l'occasion. C'était même d'après ce plan formé, et pour pouvoir être pressant, sans m'engager trop, que je suis revenu à ce mot d'amour, si obstinément refusé ; sûr qu'on me croyait assez d'ardeur, j'ai essayé un ton plus tendre. Ce refus ne me fâchait plus, il m'affligeait ; ma sensible amie ne me devait-elle pas quelques consolations ?

Tout en me consolant, une main était restée dans la mienne ; le joli corps était appuyé sur mon bras, et nous étions extrêmement rapprochés. Vous avez sûrement remarqué combien, dans cette situation, à mesure que la défense mollit, les demandes et les refus se passent de plus près ; comment la tête se détourne et les regards se baissent, tandis que les discours, toujours prononcés d'une voix faible, deviennent rares et entrecoupés. Ces symptômes précieux annoncent, d'une manière non équivoque, le consentement de l'âme : mais rarement a-t-il encore passé jusqu'aux sens ; je crois même qu'il est toujours dangereux de tenter alors quelque entreprise trop marquée ; parce que cet état d'abandon n'étant jamais sans un plaisir très doux, on ne saurait forcer d'en sortir, sans causer une humeur qui tourne infailliblement au profit de la défense.

Mais, dans le cas présent, la prudence m'était d'autant plus nécessaire, que j'avais surtout à redouter

l'effroi que cet oubli d'elle-même ne manquerait pas
de causer à ma tendre rêveuse. Aussi cet aveu que je
demandais, je n'exigeais pas même qu'il fût prononcé ;
un regard pouvait suffire : un seul regard, et j'étais heureux.

Ma belle amie, les beaux yeux se sont en effet levés
sur moi, la bouche céleste a même prononcé : « Eh
bien ! oui, je… » Mais tout à coup le regard s'est éteint,
la voix a manqué, et cette femme adorable est tombée
dans mes bras. A peine avais-je eu le temps de l'y recevoir, que se dégageant avec une force convulsive, la vue
égarée, et les mains élevées vers le Ciel… « Dieu… ô
mon Dieu, sauvez-moi », s'est-elle écriée ; et sur-le-
champ, plus prompte que l'éclair, elle était à genoux
à dix pas de moi. Je l'entendais prête à suffoquer. Je
me suis avancé pour la secourir ; mais elle, prenant mes
mains qu'elle baignait de pleurs, quelquefois même
embrassant mes genoux : « Oui, ce sera vous, disait-
elle, ce sera vous qui me sauverez ! Vous ne voulez pas
ma mort, laissez-moi ; sauvez-moi ; laissez-moi ; au
nom de Dieu, laissez-moi ! » Et ces discours peu suivis s'échappaient à peine à travers des sanglots redou-
blés. Cependant elle me tenait avec une force qui ne
m'aurait pas permis de m'éloigner ; alors rassemblant
les miennes, je l'ai soulevée dans mes bras. Au même
instant les pleurs ont cessé ; elle ne parlait plus ; tous
ses membres se sont roidis, et de violentes convulsions
ont succédé à cet orage.

J'étais, je l'avoue, vivement ému, et je crois que
j'aurais consenti à sa demande, quand les circonstances ne m'y auraient pas forcé. Ce qu'il y a de vrai, c'est
qu'après lui avoir donné quelques secours, je l'ai laissée comme elle m'en priait, et que je m'en félicite. Déjà
j'en ai presque reçu le prix.

Je m'attendais, qu'ainsi que le jour de ma première
déclaration, elle ne se montrerait pas de la soirée. Mais
vers les huit heures, elle est descendue au salon, et a
seulement annoncé au cercle qu'elle s'était trouvée fort
incommodée. Sa figure était abattue, sa voix faible, et

son maintien composé ; mais son regard était doux, et souvent il s'est fixé sur moi. Son refus de jouer m'ayant même obligé de prendre sa place, elle a pris la sienne à mes côtés. Pendant le souper, elle est restée seule dans le salon. Quand on y est revenu, j'ai cru m'apercevoir qu'elle avait pleuré : pour m'en éclaircir, je lui ai dit qu'il me semblait qu'elle s'était encore ressentie de son incommodité ; à quoi elle m'a obligeamment répondu : « Ce mal-là ne s'en va pas si vite qu'il vient ! » Enfin quand on s'est retiré, je lui ai donné la main ; et à la porte de son appartement elle a serré la mienne avec force. Il est vrai que ce mouvement m'a paru avoir quelque chose d'involontaire ; mais tant mieux ; c'est une preuve de plus de mon empire.

Je parierais qu'à présent elle est enchantée d'en être là : tous les frais sont faits ; il ne reste plus qu'à jouir. Peut-être, pendant que je vous écris, s'occupe-t-elle déjà de cette douce idée ! et quand même elle s'occuperait, au contraire, d'un nouveau projet de défense, ne savons-nous pas bien ce que deviennent tous ces projets-là ? Je vous le demande, cela peut-il aller plus loin que notre prochaine entrevue ? Je m'attends bien, par exemple, qu'il y aura quelques façons pour l'accorder, mais bon ! le premier pas franchi, ces prudes austères savent-elles s'arrêter ? leur amour est une véritable explosion ; la résistance y donne plus de force. Ma farouche dévote courrait après moi, si je cessais de courir après elle.

Enfin, ma belle amie, incessamment j'arriverai chez vous, pour vous sommer de votre parole. Vous n'avez pas oublié sans doute ce que vous m'avez promis après le succès ; cette infidélité à votre chevalier ? êtes-vous prête ? pour moi je le désire comme si nous ne nous étions jamais connus. Au reste, vous connaître est peut-être une raison pour le désirer davantage :

Je suis juste, et ne suis point galant*.

---

* Voltaire, comédie de *Nanine*.

Aussi ce sera la première infidélité que je ferai à ma grave conquête ; et je vous promets de profiter du premier prétexte pour m'absenter vingt-quatre heures d'auprès d'elle. Ce sera sa punition, de m'avoir tenu si longtemps éloigné de vous. Savez-vous que voilà plus de deux mois que cette aventure m'occupe ? oui, deux mois et trois jours ; il est vrai que je compte demain, puisqu'elle ne sera véritablement consommée qu'alors. Cela me rappelle que mademoiselle de B*** a résisté les trois mois complets. Je suis bien aise de voir que la franche coquetterie a plus de défense que l'austère vertu.

Adieu, ma belle amie ; il faut vous quitter, car il est fort tard. Cette lettre m'a mené plus loin que je ne comptais ; mais comme j'envoie demain matin à Paris, j'ai voulu en profiter, pour vous faire partager un jour plus tôt la joie de votre ami.

Du château de..., ce 2 octobre 17**, au soir.

LETTRE C

LE VICOMTE DE VALMONT À LA MARQUISE DE MERTEUIL

Mon amie, je suis joué, trahi, perdu ; je suis au désespoir : madame de Tourvel est partie. Elle est partie, et je ne l'ai pas su ! et je n'étais pas là pour m'opposer à son départ, pour lui reprocher son indigne trahison ! Ah ! ne croyez pas que je l'eusse laissée partir ; elle serait restée ; oui, elle serait restée, eussé-je dû employer la violence. Mais quoi ! dans ma crédule sécurité, je dormais tranquillement ; je dormais, et la foudre est tombée sur moi. Non, je ne conçois rien à ce départ : il faut renoncer à connaître les femmes.

Quand je me rappelle la journée d'hier ! que dis-je ? la soirée même ! Ce regard si doux, cette voix si tendre ! et cette main serrée ! et pendant ce temps, elle projetait de me fuir ! O femmes, femmes ! plaignez-vous donc, si l'on vous trompe ! Mais oui, toute perfidie qu'on emploie est un vol qu'on vous fait.

Quel plaisir j'aurai à me venger ! je la retrouverai, cette femme perfide ; je reprendrai mon empire sur elle. Si l'amour m'a suffi pour en trouver les moyens, que ne sera-t-il pas, aidé de la vengeance ? Je la verrai encore à mes genoux, tremblante et baignée de pleurs, me criant merci de sa trompeuse voix ; et moi, je serai sans pitié.

Que fait-elle à présent ? que pense-t-elle ? Peut-être elle s'applaudit de m'avoir trompé, et, fidèle aux goûts de son sexe, ce plaisir lui paraît le plus doux. Ce que n'a pu la vertu tant vantée, l'esprit de ruse l'a produit sans effort. Insensé ! je redoutais sa sagesse ; c'était sa mauvaise foi que je devais craindre.

Et être obligé de dévorer mon ressentiment ! n'oser montrer qu'une tendre douleur, quand j'ai le cœur rempli de rage ! me voir réduit à supplier encore une femme rebelle, qui s'est soustraite à mon empire ! devais-je donc être humilié à ce point ? et par qui ? par une femme timide, et qui jamais ne s'est exercée à combattre. A quoi me sert de m'être établi dans son cœur, de l'avoir embrasé de tous les feux de l'amour, d'avoir porté jusqu'au délire le trouble de ses sens, si, tranquille dans sa retraite, elle peut aujourd'hui s'enorgueillir de sa fuite plus que moi de mes victoires ? Et je le souffrirais ? mon amie, vous ne le croyez pas ; vous n'avez pas de moi cette humiliante idée !

Mais quelle fatalité m'attache à cette femme ? cent autres ne désirent-elles pas mes soins ? ne s'empresseront-elles pas d'y répondre ? quand même aucune ne vaudrait celle-ci, l'attrait de la variété, le charme des nouvelles conquêtes, l'éclat de leur nombre, n'offrentils pas des plaisirs assez doux ? Pourquoi courir après celui qui nous fuit, et négliger ceux qui se présentent ? Ah ! pourquoi ?... Je l'ignore, mais je l'éprouve fortement.

Il n'est plus pour moi de bonheur, de repos, que par la possession de cette femme que je hais et que j'aime avec une égale fureur. Je ne supporterai mon sort que du moment où je disposerai du sien. Alors, tranquille et satisfait, je la verrai, à son tour, livrée aux orages que j'éprouve en ce moment ; j'en exciterai mille autres encore. L'espoir et la crainte, la méfiance et la sécurité, tous les maux inventés par la haine, tous les biens accordés par l'amour, je veux qu'ils remplissent son cœur, qu'ils s'y succèdent à ma volonté. Ce temps viendra... Mais que de travaux encore ! que j'en étais près hier, et qu'aujourd'hui je m'en vois éloigné ! Comment m'en rapprocher ? je n'ose tenter aucune démarche ; je sens que pour prendre un parti il faudrait être plus calme, et mon sang bout dans mes veines.

Ce qui redouble mon tourment, c'est le sang-froid avec lequel chacun répond ici à mes questions sur cet événement, sur sa cause, sur tout ce qu'il offre d'extraordinaire... Personne ne sait rien, personne ne désire de rien savoir : à peine en aurait-on parlé, si j'avais consenti qu'on parlât d'autre chose. Madame de Rosemonde, chez qui j'ai couru ce matin quand j'ai appris cette nouvelle, m'a répondu avec le froid de son âge, que c'était la suite naturelle de l'indisposition que madame de Tourvel avait eue hier ; qu'elle avait craint une maladie, et qu'elle avait préféré d'être chez elle : elle trouve cela tout simple, elle en aurait fait autant, m'a-t-elle dit : comme s'il pouvait y avoir quelque chose de commun entre elles deux ! entre elle, qui n'a plus qu'à mourir ; et l'autre, qui fait le charme et le tourment de ma vie !

Madame de Volanges, que d'abord j'avais soupçonnée d'être complice, ne paraît affectée que de n'avoir pas été consultée sur cette démarche. Je suis bien aise, je l'avoue, qu'elle n'ait pas eu le plaisir de me nuire. Cela me prouve encore qu'elle n'a pas, autant que je le craignais, la confiance de cette femme ; c'est toujours une ennemie de moins. Comme elle se féliciterait, si elle savait que c'est moi qu'on a fui ! comme elle se serait gonflée d'orgueil, si c'eût été par ses conseils ! comme son importance en aurait redoublé ! Mon Dieu ! que je la hais ! Oh ! je renouerai avec sa fille ; je veux la

travailler à ma fantaisie : aussi bien, je crois que je res-
terai ici quelque temps ; au moins, le peu de réflexions
que j'ai pu faire me porte à ce parti.

Ne croyez-vous pas, en effet, qu'après une démarche aussi marquée, mon ingrate doit redouter ma présence ? Si donc l'idée lui est venue que je pourrais la
suivre, elle n'aura pas manqué de me fermer sa porte ;
et je ne veux pas plus l'accoutumer à ce moyen, qu'en
souffrir l'humiliation. J'aime mieux lui annoncer au
contraire que je reste ici ; je lui ferai même des instances pour qu'elle y revienne ; et quand elle sera bien persuadée de mon absence, j'arriverai chez elle : nous verrons comment elle supportera cette entrevue. Mais il
faut la différer pour en augmenter l'effet, et je ne sais
encore si j'en aurai la patience : j'ai eu, vingt fois dans
la journée, la bouche ouverte pour demander mes chevaux. Cependant je prendrai sur moi ; je m'engage à
recevoir votre réponse ici ; je vous demande seulement,
ma belle amie, de ne pas me la faire attendre.

Ce qui me contrarierait le plus serait de ne pas savoir
ce qui se passe : mais mon chasseur, qui est à Paris,
a des droits à quelque accès auprès de la femme de
chambre : il pourra me servir. Je lui envoie une instruction et de l'argent. Je vous prie de trouver bon que
je joigne l'un et l'autre à cette lettre, et aussi d'avoir
soin de les lui envoyer par un de vos gens, avec ordre
de les lui remettre à lui-même. Je prends cette précaution, parce que le drôle a l'habitude de n'avoir jamais
reçu les lettres que je lui écris, quand elles lui prescri-
vent quelque chose qui le gêne ; et que, pour le
moment, il ne me paraît pas aussi épris de sa conquête
que je voudrais qu'il le fût.

Adieu ma belle amie ; s'il vous vient quelque idée
heureuse, quelque moyen de hâter ma marche, faites-
m'en part. J'ai éprouvé plus d'une fois combien votre
amitié pouvait être utile ; je l'éprouve encore en ce
moment ; car je me sens plus calme depuis que je vous
écris ; au moins, je parle à quelqu'un qui m'entend,
et non aux automates près de qui je végète depuis ce

matin. En vérité, plus je vais, et plus je suis tenté de croire qu'il n'y a que vous et moi dans le monde, qui valions quelque chose.

*Du château de... ce 3 octobre 17**.*

LETTRE CI

LE VICOMTE DE VALMONT À AZOLAN [1],
son chasseur.
(Jointe à la précédente.)

Il faut que vous soyez bien imbécile, vous qui êtes parti d'ici ce matin, de n'avoir pas su que madame de Tourvel en partait aussi ; ou, si vous l'avez su, de n'être pas venu m'en avertir. A quoi sert-il donc que vous dépensiez mon argent à vous enivrer avec les valets ; que le temps que vous devriez employer à me servir, vous le passiez à faire l'agréable auprès des femmes de chambre, si je n'en suis pas mieux informé de ce qui se passe ? Voilà pourtant de vos négligences ! Mais je vous préviens que s'il vous en arrive une seule dans cette affaire-ci, ce sera la dernière que vous aurez à mon service.

Il faut que vous m'instruisiez de tout ce qui se passe chez madame de Tourvel : de sa santé ; si elle dort ; si elle est triste ou gaie ; si elle sort souvent, et chez qui elle va ; si elle reçoit du monde chez elle, et qui y vient ; à quoi elle passe son temps, si elle a de l'humeur avec ses femmes, particulièrement avec celle qu'elle avait amenée ici ; ce qu'elle fait, quand elle est seule ; si quand elle lit, elle lit de suite, ou si elle interrompt sa lecture pour rêver ; de même quand elle écrit. Songez aussi à vous rendre l'ami de celui qui porte ses lettres à la poste. Offrez-vous souvent à lui, pour faire cette commission à sa place ; et quand il acceptera, ne

---

1. Le nom est emprunté au ballet héroïque (*Azolan ou le Serviteur indiscret*, 1774), que Lemonnier avait tiré du conte en vers de Voltaire *Azolan ou le Bénéficier* (1764).

faites partir que celles qui vous paraîtront indifférentes, et envoyez-moi les autres, surtout celles à madame
de Volanges, si vous en rencontrez.

Arrangez-vous, pour être encore quelque temps
l'amant heureux de votre Julie. Si elle en a un autre,
comme vous l'avez cru, faites-la consentir à se partager ; et n'allez pas vous piquer d'une ridicule délicatesse : vous serez dans le cas de bien d'autres, qui valent
mieux que vous. Si pourtant votre second se rendait
trop importun ; si vous vous aperceviez, par exemple,
qu'il occupât trop Julie pendant la journée, et qu'elle en
fût moins souvent auprès de sa maîtresse, écartez-le par
quelque moyen, ou cherchez-lui querelle : n'en craignez
pas les suites, je vous soutiendrai. Surtout ne quittez
pas cette maison. C'est par l'assiduité qu'on voit tout,
et qu'on voit bien. Si même le hasard faisait renvoyer
quelqu'un des gens, présentez-vous pour le remplacer,
comme n'étant plus à moi. Dites, dans ce cas, que vous
m'avez quitté pour chercher une maison plus tranquille
et plus réglée. Tâchez enfin de vous faire accepter. Je
ne vous en garderai pas moins à mon service pendant
ce temps ; ce sera comme chez la duchesse de*** ; et
par la suite, madame de Tourvel vous en récompensera
de même.

Si vous aviez assez d'adresse et de zèle, cette instruction devrait suffire ; mais pour suppléer à l'un et à
l'autre, je vous envoie de l'argent. Le billet ci-joint vous
autorise, comme vous verrez, à toucher vingt-cinq louis
chez mon homme d'affaires ; car je ne doute pas que
vous ne soyez sans le sol. Vous emploierez de cette
somme, ce qui sera nécessaire pour décider Julie à
établir une correspondance avec moi. Le reste servira
à faire boire les gens. Ayez soin, autant que cela se
pourra, que ce soit chez le Suisse de la maison, afin
qu'il aime à vous y voir venir. Mais n'oubliez pas que
ce ne sont pas vos plaisirs que je veux payer, mais vos
services.

Accoutumez Julie à observer tout et à tout rapporter,
même ce qui lui paraîtrait minutieux. Il vaut mieux

qu'elle écrive dix phrases inutiles, que d'en omettre une intéressante ; et souvent ce qui paraît indifférent ne l'est pas. Comme il faut que je puisse être instruit sur-le-champ, s'il arrivait quelque chose qui vous parût mériter attention, aussitôt cette lettre reçue, vous enverrez Philippe, sur le cheval de commission, s'établir à...* ; il y restera jusqu'à nouvel ordre ; ce sera un relais en cas de besoin. Pour la correspondance courante, la poste suffira.

Prenez garde de perdre cette lettre. Relisez-la tous les jours, tant pour vous assurer de ne rien oublier, que pour être sûr de l'avoir encore. Faites enfin tout ce qu'il faut faire, quand on est honoré de ma confiance. Vous savez que si je suis content de vous, vous le serez de moi.

*Du château de... ce 3 octobre 17**.*

LETTRE CII

LA PRÉSIDENTE DE TOURVEL À MADAME DE ROSEMONDE

Vous serez bien étonnée, Madame, en apprenant que je pars de chez vous aussi précipitamment. Cette démarche va vous paraître bien extraordinaire : mais que votre surprise va redoubler encore quand vous en saurez les raisons ! Peut-être trouverez-vous qu'en vous les confiant, je ne respecte pas assez la tranquillité nécessaire à votre âge ; que je m'écarte même des sentiments de vénération qui vous sont dus à tant de titres ? Ah ! Madame, pardon : mais mon cœur est oppressé ; il a besoin d'épancher sa douleur dans le sein d'une amie également douce et prudente : quelle autre que vous pouvait-il choisir ? Regardez-moi comme votre enfant. Ayez pour moi les bontés maternelles ; je les implore. J'y ai peut-être quelques droits par mes sentiments pour vous.

* Village à moitié chemin de Paris au château de madame de Rosemonde.

Où est le temps où, tout entière à ces sentiments louables, je ne connaissais point ceux qui, portant dans
l'âme le trouble mortel que j'éprouve, ôtent la force
de les combattre en même temps qu'ils en imposent le
devoir ! Ah ! ce fatal voyage m'a perdue...

Que vous dirai-je enfin ? j'aime, oui, j'aime éperdument. Hélas ! ce mot que j'écris pour la première fois,
ce mot si souvent demandé sans être obtenu, je payerais
de ma vie la douceur de pouvoir une fois seulement le
faire entendre à celui qui l'inspire ; et pourtant il faut
le refuser sans cesse ! Il va douter encore de mes sentiments ; il croira avoir à s'en plaindre. Je suis bien malheureuse ! Que ne lui est-il aussi facile de lire dans mon
cœur que d'y régner ? Oui, je souffrirais moins, s'il
savait tout ce que je souffre ; mais vous-même, à qui
je le dis, vous n'en aurez encore qu'une faible idée.

Dans peu de moments, je vais le fuir et l'affliger.
Tandis qu'il se croira encore près de moi, je serai déjà
loin de lui : à l'heure où j'avais coutume de le voir chaque jour, je serai dans des lieux où il n'est jamais venu,
où je ne dois pas permettre qu'il vienne. Déjà tous mes
préparatifs sont faits ; tout est là, sous mes yeux ; je
ne puis les reposer sur rien qui ne m'annonce ce cruel
départ. Tout est prêt, excepté moi !... et plus mon cœur
s'y refuse, plus il me prouve la nécessité de m'y soumettre.

Je m'y soumettrai sans doute ; il vaut mieux mourir
que de vivre coupable. Déjà, je le sens, je ne le suis que
trop ; je n'ai sauvé que ma sagesse, la vertu s'est évanouie. Faut-il vous l'avouer, ce qui me reste encore,
je le dois à sa générosité. Enivrée du plaisir de le voir,
de l'entendre, de la douceur de le sentir auprès de moi,
du bonheur plus grand de pouvoir faire le sien, j'étais
sans puissance et sans force ; à peine m'en restait-il
pour combattre, je n'en avais plus pour résister[1] ; je

---

1. L. Versini observe que l'on retrouve la même antithèse chez
Crébillon : « Est-il rien de plus affreux que de se combattre sans cesse,
sans pouvoir jamais se vaincre ? » (*Lettres de la Marquise*). Cf.
Laclos, *Œuvres complètes*, Bibl. de la Pléiade, 1979, p. 1317.

frémissais de mon danger, sans pouvoir le fuir. Hé bien ! il a vu ma peine, et il a eu pitié de moi. Comment ne le chérirais-je pas ? je lui dois bien plus que la vie.

Ah ! si en restant auprès de lui je n'avais à trembler que pour elle, ne croyez pas que jamais je consentisse à m'éloigner ? Que m'est-elle sans lui, ne serais-je pas trop heureuse de la perdre ? Condamnée à faire éternellement son malheur et le mien ; à n'oser ni me plaindre, ni le consoler ; à me défendre chaque jour contre lui, contre moi-même ; à mettre mes soins à causer sa peine, quand je voudrais les consacrer tous à son bonheur. Vivre ainsi n'est-ce pas mourir mille fois ? voilà pourtant quel va être mon sort. Je le supporterai cependant, j'en aurai le courage. O vous, que je choisis pour ma mère, recevez-en le serment !

Recevez aussi celui que je fais de ne vous dérober aucune de mes actions ; recevez-le, je vous en conjure ; je vous le demande comme un secours dont j'ai besoin : ainsi, engagée à vous dire tout, je m'accoutumerai à me croire toujours en votre présence. Votre vertu remplacera la mienne. Jamais, sans doute, je ne consentirai à rougir à vos yeux ; et retenue par ce frein puissant, tandis que je chérirai en vous l'indulgente amie, confidente de ma faiblesse, j'y honorerai encore l'ange tutélaire qui me sauvera de la honte.

C'est bien en éprouver assez que d'avoir à faire cette demande. Fatal effet d'une présomptueuse confiance ! pourquoi n'ai-je pas redouté plutôt ce penchant que j'ai senti naître ? Pourquoi me suis-je flattée de pouvoir à mon gré le maîtriser ou le vaincre ? Insensée ! je connaissais bien peu l'amour ! Ah ! si je l'avais combattu avec plus de soin, peut-être eût-il pris moins d'empire ! peut-être alors ce départ n'eût pas été nécessaire ; ou même, en me soumettant à ce parti douloureux, j'aurais pu ne pas rompre entièrement une liaison qu'il eût suffi de rendre moins fréquente ! Mais tout perdre à la fois ! et pour jamais ! O mon amie !... Mais quoi ! même en vous écrivant, je m'égare encore dans des vœux criminels. Ah ! partons, partons, et que

du moins ces torts involontaires soient expiés par mes
sacrifices.

Adieu, ma respectable amie ; aimez-moi comme
votre fille, adoptez-moi pour telle ; et soyez sûre que,
malgré ma faiblesse, j'aimerais mieux mourir que de
me rendre indigne de votre choix.

De..., ce 3 octobre 17**, à une heure du matin.

LETTRE CIII

MADAME DE ROSEMONDE À LA PRÉSIDENTE DE TOURVEL

J'ai été, ma chère belle, plus affligée de votre départ
que surprise de sa cause ; une longue expérience, et
l'intérêt que vous inspirez, avaient suffi pour m'éclairer sur l'état de votre cœur ; et s'il faut tout dire, vous
ne m'avez rien ou presque rien appris par votre lettre.
Si je n'avais été instruite que par elle, j'ignorerais
encore quel est celui que vous aimez ; car en me parlant de *lui* tout le temps, vous n'avez pas écrit son nom
une seule fois. Je n'en avais pas besoin ; je sais bien
qui c'est. Mais je le remarque, parce que je me suis rappelé que c'est toujours là le style de l'amour. Je vois
qu'il en est encore comme au temps passé.

Je ne croyais guère être jamais dans le cas de revenir
sur des souvenirs si éloignés de moi, et si étrangers à
mon âge. Pourtant, depuis hier, je m'en suis vraiment
beaucoup occupée, par le désir que j'avais d'y trouver
quelque chose qui pût vous être utile. Mais que puis-je
faire, que vous admirer et vous plaindre ? Je loue le
parti sage que vous avez pris : mais il m'effraie, parce
que j'en conclus que vous l'avez jugé nécessaire ; et
quand on en est là, il est bien difficile de se tenir toujours éloignée de celui dont notre cœur nous rapproche sans cesse.

Cependant ne vous découragez pas. Rien ne doit être
impossible à votre belle âme ; et quand vous devriez
un jour avoir le malheur de succomber (ce qu'à Dieu

ne plaise !), croyez-moi, ma chère belle, réservez-vous au moins la consolation d'avoir combattu de toute votre puissance. Et puis, ce que ne peut la sagesse humaine, la grâce divine l'opère quand il lui plaît. Peut-être êtes-vous à la veille de ses secours ; et votre vertu, éprouvée dans ces combats terribles, en sortira plus pure et plus brillante. La force que vous n'avez pas aujourd'hui, espérez que vous la recevrez demain. N'y comptez pas pour vous en reposer sur elle, mais pour vous encourager à user de toutes les vôtres.

En laissant à la Providence le soin de vous secourir dans un danger contre lequel je ne peux rien, je me réserve de vous soutenir et vous consoler autant qu'il sera en moi. Je ne soulagerai pas vos peines, mais je les partagerai. C'est à ce titre que je recevrai volontiers vos confidences. Je sens que votre cœur doit avoir besoin de s'épancher. Je vous ouvre le mien ; l'âge ne l'a pas encore refroidi au point d'être insensible à l'amitié. Vous le trouverez toujours prêt à vous recevoir. Ce sera un faible soulagement à vos douleurs, mais au moins vous ne pleurerez pas seule : et quand ce malheureux amour, prenant trop d'empire sur vous, vous forcera d'en parler, il vaut mieux que ce soit avec moi qu'avec *lui*. Voilà que je parle comme vous ; et je crois qu'à nous deux nous ne parviendrons pas à le nommer ; au reste, nous nous entendons.

Je ne sais si je fais bien de vous dire qu'il m'a paru vivement affecté de votre départ ; il serait peut-être plus sage de ne vous en pas parler : mais je n'aime pas cette sagesse qui afflige ses amis. Je suis pourtant forcée de n'en pas parler plus longtemps. Ma vue débile, et ma main tremblante, ne me permettent pas de longues lettres, quand il faut les écrire moi-même.

Adieu donc, ma chère belle ; adieu, mon aimable enfant ; oui, je vous adopte volontiers pour ma fille, et vous avez bien tout ce qu'il faut pour faire l'orgueil et le plaisir d'une mère.

Du château de..., ce 3 octobre 17**.

LETTRE CIV

LA MARQUISE DE MERTEUIL À MADAME DE VOLANGES

En vérité, ma chère et bonne amie, j'ai eu peine à me défendre d'un mouvement d'orgueil, en lisant votre lettre. Quoi ! vous m'honorez de votre entière confiance ! vous allez même jusqu'à me demander des conseils ! Ah ! je suis bien heureuse, si je mérite cette opinion favorable de votre part, si je ne la dois pas seulement à la prévention de l'amitié. Au reste, quel qu'en soit le motif, elle n'en est pas moins précieuse à mon cœur ; et l'avoir obtenue, n'est à mes yeux qu'une raison de plus pour travailler davantage à la mériter. Je vais donc (mais sans prétendre vous donner un avis) vous dire librement ma façon de penser. Je m'en méfie, parce qu'elle diffère de la vôtre : mais quand je vous aurai exposé mes raisons, vous les jugerez ; et si vous les condamnez, je souscris d'avance à votre jugement. J'aurai au moins cette sagesse, de ne pas me croire plus sage que vous.

Si pourtant, et pour cette seule fois, mon avis se trouvait préférable, il faudrait en chercher la cause dans les illusions de l'amour maternel. Puisque ce sentiment est louable, il doit se trouver en vous. Qu'il se reconnaît bien en effet dans le parti que vous êtes tentée de prendre ! c'est ainsi que, s'il vous arrive d'errer quelquefois, ce n'est jamais que dans le choix des vertus.

La prudence est, à ce qu'il me semble, celle qu'il faut préférer, quand on dispose du sort des autres, et surtout quand il s'agit de le fixer par un lien indissoluble et sacré, tel que celui du mariage. C'est alors qu'une mère, également sage et tendre, doit comme vous le dites si bien, *aider sa fille de son expérience*. Or, je vous le demande, qu'a-t-elle à faire pour y parvenir ? sinon de distinguer, pour elle, entre ce qui plaît et ce qui convient.

Ne serait-ce donc pas avilir l'autorité maternelle, ne serait-ce pas l'anéantir, que de la subordonner à un goût frivole dont la puissance illusoire ne se fait sentir qu'à ceux qui la redoutent, et disparaît sitôt qu'on la méprise ? Pour moi, je l'avoue, je n'ai jamais cru à ces passions entraînantes et irrésistibles, dont il semble qu'on soit convenu de faire l'excuse générale de nos dérèglements. Je ne conçois point comment un goût, qu'un moment voit naître et qu'un autre voit mourir, peut avoir plus de force que les principes inaltérables de pudeur, d'honnêteté et de modestie ; et je n'entends pas plus qu'une femme qui les trahit puisse être justifiée par sa passion prétendue, qu'un voleur ne le serait par la passion de l'argent, ou un assassin par celle de la vengeance.

Eh ! qui peut dire n'avoir jamais eu à combattre ? Mais j'ai toujours cherché à me persuader que, pour résister, il suffisait de le vouloir ; et jusqu'alors au moins, mon expérience a confirmé mon opinion. Que serait la vertu, sans les devoirs qu'elle impose ? son culte est dans nos sacrifices, se récompense dans nos cœurs. Ces vérités ne peuvent être niées que par ceux qui ont intérêt de les méconnaître ; et qui, déjà dépravés, espèrent faire un moment d'illusion, en essayant de justifier leur mauvaise conduite par de mauvaises raisons.

Mais pourrait-on le craindre d'un enfant simple et timide ; d'un enfant né de vous, et dont l'éducation modeste et pure n'a pu que fortifier l'heureux naturel ? C'est pourtant à cette crainte, que j'ose dire humiliante pour votre fille, que vous voulez sacrifier le mariage avantageux que votre prudence avait ménagé pour elle ! J'aime beaucoup Danceny ; et depuis longtemps, comme vous savez, je vois peu M. de Gercourt ; mais mon amitié pour l'un, mon indifférence pour l'autre, ne m'empêchent point de sentir l'énorme différence qui se trouve entre ces deux partis.

Leur naissance est égale, j'en conviens ; mais l'un est sans fortune, et celle de l'autre est telle que, même sans naissance, elle aurait suffi pour le mener à tout.

J'avoue bien que l'argent ne fait pas le bonheur ; mais il faut avouer aussi qu'il le facilite beaucoup. Mademoiselle de Volanges est, comme vous le dites, assez riche pour deux : cependant, soixante mille livres de rente dont elle va jouir ne sont pas déjà tant quand on porte le nom de Danceny, quand il faut monter et soutenir une maison qui y réponde. Nous ne sommes plus au temps de madame de Sévigné. Le luxe absorbe tout : on le blâme, mais il faut l'imiter ; et le superflu finit par priver du nécessaire.

Quant aux qualités personnelles que vous comptez pour beaucoup, et avec beaucoup de raison, assurément M. de Gercourt est sans reproche de ce côté ; et à lui, ses preuves sont faites. J'aime à croire, et je crois qu'en effet Danceny ne lui cède en rien ; mais en sommes-nous aussi sûres ? Il est vrai qu'il a paru jusqu'ici exempt des défauts de son âge, et que malgré le ton du jour il montre un goût pour la bonne compagnie qui fait augurer favorablement de lui ; mais qui sait si cette sagesse apparente, il ne la doit pas à la médiocrité de sa fortune ? Pour peu qu'on craigne d'être fripon ou crapuleux, il faut de l'argent pour être joueur et libertin, et l'on peut encore aimer les défauts dont on redoute les excès. Enfin il ne serait pas le millième qui aurait vu la bonne compagnie uniquement faute de pouvoir mieux faire.

Je ne dis pas (à Dieu ne plaise !) que je croie tout cela de lui : mais ce serait toujours un risque à courir ; et quels reproches n'auriez-vous pas à vous faire, si l'événement n'était pas heureux ! Que répondriez-vous à votre fille, qui vous dirait : « Ma mère, j'étais jeune et sans expérience ; j'étais même séduite par une erreur pardonnable à mon âge : mais le ciel, qui avait prévu ma faiblesse, m'avait accordé une mère sage, pour y remédier et m'en garantir. Pourquoi donc, oubliant votre prudence, avez-vous consenti à mon malheur ? était-ce à moi à me choisir un époux, quand je ne connaissais rien de l'état du mariage ? Quand je l'aurais voulu, n'était-ce pas à vous de vous y opposer ? Mais je n'ai jamais eu cette folle volonté. Décidée à vous obéir, j'ai attendu votre choix avec une respectueuse résignation ; jamais je ne me suis écartée de la soumission que je vous devais, et cependant je porte aujourd'hui la peine qui n'est due qu'aux enfants rebelles. Ah ! votre faiblesse m'a perdue... » Peut-être son respect étoufferait-il ces plaintes ; mais l'amour maternel les devinerait : et les larmes de votre fille, pour être dérobées, n'en couleraient pas moins sur votre cœur. Où chercherez-vous alors vos consolations ? Sera-ce dans ce fol amour, contre lequel vous auriez dû l'armer, et par qui au contraire vous vous serez laissé séduire ?

J'ignore, ma chère amie, si j'ai contre cette passion une prévention trop forte ; mais je la crois redoutable, même dans le mariage. Ce n'est pas que je désapprouve qu'un sentiment honnête et doux vienne embellir le lien conjugal, et adoucir en quelque sorte les devoirs qu'il impose ; mais ce n'est pas à lui qu'il appartient de le former ; ce n'est pas à l'illusion d'un moment, à régler le choix de notre vie. En effet, pour choisir, il faut comparer ; et comment le pouvoir, quand un seul objet nous occupe ; quand celui-là même on ne peut le connaître, plongé que l'on est dans l'ivresse et l'aveuglement ?

J'ai rencontré, comme vous pouvez croire, plusieurs femmes atteintes de ce mal dangereux ; j'ai reçu les confidences de quelques-unes. A les entendre, il n'en est point dont l'amant ne soit un être parfait : mais ces perfections chimériques n'existent que dans leur imagination. Leur tête exaltée ne rêve qu'agréments et vertus ; elles en parent à plaisir celui qu'elles préfèrent : c'est la draperie d'un Dieu, portée souvent par un modèle abject : mais quel qu'il soit, à peine l'en ont-elles revêtu, que, dupes de leur propre ouvrage, elles se prosternent pour l'adorer.

Ou votre fille n'aime pas Danceny, ou elle éprouve cette même illusion ; elle est commune à tous deux, si leur amour est réciproque. Ainsi votre raison pour les unir à jamais se réduit à la certitude qu'ils ne se

connaissent pas, qu'ils ne peuvent se connaître. Mais,
me direz-vous, M. de Gercourt et ma fille se connais-
sent-ils davantage ? Non, sans doute ; mais au moins
ne s'abusent-ils pas, ils s'ignorent seulement. Qu'arrive-
t-il dans ce cas entre deux époux que je suppose honnêtes ? c'est que chacun d'eux étudie l'autre, s'observe
vis-à-vis de lui, cherche et reconnaît bientôt ce qu'il faut
qu'il cède de ses goûts et de ses volontés, pour la tranquillité commune. Ces légers sacrifices se font sans
peine, parce qu'ils sont réciproques et qu'on les a pré-
vus : bientôt ils font naître une bienveillance mutuelle ;
et l'habitude, qui fortifie tous les penchants qu'elle ne
détruit pas, amène peu à peu cette douce amitié, cette
tendre confiance, qui, jointes à l'estime, forment, ce
me semble, le véritable, le solide bonheur des mariages.

Les illusions de l'amour peuvent être plus douces ;
mais qui ne sait aussi qu'elles sont moins durables ?
et quels dangers n'amène pas le moment qui les détruit !
C'est alors que les moindres défauts paraissent cho-
quants et insupportables, par le contraste qu'ils forment
avec l'idée de perfection qui nous avait séduits. Chacun
des deux époux croit cependant que l'autre seul a changé, et que lui vaut toujours ce qu'un moment d'erreur
l'avait fait apprécier. Le charme qu'il n'éprouve plus,
il s'étonne de ne le plus faire naître ; il en est humilié :
la vanité blessée aigrit les esprits, augmente les torts,
produit l'humeur, enfante la haine ; et de frivoles plaisirs sont payés enfin par de longues infortunes.

Voilà, ma chère amie, ma façon de penser sur l'objet
qui nous occupe ; je ne la défends pas, je l'expose seulement ; c'est à vous à décider. Mais si vous persistez
dans votre avis, je vous demande de me faire connaître
les raisons qui auront combattu les miennes ; je serai
bien aise de m'éclairer auprès de vous, et surtout d'être
rassurée sur le sort de votre aimable enfant, dont je
désire bien ardemment le bonheur, et par mon amitié
pour elle, et par celle qui m'unit à vous pour la vie.

*Paris, ce 4 octobre 17**.*

LETTRE CV

LA MARQUISE DE MERTEUIL À CÉCILE VOLANGES

Hé bien ! Petite, vous voilà donc bien fâchée, bien honteuse, et ce M. de Valmont est un méchant homme, n'est-ce pas ? Comment ! il ose vous traiter comme la femme qu'il aimerait le mieux ! Il vous apprend ce que vous mouriez d'envie de savoir ! En vérité, ces procédés-là sont impardonnables. Et vous, de votre côté, vous voulez garder votre sagesse pour votre amant (qui n'en abuse pas) ; vous ne chérissez de l'amour que les peines, et non les plaisirs ! Rien de mieux, et vous figurerez à merveille dans un roman. De la passion, de l'infortune, de la vertu par-dessus tout, que de belles choses ! Au milieu de ce brillant cortège, on s'ennuie quelquefois à la vérité, mais on le rend bien.

Voyez donc, la pauvre enfant, comme elle est à plaindre ! Elle avait les yeux battus le lendemain ! Et que direz-vous donc, quand ce seront ceux de votre amant ? Allez, mon bel ange, vous ne les aurez pas toujours ainsi ; tous les hommes ne sont pas des Valmont. Et puis, ne plus oser lever ces yeux-là ! Oh ! par exemple, vous avez eu bien raison ; tout le monde y aurait lu votre aventure. Croyez-moi cependant, s'il en était ainsi, nos femmes et même nos demoiselles auraient le regard plus modeste.

Malgré les louanges que je suis forcée de vous donner, comme vous voyez, il faut convenir pourtant que vous avez manqué votre chef-d'œuvre ; c'était de tout dire à votre maman. Vous aviez si bien commencé ! déjà vous vous étiez jetée dans ses bras, vous sanglotiez, elle pleurait aussi ; quelle scène pathétique ! et quel dommage de ne l'avoir pas achevée ! Votre tendre mère, toute ravie d'aise, et pour aider à votre vertu, vous aurait cloîtrée pour toute votre vie ; et là vous auriez aimé Danceny tant que vous auriez voulu, sans rivaux

et sans péché ; vous vous seriez désolée tout à votre
aise ; et Valmont, à coup sûr, n'aurait pas été troubler
votre douleur par de contrariants plaisirs.

Sérieusement peut-on, à quinze ans passés, être
enfant comme vous l'êtes ? Vous avez bien raison de
dire que vous ne méritez pas mes bontés. Je voulais
pourtant être votre amie : vous en avez besoin peut-
être avec la mère que vous avez, et le mari qu'elle veut
vous donner ! Mais si vous ne vous formez pas davantage, que voulez-vous qu'on fasse de vous ? Que peut-
on espérer, si ce qui fait venir l'esprit aux filles, semble au contraire vous l'ôter ?

Si vous pouviez prendre sur vous de raisonner un
moment, vous trouveriez bientôt que vous devez vous
féliciter au lieu de vous plaindre. Mais vous êtes honteuse, et cela vous gêne ! Hé ! tranquillisez-vous ; la
honte que cause l'amour est comme sa douleur : on ne
l'éprouve qu'une fois. On peut encore la feindre après ;
mais on ne la sent plus. Cependant le plaisir reste, et
c'est bien quelque chose. Je crois même avoir démêlé,
à travers votre petit bavardage, que vous pourriez le
compter pour beaucoup. Allons, un peu de bonne foi.
Là, ce trouble qui vous empêchait de *faire comme vous
disiez*, qui vous faisait trouver *si difficile de se défendre*, qui vous rendait *comme fâchée*, quand Valmont
s'en est allé, était-ce bien la honte qui le causait ? ou
si c'était le plaisir ? *et ses façons de dire auxquelles on
ne sait comment répondre*, cela ne viendrait-il pas de
ses façons de faire ? Ah ! petite fille, vous mentez, et
vous mentez à votre amie ! Cela n'est pas bien. Mais
brisons là.

Ce qui pour tout le monde serait un plaisir, et pourrait n'être que cela, devient dans votre situation un véritable bonheur. En effet, placée entre une mère dont il
vous importe d'être aimée, et un amant dont vous désirez de l'être toujours, comment ne voyez-vous pas que
le seul moyen d'obtenir ces succès opposés, est de vous
occuper d'un tiers ? Distraite par cette nouvelle aventure, tandis que vis-à-vis de votre maman vous aurez

l'air de sacrifier à votre soumission pour elle un goût qui lui déplaît, vous acquerrez vis-à-vis de votre amant l'honneur d'une belle défense. En l'assurant sans cesse de votre amour, vous ne lui en accorderez pas les dernières preuves. Ces refus, si peu pénibles dans le cas où vous serez, il ne manquera pas de les mettre sur le compte de votre vertu ; il s'en plaindra peut-être, mais il vous en aimera davantage, et pour avoir le double mérite, aux yeux de l'un de sacrifier l'amour, à ceux de l'autre, d'y résister, il ne vous en coûtera que d'en goûter les plaisirs. Oh ! combien de femmes ont perdu leur réputation, qui l'eussent conservée avec soin, si elles avaient pu la soutenir par de pareils moyens !

Ce parti que je vous propose, ne vous paraît-il pas le plus raisonnable, comme le plus doux ? Savez-vous ce que vous avez gagné à celui que vous avez pris ? c'est que votre maman a attribué votre redoublement de tristesse à un redoublement d'amour, qu'elle en est outrée, et que pour vous en punir elle n'attend que d'en être plus sûre. Elle vient de m'en écrire ; elle tentera tout pour obtenir cet aveu de vous-même. Elle ira, peut-être, me dit-elle, jusqu'à vous proposer Danceny pour époux ; et cela, pour vous engager de parler. Et si, vous laissant séduire par cette trompeuse tendresse, vous répondiez, selon votre cœur, bientôt renfermée pour longtemps, peut-être pour toujours, vous pleureriez à loisir votre aveugle crédulité.

Cette ruse qu'elle veut employer contre vous, il faut la combattre par une autre. Commencez donc, en lui montrant moins de tristesse, à lui faire croire que vous songez moins à Danceny. Elle se le persuadera d'autant plus facilement, que c'est l'effet ordinaire de l'absence ; et elle vous en aura d'autant plus de gré, qu'elle y trouvera une occasion de s'applaudir de sa prudence, qui lui a suggéré ce moyen. Mais si, conservant quelque doute, elle persistait pourtant à vous éprouver, et qu'elle vînt à vous parler de mariage, renfermez-vous, en fille bien née, dans une parfaite soumission. Au fait, qu'y risquez-vous ? Pour ce qu'on fait d'un mari, l'un

vaut toujours bien l'autre ; et le plus incommode est
encore moins gênant qu'une mère.

Une fois plus contente de vous, votre maman vous
mariera enfin ; et alors, plus libre dans vos démarches,
vous pourrez, à votre choix, quitter Valmont pour prendre Danceny, ou même les garder tous deux. Car,
prenez-y garde, votre Danceny est gentil : mais c'est
un de ces hommes qu'on a quand on veut et tant qu'on
veut ; on peut donc se mettre à l'aise avec lui. Il n'en
est pas de même de Valmont : on le garde difficilement ; et il est dangereux de le quitter. Il faut avec lui
beaucoup d'adresse, ou, quand on n'en a pas, beaucoup de docilité. Mais, aussi, si vous pouviez parvenir
à vous l'attacher comme ami, ce serait là un bonheur !
il vous mettrait tout de suite au premier rang de nos
femmes à la mode. C'est comme cela qu'on acquiert
une consistance [1] dans le monde, et non pas à rougir
et à pleurer, comme quand vos religieuses vous faisaient
dîner à genoux.

Vous tâcherez donc, si vous êtes sage, de vous rac-
commoder avec Valmont, qui doit être très en colère
contre vous ; et comme il faut savoir réparer ses sottises, ne craignez pas de lui faire quelques avances ; aussi
bien apprendrez-vous bientôt, que si les hommes nous
font les premières, nous sommes presque toujours obligées de faire les secondes. Vous avez un prétexte pour
celles-ci : car il ne faut pas que vous gardiez cette lettre ; et j'exige de vous de la remettre à Valmont aussitôt que vous l'aurez lue. N'oubliez pas pourtant de la
recacheter auparavant. D'abord, c'est qu'il faut vous
laisser le mérite de la démarche que vous ferez vis-à-
vis de lui, et qu'elle n'ait pas l'air de vous avoir été
conseillée ; et puis, c'est qu'il n'y a que vous au monde,
dont je sois assez l'amie pour vous parler comme je fais.

---

1. « Épaississement » (sens physique) ; « liaison des choses : discours, conduite, caractère sans consistance » (sens moral), comme
l'indique le *Manuel lexique* de Prévost, cité par L. Versini (*ibid.*,
p. 1323). Le mot est emprunté à la langue de la physique.

Adieu, bel ange, suivez mes conseils, et vous me man-
derez si vous vous en trouvez bien.

P.S. A propos, j'oubliais... un mot encore. Voyez
donc à soigner davantage votre style. Vous écrivez toujours comme un enfant. Je vois bien d'où cela vient ;
c'est que vous dites tout ce que vous pensez, et rien de
ce que vous ne pensez pas. Cela peut passer ainsi de
vous à moi, qui devons n'avoir rien de caché l'une pour
l'autre : mais avec tout le monde ! avec votre amant
surtout ! vous auriez toujours l'air d'une petite sotte.
Vous voyez bien que, quand vous écrivez à quelqu'un,
c'est pour lui et non pas pour vous : vous devez donc
moins chercher à lui dire ce que vous pensez, que ce
qui lui plaît davantage.

Adieu, mon cœur : je vous embrasse au lieu de vous
gronder dans l'espérance que vous serez plus raisonnable.

Paris, ce 4 octobre 17**.

LETTRE CVI

LA MARQUISE DE MERTEUIL AU VICOMTE DE VALMONT

A merveille, Vicomte, et pour le coup, je vous aime
à la fureur ! Au reste, après la première de vos deux
lettres, on pouvait s'attendre à la seconde : aussi ne
m'a-t-elle point étonnée ; et tandis que déjà fier de vos
succès à venir, vous en sollicitiez la récompense, et que
vous me demandiez si j'étais prête, je voyais bien que
je n'avais pas tant besoin de me presser. Oui, d'honneur ; en lisant le beau récit de cette scène tendre, et
qui vous avait si *vivement ému* ; en voyant votre retenue, digne des plus beaux temps de notre chevalerie,
j'ai dit vingt fois : « Voilà une affaire manquée ! »
Mais c'est que cela ne pouvait pas être autrement.
Que voulez-vous que fasse une pauvre femme qui se
rend et qu'on ne prend pas ? Ma foi, dans ce cas-là,

il faut au moins sauver l'honneur ; et c'est ce qu'a fait votre Présidente. Je sais bien que pour moi, qui ai senti que la marche qu'elle a prise n'est vraiment pas sans quelque effet, je me propose d'en faire usage, pour mon compte, à la première occasion un peu sérieuse qui se présentera : mais je promets bien que si celui pour qui j'en ferai les frais, n'en profite pas mieux que vous, il peut assurément renoncer à moi pour toujours.

Vous voilà donc absolument réduit à rien et cela entre deux femmes, dont l'une était déjà au lendemain, et l'autre ne demandait pas mieux que d'y être ! Hé bien ! vous allez croire que je me vante, et dire qu'il est facile de prophétiser après l'événement ; mais je peux vous jurer que je m'y attendais. C'est que réellement vous n'avez pas le génie de votre état ; vous n'en savez que ce que vous en avez appris, et vous n'inventez rien. Aussi, dès que les circonstances ne se prêtent plus à vos formules d'usage, et qu'il vous faut sortir de la route ordinaire, vous restez court comme un écolier. Enfin, un enfantillage, d'une part ; de l'autre, un retour de pruderie, parce qu'on ne les éprouve pas tous les jours, suffisent pour vous déconcerter et vous ne savez ni les prévenir, ni y remédier. Ah ! Vicomte ! Vicomte ! vous m'apprenez à ne pas juger les hommes par leurs succès ; et bientôt, il faudra dire de vous : Il fut brave un tel jour. Et quand vous avez fait sottises sur sottises, vous recourez à moi ! Il semble que je n'aie rien autre chose à faire que de les réparer. Il est vrai que ce serait bien assez d'ouvrage.

Quoi qu'il en soit, de ces deux aventures, l'une est entreprise contre mon gré, et je ne m'en mêle point ; pour l'autre, comme vous y avez mis quelque complaisance pour moi, j'en fais mon affaire. La lettre que je joins ici, que vous lirez d'abord, et que vous remettrez ensuite à la petite Volanges, est plus que suffisante pour vous la ramener : mais, je vous en prie, donnez quelques soins à cet enfant, et faisons-en, de concert, le désespoir de sa mère et de Gercourt. Il n'y a pas à craindre de forcer les doses. Je vois clairement que la petite

personne n'en sera point effrayée ; et nos vues sur elle
une fois remplies, elle deviendra ce qu'elle pourra.

Je me désintéresse entièrement sur son compte.
J'avais eu quelque envie d'en faire au moins une intri-
gante subalterne, et de la prendre pour jouer *les seconds*
sous moi : mais je vois qu'il n'y a pas d'étoffe ; elle
a une sotte ingénuité qui n'a pas cédé même au spéci-
fique que vous avez employé, lequel pourtant n'en
manque guère ; et c'est, selon moi, la maladie la plus
dangereuse que femme puisse avoir. Elle dénote, surtout, une faiblesse de caractère presque toujours incurable et qui s'oppose à tout ; de sorte que, tandis que
nous nous occuperions à former cette petite fille pour
l'intrigue, nous n'en ferions qu'une femme facile. Or,
je ne connais rien de si plat que cette facilité de bêtise,
qui se rend sans savoir ni comment ni pourquoi, uniquement parce qu'on l'attaque et qu'elle ne sait pas
résister. Ces sortes de femmes ne sont absolument que
des machines à plaisir.

Vous me direz qu'il n'y a qu'à n'en faire que cela,
et que c'est assez pour nos projets. A la bonne heure !
mais n'oublions pas que de ces machines-là, tout le
monde parvient bientôt à en connaître les ressorts et
les moteurs ; ainsi, que pour se servir de celle-ci sans
danger, il faut se dépêcher, s'arrêter de bonne heure,
et la briser ensuite. A la vérité, les moyens ne nous manqueront pas pour nous en défaire, et Gercourt la fera
toujours bien enfermer quand nous voudrons. Au fait,
quand il ne pourra plus douter de sa déconvenue, quand
elle sera bien publique et bien notoire, que nous importe
qu'il se venge, pourvu qu'il ne se console pas ? Ce que
je dis du mari, vous le pensez sans doute de la mère ;
ainsi cela vaut fait.

Ce parti que je crois le meilleur, et auquel je me suis
arrêtée, m'a décidée à mener la jeune personne un peu
vite, comme vous verrez par ma lettre ; cela rend aussi
très important de ne rien laisser entre ses mains qui
puisse nous compromettre, et je vous prie d'y avoir
attention. Cette précaution une fois prise, je me charge

du moral, le reste vous regarde. Si pourtant nous voyons par la suite que l'ingénuité se corrige, nous serons toujours à temps de changer de projet. Il n'en aurait pas moins fallu, un jour ou l'autre, nous occuper de ce que nous allons faire : dans aucun cas, nos soins ne seront perdus.

Savez-vous que les miens ont risqué de l'être, et que l'étoile de Gercourt a pensé l'emporter sur ma prudence ? Madame de Volanges n'a-t-elle pas eu un moment de faiblesse maternelle ? ne voulait-elle pas donner sa fille à Danceny ? C'était là ce qu'annonçait cet intérêt plus tendre, que vous aviez remarqué *le lendemain*. C'est encore vous qui auriez été cause de ce beau chef-d'œuvre ! Heureusement la tendre mère m'en a écrit, et j'espère que ma réponse l'en dégoûtera. J'y parle tant vertu, et surtout je la cajole tant, qu'elle doit trouver que j'ai raison.

Je suis fâchée de n'avoir pas eu le temps de prendre copie de ma lettre, pour vous édifier sur l'austérité de ma morale. Vous verriez comme je méprise les femmes assez dépravées pour avoir un amant ! Il est si commode d'être rigoriste dans ses discours ! cela ne nuit jamais qu'aux autres, et ne nous gêne aucunement... Et puis je n'ignore pas que la bonne dame a eu ses petites faiblesses comme une autre, dans son jeune temps, et je n'étais pas fâchée de l'humilier au moins dans sa conscience ; cela me consolait un peu des louanges que je lui donnais contre la mienne. C'est ainsi que dans la même lettre, l'idée de nuire à Gercourt m'a donné le courage d'en dire du bien.

Adieu, Vicomte ; j'approuve beaucoup le parti que vous prenez de rester quelque temps où vous êtes. Je n'ai point de moyens pour hâter votre marche ; mais je vous invite à vous désennuyer avec notre commune pupille. Pour ce qui est de moi, malgré votre citation polie, vous voyez bien qu'il faut encore attendre ; et vous conviendrez, sans doute, que ce n'est pas ma faute.

Paris, ce 4 octobre 17**.

LETTRE CVII

AZOLAN [1] AU VICOMTE DE VALMONT

Monsieur,

Conformément à vos ordres, j'ai été, aussitôt la réception de votre lettre, chez M. Bertrand, qui m'a remis les vingt-cinq louis, comme vous lui aviez ordonné. Je lui en avais demandé deux de plus pour Philippe, à qui j'avais dit de partir sur-le-champ, comme Monsieur me l'avait mandé, et qui n'avait pas d'argent ; mais Monsieur votre homme d'affaires n'a pas voulu, en disant qu'il n'avait pas d'ordre de ça de vous. J'ai donc été obligé de les donner de moi et Monsieur m'en tiendra compte, si c'est sa bonté.

Philippe est parti hier au soir. Je lui ai bien recommandé de ne pas quitter le cabaret, afin qu'on puisse être sûr de le trouver si on en a besoin.

J'ai été tout de suite après chez madame la Présidente pour voir mademoiselle Julie : mais elle était sortie, et je n'ai parlé qu'à La Fleur, de qui je n'ai pu rien savoir, parce que depuis son arrivée il n'avait été à l'hôtel qu'à l'heure des repas. C'est le second qui a fait tout le service, et Monsieur sait bien que je ne connaissais pas celui-là. Mais j'ai commencé aujourd'hui.

Je suis retourné ce matin chez mademoiselle Julie, et elle a paru bien aise de me voir. Je l'ai interrogée sur la cause du retour de sa maîtresse ; mais elle m'a dit n'en rien savoir, et je crois qu'elle a dit vrai. Je lui ai reproché de ne pas m'avoir averti de son départ, et elle m'a assuré qu'elle ne l'avait su que le soir même en allant coucher Madame : si bien qu'elle a passé toute

---

1. C'est dans *Clarisse Harlowe* que Richardson introduit des lettres de valet. Dans son adaptation (cf. note 1, page 71), Prévost avait soigneusement corrigé les fautes volontaires.

la nuit à ranger, et que la pauvre fille n'a pas dormi deux heures. Elle n'est sortie ce soir-là de la chambre de sa maîtresse qu'à une heure passée, et elle l'a laissée qui se mettait seulement à écrire.

Le matin, madame de Tourvel, en partant, a remis une lettre au concierge du château. Mademoiselle Julie ne sait pas pour qui : elle dit que c'était peut-être pour Monsieur ; mais Monsieur ne m'en parle pas.

Pendant tout le voyage, Madame a eu un grand capuchon sur sa figure, ce qui faisait qu'on ne pouvait la voir : mais mademoiselle Julie croit être sûre qu'elle a pleuré souvent. Elle n'a pas dit une parole pendant la route, et elle n'a pas voulu s'arrêter à... *, comme elle avait fait en allant ; ce qui n'a pas fait trop de plaisir à mademoiselle Julie, qui n'avait pas déjeuné. Mais, comme je lui ai dit, les maîtres sont les maîtres.

En arrivant, Madame s'est couchée ; mais elle n'est restée au lit que deux heures. En se levant, elle a fait venir son Suisse, et lui a donné ordre de ne laisser entrer personne. Elle n'a point fait de toilette du tout. Elle s'est mise à table pour dîner ; mais elle n'a mangé qu'un peu de potage, et elle en est sortie tout de suite. On lui a porté son café chez elle et mademoiselle Julie est entrée en même temps. Elle a trouvé sa maîtresse qui rangeait des papiers dans son secrétaire, et elle a vu que c'était des lettres. Je parierais bien que ce sont celles de Monsieur ; et des trois qui lui sont arrivées dans l'après-midi, il y en a une qu'elle avait encore devant elle tout au soir ! Je suis bien sûr que c'est encore une de Monsieur. Mais pourquoi donc est-ce qu'elle s'en est allée comme ça ? ça m'étonne, moi ! au reste, sûrement que Monsieur le sait bien ? Et ce ne sont pas mes affaires.

Madame la Présidente est allée l'après-midi dans la bibliothèque, et elle y a pris deux livres qu'elle a em-

* Toujours le même village, à moitié chemin de la route.

portés dans son boudoir : mais mademoiselle Julie
assure qu'elle n'a pas lu dedans un quart d'heure dans
toute la journée, et qu'elle n'a fait que lire cette lettre,
rêver et être appuyée sur sa main. Comme j'ai imaginé
que Monsieur serait bien aise de savoir quels sont ces
livres-là, et que mademoiselle Julie ne le savait pas, je
me suis fait mener aujourd'hui dans la bibliothèque,
sous prétexte de la voir. Il n'y a de vide que pour deux
livres : l'un est le second volume des *Pensées chrétiennes* ; et l'autre, le premier d'un livre, qui a pour titre
Clarisse. J'écris bien comme il y a : Monsieur saura
peut-être ce que c'est.

Hier au soir, Madame n'a pas soupé ; elle n'a pris
que du thé.

Elle a sonné de bonne heure ce matin ; elle a demandé
ses chevaux tout de suite, et elle a été avant neuf heures,
aux Feuillants, où elle a entendu la messe. Elle a voulu
se confesser ; mais son confesseur était absent, et il ne
reviendra pas de huit à dix jours. J'ai cru qu'il était
bon de mander cela à Monsieur.

Elle est rentrée ensuite, elle a déjeuné, et puis s'est
mise à écrire, et elle y est restée jusqu'à près d'une
heure. J'ai trouvé occasion de faire bientôt ce que Monsieur désirait le plus : car c'est moi qui ai porté les lettres
à la poste. Il n'y en avait pas pour madame de Volanges : mais j'en envoie une à Monsieur, qui était pour
M. le Président : il m'a paru que ça devait être la plus
intéressante. Il y en avait une aussi pour Madame de
Rosemonde ; mais j'ai imaginé que Monsieur la verrait
toujours bien quand il voudrait, et je l'ai laissée partir.
Au reste, Monsieur saura bien tout, puisque madame
la Présidente lui écrit aussi. J'aurai par la suite toutes
celles qu'il voudra ; car c'est presque toujours mademoiselle Julie qui les remet aux gens, et elle m'a assuré
que, par amitié pour moi, et puis aussi pour Monsieur,
elle ferait volontiers ce que je voudrais.

Elle n'a pas même voulu de l'argent que je lui ai
offert : mais je pense bien que Monsieur voudra lui
faire quelque petit présent ; et si c'est sa volonté, et

qu'il veuille m'en charger, je saurai aisément ce qui lui fera plaisir.

J'espère que Monsieur ne trouvera pas que j'aie mis de la négligence à le servir, et j'ai bien à cœur de me justifier des reproches qu'il me fait. Si je n'ai pas su le départ de madame la Présidente, c'est au contraire mon zèle pour le service de Monsieur qui en est cause, puisque c'est lui qui m'a fait partir à trois heures du matin ; ce qui fait que je n'ai pas vu mademoiselle Julie la veille, au soir, comme de coutume, ayant été coucher au Tournebride[1], pour ne pas réveiller dans le château.

Quant à ce que Monsieur me reproche d'être souvent sans argent, d'abord c'est que j'aime à me tenir proprement, comme Monsieur peut voir ; et puis, il faut bien soutenir l'honneur de l'habit qu'on porte ; je sais bien que je devrais peut-être un peu épargner pour la suite ; mais je me confie entièrement dans la générosité de Monsieur, qui est si bon maître.

Pour ce qui est d'entrer au service de madame de Tourvel, en restant à celui de Monsieur, j'espère que Monsieur ne l'exigera pas de moi. C'était bien différent chez madame la duchesse ; mais assurément je n'irai pas porter la livrée, et encore une livrée de robe, après avoir eu l'honneur d'être chasseur de Monsieur. Pour tout ce qui est du reste, Monsieur peut disposer de celui qui a l'honneur d'être avec autant de respect que d'affection, son très humble serviteur.

ROUX AZOLAN, *chasseur,*

Paris, ce 5 octobre 17**, à onze heures du soir.

1. Communs réservés aux domestiques.

LETTRE CVIII

LA PRÉSIDENTE DE TOURVEL À MADAME DE ROSEMONDE

O mon indulgente mère ! que j'ai de grâces à vous rendre, et que j'avais besoin de votre lettre ! Je l'ai lue et relue sans cesse ; je ne pouvais pas m'en détacher. Je lui dois les seuls moments moins pénibles que j'aie passés depuis mon départ. Comme vous êtes bonne ! la sagesse, la vertu, savent donc compatir à la faiblesse ! vous avez pitié de mes maux ! ah ! si vous les connaissiez !... ils sont affreux. Je croyais avoir éprouvé les peines de l'amour, mais le tourment inexprimable, celui qu'il faut avoir senti pour en avoir l'idée, c'est de se séparer de ce qu'on aime, de s'en séparer pour toujours !... Oui, la peine qui m'accable aujourd'hui reviendra demain, après-demain, toute ma vie ! Mon Dieu, que je suis jeune encore, et qu'il me reste de temps à souffrir !

Être soi-même l'artisan de son malheur ; se déchirer le cœur de ses propres mains ; et tandis qu'on souffre ces douleurs insupportables, sentir à chaque instant qu'on peut les faire cesser d'un mot et que ce mot soit un crime ! ah ! mon amie !...

Quand j'ai pris ce parti si pénible de m'éloigner de lui, j'espérais que l'absence augmenterait mon courage et mes forces : combien je me suis trompée ! il semble au contraire qu'elle ait achevé de les détruire. J'avais plus à combattre, il est vrai : mais même en résistant, tout n'était pas privation ; au moins je le voyais quelquefois ; souvent même, sans oser porter mes regards sur lui, je sentais les siens fixés sur moi : oui, mon amie, je le sentais, il semblait qu'ils réchauffassent mon âme ; et sans passer par mes yeux, ils n'en arrivaient pas moins à mon cœur. A présent, dans ma pénible solitude, isolée de tout ce qui m'est cher, tête à tête avec mon infortune, tous les moments de ma triste existence sont marqués par mes larmes, et rien n'en adoucit l'amertume, nulle consolation ne se mêle à mes sacrifices : et ceux que j'ai faits jusqu'à présent n'ont servi qu'à me rendre plus douloureux ceux qui me restent à faire.

Hier encore, je l'ai bien vivement senti. Dans les lettres qu'on m'a remises, il y en avait une de lui ; on était encore à deux pas de moi, que je l'avais reconnue entre les autres. Je me suis levée involontairement : je tremblais, j'avais peine à cacher mon émotion ; et cet état n'était pas sans plaisir. Restée seule le moment d'après, cette trompeuse douceur s'est bientôt évanouie, et ne m'a laissé qu'un sacrifice de plus à faire. En effet, pouvais-je ouvrir cette lettre, que pourtant je brûlais de lire ? Par la fatalité qui me poursuit, les consolations qui paraissent se présenter à moi ne font, au contraire, que m'imposer de nouvelles privations ; et celles-ci deviennent plus cruelles encore, par l'idée que M. de Valmont les partage.

Le voilà enfin, ce nom qui m'occupe sans cesse, et que j'ai eu tant de peine à écrire ; l'espèce de reproche que vous m'en faites, m'a véritablement alarmée. Je vous supplie de croire qu'une fausse honte n'a point altéré ma confiance en vous ; et pourquoi craindrais-je de le nommer ? Ah ! je rougis de mes sentiments, et non de l'objet qui les cause. Quel autre que lui est plus digne de les inspirer ! Cependant je ne sais pourquoi ce nom ne se présente point naturellement sous ma plume ; et cette fois encore, j'ai eu besoin de réflexion pour le placer. Je reviens à lui.

Vous me mandez qu'il vous a paru *vivement affecté de mon départ*. Qu'a-t-il donc fait ? qu'a-t-il dit ? a-t-il parlé de revenir à Paris ? Je vous prie de l'en détourner autant que vous pourrez. S'il m'a bien jugée, il ne doit pas m'en vouloir de cette démarche : mais il doit sentir aussi que c'est un parti pris sans retour. Un de mes plus grands tourments est de ne pas savoir ce qu'il pense. J'ai bien encore là sa lettre…,

mais vous êtes sûrement de mon avis, je ne dois pas
l'ouvrir.

Ce n'est que par vous, mon indulgente amie, que je
puis ne pas être entièrement séparée de lui. Je ne veux
pas abuser de vos bontés ; je sens à merveille que vos
lettres ne peuvent pas être longues : mais vous ne refuserez pas deux mots à votre enfant ; un pour soutenir
son courage, et l'autre pour l'en consoler. Adieu, ma
respectable amie.

Paris, ce 5 octobre 17**.

LETTRE CIX

CÉCILE VOLANGES À LA MARQUISE DE MERTEUIL

Ce n'est que d'aujourd'hui, Madame, que j'ai remis
à M. de Valmont la lettre que vous m'avez fait l'honneur de m'écrire. Je l'ai gardée quatre jours, malgré
les frayeurs que j'avais souvent qu'on ne la trouvât,
mais je la cachais avec bien du soin ; et quand le chagrin me reprenait, je m'enfermais pour la relire.

Je vois bien que ce que je croyais un si grand malheur n'en est presque pas un ; et il faut avouer qu'il
y a bien du plaisir : de façon que je ne m'afflige presque plus. Il n'y a que l'idée de Danceny qui me tourmente toujours quelquefois. Mais il y a déjà tout plein
de moments où je n'y songe pas du tout ! aussi c'est
que M. de Valmont est bien aimable !

Je me suis raccommodée avec lui depuis deux jours :
ça m'a été bien facile ; car je ne lui avais encore dit
que deux paroles, qu'il m'a dit que si j'avais quelque
chose à lui dire, il viendrait le soir dans ma chambre,
et je n'ai eu qu'à répondre que je le voulais bien. Et
puis, dès qu'il y a été, il n'a pas paru plus fâché que
si je ne lui avais jamais rien fait. Il ne m'a grondée
qu'après, et encore bien doucement, et c'était d'une
manière... Tout comme vous ; ce qui m'a prouvé qu'il
avait aussi bien de l'amitié pour moi.

Je ne saurais vous dire combien il m'a raconté de drôles de choses et que je n'aurais jamais crues, particulièrement sur maman. Vous me feriez bien plaisir de me mander si tout ça est vrai. Ce qui est bien sûr, c'est que je ne pouvais pas me retenir de rire ; si bien qu'une fois j'ai ri aux éclats, ce qui nous a fait bien peur ; car maman aurait pu entendre ; et si elle était venue voir, qu'est-ce que je serais devenue ? C'est bien pour le coup qu'elle m'aurait remise au couvent !

Comme il faut être prudent, et que, comme M. de Valmont m'a dit lui-même, pour rien au monde il ne voudrait risquer de me compromettre, nous sommes convenus que dorénavant il viendrait seulement ouvrir la porte, et que nous irions dans sa chambre. Pour là, il n'y a rien à craindre ; j'y ai déjà été hier, et actuellement que je vous écris, j'attends encore qu'il vienne. A présent Madame, j'espère que vous ne me gronderez plus.

Il y a pourtant une chose qui m'a bien surprise dans votre lettre ; c'est ce que vous me mandez pour quand [1] je serai mariée, au sujet de Danceny et de M. de Valmont. Il me semble qu'un jour à l'Opéra vous me disiez au contraire qu'une fois mariée, je ne pouvais plus aimer que mon mari, et qu'il me faudrait même oublier Danceny : au reste, peut-être que j'avais mal entendu, et j'aime bien mieux que cela soit autrement, parce qu'à présent, je ne craindrai plus tant le moment de mon mariage. Je le désire même, puisque j'aurai plus de liberté ; j'espère qu'alors je pourrai m'arranger de façon à ne plus songer qu'à Danceny. Je sens bien que je ne serai véritablement heureuse qu'avec lui ; car à présent son idée me tourmente toujours et je n'ai de bonheur que quand je peux ne pas penser à lui, ce qui est bien difficile ; et dès que j'y pense, je redeviens chagrine tout de suite.

Ce qui me console un peu c'est que vous m'assurez

1. Comme au paragraphe précédent « pour là », incorrections recherchées.

que Danceny m'en aimera davantage ; mais en êtes-vous bien sûre ?... Oh ! oui, vous ne voudriez pas me tromper. C'est pourtant plaisant que ce soit Danceny que j'aime et que M. de Valmont... Mais, comme vous dites, c'est peut-être un bonheur ! Enfin, nous verrons.

Je n'ai pas trop entendu ce que vous me marquez au sujet de ma façon d'écrire. Il me semble que Danceny trouve mes lettres bien comme elles sont. Je sens pourtant bien que je ne dois rien lui dire de tout ce qui se passe avec M. de Valmont ; ainsi vous n'avez que faire de craindre.

Maman ne m'a point encore parlé de mon mariage : mais laissez faire ; quand elle m'en parlera, puisque c'est pour m'attraper, je vous promets que je saurai mentir.

Adieu, ma bien bonne amie ; je vous remercie bien, et je vous promets que je n'oublierai jamais toutes vos bontés pour moi. Il faut que je finisse, car il est près d'une heure ; ainsi M. de Valmont ne doit pas tarder.

Du château de..., ce 10 octobre 17**.

LETTRE CX

LE VICOMTE DE VALMONT À LA MARQUISE DE MERTEUIL

Puissances du Ciel ! j'avais une âme pour la douleur : donnez-m'en une pour la félicité* ! C'est, je crois, le tendre Saint-Preux qui s'exprime ainsi. Mieux partagé que lui, je possède à la fois les deux existences. Oui, mon amie, je suis, en même temps, très heureux et très malheureux ; et puisque vous avez mon entière confiance, je vous dois le double récit de mes peines et de mes plaisirs.

Sachez donc que mon ingrate dévote me tient toujours rigueur. J'en suis à ma quatrième lettre renvoyée. J'ai peut-être tort de dire la quatrième ; car ayant bien

---

* *La Nouvelle Héloïse* (I, lettre V).

deviné dès le premier renvoi, qu'il serait suivi de beaucoup d'autres, et ne voulant pas perdre ainsi mon
temps, j'ai pris le parti de mettre mes doléances en lieux
communs, et de ne point dater : et depuis le second
courrier, c'est toujours la même lettre qui va et vient :
je ne fais que changer d'enveloppe. Si ma belle finit
comme finissent ordinairement les belles, et s'attendrit
un jour, au moins de lassitude, elle gardera enfin la missive, et il sera temps alors de me remettre au courant.
Vous voyez qu'avec ce nouveau genre de correspondance, je ne peux pas être parfaitement instruit.

J'ai découvert pourtant que la légère personne a
changé de confidente ; au moins me suis-je assuré que,
depuis son départ du château, il n'est venu aucune lettre
d'elle pour madame de Volanges, tandis qu'il en est
venu deux pour la vieille Rosemonde ; et comme celle-
ci ne nous en a rien dit, comme elle n'ouvre plus la bouche de *sa chère Belle*, dont auparavant elle parlait sans
cesse, j'en ai conclu que c'était elle qui avait la confidence. Je présume que d'une part, le besoin de parler
de moi, et de l'autre, la petite honte de revenir vis-à-
vis de madame de Volanges sur un sentiment si longtemps désavoué, ont produit cette grande révolution.
Je crains encore d'avoir perdu au change : car plus les
femmes vieillissent, et plus elles deviennent rêches [1] et
sévères. La première lui aurait dit bien plus de mal de
moi ; mais celle-ci lui en dira plus de l'amour ; et la
sensible prude a bien plus de frayeur du sentiment que
de la personne.

Le seul moyen de me mettre au fait, est, comme vous
voyez, d'intercepter le commerce clandestin. J'en ai
déjà envoyé l'ordre à mon chasseur ; et j'en attends
l'exécution de jour en jour. Jusque-là, je ne puis rien
faire qu'au hasard : aussi, depuis huit jours, je repasse
inutilement tous les moyens connus, tous ceux des

---

1. Littéralement « âpre au goût ». La diffusion du sens figuré est
de Rousseau (*La Nouvelle Héloïse*, I, Lettre XLIV).

romans et de mes mémoires secrets [1] ; je n'en trouve aucun qui convienne, ni aux circonstances de l'aventure, ni au caractère de l'héroïne. La difficulté ne serait pas de m'introduire chez elle, même la nuit, même encore de l'endormir, et d'en faire une nouvelle Clarisse [2] : mais après plus de deux mois de soins et de peines, recourir à des moyens qui me soient étrangers ! me traîner servilement sur la trace des autres, et triompher sans gloire !... Non, elle n'aura pas *les plaisirs du vice et les honneurs de la vertu** [3]. Ce n'est pas assez pour moi de la posséder, je veux qu'elle se livre. Or, il faut pour cela non seulement pénétrer jusqu'à elle, mais y arriver de son aveu ; la trouver seule et dans l'intention de m'écouter ; surtout, lui fermer les yeux sur le danger, car si elle le voit, elle saura le surmonter ou mourir. Mais mieux je sais ce qu'il faut faire, plus j'en trouve l'exécution difficile ; et dussiez-vous encore vous moquer de moi, je vous avouerai que mon embarras redouble à mesure que je m'en occupe davantage.

La tête m'en tournerait, je crois, sans les heureuses distractions que me donne notre commune pupille ; c'est à elle que je dois d'avoir encore à faire autre chose que des élégies.

Croiriez-vous que cette petite fille était tellement effarouchée, qu'il s'est passé trois grands jours avant que votre lettre ait produit tout son effet ? Voilà comme une seule idée fausse peut gâter le plus heureux naturel !

1. Cf. L. Versini, *Laclos et la tradition, essai sur les sources et la technique des* Liaisons dangereuses, Klincksieck, 1968.
2. Mme de Tourvel a emprunté le roman de Richardson et les *Pensées chrétiennes* de Pascal (lettre CVII). Valmont veut en faire une nouvelle Clarisse, mais sans les lourdes ruses de Lovelace (opium, viol, etc.).
* *La Nouvelle Héloïse.*
3. Julie : « les plaisirs du vice et *l'honneur* de la vertu » (*La Nouvelle Héloïse*, I, lettre IX). Cette citation de mémoire explique la note que Laclos avait prévu d'ajouter et qu'il a retirée : « *Ce M. de Valmont paraît aimer à citer J.-J. Rousseau, et toujours en le profanant par l'abus qu'il en fait.* »

Enfin, ce n'est que samedi qu'on est venu tourner autour de moi et me balbutier quelques mots ; encore prononcés si bas et tellement étouffés par la honte, qu'il était impossible de les entendre. Mais la rougeur qu'ils causèrent m'en fit deviner le sens. Jusque-là, je m'étais tenu fier : mais fléchi par un si plaisant repentir je voulus bien promettre d'aller trouver le soir même la jolie pénitente ; et cette grâce de ma part fut reçue avec toute la reconnaissance due à un si grand bienfait.

Comme je ne perds jamais de vue ni vos projets ni les miens, j'ai résolu de profiter de cette occasion pour connaître au juste la valeur de cet enfant, et aussi pour accélérer son éducation. Mais pour suivre ce travail avec plus de liberté j'avais besoin de changer le lieu de nos rendez-vous ; car un simple cabinet, qui sépare la cheminée de votre pupille de celle de sa mère, ne pouvait lui inspirer assez de sécurité, pour la laisser se déployer à l'aise. Je m'étais donc promis de faire *innocemment* quelque bruit, qui pût lui causer assez de crainte pour la décider à prendre, à l'avenir, un asile plus sûr ; elle m'a encore épargné ce soin.

La petite personne est rieuse ; et, pour favoriser sa gaieté, je m'avisai, dans nos entractes, de lui raconter toutes les aventures scandaleuses qui me passaient par la tête ; et pour les rendre plus piquantes et fixer davantage son attention, je les mettais toutes sur le compte de sa maman, que je me plaisais à chamarrer ainsi de vices et de ridicules.

Ce n'était pas sans motif que j'avais fait ce choix ; il encourageait mieux que tout autre ma timide écolière, et je lui inspirais en même temps le plus profond mépris pour sa mère. J'ai remarqué depuis longtemps, que si ce moyen n'est pas toujours nécessaire à employer pour séduire une jeune fille, il est indispensable, et souvent même le plus efficace, quand on veut la dépraver ; car celle qui ne respecte pas sa mère, ne se respectera pas elle-même : vérité morale que je crois si utile que j'ai été bien aise de fournir un exemple à l'appui du précepte.

Cependant votre pupille, qui ne songeait pas à la morale, étouffait de rire à chaque instant ; et enfin, une fois, elle pensa éclater. Je n'eus pas de peine à lui faire croire qu'elle avait fait *un bruit affreux*. Je feignis une grande frayeur, qu'elle partagea facilement. Pour qu'elle s'en ressouvînt mieux, je ne permis plus au plaisir de reparaître, et la laissai seule trois heures plus tôt que de coutume : aussi convînmes-nous, en nous séparant, que dès le lendemain ce serait dans ma chambre que nous nous rassemblerions.

Je l'y ai déjà reçue deux fois ; et dans ce court intervalle l'écolière est devenue presque aussi savante que le maître. Oui, en vérité, je lui ai tout appris, jusqu'aux complaisances ! je n'ai excepté que les précautions.

Ainsi occupé toute la nuit, j'y gagne de dormir une grande partie du jour ; et comme la société actuelle du château n'a rien qui m'attire, à peine parais-je une heure au salon dans la journée. J'ai même, d'aujourd'hui, pris le parti de manger dans ma chambre, et je ne compte plus la quitter que pour de courtes promenades. Ces bizarreries passent sur le compte de ma santé. J'ai déclaré que j'étais *perdu de vapeurs* ; j'ai annoncé aussi un peu de fièvre. Il ne m'en coûte que de parler d'une voix lente et éteinte. Quant au changement de ma figure, fiez-vous-en à votre pupille. *L'amour y pourvoira**.

J'occupe mon loisir, en rêvant aux moyens de reprendre sur mon ingrate les avantages que j'ai perdus, et aussi à composer une espèce de catéchisme de débauche, à l'usage de mon écolière. Je m'amuse à n'y rien nommer que par le mot technique ; et je ris d'avance de l'intéressante conversation que cela doit fournir entre elle et Gercourt la première nuit de leur mariage. Rien n'est plus plaisant que l'ingénuité avec laquelle elle se sert déjà du peu qu'elle sait de cette langue ! elle n'imagine pas qu'on puisse parler autrement. Cette enfant est réellement séduisante ! Ce contraste de la candeur

* REGNARD, *Les Folies amoureuses.*

naïve avec le langage de l'effronterie ne laisse pas de
faire de l'effet ; et, je ne sais pourquoi, il n'y a plus
que les choses bizarres qui me plaisent.

Peut-être je me livre trop à celle-ci, puisque j'y com-
promets mon temps et ma santé : mais j'espère que ma
feinte maladie, outre qu'elle me sauvera de l'ennui du
salon, pourra m'être encore de quelque utilité auprès
de l'austère dévote, dont la vertu tigresse s'allie pourtant avec la douce sensibilité ! Je ne doute pas qu'elle
ne soit déjà instruite de ce grand événement, et j'ai
beaucoup d'envie de savoir ce qu'elle en pense ;
d'autant plus que je parierais bien qu'elle ne manquera
pas de s'en attribuer l'honneur. Je réglerai l'état de ma
santé sur l'impression qu'il fera sur elle.

Vous voilà, ma belle amie, au courant de mes affaires comme moi-même. Je désire avoir bientôt des nouvelles plus intéressantes à vous apprendre ; et je vous
prie de croire que, dans le plaisir que je m'en promets,
je compte pour beaucoup la récompense que j'attends
de vous.

*Du château de..., ce 11 octobre 17**.*

LETTRE CXI

LE COMTE DE GERCOURT À MADAME DE VOLANGES

Tout paraît, Madame, devoir être tranquille dans ce
pays ; et nous attendons, de jour en jour, la permission de rentrer en France. J'espère que vous ne doute-
rez pas que je n'aie toujours le même empressement
à m'y rendre, et à y former les nœuds qui doivent
m'unir à vous et à mademoiselle de Volanges. Cependant M. le duc de***, mon cousin, et à qui vous savez
que j'ai tant d'obligations, vient de me faire part de
son rappel de Naples. Il me mande qu'il compte passer par Rome, et voir, dans sa route, la partie d'Italie
qui lui reste à connaître. Il m'engage à l'accompagner
dans ce voyage, qui sera environ de six semaines ou

deux mois. Je ne vous cache pas qu'il me serait agréable de profiter de cette occasion ; sentant bien qu'une fois marié, je prendrai difficilement le temps de faire d'autres absences que celles que mon service exigera. Peut-être aussi serait-il plus convenable d'attendre l'hiver pour ce mariage ; puisque ce ne peut être qu'alors, que tous mes parents seront rassemblés à Paris ; et nommément M. le marquis de*** à qui je dois l'espoir de vous appartenir. Malgré ces considérations, mes projets à cet égard seront absolument subordonnés aux vôtres ; et pour peu que vous préfériez vos premiers arrangements, je suis prêt à renoncer aux miens. Je vous prie seulement de me faire savoir le plus tôt possible vos intentions à ce sujet. J'attendrai votre réponse ici, et elle seule réglera ma conduite.

Je suis avec respect, Madame, et avec tous les sentiments qui conviennent à un fils, votre très humble, etc.

LE COMTE DE GERCOURT.

Bastia, ce 10 octobre 17**.

LETTRE CXII

MADAME DE ROSEMONDE À LA PRÉSIDENTE DE TOURVEL
(Dictée seulement.)

Je ne reçois qu'à l'instant même, ma chère Belle, votre lettre du 11* et les doux reproches qu'elle contient. Convenez que vous aviez bien envie de m'en faire davantage ; et que si vous ne vous étiez pas ressouvenue que vous étiez *ma fille*, vous m'auriez réellement grondée. Vous auriez été pourtant bien injuste ! C'était le désir et l'espoir de pouvoir vous répondre moi-même, qui me faisait différer chaque jour, et vous voyez qu'encore aujourd'hui, je suis obligée d'emprunter la main de ma femme de chambre. Mon malheureux

---

* Cette lettre ne s'est pas retrouvée.

rhumatisme m'a reprise, il s'est niché cette fois sur le bras droit, et je suis absolument manchote. Voilà ce que c'est, jeune et fraîche comme vous êtes, d'avoir une si vieille amie ! on souffre de ses incommodités.

Aussitôt que mes douleurs me donneront un peu de relâche, je me promets bien de causer longuement avec vous. En attendant, sachez seulement que j'ai reçu vos deux lettres ; qu'elles auraient redoublé, s'il était possible, ma tendre amitié pour vous ; et que je ne cesserai jamais de prendre part, bien vivement, à tout ce qui vous intéresse.

Mon neveu est aussi un peu indisposé, mais sans aucun danger et sans qu'il faille en prendre aucune inquiétude ; c'est une incommodité légère, qui, à ce qu'il me semble, affecte plus son humeur que sa santé. Nous ne le voyons presque plus.

Sa retraite et votre départ ne rendent pas notre petit cercle plus gai. La petite Volanges, surtout, vous trouve furieusement à dire, et bâille, tant que la journée dure, à avaler ses poings. Particulièrement depuis quelques jours, elle nous fait l'honneur de s'endormir profondément toutes les après-dîners.

Adieu, ma chère Belle ; je suis pour toujours votre bien bonne amie, votre maman, votre sœur même, si mon grand âge me permettait ce titre. Enfin je vous suis attachée par tous les plus tendres sentiments.

Signé ADÉLAÏDE, *pour madame* DE ROSEMONDE.

Du château de..., ce 14 octobre 17**.

LETTRE CXIII

LA MARQUISE DE MERTEUIL AU VICOMTE DE VALMONT

Je crois devoir vous prévenir, Vicomte, qu'on commence à s'occuper de vous à Paris ; qu'on y remarque votre absence, et que déjà on en devine la cause. J'étais hier à un souper fort nombreux ; il y fut dit positi-

vement que vous étiez retenu au village par un amour
romanesque et malheureux : aussitôt la joie se peignit
sur le visage de tous les envieux de vos succès et de toutes les femmes que vous avez négligées. Si vous m'en
croyez, vous ne laisserez pas prendre consistance à ces
bruits dangereux, et vous viendrez sur-le-champ les
détruire par votre présence.

Songez que si une fois vous laissez perdre l'idée qu'on
ne vous résiste pas, vous éprouverez bientôt qu'on vous
résistera en effet plus facilement ; que vos rivaux vont
aussi perdre de leur respect pour vous, et oser vous
combattre : car lequel d'entre eux ne se croit pas plus
fort que la vertu ? Songez surtout que dans la multitude des femmes que vous avez affichées, toutes celles
que vous n'avez pas eues vont tenter de détromper le
public, tandis que les autres s'efforceront de l'abuser.
Enfin, il faut vous attendre à être apprécié peut-être
autant au-dessous de votre valeur, que vous l'avez été
au-dessus jusqu'à présent.

Revenez donc, Vicomte, et ne sacrifiez pas votre
réputation à un caprice puéril. Vous avez fait tout ce
que nous voulions de la petite Volanges ; et pour votre
Présidente, ce ne sera pas apparemment en restant à
dix lieues d'elle, que vous vous en passerez la fantaisie. Croyez-vous qu'elle ira vous chercher ? Peut-être
ne songe-t-elle déjà plus à vous, ou ne s'en occupe-
t-elle encore que pour se féliciter de vous avoir humilié. Au moins ici, pourrez-vous vous trouver quelque
occasion de reparaître avec éclat, et vous en avez
besoin ; et quand vous vous obstineriez à votre ridicule aventure, je ne vois pas que votre retour y puisse
rien... ; au contraire.

En effet, si votre Présidente *vous adore*, comme vous
me l'avez tant dit et si peu prouvé, son unique consolation, son seul plaisir, doivent être à présent de parler
de vous, de savoir ce que vous faites, ce que vous dites,
ce que vous pensez, et jusqu'à la moindre des choses
qui vous intéressent. Ces misères-là prennent du prix,
en raison des privations qu'on éprouve. Ce sont les

miettes de pain tombantes de la table du riche : celui-ci les dédaigne : mais le pauvre les recueille avidement et s'en nourrit. Or, la pauvre Présidente reçoit à présent toutes ces miettes-là ; et plus elle en aura, moins elle sera pressée de se livrer à l'appétit du reste.

De plus, depuis que vous connaissez sa confidente, vous ne doutez pas que chaque lettre d'elle ne contienne au moins un petit sermon, et tout ce qu'elle croit propre à *corroborer sa sagesse et fortifier sa vertu**. Pourquoi donc laisser à l'une des ressources pour se défendre, et à l'autre pour vous nuire ?

Ce n'est pas que je sois du tout de votre avis sur la perte que vous croyez avoir faite au changement de confidente. D'abord, madame de Volanges vous hait, et la haine est toujours plus clairvoyante et plus ingénieuse que l'amitié. Toute la vertu de votre vieille tante ne l'engagera pas à médire un seul instant de son cher neveu ; car la vertu a aussi ses faiblesses. Ensuite vos craintes portent sur une remarque absolument fausse.

Il n'est pas vrai que *plus les femmes vieillissent, et plus elles deviennent rêches et sévères*. C'est de quarante à cinquante ans que le désespoir de voir leur figure se flétrir, la rage de se sentir obligées d'abandonner des prétentions et des plaisirs auxquels elles tiennent encore, rendent presque toutes les femmes bégueules et acariâtres. Il leur faut ce long intervalle pour faire en entier ce grand sacrifice : mais dès qu'il est consommé, toutes se partagent en deux classes.

La plus nombreuse, celle des femmes qui n'ont eu pour elles que leur figure et leur jeunesse, tombe dans une imbécile apathie, et n'en sort plus que pour le jeu et pour quelques pratiques de dévotion ; celle-là est toujours ennuyeuse, souvent grondeuse, quelquefois un peu tracassière, mais rarement méchante. On ne peut pas dire non plus que ces femmes soient ou ne soient

---

* *On ne s'avise jamais de tout !*, comédie [1].
1. Comme l'indique le manuscrit, *On ne s'avise jamais de tout !* est un opéra-comique de Sedaine (1761).

pas sévères : sans idées et sans existence, elles répètent, sans le comprendre et indifféremment, tout ce qu'elles entendent dire, et restent par elles-mêmes absolument nulles.

L'autre classe, beaucoup plus rare, mais véritablement précieuse, est celle des femmes qui, ayant eu un caractère et n'ayant pas négligé de nourrir leur raison, savent se créer une existence, quand celle de la nature leur manque ; et prennent le parti de mettre à leur esprit, les parures qu'elles employaient avant pour leur figure. Celles-ci ont pour l'ordinaire le jugement très sain, et l'esprit à la fois solide, gai et gracieux. Elles remplacent les charmes séduisants par l'attachante bonté, et encore par l'enjouement dont le charme augmente en proportion de l'âge : c'est ainsi qu'elles parviennent en quelque sorte à se rapprocher de la jeunesse en s'en faisant aimer. Mais alors, loin d'être, comme vous le dites, *rêches et sévères*, l'habitude de l'indulgence, leurs longues réflexions sur la faiblesse humaine, et surtout les souvenirs de leur jeunesse, par lesquels seuls elles tiennent encore à la vie, les placeraient plutôt, peut-être trop près de la facilité.

Ce que je peux vous dire enfin, c'est qu'ayant toujours recherché les vieilles femmes, dont j'ai reconnu de bonne heure l'utilité des suffrages, j'ai rencontré plusieurs d'entre elles auprès de qui l'inclination me ramenait autant que l'intérêt. Je m'arrête là ; car à présent que vous vous enflammez si vite et si moralement, j'aurais peur que vous ne devinssiez subitement amoureux de votre vieille tante, et que vous ne vous enterrassiez avec elle dans le tombeau où vous vivez déjà depuis si longtemps. Je reviens donc.

Malgré l'enchantement où vous me paraissez être de votre petite écolière, je ne peux pas croire qu'elle entre pour quelque chose dans vos projets. Vous l'avez trouvée sous la main, vous l'avez prise : à la bonne heure ! mais ce ne peut pas être là un goût. Ce n'est même pas, à vrai dire, une entière jouissance : vous ne possédez absolument que sa personne ! je ne parle pas de son

cœur, dont je me doute bien que vous ne vous souciez
guère : mais vous n'occupez seulement pas sa tête. Je
ne sais pas si vous vous en êtes aperçu, mais moi j'en
ai la preuve dans la dernière lettre qu'elle m'a écrite* ;
je vous l'envoie pour que vous en jugiez. Voyez donc
que quand elle parle de vous, c'est toujours *M. de Val-*
mont ; que toutes ses idées, même celles que vous lui
faites naître, n'aboutissent jamais qu'à Danceny ; et
lui, elle ne l'appelle pas Monsieur, c'est bien toujours
Danceny seulement. Par là, elle le distingue de tous les
autres ; et même en se livrant à vous, elle ne se fami-
liarise qu'avec lui. Si une telle conquête vous paraît
séduisante, si les plaisirs qu'elle donne *vous attachent*,
assurément vous êtes modeste et peu difficile ! Que
vous la gardiez, j'y consens ; cela entre même dans mes
projets. Mais il me semble que cela ne vaut pas de se
déranger un quart d'heure ; il faudrait aussi avoir quelque empire, et ne lui permettre, par exemple, de se rapprocher de Danceny, qu'après le lui avoir fait un peu
plus oublier.

Avant de cesser de m'occuper de vous, pour venir
à moi, je veux encore vous dire que ce moyen de maladie que vous m'annoncez vouloir prendre, est bien
connu et bien usé. En vérité, Vicomte, vous n'êtes pas
inventif ! Moi, je me répète aussi quelquefois, comme
vous allez voir ; mais je tâche de me sauver par les
détails, et surtout le succès me justifie. Je vais encore
en tenter un, et courir une nouvelle aventure. Je conviens
qu'elle n'aura pas le mérite de la difficulté ; mais au
moins sera-ce une distraction, et je m'ennuie à périr.

Je ne sais pourquoi, depuis l'aventure de Prévan, Belleroche m'est devenu insupportable. Il a tellement
redoublé d'attention, de tendresse, de *vénération*[1],
que je n'y peux plus tenir. Sa colère, dans le premier
moment, m'avait paru plaisante ; il a pourtant bien
fallu la calmer, car c'eût été me compromettre que de

---

* Voyez la lettre CIX.
1. Au sens galant, c'est un néologisme.

le laisser faire : et il n'y avait pas moyen de lui faire
entendre raison. J'ai donc pris le parti de lui montrer
plus d'amour, pour en venir à bout plus facilement :
mais lui, a pris cela au sérieux ; et depuis ce temps il
m'excède par son enchantement éternel. Je remarque
surtout l'insultante confiance qu'il prend en moi, et la
sécurité avec laquelle il me regarde comme à lui pour
toujours. J'en suis vraiment humiliée. Il me prise donc
bien peu, s'il croit valoir assez pour me fixer ! Ne me
disait-il pas dernièrement que je n'aurais jamais aimé
un autre que lui ? Oh ! pour le coup, j'ai eu besoin de
toute ma prudence, pour ne pas le détromper sur-le-
champ, en lui disant ce qui en était. Voilà, certes, un
plaisant monsieur, pour avoir un droit exclusif ! Je
conviens qu'il est bien fait et d'une assez belle figure :
mais, à tout prendre, ce n'est, au fait, qu'un manœu-
vre d'amour. Enfin le moment est venu, il faut nous
séparer.

J'essaie déjà depuis quinze jours, et j'ai employé,
tour à tour, la froideur, le caprice, l'humeur, les querelles ; mais le tenace personnage ne quitte pas prise
ainsi : il faut donc prendre un parti plus violent ; en
conséquence je l'emmène à ma campagne. Nous partons après-demain. Il n'y aura avec nous que quelques
personnes désintéressées et peu clairvoyantes, et nous
y aurons presque autant de liberté que si nous y étions
seuls. Là, je le surchargerai à tel point, d'amour et de
caresses, nous y vivrons si bien l'un pour l'autre uniquement, que je parie bien qu'il désirera plus que moi
la fin de ce voyage, dont il se fait un si grand bonheur ;
et s'il n'en revient pas plus ennuyé de moi que je ne
le suis de lui, dites, j'y consens, que je n'en sais pas
plus que vous.

Le prétexte de cette espèce de retraite est de m'occuper sérieusement de mon grand procès, qui en effet se
jugera enfin au commencement de l'hiver. J'en suis bien
aise ; car il est vraiment désagréable d'avoir ainsi toute
sa fortune en l'air. Ce n'est pas que je sois inquiète de
l'événement ; d'abord j'ai raison, tous mes avocats me

l'assurent ; et quand je ne l'aurais pas ! je serais donc
bien maladroite, si je ne savais pas gagner un procès,
où je n'ai pour adversaire que des mineurs encore en
bas âge, et leur vieux tuteur ! Comme il ne faut pourtant rien négliger dans une affaire si importante, j'aurai
effectivement avec moi deux avocats. Ce voyage ne
vous paraît-il pas gai ? cependant s'il me fait gagner
mon procès et perdre Belleroche, je ne regretterai pas
mon temps.

A présent, Vicomte, devinez le successeur ; je vous
le donne en cent. Mais bon ! ne sais-je pas que vous
ne devinez jamais rien ? hé bien, c'est Danceny. Vous
êtes étonné, n'est-ce pas ? car enfin je ne suis pas encore
réduite à l'éducation des enfants ! Mais celui-ci mérite
d'être excepté ; il n'a que les grâces de la jeunesse, et
non la frivolité. Sa grande réserve dans le cercle est très
propre à éloigner tous les soupçons, et on ne l'en trouve
que plus aimable, quand il se livre, dans le tête-à-tête.
Ce n'est pas que j'en aie déjà eu avec lui pour mon
compte, je ne suis encore que sa confidente ; mais sous
ce voile de l'amitié, je crois lui voir un goût très vif pour
moi, et je sens que j'en prends beaucoup pour lui. Ce
serait bien dommage que tant d'esprit et de délicatesse
allassent se sacrifier et s'abrutir auprès de cette petite
imbécile de Volanges ! J'espère qu'il se trompe en
croyant l'aimer : elle est si loin de le mériter ! Ce n'est
pas que je sois jalouse d'elle ; mais c'est que ce serait
un meurtre ; et je veux en sauver Danceny. Je vous prie
donc, Vicomte, de mettre vos soins à ce qu'il ne puisse
se rapprocher de *sa Cécile* (comme il a encore la mauvaise habitude de la nommer). Un premier goût a toujours plus d'empire qu'on ne croit et je ne serais sûre
de rien s'il la revoyait à présent ; surtout pendant mon
absence. A mon retour, je me charge de tout et j'en
réponds.

J'ai bien songé à emmener le jeune homme avec
moi : mais j'en ai fait le sacrifice à ma prudence ordinaire ; et puis, j'aurais craint qu'il ne s'aperçût de
quelque chose entre Belleroche et moi, et je serais au

désespoir qu'il eût la moindre idée de ce qui se passe.
Je veux au moins m'offrir à son imagination, pure et
sans tâche ; telle enfin qu'il faudrait être, pour être vraiment digne de lui.

Paris, ce 15 octobre 17**.

LETTRE CXIV

LA PRÉSIDENTE DE TOURVEL À MADAME DE ROSEMONDE

Ma chère amie, je cède à ma vive inquiétude ; et sans
savoir si vous serez en état de me répondre, je ne puis
m'empêcher de vous interroger. L'état de M. de Valmont, que vous me dites *sans danger*, ne me laisse pas
autant de sécurité que vous paraissez en avoir. Il n'est
pas rare que la mélancolie et le dégoût du monde soient
des symptômes avant-coureurs de quelque maladie
grave ; les souffrances du corps, comme celles de
l'esprit, font désirer la solitude ; et souvent on reproche de l'humeur à celui dont on devrait seulement plaindre les maux.

Il me semble qu'il devrait au moins consulter
quelqu'un. Comment, étant malade vous-même,
n'avez-vous pas un médecin auprès de vous ? Le mien
que j'ai vu ce matin, et que je ne vous cache pas que
j'ai consulté indirectement, est d'avis que, dans les personnes naturellement actives, cette espèce d'apathie
subite n'est jamais à négliger ; et, comme il me disait
encore, les maladies ne cèdent plus au traitement,
quand elles n'ont pas été prises à temps. Pourquoi faire
courir ce risque à quelqu'un qui vous est si cher ?

Ce qui redouble mon inquiétude, c'est que, depuis
quatre jours, je ne reçois plus de nouvelles de lui. Mon
Dieu ! ne me trompez-vous point sur son état ? Pourquoi aurait-il cessé de m'écrire tout à coup ? Si c'était
seulement l'effet de mon obstination à lui renvoyer ses
lettres, je crois qu'il aurait pris ce parti plus tôt. Enfin,
sans croire aux pressentiments, je suis depuis quelques

jours d'une tristesse qui m'effraie. Ah ! peut-être suis-je
à la veille du plus grand des malheurs !

Vous ne sauriez croire, et j'ai honte de vous dire,
combien je suis peinée de ne plus recevoir ces mêmes
lettres, que pourtant je refuserais encore de lire. J'étais
sûre au moins qu'il était occupé de moi ! et je voyais
quelque chose qui venait de lui. Je ne les ouvrais pas,
ces lettres, mais je pleurais en les regardant : mes larmes étaient plus douces et plus faciles ; et celles-là
seules dissipaient en partie l'oppression habituelle que
j'éprouve depuis mon retour. Je vous en conjure, mon
indulgente amie, écrivez-moi, vous-même, aussitôt que
vous le pourrez, et en attendant, faites-moi donner chaque jour de vos nouvelles et des siennes.

Je m'aperçois qu'à peine je vous ai dit un mot pour
vous : mais vous connaissez mes sentiments, mon attachement sans réserve, ma tendre reconnaissance pour
votre sensible amitié ; vous pardonnerez au trouble où
je suis, à mes peines mortelles, au tourment affreux
d'avoir à redouter des maux dont peut-être je suis la
cause. Grand Dieu ! cette idée désespérante me poursuit et déchire mon cœur ; ce malheur me manquait,
et je sens que je suis née pour les éprouver tous.

Adieu, ma chère amie ; aimez-moi, plaignez-moi.
Aurai-je une lettre de vous aujourd'hui ?

*Paris, ce 16 octobre 17**.*

LETTRE CXV

LE VICOMTE DE VALMONT À LA MARQUISE DE MERTEUIL

C'est une chose inconcevable, ma belle amie, comme
aussitôt qu'on s'éloigne, on cesse facilement de s'entendre. Tant que j'étais auprès de vous, nous n'avions
jamais qu'un même sentiment, une même façon de
voir ; et parce que, depuis près de trois mois, je ne vous
vois plus, nous ne sommes plus de même avis sur rien.
Qui de nous deux a tort ? sûrement vous n'hésiteriez

pas sur la réponse : mais moi, plus sage, ou plus poli, je ne décide pas. Je vais seulement répondre à votre lettre, et continuer de vous exposer ma conduite.

D'abord, je vous remercie de l'avis que vous me donnez des bruits qui courent sur mon compte ; mais je ne m'en inquiète pas encore : je me crois sûr d'avoir bientôt de quoi les faire cesser. Soyez tranquille, je ne reparaîtrai dans le monde que plus célèbre que jamais, et toujours plus digne de vous.

J'espère qu'on me comptera même pour quelque chose l'aventure de la petite Volanges, dont vous paraissez faire si peu de cas : comme si ce n'était rien, que d'enlever en une soirée, une jeune fille à son amant aimé, d'en user ensuite tant qu'on le veut et absolument comme de son bien, et sans plus d'embarras d'en obtenir ce qu'on n'ose pas même exiger de toutes les filles dont c'est le métier ; et cela, sans la déranger en rien de son tendre amour ; sans la rendre inconstante, pas même infidèle[1] : car, en effet, je n'occupe seulement pas sa tête ! en sorte qu'après ma fantaisie passée, je la remettrai entre les bras de son amant, pour ainsi dire, sans qu'elle se soit aperçue de rien. Est-ce donc là une marche si ordinaire ? et puis, croyez-moi, une fois sortie de mes mains, les principes que je lui donne, ne s'en développeront pas moins ; et je prédis que la timide écolière prendra bientôt un essor propre à faire honneur à son maître.

Si pourtant on aime mieux le genre héroïque, je montrerai la Présidente, ce modèle cité de toutes les vertus ! respectée même de nos plus libertins ! telle enfin qu'on avait perdu jusqu'à l'idée de l'attaquer ! je la montrerai, dis-je, oubliant ses devoirs et sa vertu, sacrifiant sa réputation et deux ans de sagesse, pour courir après le bonheur de me plaire, pour s'enivrer de celui de m'aimer, se trouvant suffisamment dédommagée de

---

1. Inconstant : quand on se détache sans pour autant être déjà fixé ailleurs. Infidèle : quand on trompe. La tradition galante est plus indulgente pour l'infidélité.

tant de sacrifices, par un mot, par un regard qu'encore elle n'obtiendra pas toujours. Je ferai plus, je la quitterai ; et je ne connais pas cette femme, ou je n'aurai point de successeur. Elle résistera au besoin de consolation, à l'habitude du plaisir, au désir même de la vengeance. Enfin, elle n'aura existé que pour moi et que sa carrière soit plus ou moins longue, j'en aurai seul ouvert et fermé la barrière. Une fois parvenu à ce triomphe, je dirai à mes rivaux : « Voyez mon ouvrage, et cherchez-en dans le siècle un second exemple ! »

Vous allez me demander d'où vient aujourd'hui cet excès de confiance ? c'est que depuis huit jours je suis dans la confidence de ma belle ; elle ne me dit pas ses secrets, mais je les surprends. Deux lettres d'elle à madame de Rosemonde m'ont suffisamment instruit, et je ne lirai plus les autres que par curiosité. Je n'ai absolument besoin, pour réussir, que de me rapprocher d'elle, et mes moyens sont trouvés. Je vais incessamment les mettre en usage.

Vous êtes curieuse, je crois ?... Mais non, pour vous punir de ne pas croire à mes inventions, vous ne les saurez pas. Tout de bon, vous mériteriez que je vous retirasse ma confiance, au moins pour cette aventure ; en effet, sans le doux prix attaché par vous à ce succès, je ne vous en parlerais plus. Vous voyez que je suis fâché. Cependant, dans l'espoir que vous vous corrigerez, je veux bien m'en tenir à cette punition légère ; et revenant à l'indulgence, j'oublie un moment mes grands projets, pour raisonner des vôtres avec vous.

Vous voilà donc à la campagne, ennuyeuse comme le sentiment, et triste comme la fidélité ! Et ce pauvre Belleroche ! vous ne vous contentez pas de lui faire boire l'eau d'oubli, vous lui en donnez la question ! Comment s'en trouve-t-il ? supporte-t-il bien les nausées de l'amour ? Je voudrais pour beaucoup qu'il ne vous en devînt que plus attaché ; je suis curieux de voir quel remède plus efficace vous parviendriez à employer. Je vous plains, en vérité, d'avoir été obligée de recourir à celui-là. Je n'ai fait qu'une fois, dans ma vie, l'amour par procédé. J'avais certainement un grand motif, puisque c'était à la comtesse de*** ; et vingt fois, entre ses bras, j'ai été tenté de lui dire : « Madame, je renonce à la place que je sollicite, et permettez-moi de quitter celle que j'occupe. » Aussi, de toutes les femmes que j'ai eues, c'est la seule dont j'ai vraiment plaisir à dire du mal.

Pour votre motif à vous, je le trouve, à vrai dire, d'un ridicule rare ; et vous aviez raison de croire que je ne devinerais pas le successeur. Quoi ! c'est pour Danceny que vous vous donnez toute cette peine-là ! Eh ! ma chère amie, laissez-le adorer *sa vertueuse Cécile*, et ne vous compromettez pas dans ces jeux d'enfants. Laissez les écoliers se former auprès des *bonnes*, ou jouer avec les pensionnaires *à de petits jeux innocents*. Comment allez-vous vous charger d'un novice qui ne saura ni vous prendre, ni vous quitter, et avec qui il vous faudra tout faire ? Je vous le dis sérieusement, je désapprouve ce choix, et quelque secret qu'il restât, il vous humilierait au moins à mes yeux et dans votre conscience.

Vous prenez, dites-vous, beaucoup de goût pour lui : allons donc, vous vous trompez sûrement, et je crois même avoir trouvé la cause de votre erreur. Ce beau dégoût de Belleroche vous est venu dans un temps de disette, et Paris ne vous offrant pas de choix, vos idées, toujours trop vives, se sont portées sur le premier objet que vous avez rencontré. Mais songez qu'à votre retour, vous pourrez choisir entre mille ; et si enfin vous redoutez l'inaction dans laquelle vous risquez de tomber en différant, je m'offre à vous pour amuser vos loisirs.

D'ici à votre arrivée, mes grandes affaires seront terminées de manière ou d'autre ; et sûrement, ni la petite Volanges, ni la Présidente elle-même, ne m'occuperont pas assez alors, pour que je ne sois pas à vous autant que vous le désirerez. Peut-être même, d'ici là, aurai-je déjà remis la petite fille aux mains de son discret amant. Sans convenir, quoi que vous en disiez, que ce ne soit pas une jouissance *attachante*, comme j'ai le projet qu'elle garde de moi toute sa vie une idée supérieure à celle de tous les autres hommes, je me suis mis, avec elle, sur un ton que je ne pourrais soutenir longtemps sans altérer ma santé ; et dès ce moment, je ne tiens plus à elle, que par le soin qu'on doit aux affaires de famille...

Vous ne m'entendez pas ? C'est que j'attends une seconde époque pour confirmer mon espoir, et m'assurer que j'ai pleinement réussi dans mes projets. Oui, ma belle amie, j'ai déjà un premier indice que le mari de mon écolière ne courra pas le risque de mourir sans postérité ; et que le chef de la maison de Gercourt ne sera à l'avenir qu'un cadet de celle de Valmont. Mais laissez-moi finir, à ma fantaisie, cette aventure que je n'ai entreprise qu'à votre prière. Songez que si vous rendez Danceny inconstant, vous ôtez tout le piquant de cette histoire. Considérez enfin, que m'offrant pour le représenter auprès de vous, j'ai, ce me semble, quelques droits à la préférence.

J'y compte si bien, que je n'ai pas craint de contrarier vos vues, en concourant moi-même à augmenter la tendre passion du discret amoureux, pour le premier et digne objet de son choix. Ayant donc trouvé hier votre pupille occupée à lui écrire, et l'ayant dérangée d'abord de cette douce occupation pour une autre plus douce encore, je lui ai demandé, après, de voir sa lettre ; et comme je l'ai trouvée froide et contrainte, je lui ai fait sentir que ce n'était pas ainsi qu'elle consolerait son amant, et je l'ai décidée à en écrire une autre sous ma dictée ; où, en imitant du mieux que j'ai pu son petit radotage, j'ai tâché de nourrir l'amour du jeune homme, par un espoir plus certain. La petite personne était toute ravie, me disait-elle, de se trouver parler si bien ; et dorénavant, je serai chargé de la correspondance. Que n'aurai-je pas fait pour ce Danceny ? J'aurai été à la fois son ami, son confident, son rival et sa maîtresse ! Encore, en ce moment, je lui rends le service de le sauver de vos liens dangereux ; oui, sans doute, dangereux, car vous posséder et vous perdre, c'est acheter un moment de bonheur par une éternité de regrets.

Adieu, ma belle amie ; ayez le courage de dépêcher Belleroche le plus que vous pourrez. Laissez là Danceny, et préparez-vous à retrouver, et à me rendre les délicieux plaisirs de notre première liaison.

P. S. Je vous fais compliment sur le jugement prochain du grand procès. Je serai fort aise que cet heureux événement arrive sous mon règne.

*Du château de... ce 19 octobre 17**.*

LETTRE CXVI

LE CHEVALIER DANCENY À CÉCILE VOLANGES

Madame de Merteuil est partie ce matin pour la campagne ; ainsi, ma charmante Cécile, me voilà privé du seul plaisir qui me restait en votre absence, celui de parler de vous à votre amie et à la mienne. Depuis quelque temps, elle m'a permis de lui donner ce titre ; et j'en ai profité avec d'autant plus d'empressement, qu'il me semblait, par là, me rapprocher de vous davantage. Mon Dieu ! que cette femme est aimable ! et quel charme flatteur elle sait donner à l'amitié ! Il semble que ce doux sentiment s'embellisse et se fortifie chez elle de tout ce qu'elle refuse à l'amour. Si vous saviez comme elle vous aime, comme elle se plaît à m'entendre lui parler de vous !... C'est là sans doute ce qui m'attache autant à elle. Quel bonheur de pouvoir vivre uniquement pour vous deux, de passer sans cesse des délices de l'amour aux douceurs de l'amitié, d'y consacrer toute mon existence, d'être en quelque sorte le point de réunion de votre attachement réciproque ; et de sentir toujours que m'occupant du bonheur de l'une, je travaillerais également à celui de l'autre ! Aimez, aimez beaucoup, ma charmante amie, cette femme adorable. L'attachement que j'ai pour elle, donnez-y plus de prix encore, en le partageant. Depuis que j'ai goûté le charme de l'amitié, je désire que vous l'éprouviez à votre tour. Les plaisirs que je ne partage pas avec vous, il me semble n'en jouir qu'à moitié. Oui, ma Cécile, je voudrais entourer votre cœur de tous les sentiments les plus doux ; que chacun de ses mouvements vous fît éprouver une sensation de bonheur ; et je croirais encore ne pouvoir jamais vous rendre qu'une partie de la félicité que je tiendrais de vous.

Pourquoi faut-il que ces projets charmants ne soient qu'une chimère de mon imagination, et que la réalité ne m'offre au contraire que des privations douloureuses et indéfinies ? L'espoir que vous m'aviez donné de vous voir à cette campagne, je m'aperçois bien qu'il faut y renoncer. Je n'ai plus de consolation que celle de me persuader qu'en effet cela ne vous est pas possible. Et vous négligez de me le dire, de vous en affliger avec moi ! Déjà, deux fois, mes plaintes à ce sujet sont restées sans réponse. Ah Cécile ! Cécile, je crois bien que vous m'aimez de toutes les facultés de votre âme, mais votre âme n'est pas brûlante comme la mienne ! Que n'est-ce à moi à lever les obstacles ? Pourquoi ne sont-ce pas mes intérêts qu'il me faille ménager, au lieu des vôtres ? je saurais bientôt vous prouver que rien n'est impossible à l'amour.

Vous ne me mandez pas non plus quand doit finir cette absence cruelle : au moins, ici, peut-être vous verrais-je. Vos charmants regards ranimeraient mon âme abattue ; leur touchante expression rassurerait mon cœur, qui quelquefois en a besoin. Pardon, ma Cécile ; cette crainte n'est pas un soupçon. Je crois à votre amour, à votre constance. Ah ! je serais trop malheureux, si j'en doutais. Mais tant d'obstacles ! et toujours renouvelés ! Mon amie, je suis triste, bien triste. Il semble que ce départ de madame de Merteuil ait renouvelé en moi le sentiment de tous mes malheurs.

Adieu, ma Cécile ; adieu, ma bien-aimée. Songez que votre amant s'afflige, et que vous pouvez seule lui rendre le bonheur.

Paris, ce 17 octobre 17**.

LETTRE CXVII

CÉCILE VOLANGES AU CHEVALIER DANCENY
(Dictée par Valmont.)

Croyez-vous donc, mon bon ami, que j'aie besoin d'être grondée pour être triste, quand je sais que vous vous affligez ? et doutez-vous que je ne souffre autant que vous de toutes vos peines ? Je partage même celles que je vous cause volontairement ; et j'ai de plus que vous, de voir que vous ne me rendez pas justice. Oh ! cela n'est pas bien. Je vois bien ce qui vous fâche ; c'est que les deux dernières fois que vous m'avez demandé de venir ici je ne vous ai pas répondu à cela : mais cette réponse est-elle donc si aisée à faire ? Croyez-vous que je ne sache pas que ce que vous voulez est bien mal ? Et pourtant, si j'ai déjà tant de peine à vous refuser de loin, que serait-ce donc si vous étiez là ? Et puis, pour avoir voulu vous consoler un moment, je resterais affligée toute ma vie.

Tenez, je n'ai rien de caché pour vous, moi ; voilà mes raisons, jugez vous-même. J'aurais peut-être fait ce que vous voulez, sans ce que je vous ai mandé, que ce M. de Gercourt, qui cause tout notre chagrin, n'arrivera pas encore de sitôt ; et comme, depuis quelque temps, maman me témoigne beaucoup plus d'amitié ; comme, de mon côté, je la caresse le plus que je peux ; qui sait ce que je pourrai obtenir d'elle ? Et si nous pouvions être heureux sans que j'aie rien à me reprocher, est-ce que cela ne vaudrait pas bien mieux ? Si j'en crois ce qu'on m'a dit souvent, les hommes même n'aiment plus tant leurs femmes, quand elles les ont trop aimés avant de l'être. Cette crainte-là me retient encore plus que tout le reste. Mon ami, n'êtes-vous pas sûr de mon cœur, et ne sera-t-il pas toujours temps ?

Écoutez, je vous promets que, si je ne peux pas éviter le malheur d'épouser M. de Gercourt, que je hais déjà tant avant de le connaître, rien ne me retiendra plus pour être à vous autant que je pourrai, et même avant tout. Comme je ne me soucie d'être aimée que de vous, et que vous verrez bien que si je fais mal, il n'y aura pas de ma faute, le reste me sera bien égal ; pourvu que vous me promettiez de m'aimer toujours autant que vous faites. Mais, mon ami, jusque-là, laissez-moi continuer comme je fais ; et ne me demandez plus une chose que j'ai de bonnes raisons pour ne pas faire, et que pourtant il me fâche de vous refuser.

Je voudrais bien aussi que M. de Valmont ne fût pas si pressant pour vous ; cela ne sert qu'à me rendre plus chagrine encore. Oh ! vous avez là un bien bon ami, je vous assure ! Il fait tout comme vous feriez vous-même. Mais adieu, mon cher ami ; j'ai commencé bien tard à vous écrire, et j'y ai passé une partie de la nuit. Je vas me coucher et réparer le temps perdu. Je vous embrasse, mais ne me grondez plus.

*Du château de... ce 18 octobre 17**.*

LETTRE CXVIII

LE CHEVALIER DANCENY À LA MARQUISE DE MERTEUIL

Si j'en crois mon almanach, il n'y a, mon adorable amie, que deux jours que vous êtes absente ; mais si j'en crois mon cœur, il y a deux siècles. Or, je le tiens de vous-même, c'est toujours son cœur qu'il faut croire ; il est donc bien temps que vous reveniez, et toutes vos affaires doivent être plus que finies. Comment voulez-vous que je m'intéresse à votre procès, si, perte ou gain, j'en dois également payer les frais par l'ennui de votre absence ? Oh ! que j'aurais envie de quereller ! et qu'il est triste, avec un si beau sujet d'avoir de l'humeur, de n'avoir pas le droit d'en montrer !

N'est-ce pas cependant une véritable infidélité, une noire trahison, que de laisser votre ami loin de vous, après l'avoir accoutumé à ne pouvoir plus se passer de

votre présence ? Vous aurez beau consulter vos avocats,
ils ne vous trouveront pas de justification pour ce mauvais procédé : et puis, ces gens-là ne disent que des raisons, et des raisons ne suffisent pas pour répondre à
des sentiments.

Pour moi, vous m'avez tant dit que c'était par raison que vous faisiez ce voyage, que vous m'avez tout
à fait brouillé avec elle. Je ne veux plus du tout l'entendre ; pas même quand elle me dit de vous oublier. Cette
raison-là est pourtant bien raisonnable ; et au fait, cela
ne serait pas si difficile que vous pouviez le croire. Il
suffirait seulement de perdre l'habitude de penser toujours à vous, et rien ici, je vous assure, ne vous rappellerait à moi.

Nos plus jolies femmes, celles qu'on dit les plus aimables, sont encore si loin de vous, qu'elles ne pourraient
en donner qu'une bien faible idée. Je crois même
qu'avec des yeux exercés, plus on a cru d'abord qu'elles
vous ressemblaient, plus on y trouve après de différence : elles ont beau faire, beau y mettre tout ce
qu'elles savent, il leur manque toujours d'être vous,
et c'est positivement là qu'est le charme. Malheureusement, quand les journées sont si longues, et qu'on
est désoccupé, on rêve, on fait des châteaux en Espa-
gne, on se crée sa chimère ; peu à peu l'imagination
s'exalte : on veut embellir son ouvrage, on rassemble
tout ce qui peut plaire, on arrive enfin à la perfection ;
et dès qu'on en est là, le portrait ramène au modèle,
et on est tout étonné de voir qu'on n'a fait que songer
à vous.

Dans ce moment même, je suis encore la dupe d'une
erreur à peu près semblable. Vous croyez peut-être que
c'était pour m'occuper de vous, que je me suis mis à
vous écrire ? point du tout : c'était pour m'en distraire.
J'avais cent choses à vous dire, dont vous n'étiez pas
l'objet, qui comme vous savez, m'intéressent bien vivement ; et ce sont celles-là pourtant dont j'ai été distrait.
Et depuis quand le charme de l'amitié distrait-il donc
de celui de l'amour ? Ah ! si j'y regardais de bien près,

peut-être aurais-je un petit reproche à me faire ! Mais
chut ! oublions cette légère faute de peur d'y retomber ;
et que mon amie elle-même l'ignore.

Aussi pourquoi n'êtes-vous pas là pour me répondre,
pour me ramener si je m'égare, pour me parler de ma
Cécile, pour augmenter, s'il est possible, le bonheur que
je goûte à l'aimer, par l'idée si douce que c'est votre
amie que j'aime ? Oui, je l'avoue, l'amour qu'elle
m'inspire m'est devenu plus précieux encore, depuis que
vous avez bien voulu en recevoir la confidence. J'aime
tant à vous ouvrir mon cœur, à occuper le vôtre de mes
sentiments, à les y déposer sans réserve ! il me semble
que je les chéris davantage, à mesure que vous daignez
les recueillir ; et puis, je vous regarde et je me dis : C'est
en elle qu'est renfermé tout mon bonheur.

Je n'ai rien de nouveau à vous apprendre sur ma
situation. La dernière lettre que j'ai reçue *d'elle* augmente et assure mon espoir, mais le retarde encore.
Cependant ses motifs sont si tendres et si honnêtes, que
je ne puis l'en blâmer ni m'en plaindre. Peut-être
n'entendez-vous pas trop bien ce que je vous dis là ;
mais pourquoi n'êtes-vous pas ici ? Quoiqu'on dise tout
à son amie, on n'ose pas tout écrire. Les secrets de
l'amour, surtout, sont si délicats, qu'on ne peut les laisser aller ainsi sur leur bonne foi. Si quelquefois on leur
permet de sortir, il ne faut pas au moins les perdre de
vue ; il faut en quelque sorte les voir entrer dans leur
nouvel asile. Ah ! revenez donc, mon adorable amie ;
vous voyez bien que votre retour est nécessaire. Oubliez
enfin les *mille raisons* qui vous retiennent où vous êtes,
ou apprenez-moi à vivre où vous n'êtes pas.

J'ai l'honneur d'être, etc.

Paris, ce 19 octobre 17**.

LETTRE CXIX

MADAME DE ROSEMONDE À LA PRÉSIDENTE DE TOURVEL

Quoique je souffre encore beaucoup, ma chère Belle, j'essaie de vous écrire moi-même, afin de pouvoir vous parler de ce qui vous intéresse. Mon neveu garde toujours sa misanthropie.

Il envoie fort régulièrement savoir de mes nouvelles tous les jours ; mais il n'est pas venu une fois s'en informer lui-même, quoique je l'en aie fait prier : en sorte que je ne le vois pas plus que s'il était à Paris. Je l'ai pourtant rencontré ce matin, où je ne l'attendais guère. C'est dans ma chapelle, où je suis descendue pour la première fois depuis ma douloureuse incommodité. J'ai appris aujourd'hui que depuis quatre jours il y va régulièrement entendre la messe. Dieu veuille que cela dure !

Quand je suis entrée, il est venu à moi, et m'a félicitée fort affectueusement sur le meilleur état de ma santé. Comme la messe commençait, j'ai abrégé la conversation, que je comptais bien reprendre après ; mais il a disparu avant que j'aie pu le joindre. Je ne vous cacherai pas que je l'ai trouvé un peu changé. Mais, ma chère Belle, ne me faites pas repentir de ma confiance en votre raison, par des inquiétudes trop vives ; et surtout soyez sûre que j'aimerais encore mieux vous affliger, que vous tromper.

Si mon neveu continue à me tenir rigueur, je prendrai le parti, aussitôt que je serai mieux, de l'aller voir dans sa chambre : et je tâcherai de pénétrer la cause de cette singulière manie, dans laquelle je crois bien que vous êtes pour quelque chose. Je vous manderai ce que j'aurai appris. Je vous quitte, ne pouvant plus remuer les doigts : et puis, si Adélaïde savait que j'ai écrit, elle me gronderait toute la soirée. Adieu, ma chère Belle.

*Du château de..., ce 20 octobre 17**.*

LETTRE CXX

LE VICOMTE DE VALMONT AU PÈRE ANSELME
(Feuillant du couvent de la rue Saint-Honoré.)

Je n'ai pas l'honneur d'être connu de vous, Monsieur : mais je sais la confiance entière qu'a en vous madame la présidente de Tourvel, et je sais de plus combien cette confiance est dignement placée. Je crois donc pouvoir sans indiscrétion m'adresser à vous, pour en obtenir un service bien essentiel, vraiment digne de votre saint ministère, et où l'intérêt de madame de Tourvel se trouve joint au mien.

J'ai entre les mains des papiers importants qui la concernent, qui ne peuvent être confiés à personne, et que je ne dois ni ne veux remettre qu'entre ses mains. Je n'ai aucun moyen de l'en instruire, parce que des raisons, que peut-être vous aurez sues d'elle, mais dont je ne crois pas qu'il me soit permis de vous instruire, lui ont fait prendre le parti de refuser toute correspondance avec moi : parti que j'avoue volontiers aujourd'hui ne pouvoir blâmer, puisqu'elle ne pouvait prévoir des événements auxquels j'étais moi-même bien loin de m'attendre, et qui n'étaient possibles qu'à la force plus qu'humaine qu'on est forcé d'y reconnaître.

Je vous prie donc, Monsieur, de vouloir bien l'informer de mes nouvelles résolutions, et de lui demander pour moi, une entrevue particulière, où je puisse au moins réparer, en partie, mes torts par mes excuses ; et, pour dernier sacrifice, anéantir à ses yeux les seules traces existantes d'une erreur ou d'une faute qui m'avait rendu coupable envers elle.

Ce ne sera qu'après cette expiation préliminaire, que j'oserai déposer à vos pieds l'humiliant aveu de mes longs égarements ; et implorer votre médiation pour une réconciliation bien plus importante encore, et malheureusement plus difficile. Puis-je espérer, Monsieur,

que vous ne me refuserez pas des soins si nécessaires
et si précieux ? et que vous daignerez soutenir ma faiblesse, et guider mes pas dans un sentier nouveau, que
je désire bien ardemment de suivre, mais que j'avoue,
en rougissant, ne pas connaître encore ?

J'attends votre réponse avec l'impatience du repentir qui désire de réparer, et je vous prie de me croire
avec autant de reconnaissance que de vénération,

Votre très humble, etc.

P. S. Je vous autorise, Monsieur, au cas que vous
le jugiez convenable, à communiquer cette lettre en
entier à madame de Tourvel, que je me ferai toute ma
vie un devoir de respecter, et en qui je ne cesserai jamais
d'honorer celle dont le Ciel s'est servi pour ramener
mon âme à la vertu, par le touchant spectacle de la
sienne.

*Du château de..., ce 22 octobre 17**.*

LETTRE CXXI

LA MARQUISE DE MERTEUIL AU CHEVALIER DANCENY

J'ai reçu votre lettre, mon trop jeune ami ; mais
avant de vous remercier, il faut que je vous gronde,
et je vous préviens que si vous ne vous corrigez pas,
vous n'aurez plus de réponse de moi. Quittez donc, si
vous m'en croyez, ce ton de cajolerie, qui n'est plus
que du jargon, dès qu'il n'est pas l'expression de
l'amour. Est-ce donc là le style de l'amitié ? non, mon
ami, chaque sentiment a son langage qui lui convient ;
et se servir d'un autre, c'est déguiser la pensée qu'on
exprime. Je sais bien que nos petites femmes n'entendent rien de ce qu'on peut leur dire, s'il n'est traduit,
en quelque sorte, dans ce jargon d'usage ; mais je
croyais mériter, je l'avoue, que vous me distinguassiez
d'elles. Je suis vraiment fâchée, et peut-être plus que
je ne devrais l'être, que vous m'ayez si mal jugée.

Vous ne trouverez donc dans ma lettre que ce qui
manque à la vôtre, franchise et simplesse. Je vous dirai
bien, par exemple, que j'aurais grand plaisir à vous
voir, et que je suis contrariée de n'avoir auprès de moi
que des gens qui m'ennuient, au lieu de gens qui me
plaisent ; mais vous, cette même phrase, vous la tra-
duisez ainsi : *Apprenez-moi à vivre où vous n'êtes pas ;*
en sorte que quand vous serez, je suppose, auprès de
votre maîtresse, vous ne sauriez pas y vivre que je n'y
sois en tiers. Quelle pitié ! et ces femmes, *à qui il manque toujours d'être moi,* vous trouvez peut-être aussi
que cela manque à votre Cécile ! voilà pourtant où
conduit un langage qui, par l'abus qu'on en fait aujour-
d'hui, est encore au-dessous du jargon des compliments, et ne devient plus qu'un simple protocole,
auquel on ne croit pas davantage, qu'au très humble
serviteur !

Mon ami, quand vous m'écrivez, que ce soit pour
me dire votre façon de penser et de sentir, et non pour
m'envoyer des phrases que je trouverai, sans vous, plus
ou moins bien dites dans le premier roman du jour.
J'espère que vous ne vous fâcherez pas de ce que je vous
dis là, quand même vous y verriez un peu d'humeur ;
car je ne nie pas d'en avoir : mais pour éviter jusqu'à
l'air du défaut que je vous reproche, je ne vous dirai
pas que cette humeur est peut-être un peu augmentée
par l'éloignement où je suis de vous. Il me semble qu'à
tout prendre, vous valez mieux qu'un procès et deux
avocats, et peut-être même encore que l'*attentif* Belleroche.

Vous voyez qu'au lieu de vous désoler de mon
absence, vous devriez vous en féliciter ; car jamais je
ne vous avais fait un aussi beau compliment. Je crois
que l'exemple me gagne, et que je veux dire aussi des
cajoleries : mais non, j'aime mieux m'en tenir à ma
franchise ; c'est donc elle seule qui vous assure de ma
tendre amitié, et de l'intérêt qu'elle m'inspire. Il est fort
doux d'avoir un jeune ami, dont le cœur est occupé
ailleurs. Ce n'est pas là le système de toutes les femmes ;

mais c'est le mien. Il me semble qu'on se livre, avec plus de plaisir, à un sentiment dont on ne peut rien avoir à craindre : aussi j'ai passé pour vous, d'assez bonne heure peut-être, au rôle de confidente. Mais vous choisissez vos maîtresses si jeunes, que vous m'avez fait apercevoir pour la première fois, que je commence à être vieille ! C'est bien fait à vous de vous préparer ainsi une longue carrière de constance, et je vous souhaite de tout mon cœur qu'elle soit réciproque.

Vous avez raison de vous rendre *aux motifs tendres et honnêtes* qui, à ce que vous me mandez, *retardent votre bonheur.* La longue défense est le seul mérite qui reste à celles qui ne résistent pas toujours ; et ce que je trouverais impardonnable à toute autre qu'à un enfant comme la petite Volanges, serait de ne pas savoir fuir un danger, dont elle a été suffisamment avertie par l'aveu qu'elle a fait de son amour. Vous autres hommes, vous n'avez pas d'idées de ce qu'est la vertu, et de ce qu'il en coûte pour la sacrifier ! Mais pour peu qu'une femme raisonne, elle doit savoir qu'indépendamment de la faute qu'elle commet, une faiblesse est pour elle le plus grand des malheurs ; et je ne conçois pas qu'aucune s'y laisse jamais prendre, quand elle peut avoir un moment pour y réfléchir.

N'allez pas combattre cette idée, car c'est elle qui m'attache principalement à vous. Vous me sauverez des dangers de l'amour ; et quoique j'aie bien su sans vous m'en défendre jusqu'à présent, je consens à en avoir de la reconnaissance, et je vous en aimerai mieux et davantage.

Sur ce, mon cher Chevalier, je prie Dieu qu'il vous ait en sa sainte et digne garde.

Du château de..., ce 22 octobre 17**.

LETTRE CXXII

MADAME DE ROSEMONDE À LA PRÉSIDENTE DE TOURVEL

J'espérais, mon aimable fille, pouvoir enfin calmer vos inquiétudes ; et je vois au contraire avec chagrin, que je vais les augmenter encore ! Calmez-vous cependant ; mon neveu n'est pas en danger : on ne peut pas même dire qu'il soit réellement malade. Mais il se passe sûrement en lui quelque chose d'extraordinaire. Je n'y comprends rien ; mais je suis sortie de sa chambre avec un sentiment de tristesse, peut-être même d'effroi, que je me reproche de vous faire partager, et dont cependant je ne puis m'empêcher de causer avec vous. Voici le récit de ce qui s'est passé : vous pouvez être sûre qu'il est fidèle ; car je vivrais quatre-vingts autres années, que je n'oublierais pas l'impression que m'a faite cette triste scène.

J'ai donc été ce matin chez mon neveu ; je l'ai trouvé écrivant, et entouré de différents tas de papiers, qui avaient l'air d'être l'objet de son travail. Il s'en occupait au point, que j'étais au milieu de sa chambre, qu'il n'avait pas encore tourné la tête pour savoir qui entrait. Aussitôt qu'il m'a aperçue, j'ai très bien remarqué qu'en se levant il s'efforçait de composer sa figure, et peut-être même est-ce là ce qui m'y a fait faire plus d'attention. Il était, à la vérité, sans toilette et sans poudre ; mais je l'ai trouvé pâle et défait, et ayant surtout la physionomie altérée. Son regard que nous avons vu si vif et si gai, était triste et abattu ; enfin, soit dit entre nous, je n'aurais pas voulu que vous le vissiez ainsi : car il avait l'air très touchant et très propre, à ce que je crois, à inspirer cette tendre pitié, qui est un des plus dangereux pièges de l'amour.

Quoique frappée de mes remarques, j'ai pourtant commencé la conversation comme si je ne m'étais aperçue de rien. Je lui ai d'abord parlé de sa santé, et sans me dire qu'elle soit bonne, il ne m'a point articulé

pourtant qu'elle fût mauvaise. Alors je me suis plainte
de sa retraite, qui avait un peu l'air d'une manie, et
je tâchais de mêler un peu de gaieté à ma petite répri-
mande ; mais lui m'a répondu seulement, d'un ton
pénétré : « C'est un tort de plus, je l'avoue ; mais il
sera réparé avec les autres. » Son air, plus encore que
ses discours, a un peu dérangé mon enjouement, et je
me suis hâtée de lui dire qu'il mettait trop d'importance
à un simple reproche de l'amitié.

Nous nous sommes donc remis à causer tranquillement. Il m'a dit, peu de temps après, que peut-être une
affaire, *la plus grande affaire de sa vie,* le rappellerait
bientôt à Paris : mais comme j'avais peur de la deviner, ma chère Belle, et que ce début ne me menât à une
confidence dont je ne voulais pas, je ne lui ai fait
aucune question, et je me suis contentée de lui répondre que plus de dissipation serait utile à sa santé. J'ai
ajouté que, pour cette fois, je ne lui ferais aucune instance, aimant mes amis pour eux-mêmes ; c'est à cette
phrase si simple, que serrant mes mains, et parlant avec
une véhémence que je ne puis vous rendre : « Oui, ma
tante, m'a-t-il dit, aimez, aimez beaucoup un neveu qui
vous respecte et vous chérit ; et, comme vous dites,
aimez-le pour lui-même. Ne vous affligez pas de son
bonheur, et ne troublez, par aucun regret, l'éternelle
tranquillité dont il espère jouir bientôt. Répétez-moi
que vous m'aimez, que vous me pardonnez ; oui, vous
me pardonnerez ; je connais votre bonté : mais comment espérer la même indulgence de ceux que j'ai tant
offensés ? » Alors il s'est baissé sur moi, pour me
cacher, je crois, des marques de douleur, que le son
de sa voix me décelait malgré lui.

Émue plus que je ne puis vous dire, je me suis levée
précipitamment ; et sans doute il a remarqué mon
effroi ; car sur-le-champ, se composant davantage :
« Pardon, a-t-il repris, pardon, Madame, je sens que
je m'égare malgré moi. Je vous prie d'oublier mes discours, et de vous souvenir seulement de mon profond
respect. Je ne manquerai pas, a-t-il ajouté, d'aller vous

en renouveler l'hommage avant mon départ. » Il m'a semblé que cette dernière phrase m'engageait à terminer ma visite ; et je me suis en allée, en effet.

Mais plus j'y réfléchis, et moins je devine ce qu'il a voulu dire. Quelle est cette affaire, *la plus grande de sa vie* ? à quel sujet me demande-t-il pardon ? d'où lui est venu cet attendrissement involontaire en me parlant ? Je me suis déjà fait ces questions mille fois ; sans pouvoir y répondre. Je ne vois même rien là qui ait rapport à vous : cependant, comme les yeux de l'amour sont plus clairvoyants que ceux de l'amitié, je n'ai voulu vous laisser rien ignorer de ce qui s'est passé entre mon neveu et moi.

Je me suis reprise à quatre fois pour écrire cette longue lettre, que je ferais plus longue encore, sans la fatigue que je ressens. Adieu, ma chère Belle.

*Du château de..., ce 25 octobre 17**.*

LETTRE CXXIII

LE PÈRE ANSELME AU VICOMTE DE VALMONT

J'ai reçu, monsieur le Vicomte, la lettre dont vous m'avez honoré ; et dès hier, je me suis transporté, suivant vos désirs, chez la personne en question. Je lui ai exposé l'objet et les motifs de la démarche que vous demandiez de faire auprès d'elle. Quelque attachée que je l'aie trouvée au parti sage qu'elle avait pris d'abord, sur ce que je lui ai remontré qu'elle risquait peut-être par son refus de mettre obstacle à votre heureux retour, et de s'opposer ainsi, en quelque sorte, aux vues miséricordieuses de la Providence, elle a consenti à recevoir votre visite, à condition toutefois, que ce sera la dernière, et m'a chargé de vous annoncer qu'elle serait chez elle jeudi prochain, 28. Si ce jour ne pouvait pas vous convenir, vous voudrez bien l'en informer et lui en indiquer un autre. Votre lettre sera reçue.

Cependant, monsieur le Vicomte, permettez-moi de

vous inviter à ne pas différer sans de fortes raisons, afin de pouvoir vous livrer plus tôt et plus entièrement aux dispositions louables que vous me témoignez. Songez que celui qui tarde à profiter du moment de la grâce, s'expose à ce qu'elle lui soit retirée ; que si la bonté divine est infinie, l'usage en est pourtant réglé par la justice ; et qu'il peut venir un moment où le Dieu de miséricorde se change en un Dieu de vengeance.

Si vous continuez à m'honorer de votre confiance, je vous prie de croire que tous mes soins vous seront acquis, aussitôt que vous le désirerez : quelque grandes que soient mes occupations, mon affaire la plus importante sera toujours de remplir les devoirs du saint Ministère, auquel je me suis particulièrement dévoué ; et le moment le plus beau de ma vie, celui où je verrai mes efforts prospérer par la bénédiction du Tout-Puissant. Faibles pécheurs que nous sommes, nous ne pouvons rien par nous-mêmes ! Mais le Dieu qui vous rappelle peut tout ; et nous devrons également à sa bonté, vous, le désir constant de vous rejoindre à lui, et moi, les moyens de vous y conduire. C'est avec son secours, que j'espère vous convaincre bientôt, que la religion sainte peut donner seule, même en ce monde, le bonheur solide et durable qu'on cherche vainement dans l'aveuglement des passions humaines.

J'ai l'honneur d'être, avec une respectueuse considération, etc.

Paris, ce 25 octobre 17**.

LETTRE CXXIV

LA PRÉSIDENTE DE TOURVEL À MADAME DE ROSEMONDE

Au milieu de l'étonnement où m'a jetée, Madame, la nouvelle que j'ai apprise hier, je n'oublie pas la satisfaction qu'elle doit vous causer, et je me hâte de vous en faire part. M. de Valmont ne s'occupe plus ni de moi ni de son amour ; et ne veut plus que réparer, par une vie plus édifiante, les fautes ou plutôt les erreurs de sa jeunesse. J'ai été informée de ce grand événement par le père Anselme, auquel il s'est adressé pour le diriger à l'avenir, et aussi pour lui ménager une entrevue avec moi, dont je juge que l'objet principal est de me rendre mes lettres qu'il avait gardées jusqu'ici, malgré la demande contraire que je lui en avais faite.

Je ne puis, sans doute, qu'applaudir à cet heureux changement, et m'en féliciter, si, comme il le dit, j'ai pu y concourir en quelque chose. Mais pourquoi fallait-il que j'en fusse l'instrument, et qu'il m'en coûtât le repos de ma vie ? Le bonheur de M. de Valmont ne pouvait-il arriver jamais que par mon infortune ? Oh ! mon indulgente amie, pardonnez-moi cette plainte. Je sais qu'il ne m'appartient pas de sonder les décrets de Dieu ; mais tandis que je lui demande sans cesse, et toujours vainement, la force de vaincre mon malheureux amour, il la prodigue à celui qui ne la lui demandait pas, et me laisse, sans secours, entièrement livrée à ma faiblesse.

Mais étouffons ce coupable murmure. Ne sais-je pas que l'enfant prodigue, à son retour, obtint plus de grâces de son père, que le fils qui ne s'était jamais absenté ? Quel compte avons-nous à demander à celui qui ne nous doit rien ? Et quand il serait possible que nous eussions quelques droits auprès de lui, quels pourraient être les miens ? Me vanterais-je d'une sagesse, que déjà je ne dois qu'à Valmont ? Il m'a sauvée, et j'oserais me plaindre en souffrant pour lui ! Non : mes souffrances me seront chères, si son bonheur en est le prix. Sans doute il fallait qu'il revînt à son tour au Père commun. Le Dieu qui l'a formé devait chérir son ouvrage. Il n'avait point créé cet être charmant, pour n'en faire qu'un réprouvé. C'est à moi de porter la peine de mon audacieuse imprudence ; ne devais-je pas sentir que, puisqu'il m'était défendu de l'aimer, je ne devais pas me permettre de le voir ?

Ma faute ou mon malheur est de m'être refusée trop longtemps à cette vérité. Vous m'êtes témoin, ma chère et digne amie, que je me suis soumise à ce sacrifice, aussitôt que j'en ai reconnu la nécessité : mais, pour qu'il fût entier, il y manquait que M. de Valmont ne le partageât point. Vous avouerai-je que cette idée est à présent ce qui me tourmente le plus ? Insupportable orgueil, qui adoucit les maux que nous éprouvons, par ceux que nous faisons souffrir ! Ah ! je vaincrai ce cœur rebelle, je l'accoutumerai aux humiliations.

C'est surtout pour y parvenir que j'ai enfin consenti à recevoir jeudi prochain, la pénible visite de M. de Valmont. Là, je l'entendrai me dire lui-même que je ne lui suis plus rien, que l'impression faible et passagère que j'avais faite sur lui, est entièrement effacée ! Je verrai ses regards se porter sur moi, sans émotion, tandis que la crainte de déceler la mienne me fera baisser les yeux. Ces mêmes lettres qu'il refusa si longtemps à mes demandes réitérées, je les recevrai de son indifférence ; il me les remettra comme des objets inutiles, et qui ne l'intéressent plus ; et mes mains tremblantes, en recevant ce dépôt honteux, sentiront qu'il leur est remis d'une main ferme et tranquille ! Enfin, je le verrai s'éloigner... s'éloigner pour jamais, et mes regards qui le suivront, ne verront pas les siens se retourner sur moi !

Et j'étais réservée à tant d'humiliations ! Ah ! que du moins je me la rende utile, en me pénétrant par elle du sentiment de ma faiblesse. Oui, ces lettres qu'il ne se soucie plus de garder, je les conserverai précieusement. Je m'imposerai la honte de les relire chaque jour, jusqu'à ce que mes larmes en aient effacé les dernières traces ; et les siennes, je les brûlerai comme infectées du poison dangereux qui a corrompu mon âme. Oh ! qu'est-ce donc que l'amour, s'il nous fait regretter jusqu'aux dangers auxquels il nous expose ; si surtout, on peut craindre de le ressentir encore, même alors qu'on ne l'inspire plus ! Fuyons cette passion funeste, qui ne laisse de choix qu'entre la honte et le malheur, et souvent même les réunit tous deux ; et qu'au moins la prudence remplace la vertu.

Que ce jeudi est encore loin ! que ne puis-je consom-
mer à l'instant ce douloureux sacrifice, et en oublier
à la fois et la cause et l'objet ! Cette visite m'impor-
tune ; je me repens d'avoir promis. Hé ! qu'a-t-il besoin
de me revoir encore ? que sommes-nous à présent l'un
à l'autre ? S'il m'a offensée, je le lui pardonne. Je le
félicite même de vouloir réparer ses torts ; je l'en loue.
Je ferai plus, je l'imiterai ; et séduite par les mêmes
erreurs, son exemple me ramènera [1]. Mais quand son
projet est de me fuir, pourquoi commencer par me chercher ? Le plus pressé pour chacun de nous, n'est-il pas
d'oublier l'autre ? Ah ! sans doute, et ce sera dorénavant mon unique soin.

Si vous le permettez, mon aimable amie, ce sera
auprès de vous que j'irai m'occuper de ce travail difficile. Si j'ai besoin de secours, peut-être même de consolation, je n'en veux recevoir que de vous. Vous seule
savez m'entendre et parler à mon cœur. Votre précieuse
amitié remplira toute mon existence. Rien ne me paraîtra difficile pour seconder les soins que vous voudrez
bien vous donner. Je vous devrai ma tranquillité, mon
bonheur, ma vertu ; et le fruit de vos bontés pour moi
sera de m'en avoir enfin rendue digne.

Je me suis, je crois, beaucoup égarée dans cette lettre ; je le présume au moins par le trouble où je n'ai
pas cessé d'être en vous écrivant. S'il s'y trouvait quelques sentiments dont j'aie à rougir, couvrez-les de votre
indulgente amitié. Je m'en remets entièrement à elle.
Ce n'est pas à vous que je veux dérober aucun des mouvements de mon cœur.

Adieu, ma respectable amie. J'espère, sous peu de
jours, vous annoncer celui de mon arrivée.

Paris, ce 25 octobre 17**.

---

1. Employé absolument : faire revenir à des sentiments anciens.

QUATRIÈME PARTIE

LETTRE CXXV

LE VICOMTE DE VALMONT À LA MARQUISE DE MERTEUIL

La voilà donc vaincue, cette femme superbe qui avait osé croire qu'elle pourrait me résister ! Oui, mon amie, elle est à moi, entièrement à moi ; et depuis hier, elle n'a plus rien à m'accorder.

Je suis encore trop plein de mon bonheur, pour pouvoir l'apprécier, mais je m'étonne du charme inconnu que j'ai ressenti. Serait-il donc vrai que la vertu augmentât le prix d'une femme, jusque dans le moment même de sa faiblesse ? Mais reléguons cette idée puérile avec les contes de bonnes femmes. Ne rencontre-t-on pas presque partout une résistance plus ou moins bien feinte au premier triomphe ? et ai-je trouvé nulle part le charme dont je parle ? ce n'est pourtant pas non plus celui de l'amour ; car enfin, si j'ai eu quelquefois, auprès de cette femme étonnante, des moments de faiblesse qui ressemblaient à cette passion pusillanime, j'ai toujours su les vaincre et revenir à mes principes. Quand même la scène d'hier m'aurait, comme je le crois, emporté un peu plus loin que je ne comptais ; quand j'aurais, un moment, partagé le trouble et l'ivresse que je faisais naître, cette illusion passagère serait dissipée à présent : et cependant le même charme subsiste. J'aurais même, je l'avoue, un plaisir assez doux à m'y livrer, s'il ne me causait quelque inquiétude. Serai-je donc, à mon âge, maîtrisé comme un écolier, par un sentiment involontaire et inconnu ? Non : il faut, avant tout, le combattre et l'approfondir.

Peut-être, au reste, en ai-je déjà entrevu la cause ! Je me plais au moins dans cette idée, et je voudrais qu'elle fût vraie.

Dans la foule des femmes auprès desquelles j'ai rempli jusqu'à ce jour le rôle et les fonctions d'amant, je n'en avais encore rencontré aucune qui n'eût, au moins, autant d'envie de se rendre, que j'en avais de l'y déterminer ; je m'étais même accoutumé à appeler *prudes* celles qui ne faisaient que la moitié du chemin, par opposition à tant d'autres, dont la défense provocante ne couvre jamais qu'imparfaitement les premières avances qu'elles ont faites.

Ici, au contraire, j'ai trouvé une première prévention défavorable et fondée depuis sur les conseils et les rapports d'une femme haineuse, mais clairvoyante ; une timidité naturelle et extrême, que fortifiait une pudeur éclairée ; un attachement à la vertu, que la religion dirigeait, et qui comptait déjà deux années de triomphe, enfin des démarches éclatantes, inspirées par ces différents motifs et qui toutes n'avaient pour but que de se soustraire à mes poursuites.

Ce n'est donc pas, comme dans mes autres aventures, une simple capitulation plus ou moins avantageuse, et dont il est plus facile de profiter que de s'enorgueillir ; c'est une victoire complète, achetée par une campagne pénible, et décidée par de savantes manœuvres. Il n'est donc pas surprenant que ce succès, dû à moi seul, m'en devienne plus précieux ; et le surcroît de plaisir que j'ai éprouvé dans mon triomphe, et que je ressens encore, n'est que la douce impression du sentiment de la gloire. Je chéris cette façon de voir, qui me sauve l'humiliation de penser que je puisse dépendre en quelque manière de l'esclave même que je me serais asservie ; que je n'aie pas en moi seul la plénitude [1] de mon bonheur ; et que la faculté de m'en faire jouir dans toute son énergie soit réservée à telle ou telle femme, exclusivement à toute autre.

Ces réflexions sensées régleront ma conduite dans cette importante occasion ; et vous pouvez être sûre que je ne me laisserai pas tellement enchaîner, que je ne puisse toujours briser ces nouveaux liens, en me jouant et à ma volonté. Mais déjà je vous parle de ma rupture ; et vous ignorez encore par quels moyens j'en ai acquis le droit ; lisez donc, et voyez à quoi s'expose la sagesse, en essayant de secourir la folie. J'étudiais si attentivement mes discours et les réponses que j'obtenais, que j'espère vous rendre les uns et les autres avec une exactitude dont vous serez contente.

Vous verrez par les deux copies des lettres ci-jointes*, quel médiateur j'avais choisi pour me rapprocher de ma belle, et avec quel zèle le saint personnage s'est employé pour nous réunir. Ce qu'il faut vous dire encore, et que j'avais appris par une lettre interceptée suivant l'usage, c'est que la crainte et la petite humiliation d'être quittée, avaient un peu dérangé la prudence de l'austère dévote ; et avaient rempli son cœur et sa tête de sentiments et d'idées, qui, pour n'avoir pas le sens commun, n'en étaient pas moins intéressants. C'est après ces préliminaires [2], nécessaires à savoir, qu'hier jeudi 28, jour préfix [3] et donné par l'ingrate, je me suis présenté chez elle en esclave timide et repentant, pour en sortir en vainqueur couronné.

Il était six heures du soir quand j'arrivai chez la belle recluse ; car, depuis son retour, sa porte était restée fermée à tout le monde. Elle essaya de se lever quand on m'annonça ; mais ses genoux tremblants ne lui permi-

---

1. Terme médical (*plénitude d'humeurs*) dont l'emploi commence de s'étendre.
* Lettres CXX et CXXIII.
2. Mot de la langue diplomatique, d'usage récent.
3. Mot juridique : « jour déterminé à l'avance ».

rent pas de rester dans cette situation : elle se rassit sur-le-champ. Comme le domestique qui m'avait introduit eut quelque service à faire dans l'appartement, elle en parut impatientée. Nous remplîmes cet intervalle par les compliments d'usage. Mais pour ne rien perdre d'un temps dont tous les moments étaient précieux, j'examinais soigneusement le local ; et dès lors, je marquai de l'œil le théâtre de ma victoire. J'aurais pu en choisir un plus commode : car, dans cette même chambre, il se trouvait une ottomane. Mais je remarquai qu'en face d'elle était un portrait du mari ; et j'eus peur, je l'avoue, qu'avec une femme si singulière, un seul regard que le hasard dirigerait de ce côté, ne détruisît en un moment l'ouvrage de tant de soins. Enfin, nous restâmes seuls et j'entrai en matière.

Après avoir exposé, en peu de mots, que le père Anselme l'avait dû informer des motifs de ma visite, je me suis plaint du traitement rigoureux que j'avais éprouvé ; et j'ai particulièrement appuyé sur le *mépris* qu'on m'avait témoigné. On s'en est défendu, comme je m'y attendais ; et, comme vous vous y attendiez bien aussi, j'en ai fondé la preuve sur la méfiance et l'effroi que j'avais inspirés, sur la fuite scandaleuse qui s'en était suivie, le refus de répondre à mes lettres, celui même de les recevoir, etc., etc. Comme on commençait une justification qui aurait été bien facile, j'ai cru devoir l'interrompre ; et pour me faire pardonner cette manière brusque je l'ai couverte aussitôt par une cajolerie. « Si tant de charmes, ai-je donc repris, ont fait sur mon cœur une impression si profonde, tant de vertus n'en ont pas moins fait sur mon âme. Séduit, sans doute, par le désir de m'en rapprocher, j'avais osé m'en croire digne. Je ne vous reproche point d'en avoir jugé autrement ; mais je me punis de mon erreur. » Comme on gardait le silence de l'embarras, j'ai continué : « J'ai désiré, Madame, ou de me justifier à vos yeux, ou d'obtenir de vous le pardon des torts que vous me supposez ; afin de pouvoir au moins terminer, avec quelque tranquillité, des jours auxquels je n'attache plus de prix, depuis que vous avez refusé de les embellir. »

Ici, on a pourtant essayé de répondre. « Mon devoir ne me permettait pas... » Et la difficulté d'achever le mensonge que le devoir exigeait n'a pas permis de finir la phrase. J'ai donc repris du ton le plus tendre : « Il est donc vrai que c'est moi que vous avez fui ? — Ce départ était nécessaire. — Et que vous m'éloignez de vous ? — Il le faut. — Et pour toujours ? — Je le dois. » Je n'ai pas besoin de vous dire que pendant ce court dialogue, la voix de la tendre prude était oppressée, et que ses yeux ne s'élevaient pas jusqu'à moi.

Je jugeai devoir animer un peu cette scène languissante ; ainsi, me levant avec l'air du dépit : « Votre fermeté, dis-je alors, me rend toute la mienne. Hé bien ! oui, Madame, nous serons séparés, séparés même plus que vous ne pensez : et vous vous féliciterez à loisir de votre ouvrage. » Un peu surprise de ce ton de reproche, elle voulut répliquer. « La résolution que vous avez prise... dit-elle. — N'est que l'effet de mon désespoir, repris-je avec emportement. Vous avez voulu que je sois malheureux ; je vous prouverai que vous avez réussi au-delà de vos souhaits. — Je désire votre bonheur », répondit-elle. Et le son de sa voix commençait à annoncer une émotion assez forte. Aussi me précipitant à ses genoux, et du ton dramatique que vous me connaissez : « Ah ! cruelle, me suis-je écrié, peut-il exister pour moi un bonheur que vous ne partagiez pas ? Où donc le trouver loin de vous ? Ah ! jamais ! jamais ! » J'avoue qu'en me livrant à ce point j'avais beaucoup compté sur le secours des larmes : mais soit mauvaise disposition, soit peut-être seulement l'effet de l'attention pénible et continuelle que je mettais à tout, il me fut impossible de pleurer.

Par bonheur je me ressouvins que pour subjuguer une femme tout moyen était également bon ; et qu'il suffisait de l'étonner par un grand mouvement, pour que l'impression en restât profonde et favorable. Je suppléai donc, par la terreur, à la sensibilité qui se trouvait en défaut ; et pour cela, changeant seulement l'inflexion de ma voix, et gardant la même posture : « Oui, continuai-je, j'en fais le serment à vos pieds, vous posséder ou mourir. » En prononçant ces dernières paroles, nos regards se rencontrèrent. Je ne sais ce que la timide personne vit ou crut voir dans les miens, mais elle se leva d'un air effrayé, et s'échappa de mes bras dont je l'avais entourée. Il est vrai que je ne fis rien pour la retenir : car j'avais remarqué plusieurs fois que les scènes de désespoir menées trop vivement, tombaient dans le ridicule dès qu'elles devenaient longues, ou ne laissaient que des ressources vraiment tragiques et que j'étais fort éloigné de vouloir prendre. Cependant, tandis qu'elle se dérobait à moi, j'ajoutai d'un ton bas et sinistre, mais de façon qu'elle pût m'entendre : « Hé bien ! la mort ! »

Je me relevai alors ; et gardant un moment le silence, je jetais sur elle, comme au hasard, des regards farouches qui, pour avoir l'air d'être égarés, n'en étaient pas moins clairvoyants et observateurs. Le maintien mal assuré, la respiration haute, la contraction de tous les muscles, les bras tremblants et à demi élevés, tout me prouvait assez que l'effet était tel que j'avais voulu le produire ; mais, comme en amour rien ne se finit que de très près, et que nous étions alors assez loin l'un de l'autre, il fallait avant tout se rapprocher. Ce fut pour y parvenir, que je passai le plus tôt possible à une apparente tranquillité, propre à calmer les effets de cet état violent, sans en affaiblir l'impression.

Ma transition fut : « Je suis bien malheureux. J'ai voulu vivre pour votre bonheur, et je l'ai troublé. Je me dévoue pour votre tranquillité, et je la trouble encore. » Ensuite d'un air composé, mais contraint : « Pardon, Madame ; peu accoutumé aux orages des passions, je sais mal en réprimer les mouvements. Si j'ai eu tort de m'y livrer, songez au moins que c'est pour la dernière fois. Ah ! calmez-vous, calmez-vous, je vous en conjure. » Et pendant ce long discours je me rapprochais insensiblement. « Si vous voulez que je me calme, répondit la belle effarouchée, vous-même soyez donc plus tranquille. — Hé bien ! oui, je vous le promets », lui dis-je. J'ajoutai d'une voix plus faible : « Si l'effort est grand, au moins ne doit-il pas être long. Mais, repris-je aussitôt d'un air égaré, je suis venu, n'est-il pas vrai, pour vous rendre vos lettres ? De grâce, daignez les reprendre. Ce douloureux sacrifice me reste à faire : ne me laissez rien qui puisse affaiblir mon courage. » Et tirant de ma poche le précieux recueil : « Le voilà, dis-je, ce dépôt trompeur des assurances de votre amitié ! Il m'attachait à la vie, reprenez-le. Donnez ainsi vous-même le signal qui doit me séparer de vous pour jamais. »

Ici l'amante craintive céda entièrement à sa tendre inquiétude. « Mais, Monsieur de Valmont, qu'avez-vous, et que voulez-vous dire ? la démarche que vous faites aujourd'hui n'est-elle pas volontaire ? n'est-ce pas le fruit de vos propres réflexions ? et ne sont-ce pas elles qui vous ont fait approuver vous-même le parti nécessaire que j'ai suivi par devoir ? — Hé bien ! ai-je repris, ce parti a décidé le mien. — Et quel est-il ? — Le seul qui puisse, en me séparant de vous, mettre un terme à mes peines. — Mais, répondez-moi, quel est-il ? » Là, je la pressai de mes bras, sans qu'elle se défendît aucunement ; et jugeant, par cet oubli des bienséances, combien l'émotion était forte et puissante : « Femme adorable, lui dis-je en risquant l'enthousiasme, vous n'avez pas d'idée de l'amour que vous inspirez ; vous ne saurez jamais jusqu'à quel point vous fûtes adorée, et de combien ce sentiment m'était plus cher que mon existence ! Puissent tous vos jours être fortunés et tranquilles ; puissent-ils s'embellir de tout le bonheur dont vous m'avez privé ! Payez au moins ce vœu sincère par un regret, par une larme ; et croyez que le dernier de mes sacrifices, ne sera pas le plus pénible à mon cœur. Adieu. »

Tandis que je parlais ainsi, je sentais son cœur palpiter avec violence ; j'observais l'altération de la figure ; je voyais, surtout, les larmes la suffoquer, et

ne couler cependant que rares et pénibles. Ce ne fut
qu'alors, que je pris le parti de feindre de m'éloigner ;
aussi, me retenant avec force : « Non, écoutez-moi, dit-
elle vivement. — Laissez-moi, répondis-je. — Vous
m'écouterez, je le veux. — Il faut vous fuir, il le faut !
— Non ! » s'écria-t-elle... A ce dernier mot, elle se précipita ou plutôt tomba évanouie entre mes bras.
Comme je doutais encore d'un si heureux succès, je feignis un grand effroi ; mais tout en m'effrayant, je la
conduisais, ou la portais vers le lieu précédemment désigné pour le champ de ma gloire ; et en effet elle ne
revint à elle que soumise et déjà livrée à son heureux
vainqueur.

Jusque-là, ma belle amie, vous me trouverez, je crois,
une pureté de méthode qui vous fera plaisir ; et vous
verrez que je ne me suis écarté en rien des vrais principes de cette guerre, que nous avons remarqué souvent
être si semblable à l'autre. Jugez-moi donc comme
Turenne ou Frédéric. J'ai forcé à combattre l'ennemi
qui ne voulait que temporiser ; je me suis donné, par
de savantes manœuvres, le choix du terrain et celui des
dispositions ; j'ai su inspirer la sécurité à l'ennemi, pour
le joindre plus facilement dans sa retraite ; j'ai su y faire
succéder la terreur, avant d'en venir au combat ; je n'ai
rien mis au hasard, que par la considération d'un grand
avantage en cas de succès, et la certitude des ressources en cas de défaite ; enfin, je n'ai engagé l'action
qu'avec une retraite assurée, par où je pusse couvrir
et conserver tout ce que j'avais conquis précédemment.
C'est, je crois, tout ce qu'on peut faire ; mais je crains,
à présent, de m'être amolli comme Annibal dans les
délices de Capoue. Voilà ce qui s'est passé depuis.

Je m'attendais bien qu'un si grand événement ne se
passerait pas sans les larmes et le désespoir d'usage ;
et si je remarquai d'abord un peu plus de confusion,
et une sorte de recueillement, j'attribuai l'un et l'autre
à l'état de prude : aussi, sans m'occuper de ces légères
différences que je croyais purement locales, je suivais
simplement la grande route des consolations ; bien

persuadé que, comme il arrive d'ordinaire, les sensations aideraient le sentiment, et qu'une seule action ferait plus que tous les discours, que pourtant je ne négligeais pas. Mais je trouvai une résistance vraiment effrayante, moins encore par son excès que par la forme sous laquelle elle se montrait.

Figurez-vous une femme assise, d'une raideur immobile, et d'une figure invariable ; n'ayant l'air ni de penser, ni d'écouter, ni d'entendre ; dont les yeux fixes laissent échapper des larmes assez continues, mais qui coulent sans effort. Telle était madame de Tourvel, pendant mes discours ; mais si j'essayais de ramener son attention vers moi par une caresse, par le geste même le plus innocent, à cette apparente apathie succédaient aussitôt la terreur, la suffocation, les convulsions, les sanglots, et quelques cris par intervalle, mais sans un mot articulé.

Ces crises revinrent plusieurs fois, et toujours plus fortes ; la dernière même fut si violente, que j'en fus entièrement découragé et craignis un moment d'avoir remporté une victoire inutile. Je me rabattis sur les lieux communs d'usage ; et dans le nombre se trouva celui-ci : « Et vous êtes dans le désespoir, parce que vous avez fait mon bonheur ? » A ce mot, l'adorable femme se tourna vers moi ; et sa figure, quoique encore un peu égarée, avait pourtant déjà repris son expression céleste. « Votre bonheur, me dit-elle ! » Vous devinez ma réponse. « Vous êtes donc heureux ? » Je redoublai les protestations. « Et heureux par moi ! » J'ajoutai les louanges et les tendres propos. Tandis que je parlais, tous ses membres s'assouplirent ; elle retomba avec mollesse appuyée sur son fauteuil ; et m'abandonnant une main que j'avais osé prendre : « Je sens, dit-elle, que cette idée me console et me soulage. »

Vous jugez qu'ainsi remis sur la voie, je ne la quittai plus ; c'était réellement la bonne, et peut-être la seule. Aussi quand je voulus tenter un second succès, j'éprouvai d'abord quelque résistance, et ce qui s'était passé auparavant me rendait circonspect ; mais ayant appelé à mon secours cette même idée de mon bonheur, j'en ressentis bientôt les favorables effets : « Vous avez raison, me dit la tendre personne ; et je ne puis plus supporter mon existence, qu'autant qu'elle servira à vous rendre heureux. Je m'y consacre tout entière : dès ce moment je me donne à vous, et vous n'éprouverez de ma part ni refus, ni regrets. » Ce fut avec cette candeur naïve ou sublime, qu'elle me livra sa personne et ses charmes, et qu'elle augmenta mon bonheur en le partageant. L'ivresse fut complète et réciproque ; et, pour la première fois, la mienne survécut au plaisir. Je ne sortis de ses bras que pour tomber à ses genoux, pour lui jurer un amour éternel ; et, il faut tout avouer, je pensais ce que je disais. Enfin, même après nous être séparés, son idée ne me quittait point, et j'ai eu besoin de me travailler pour m'en distraire.

Ah ! pourquoi n'êtes-vous pas ici, pour balancer au moins le charme de l'action par celui de la récompense ? Mais je né perdrai rien pour attendre, n'est-il pas vrai ? et j'espère pouvoir regarder, comme convenu entre nous, l'heureux arrangement que je vous ai proposé dans ma dernière lettre. Vous voyez que je m'exécute, et que, comme je vous l'ai promis, mes affaires seront assez avancées pour pouvoir vous donner une partie de mon temps. Dépêchez-vous donc de renvoyer votre pesant Belleroche, et laissez là le doucereux Danceny pour ne vous occuper que de moi. Mais que faites-vous donc tant à cette campagne que vous ne me répondez seulement pas ? Savez-vous que je vous gronderais volontiers ? Mais le bonheur porte à l'indulgence. Et puis je n'oublie pas qu'en me replaçant au nombre de vos soupirants, je dois me soumettre, de nouveau, à vos petites fantaisies. Souvenez-vous cependant que le nouvel amant ne veut rien perdre des anciens droits de l'ami.

Adieu, comme autrefois... *Oui, adieu, mon ange ! Je t'envoie tous les baisers de l'amour.*

P. S. Savez-vous que Prévan, au bout de son mois

de prison, a été obligé de quitter son Corps ? C'est aujourd'hui la nouvelle de tout Paris. En vérité, le voilà cruellement puni d'un tort qu'il n'a pas eu, et votre succès est complet !

Paris, ce 29 octobre 17**.

LETTRE CXXVI

MADAME DE ROSEMONDE À LA PRÉSIDENTE DE TOURVEL

Je vous aurais répondu plus tôt, mon aimable enfant, si la fatigue de ma dernière lettre ne m'avait rendu mes douleurs, ce qui m'a encore privée tous ces jours-ci de l'usage de mon bras. J'étais bien pressée de vous remercier des bonnes nouvelles que vous m'avez données de mon neveu, et je ne l'étais pas moins de vous en faire pour votre compte, de sincères félicitations. On est forcé de reconnaître véritablement là un coup de la Providence, qui, en touchant l'un, a aussi sauvé l'autre. Oui, ma chère Belle, Dieu qui ne voulait que vous éprouver, vous a secourue au moment où vos forces étaient épuisées ; et malgré votre petit murmure, vous avez, je crois, quelques actions de grâces à lui rendre. Ce n'est pas que je ne sente fort bien qu'il vous eût été plus agréable que cette résolution vous fût venue la première, et que celle de Valmont n'en eût été que la suite ; il semble même, humainement parlant, que les droits de notre sexe en eussent été mieux conservés, et nous ne voulons en perdre aucun ! Mais qu'est-ce que ces considérations légères, auprès des objets importants qui se trouvent remplis ? Voit-on celui qui se sauve du naufrage, se plaindre de n'avoir pas eu le choix des moyens ?

Vous éprouverez bientôt, ma chère fille, que les peines que vous redoutez s'allégeront d'elles-mêmes ; et quand elles devraient subsister toujours et dans leur entier, vous n'en sentiriez pas moins qu'elles seraient encore plus faciles à supporter que les remords du crime et le mépris de soi-même. Inutilement, vous aurais-je parlé plus tôt avec cette apparente vérité : l'amour est un sentiment indépendant, que la prudence peut faire éviter, mais qu'elle ne saurait vaincre ; et qui, une fois né, ne meurt que de sa belle mort ou du défaut absolu d'espoir. C'est ce dernier cas, dans lequel vous êtes, qui me rend le courage et le droit de vous dire librement mon avis. Il est cruel d'effrayer un malade désespéré, qui n'est plus susceptible que de consolations et de palliatifs : mais il est sage d'éclairer un convalescent sur les dangers qu'il a courus, pour lui inspirer la prudence dont il a besoin, et la soumission aux conseils qui peuvent encore lui être nécessaires.

Puisque vous me choisissez pour votre médecin, c'est comme tel que je vous parle, et que je vous dis que les petites incommodités que vous ressentez à présent, et qui peut-être exigent quelques remèdes, ne sont pourtant rien en comparaison de la maladie effrayante dont voilà la guérison assurée. Ensuite comme votre amie, comme l'amie d'une femme raisonnable et vertueuse, je me permettrai d'ajouter que cette passion, qui vous avait subjuguée, déjà si malheureuse par elle-même, le devenait encore plus par son objet. Si j'en crois ce qu'on m'en dit, mon neveu, que j'avoue aimer peut-être avec faiblesse, et qui réunit en effet beaucoup de qualités louables à beaucoup d'agréments, n'est ni sans danger pour les femmes, ni sans torts vis-à-vis d'elles, et met presque un prix égal à les séduire et à les perdre. Je crois bien que vous l'auriez converti. Jamais personne sans doute n'en fut plus digne : mais tant d'autres s'en sont flattées de même, dont l'espoir a été déçu, que j'aime bien mieux que vous n'en soyez pas réduite à cette ressource.

Considérez à présent, ma chère Belle, qu'au lieu de tant de dangers que vous auriez eu à courir, vous aurez, outre le repos de votre conscience et votre propre tranquillité, la satisfaction d'avoir été la principale cause de l'heureux retour de Valmont. Pour moi, je ne doute pas que ce ne soit, en grande partie, l'ouvrage de votre courageuse résistance, et qu'un moment de faiblesse de votre part n'eût peut-être laissé mon neveu dans un égarement éternel. J'aime à penser ainsi, et désire vous voir penser de même ; vous y trouverez vos premières consolations et moi, de nouvelles raisons de vous aimer davantage.

Je vous attends ici sous peu de jours, mon aimable fille, comme vous me l'annoncez. Venez retrouver le calme et le bonheur dans les mêmes lieux où vous l'aviez perdu ; venez surtout vous réjouir avec votre tendre mère, d'avoir si heureusement tenu la parole que vous lui aviez donnée, de ne rien faire qui ne fût digne d'elle et de vous !

Du château de..., ce 30 octobre 17**.

LETTRE CXXVII

LA MARQUISE DE MERTEUIL AU VICOMTE DE VALMONT

Si je n'ai pas répondu, Vicomte, à votre lettre du 19, ce n'est pas que je n'en aie eu le temps ; c'est tout simplement qu'elle m'a donné de l'humeur, et que je ne lui ai pas trouvé le sens commun. J'avais donc cru n'avoir rien de mieux à faire, que de la laisser dans l'oubli ; mais puisque vous revenez sur elle, que vous paraissez tenir aux idées qu'elle contient, et que vous prenez mon silence pour un consentement, il faut vous dire clairement mon avis.

J'ai pu avoir quelquefois la prétention de remplacer à moi seule tout un sérail ; mais il ne m'a jamais convenu d'en faire partie. Je croyais que vous saviez cela. Au moins à présent, que vous ne pouvez plus l'ignorer, vous jugerez facilement combien votre proposition a dû me paraître ridicule. Qui, moi ! je sacrifierais un goût, et encore un goût nouveau, pour m'occuper de vous ? Et pour m'en occuper comment ? en attendant à mon tour, et en esclave soumise, les sublimes faveurs de votre *Hautesse*. Quand, par exemple, vous voudrez vous distraire un moment de *ce charme inconnu* que *l'adorable, la céleste* madame de Tourvel, vous a fait seule éprouver, ou quand vous craindrez de compromettre, auprès de *l'attachante Cécile,* l'idée supérieure que vous êtes bien aise qu'elle conserve de vous : alors descendant jusqu'à moi, vous y viendrez chercher des plaisirs, moins vifs à la vérité, mais sans conséquence ; et vos précieuses bontés quoique un peu rares, suffiront de reste à mon bonheur !

Certes, vous êtes riche en bonne opinion de vous-même : mais apparemment je ne le suis pas en modestie ; car j'ai beau me regarder, je ne peux pas me trouver déchue jusque-là. C'est peut-être un tort que j'ai ; mais je vous préviens que j'en ai beaucoup d'autres encore.

J'ai surtout celui de croire que *l'écolier, le douce-reux* Danceny, uniquement occupé de moi, me sacrifiant, sans s'en faire un mérite, une première passion, avant même qu'elle ait été satisfaite, et m'aimant enfin comme on aime à son âge, pourrait, malgré ses vingt ans, travailler plus efficacement que vous à mon bonheur et à mes plaisirs. Je me permettrai même d'ajouter que, s'il me venait en fantaisie de lui donner un adjoint, ce ne serait pas vous, au moins pour le moment.

Et par quelles raisons, m'allez-vous demander ? Mais d'abord il pourrait fort bien n'y en avoir aucune : car le caprice qui vous ferait préférer, peut également vous faire exclure. Je veux pourtant bien, par politesse, vous motiver mon avis. Il me semble que vous auriez trop de sacrifices à me faire ; et moi, au lieu d'en avoir la reconnaissance que vous ne manqueriez pas d'en attendre, je serais capable de croire que vous m'en devriez encore ! Vous voyez bien, qu'aussi éloignés l'un de l'autre par notre façon de penser, nous ne pouvons nous rapprocher d'aucune manière ; et je crains qu'il ne me faille beaucoup de temps, mais beaucoup, avant de changer de sentiment. Quand je serai corrigée, je vous promets de vous avertir. Jusque-là, croyez-moi,

faites d'autres arrangements, et gardez vos baisers, vous
avez tant à les placer mieux !...

Adieu, comme autrefois, dites-vous ? Mais autrefois,
ce me semble, vous faisiez un peu plus de cas de moi ;
vous ne m'aviez pas destinée tout à fait aux troisièmes
rôles ; et surtout vous vouliez bien attendre que j'eusse
dit oui, avant d'être sûr de mon consentement. Trouvez donc bon qu'au lieu de vous dire aussi, adieu
comme autrefois, je vous dise, adieu comme à présent.

Votre servante, monsieur le Vicomte.

Du château de..., ce 31 octobre 17**.

LETTRE CXXVIII

LA PRÉSIDENTE DE TOURVEL À MADAME DE ROSEMONDE

Je n'ai reçu qu'hier, Madame, votre tardive réponse.
Elle m'aurait tuée sur-le-champ, si j'avais eu encore
mon existence en moi : mais un autre en est possesseur :
et cet autre est M. de Valmont. Vous voyez que je ne
vous cache rien. Si vous devez ne me plus trouver digne
de votre amitié, je crains moins encore de la perdre que
de la surprendre. Tout ce que je puis vous dire, c'est
que, placée par M. de Valmont entre sa mort ou son
bonheur, je me suis décidée pour ce dernier parti. Je
ne m'en vante, ni ne m'en accuse : je dis simplement
ce qui est.

Vous sentirez aisément, d'après cela, quelle impression a dû me faire votre lettre, et les vérités sévères
qu'elle contient. Ne croyez pas cependant qu'elle ait
pu faire naître un regret en moi, ni qu'elle puisse jamais
me faire changer de sentiment ni de conduite. Ce n'est
pas que je n'aie des moments cruels : mais quand mon
cœur est le plus déchiré, quand je crains de ne pouvoir
plus supporter mes tourments, je me dis : Valmont est
heureux ; et tout disparaît devant cette idée, ou plutôt
elle change tout en plaisirs.

C'est donc à votre neveu que je me suis consacrée ;

c'est pour lui que je me suis perdue. Il est devenu le centre unique de mes pensées, de mes sentiments, de mes actions. Tant que ma vie sera nécessaire à son bonheur, elle me sera précieuse, et je la trouverai fortunée. Si quelque jour il en juge autrement... il n'entendra de ma part ni plainte ni reproche. J'ai déjà osé fixer les yeux sur ce moment fatal et mon parti est pris.

Vous voyez à présent combien peu doit m'affecter la crainte que vous paraissez avoir, qu'un jour M. de Valmont ne me perde : car avant de le vouloir, il aura donc cessé de m'aimer ; et que me feront alors de vains reproches que je n'entendrai pas ? Seul, il sera mon juge. Comme je n'aurai vécu que pour lui, ce sera en lui que reposera ma mémoire ; et s'il est forcé de reconnaître que je l'aimais, je serai suffisamment justifiée.

Vous venez, Madame, de lire dans mon cœur. J'ai préféré le malheur de perdre votre estime par ma franchise, à celui de m'en rendre indigne par l'avilissement du mensonge. J'ai cru devoir cette entière confiance à vos anciennes bontés pour moi. Ajouter un mot de plus pourrait vous faire soupçonner que j'ai l'orgueil d'y compter encore, quand au contraire, je me rends justice, en cessant d'y prétendre. Je suis avec respect, Madame, votre très humble et très obéissante servante.

Paris, ce 1ᵉʳ novembre 17**[1].

---

1. L. Versini propose de placer ici, entre les lettres CXXVIII et CXXIX, la lettre dont le brouillon très raturé, très travaillé, se trouve à la fin du manuscrit. Pour son argumentation, voir Laclos, *Œuvres complètes,* Bibl. de la Pléiade, p. 1361-1362.

LA PRÉSIDENTE DE TOURVEL AU VICOMTE DE VALMONT

O mon ami ! quel est donc le trouble que j'éprouve depuis l'instant où vous vous êtes éloigné de moi ; quelque tranquillité me serait si nécessaire ! Comment se fait-il que je sois livrée à une telle agitation qu'elle va jusqu'à la douleur et me cause un véritable effroi ? Le croiriez-vous ? je sens que même pour vous écrire, j'ai besoin de rassembler mes forces et de rappeler ma raison. Cependant, je me
(Suite de la note, page 359)

LETTRE CXXIX

LE VICOMTE DE VALMONT À LA MARQUISE DE MERTEUIL

Dites-moi donc, ma belle amie, d'où peut venir ce ton d'aigreur et de persiflage qui règne dans votre dernière lettre ? Quel est donc ce crime que j'ai commis,

(Suite de la page 358)

dis, je me répète que vous êtes heureux ; mais, cette idée si chère à mon cœur et que vous avez si bien nommée le doux calmant de l'amour en est au contraire devenue le ferment et me fait succomber sous une félicité trop forte ; tandis que, si j'essaye de m'arracher à cette délicieuse méditation, je retombe aussitôt dans les cruelles angoisses, que je vous ai tant promis d'éviter et dont, en effet, je dois me garantir si soigneusement, puisqu'elles altéreraient votre bonheur. Mon ami, vous m'avez facilement appris à ne vivre que pour vous ; apprenez-moi maintenant à vivre loin de vous... Non, ce n'est pas là ce que je veux dire, c'est plutôt que, loin de vous, je voudrais ne point vivre, ou au moins oublier mon existence. Abandonnée à moi-même, je ne puis supporter ni mon bonheur, ni ma peine ; je sens le besoin du repos, et tout repos m'est impossible ; j'ai vainement appelé le sommeil, le sommeil a fui de moi ; je ne puis ni m'occuper ni rester oisive ; tour-à-tour un feu brûlant me dévore, un frisson mortel m'anéantit : tout mouvement me fatigue et je ne saurais rester en place. Enfin ! que dirai-je ? je souffrirais moins dans l'ardeur de la plus violente fièvre, et, sans que je puisse ni l'expliquer ni le concevoir, je sens très bien pourtant que cet état de souffrance ne vient que de mon impuissance à contenir ou diriger une foule de sentiments au charme desquels cependant je me trouverais heureuse de pouvoir livrer mon âme tout entière.

Au moment même où vous êtes sorti, j'étais moins tourmentée ; quelque agitation se joignait bien à mes regrets, mais je l'attribuais à l'impatience que me causait la présence de mes femmes qui entrèrent à l'instant, et, dont le service, toujours trop long à mon gré, me paraissait se prolonger encore mille fois plus que de coutume. Je voulais surtout être seule : je ne doutais pas alors, qu'environnée de souvenirs si doux, je ne dusse trouver dans la solitude, le seul bonheur dont votre absence me laissait susceptible. Comment aurais-je pu prévoir, qu'aussi forte auprès de vous pour soutenir le choc de tant de sentiments divers, si rapidement éprouvés, je ne pourrais seule en supporter la réminiscence ? J'ai été bientôt bien cruellement détrompée... Ici, mon tendre ami, j'hésite à vous dire tout... Cependant, ne suis-je pas à vous, entièrement à vous, et dois-je vous cacher une seule de mes pensées ? Ah ! cela me serait bien impossible ; seulement, je réclame votre indulgence pour des fautes involontaires et que mon cœur ne partage pas : j'avais, suivant mon habitude, renvoyé mes femmes avant de me mettre au lit...

apparemment sans m'en douter, et qui vous donne tant
d'humeur ? J'ai eu l'air, me reprochez-vous, de compter sur votre consentement avant de l'avoir obtenu :
mais je croyais que ce qui pourrait paraître de la présomption pour tout le monde, ne pouvait jamais être
pris, de vous à moi, que pour de la confiance : et depuis
quand ce sentiment nuit-il à l'amitié ou à l'amour ? En
réunissant l'espoir au désir, je n'ai fait que céder à
l'impulsion naturelle, qui nous fait nous placer toujours
le plus près possible du bonheur que nous cherchons ;
et vous avez pris pour l'effet de l'orgueil ce qui ne l'était
que de mon empressement. Je sais fort bien que l'usage
a introduit, dans ce cas, un doute respectueux : mais
vous savez aussi que ce n'est qu'une forme, un simple
protocole ; et j'étais, ce me semble, autorisé à croire
que ces précautions minutieuses n'étaient plus nécessaires entre nous.

Il me semble même que cette marche franche et libre,
quand elle est fondée sur une ancienne liaison, est bien
préférable à l'insipide cajolerie, qui affadit si souvent
l'amour. Peut-être, au reste, le prix que je trouve à cette
manière, ne vient-il que de celui que j'attache au bonheur qu'elle me rappelle : mais par là même, il me serait
plus pénible encore de vous voir en juger autrement.

Voilà pourtant le seul tort que je me connaisse : car
je n'imagine pas que vous ayez pu penser sérieusement,
qu'il existât une femme dans le monde, qui me parût
préférable à vous ; et encore moins, que j'aie pu vous
apprécier aussi mal que vous feignez de le croire. Vous
vous êtes regardée, me dites-vous, à ce sujet, et vous
ne vous êtes pas trouvée déchue à ce point. Je le crois
bien, et cela prouve seulement que votre miroir est
fidèle. Mais n'auriez-vous pas pu en conclure avec plus
de facilité et de justice, qu'à coup sûr je n'avais pas
jugé ainsi de vous ?

Je cherche vainement une cause à cette étrange idée.
Il me semble pourtant qu'elle tient, de plus ou moins
près, aux éloges que je me suis permis de donner à
d'autres femmes. Je l'infère au moins de votre affec-

tation à relever les épithètes *d'adorable, de céleste,
d'attachante,* dont je me suis servi en vous parlant de
madame de Tourvel, ou de la petite Volanges. Mais ne
savez-vous pas que ces mots, plus souvent pris au
hasard que par réflexion, expriment moins le cas que
l'on fait de la personne, que la situation dans laquelle
on se trouve quand on en parle ? Et si, dans le moment
même où j'étais si vivement affecté ou par l'une ou par
l'autre, je ne vous en désirais pourtant pas moins ; si
je vous donnais une préférence marquée sur toutes
deux, puisque enfin je ne pouvais renouveler notre première liaison qu'au préjudice des deux autres, je ne
crois pas qu'il y ait là si grand sujet de reproche.

Il ne me sera pas plus difficile de me justifier sur le
charme inconnu dont vous me paraissez aussi un peu
choquée : car d'abord, de ce qu'il est inconnu, il ne
s'ensuit pas qu'il soit plus fort. Hé ! qui pourrait
l'emporter sur les délicieux plaisirs que vous seule savez
rendre toujours nouveaux, comme toujours plus vifs ?
J'ai donc voulu dire seulement que celui-là était d'un
genre que je n'avais pas encore éprouvé ; mais sans prétendre lui assigner de classe ; et j'avais ajouté, ce que
je répète aujourd'hui, que, quel qu'il soit, je saurai le
combattre et le vaincre. J'y mettrai bien plus de zèle
encore, si je peux voir dans ce léger travail un hommage à vous offrir.

Pour la petite Cécile, je crois bien inutile de vous en
parler. Vous n'avez pas oublié que c'est à votre
demande que je me suis chargé de cette enfant, et je
n'attends que votre congé pour m'en défaire. J'ai pu
remarquer son ingénuité et sa fraîcheur ; j'ai pu même
la croire un moment *attachante,* parce que, plus ou
moins, on se complaît toujours un peu dans son
ouvrage : mais assurément, elle n'a assez de consistance
en aucun genre, pour fixer en rien l'attention.

A présent, ma belle amie, j'en appelle à votre justice, à vos premières bontés pour moi ; à la longue et
parfaite amitié, à l'entière confiance qui depuis ont res-
serré nos liens : ai-je mérité le ton rigoureux que vous

prenez avec moi ? Mais qu'il vous sera facile de m'en dédommager quand vous voudrez ! Dites seulement un mot, et vous verrez si tous les charmes et tous les attachements me retiendront ici, non pas un jour, mais une minute. Je volerai à vos pieds et dans vos bras, et je vous prouverai, mille fois et de mille manières, que vous êtes, que vous serez toujours, la véritable souveraine de mon cœur.

Adieu, ma belle amie ; j'attends votre réponse avec beaucoup d'empressement.

Paris, ce 3 novembre 17**.

LETTRE CXXX

MADAME DE ROSEMONDE À LA PRÉSIDENTE DE TOURVEL

Et pourquoi, ma chère Belle, ne voulez-vous plus être ma fille ? pourquoi semblez-vous m'annoncer que toute correspondance va être rompue entre nous ? Est-ce pour me punir de n'avoir pas deviné ce qui était contre toute vraisemblance ? ou me soupçonnez-vous de vous avoir affligée volontairement ? Non, je connais trop bien votre cœur, pour croire qu'il pense ainsi du mien. Aussi la peine que m'a faite votre lettre est-elle bien moins relative à moi qu'à vous-même !

O ma jeune amie ! je vous le dis avec douleur ; mais vous êtes bien trop digne d'être aimée, pour que jamais l'amour vous rende heureuse. Hé ! quelle femme vraiment délicate et sensible, n'a pas trouvé l'infortune dans ce même sentiment qui lui promettait tant de bonheur ! Les hommes savent-ils apprécier la femme qu'ils possèdent ?

Ce n'est pas que plusieurs ne soient honnêtes dans leurs procédés, et constants dans leur affection : mais, parmi ceux-là même, combien peu savent encore se mettre à l'unisson de notre cœur ! Ne croyez pas, ma chère enfant, que leur amour soit semblable au nôtre. Ils éprouvent bien la même ivresse ; souvent même ils y mettent plus d'emportement : mais ils ne connaissent pas cet empressement inquiet, cette sollicitude délicate, qui produit en nous ces soins tendres et continus, et dont l'unique but est toujours l'objet aimé. L'homme jouit du bonheur qu'il ressent, et la femme de celui qu'elle procure. Cette différence, si essentielle et si peu remarquée, influe pourtant, d'une manière bien sensible, sur la totalité de leur conduite respective. Le plaisir de l'un est de satisfaire des désirs, celui de l'autre est surtout de les faire naître. Plaire n'est pour lui qu'un moyen de succès ; tandis que pour elle, c'est le succès lui-même. Et la coquetterie, si souvent reprochée aux femmes, n'est autre chose que l'abus de cette façon de sentir, et par là même en prouve la réalité. Enfin, ce goût exclusif, qui caractérise particulièrement l'amour, n'est dans l'homme qu'une préférence, qui sert, au plus, à augmenter un plaisir, qu'un autre objet affaiblirait peut-être, mais ne détruirait pas ; tandis que dans les femmes, c'est un sentiment profond, qui non seulement anéantit tout désir étranger, mais qui, plus fort que la nature, et soustrait à son empire, ne leur laisse éprouver que répugnance et dégoût, là même où semble devoir naître la volupté.

Et n'allez pas croire que des exceptions plus ou moins nombreuses, et qu'on peut citer, puissent s'opposer avec succès à ces vérités générales ! Elles ont pour garant la voix publique, qui, pour les hommes seulement, a distingué l'infidélité de l'inconstance : distinction dont ils se prévalent, quand ils devraient en être humiliés ; et qui, pour notre sexe, n'a jamais été adoptée que par ces femmes dépravées qui en sont la honte, et à qui tout moyen paraît bon, qu'elles espèrent pouvoir les sauver du sentiment pénible de leur bassesse.

J'ai cru, ma chère Belle, qu'il pourrait vous être utile d'avoir ces réflexions à opposer aux idées chimériques d'un bonheur parfait dont l'amour ne manque jamais d'abuser notre imagination : espoir trompeur, auquel on tient encore, même alors qu'on se voit forcé de l'abandonner, et dont la perte irrite et multiplie les chagrins déjà trop réels, inséparables d'une passion vive ! Cet emploi d'adoucir vos peines, ou d'en diminuer le nombre est le seul que je veuille, que je puisse remplir en ce moment. Dans les maux sans remèdes, les conseils ne peuvent plus porter que sur le régime. Ce que je vous demande seulement, c'est de vous souvenir que plaindre un malade, ce n'est pas le blâmer. Eh ! qui sommes-nous, pour nous blâmer les uns les autres ? Laissons le droit de juger à celui-là seul qui lit dans les cœurs ; et j'ose même croire qu'à ses yeux paternels, une foule de vertus peut racheter une faiblesse.

Mais, je vous en conjure, ma chère amie, défendez-vous surtout de ces résolutions violentes, qui annoncent moins la force qu'un entier découragement : n'oubliez pas qu'en rendant un autre possesseur de votre existence, pour me servir de votre expression, vous n'avez pas pu cependant frustrer vos amis de ce qu'ils en possédaient à l'avance, et qu'ils ne cesseront jamais de réclamer.

Adieu, ma chère fille ; songez quelquefois à votre tendre mère et croyez que vous serez toujours, et par-dessus tout, l'objet de ses plus chères pensées.

*Du château de..., ce 4 novembre 17**.*

LETTRE CXXXI

LA MARQUISE DE MERTEUIL AU VICOMTE DE VALMONT

A la bonne heure, Vicomte, et je suis plus contente de vous cette fois-ci que l'autre ; mais à présent, causons de bonne amitié et j'espère vous convaincre que, pour vous comme pour moi, l'arrangement que vous paraissez désirer serait une véritable folie.

N'avez-vous pas encore remarqué que le plaisir, qui est bien en effet l'unique mobile de la réunion des deux sexes, ne suffit pourtant pas pour former une liaison entre eux ? et que, s'il est précédé du désir qui rapproche, il n'est pas moins suivi du dégoût qui repousse ? C'est une loi de la nature, que l'amour seul peut changer ; et de l'amour, en a-t-on quand on veut ? Il en faut pourtant toujours : et cela serait vraiment fort embarrassant, si on ne s'était pas aperçu qu'heureusement il suffisait qu'il en existât d'un côté. La difficulté est devenue par là de moitié moindre, et même sans qu'il y ait eu beaucoup à perdre ; en effet, l'un jouit du bonheur d'aimer, l'autre de celui de plaire, un peu moins vif à la vérité, mais auquel je joins le plaisir de tromper, ce qui fait équilibre ; et tout s'arrange.

Mais dites-moi, Vicomte, qui de nous deux se chargera de tromper l'autre ? Vous savez l'histoire de ces deux fripons qui se reconnurent en jouant : Nous ne nous ferons rien, se dirent-ils, payons les cartes par moitié ; et ils quittèrent la partie. Suivons, croyez-moi, ce prudent exemple, et ne perdons pas ensemble un temps que nous pouvons si bien employer ailleurs.

Pour vous prouver qu'ici votre intérêt me décide autant que le mien, et que je n'agis ni par humeur, ni par caprice, je ne vous refuse pas le prix convenu entre nous : je sens à merveille que pour une seule soirée nous nous suffirons de reste ; et je ne doute même pas que nous ne sachions assez l'embellir pour ne la voir finir qu'à regret. Mais n'oublions pas que ce regret est nécessaire au bonheur ; et quelque douce que soit notre illusion, n'allons pas croire qu'elle puisse être durable.

Vous voyez que je m'exécute à mon tour, et cela, sans que vous vous soyez encore mis en règle avec moi ; car enfin je devais avoir la première lettre de la céleste prude ; et pourtant, soit que vous y teniez encore, soit que vous ayez oublié les conditions d'un marché, qui vous intéresse peut-être moins que vous ne voulez me le faire croire, je n'ai rien reçu, absolument rien. Cependant, ou je me trompe, ou la tendre dévote doit beaucoup écrire : car que ferait-elle quand elle est seule ? elle n'a sûrement pas le bon esprit de se distraire. J'aurais donc, si je voulais, quelques petits reproches à vous faire ; mais je les passe sous silence, en compensation d'un peu d'humeur que j'ai eu peut-être dans ma dernière lettre.

A présent, Vicomte, il ne me reste plus qu'à vous faire une demande et elle est encore autant pour vous que pour moi : c'est de différer un moment que je désire peut-être autant que vous, mais dont il me semble que l'époque doit être retardée jusqu'à mon retour à la ville. D'une part, nous n'aurions pas ici la liberté nécessaire ; et, de l'autre, j'y aurais quelque risque à courir : car il ne faudrait qu'un peu de jalousie, pour me rattacher de plus belle ce triste Belleroche, qui pourtant ne tient plus qu'à un fil. Il en est déjà à se battre les flancs pour m'aimer ; c'est au point, qu'à présent je mets autant de malice que de prudence dans les caresses dont je le surcharge. Mais, en même temps, vous voyez bien que ce ne serait pas là un sacrifice à vous faire ! une infidélité réciproque rendra le charme bien plus puissant.

Savez-vous que je regrette quelquefois que nous en soyons réduits à ces ressources ! Dans le temps où nous nous aimions car je crois que c'était de l'amour, j'étais heureuse ; et vous, Vicomte ?... Mais pourquoi s'occuper encore d'un bonheur qui ne peut revenir ? Non, quoi que vous en disiez, c'est un retour impossible. D'abord, j'exigerais des sacrifices que sûrement vous ne pourriez ou ne voudriez pas me faire, et qu'il se peut bien que je ne mérite pas ; et puis, comment vous fixer ? Oh ! non, non, je ne veux seulement pas m'occuper de cette idée ; et malgré le plaisir que je trouve en ce moment à vous écrire, j'aime mieux vous quitter brusquement.

Adieu, Vicomte.

*Du château de..., ce 6 novembre 17**.*

LETTRE CXXXII

LA PRÉSIDENTE DE TOURVEL À MADAME DE ROSEMONDE

Pénétrée, Madame, de vos bontés pour moi, je m'y livrerais tout entière, si je n'étais retenue, en quelque sorte, par la crainte de les profaner en les acceptant. Pourquoi faut-il, quand je les vois si précieuses, que je sente en même temps que je n'en suis plus digne ? Ah ! j'oserai du moins vous en témoigner ma reconnaissance ; j'admirerai, surtout, cette indulgence de la vertu, qui ne connaît nos faiblesses que pour y compatir, et dont le charme puissant conserve sur les cœurs un empire si doux et si fort, même à côté du charme de l'amour.

Mais puis-je mériter encore une amitié qui ne suffit plus à mon bonheur ? Je dis de même de vos conseils ; j'en sens le prix et ne puis les suivre. Et comment ne croirais-je pas à un bonheur parfait, quand je l'éprouve en ce moment ? Oui, si les hommes sont tels que vous le dites, il faut les fuir, ils sont haïssables ; mais qu'alors Valmont est loin de leur ressembler ! S'il a comme eux cette violence de passion, que vous nommez emportement, combien n'est-elle pas surpassée en lui par l'excès de sa délicatesse ! O mon amie ! vous me parlez de partager mes peines, jouissez donc de mon bonheur ; je le dois à l'amour, et de combien encore l'objet en augmente le prix ! Vous aimez votre neveu, dites-vous, peut-être avec faiblesse ? ah ! si vous le connaissiez comme moi ! je l'aime avec idolâtrie, et bien moins encore qu'il ne le mérite. Il a pu sans doute être entraîné dans quelques erreurs, il en convient lui-même ; mais qui jamais connut comme lui le véritable amour ? Que puis-je vous dire de plus ? il le ressent tel qu'il l'inspire.

Vous allez croire que c'est là *une de ces idées chimériques dont l'amour ne manque jamais d'abuser notre imagination* : mais dans ce cas, pourquoi serait-il devenu plus tendre, plus empressé, depuis qu'il n'a plus rien à obtenir ? Je l'avouerai, je lui trouvais auparavant un air de réflexion, de réserve, qui l'abandonnait rarement et qui souvent me ramenait, malgré moi, aux fausses et cruelles impressions qu'on m'avait données de lui. Mais depuis qu'il peut se livrer sans contrainte aux mouvements de son cœur, il semble deviner tous les désirs du mien. Qui sait si nous n'étions pas nés l'un pour l'autre ! si ce bonheur ne m'était pas réservé, d'être nécessaire au sien ! Ah ! si c'est une illusion, que je meure donc avant qu'elle finisse. Mais non ; je veux vivre pour le chérir, pour l'adorer. Pourquoi cesserait-il de m'aimer ? Quelle autre femme rendrait-il plus heureuse que moi ? Et, je le sens par moi-même, ce bonheur qu'on fait naître, est le plus fort lien, le seul qui attache véritablement. Oui, c'est ce sentiment délicieux qui anoblit l'amour, qui le purifie en quelque sorte, et le rend vraiment digne d'une âme tendre et généreuse, telle que celle de Valmont.

Adieu, ma chère, ma respectable, mon indulgente amie. Je voudrais en vain vous écrire plus longtemps ; voici l'heure où il a promis de venir, et toute autre idée m'abandonne. Pardon ! mais vous voulez mon bonheur, et il est si grand dans ce moment, que je suffis à peine à le sentir.

Paris, ce 7 novembre 17**.

LETTRE CXXXIII

LE VICOMTE DE VALMONT À LA MARQUISE DE MERTEUIL

Quels sont donc, ma belle amie, ces sacrifices que vous jugez que je ne ferais pas, et dont pourtant le prix serait de vous plaire ? Faites-les-moi connaître seulement, et si je balance à vous les offrir, je vous permets d'en refuser l'hommage. Eh ! comment me jugez-vous depuis quelque temps, si, même dans votre indulgence,

vous doutez de mes sentiments ou de mon énergie ? Des
sacrifices que je ne voudrais ou ne pourrais pas faire !
Ainsi, vous me croyez amoureux, subjugué ? et le prix
que j'ai mis au succès, vous me soupçonnez de l'attacher à la personne ? Ah ! grâces au Ciel, je n'en suis
pas encore réduit là, et je m'offre à vous le prouver.
Oui, je vous le prouverai, quand même ce devrait être
envers madame de Tourvel. Assurément, après cela, il
ne doit pas vous rester de doute.

J'ai pu, je crois, sans me compromettre, donner quelque temps à une femme, qui a au moins le mérite d'être
d'un genre qu'on rencontre rarement. Peut-être aussi
la saison morte dans laquelle est venue cette aventure,
m'a fait m'y livrer davantage ; et encore à présent, qu'à
peine le grand courant commence à reprendre, il n'est
pas étonnant qu'elle m'occupe presque en entier. Mais
songez donc qu'il n'y a guère que huit jours que je jouis
du fruit de trois mois de soins. Je me suis si souvent
arrêté davantage à ce qui valait bien moins, et ne
m'avait pas tant coûté !... et jamais vous n'en avez rien
conclu contre moi.

Et puis, voulez-vous savoir la véritable cause de
l'empressement que j'y mets ? la voici. Cette femme
est naturellement timide ; dans les premiers temps, elle
doutait sans cesse de son bonheur, et ce doute suffisait pour le troubler : en sorte que je commence à peine
à pouvoir remarquer jusqu'où va ma puissance en ce
genre. C'est une chose que j'étais pourtant curieux de
savoir ; et l'occasion ne s'en trouve pas si facilement
qu'on le croit.

D'abord, pour beaucoup de femmes, le plaisir est
toujours le plaisir, et n'est jamais que cela ; et auprès
de celles-là, de quelque titre qu'on nous décore, nous
ne sommes jamais que des facteurs, de simples com-
missionnaires, dont l'activité fait tout le mérite, et
parmi lesquels, celui qui fait le plus, est toujours celui
qui fait le mieux.

Dans une autre classe, peut-être la plus nombreuse
aujourd'hui, la célébrité de l'amant, le plaisir de l'avoir

enlevé à une rivale, la crainte de se le voir enlever à son tour, occupent les femmes presque tout entières : nous entrons bien, plus ou moins, pour quelque chose dans l'espèce de bonheur dont elles jouissent ; mais il tient plus aux circonstances qu'à la personne. Il leur vient par nous, et non de nous.

Il fallait donc trouver, pour mon observation, une femme délicate et sensible, qui fît son unique affaire de l'amour, et qui, dans l'amour même, ne vît que son amant ; dont l'émotion, loin de suivre la route ordinaire, partît toujours du cœur, pour arriver aux sens ; que j'ai vue par exemple (et je ne parle pas du premier jour) sortir du plaisir tout éplorée, et le moment d'après retrouver la volupté dans un mot qui répondait à son âme. Enfin, il fallait qu'elle réunît encore cette candeur naturelle, devenue insurmontable par l'habitude de s'y livrer, et qui ne lui permet de dissimuler aucun des sentiments de son cœur. Or, vous en conviendrez, de telles femmes sont rares ; et je puis croire que sans celle-ci, je n'en aurais peut-être jamais rencontré.

Il ne serait donc pas étonnant qu'elle me fixât plus longtemps qu'une autre ; et si le travail que je veux faire sur elle, exige que je la rende heureuse, parfaitement heureuse, pourquoi m'y refuserais-je, surtout quand cela me sert, au lieu de me contrarier ? Mais de ce que l'esprit est occupé, s'ensuit-il que le cœur soit esclave ? non, sans doute. Aussi le prix que je ne me défends pas de mettre à cette aventure, ne m'empêchera pas d'en courir d'autres, ou même de la sacrifier à de plus agréables.

Je suis tellement libre, que je n'ai seulement pas négligé la petite Volanges, à laquelle pourtant je tiens si peu. Sa mère la ramène à la ville dans trois jours ; et moi, depuis hier, j'ai su assurer mes communications : quelque argent au portier, et quelques fleurettes à sa femme, en ont fait l'affaire. Concevez-vous que Danceny n'ait pas su trouver ce moyen si simple ? et puis, qu'on dise que l'amour rend ingénieux ! il abrutit au contraire ceux qu'il domine. Et je ne saurais pas m'en défendre ! Ah ! soyez tranquille. Déjà je vais, sous peu de jours, affaiblir, en la partageant, l'impression peut-être trop vive que j'ai éprouvée ; et si un simple partage ne suffit pas, je les multiplierai.

Je n'en serai pas moins prêt à remettre la jeune pensionnaire à son discret amant, dès que vous le jugerez à propos. Il me semble que vous n'avez plus de raison pour l'en empêcher ; et moi, je consens à rendre ce service signalé au pauvre Danceny. C'est, en vérité, le moins que je lui doive pour tous ceux qu'il m'a rendus. Il est actuellement dans la grande inquiétude de savoir s'il sera reçu chez madame de Volanges ; je le calme le plus que je peux, en l'assurant que, de façon ou d'autre, je ferai son bonheur au premier jour : et en attendant, je continue à me charger de la correspondance, qu'il veut reprendre à l'arrivée de *sa Cécile*. J'ai déjà six lettres de lui, et j'en aurai bien encore une ou deux avant l'heureux jour. Il faut que ce garçon-là soit bien désœuvré !

Mais laissons ce couple enfantin, et revenons à nous ; que je puisse m'occuper uniquement de l'espoir si doux que m'a donné votre lettre. Oui, sans doute vous me fixerez, et je ne vous pardonnerais pas d'en douter. Ai-je donc jamais cessé d'être constant pour vous ? Nos liens ont été dénoués, et non pas rompus ; notre prétendue rupture ne fut qu'une erreur de notre imagination : nos sentiments, nos intérêts, n'en sont pas moins restés unis. Semblable au voyageur qui revient détrompé, je reconnaîtrai comme lui, que j'avais laissé le bonheur pour courir après l'espérance et je dirai comme d'Harcourt :

Plus je vis d'étrangers, plus j'aimai ma patrie*.

Ne combattez donc plus l'idée ou plutôt le sentiment qui vous ramène à moi ; et après avoir essayé de tous les plaisirs dans nos courses différentes, jouissons du bonheur de sentir qu'aucun d'eux n'est comparable à

---

* De Belloi, tragédie du *Siège de Calais*.

celui que nous avions éprouvé, et que nous retrouverons plus délicieux encore !

Adieu, ma charmante amie. Je consens à attendre votre retour : mais pressez-le donc, et n'oubliez pas combien je le désire.

Paris, ce 8 novembre 17**.

LETTRE CXXXIV

LA MARQUISE DE MERTEUIL AU VICOMTE DE VALMONT

En vérité, Vicomte, vous êtes bien comme les enfants, devant qui il ne faut rien dire, et à qui on ne peut rien montrer qu'ils ne veuillent s'en emparer aussitôt ! Une simple idée qui me vient, à laquelle même je vous avertis que je ne veux pas m'arrêter, parce que je vous en parle, vous en abusez pour y ramener mon intention ; pour m'y fixer, quand je cherche à m'en distraire ; et me faire, en quelque sorte, partager malgré moi vos désirs étourdis ! Est-il donc généreux à vous de me laisser supporter seule tout le fardeau de la prudence ? Je vous le redis, et me le répète plus souvent encore, l'arrangement que vous me proposez est réellement impossible. Quand vous y mettriez toute la générosité que vous me montrez en ce moment, croyez-vous que je n'aie pas aussi ma délicatesse, et que je veuille accepter des sacrifices qui nuiraient à votre bonheur ?

Or, est-il vrai, Vicomte, que vous vous faites illusion sur le sentiment qui vous attache à madame de Tourvel ? C'est de l'amour, ou il n'en exista jamais : vous le niez bien de cent façons ; mais vous le prouvez de mille. Qu'est-ce, par exemple, que ce subterfuge dont vous vous servez vis-à-vis de vous-même (car je vous crois sincère avec moi), qui vous fait rapporter à l'envie d'observer le désir que vous ne pouvez ni cacher ni combattre, de garder cette femme ? Ne dirait-on pas que jamais vous n'en avez rendu une autre heureuse, parfaitement heureuse ? Ah ! si vous en doutez, vous avez bien peu de mémoire ! Mais non, ce n'est pas cela. Tout simplement votre cœur abuse votre esprit, et le fait se payer de mauvaises raisons ; mais moi, qui ai un grand intérêt à ne pas m'y tromper, je ne suis pas si facile à contenter.

C'est ainsi qu'en remarquant votre politesse, qui vous a fait supprimer soigneusement tous les mots que vous vous êtes imaginé m'avoir déplu, j'ai vu cependant que, peut-être sans vous en apercevoir, vous n'en conserviez pas moins les mêmes idées. En effet, ce n'est plus l'adorable, la céleste madame de Tourvel, mais c'est *une femme étonnante, une femme délicate et sensible,* et cela, à l'exclusion de toutes les autres ; *une femme rare enfin,* et telle *qu'on n'en rencontrerait pas une seconde.* Il en est de même de ce charme inconnu qui n'est pas *le plus fort.* Hé bien ! soit : mais puisque vous ne l'aviez jamais trouvé jusque-là, il est bien à croire que vous ne le trouveriez pas davantage à l'avenir, et la perte que vous feriez n'en serait pas moins irréparable. Ou ce sont là, Vicomte, des symptômes assurés d'amour, ou il faut renoncer à en trouver aucun.

Soyez assuré que, pour cette fois, je vous parle sans humeur. Je me suis promis de n'en plus prendre ; j'ai trop bien reconnu qu'elle pouvait devenir un piège dangereux. Croyez-moi, ne soyons qu'amis, et restons-en là. Sachez-moi gré seulement de mon courage à me défendre : oui, de mon courage ; car il en faut quelquefois, même pour ne pas prendre un parti qu'on sent être mauvais.

Ce n'est donc plus que pour vous ramener à mon avis par persuasion, que je vais répondre à la demande que vous me faites sur les sacrifices que j'exigerais et que vous ne pourriez pas faire. Je me sers à dessein de ce mot *exiger,* parce que je suis sûre que, dans un moment, vous m'allez en effet trouver trop exigeante : mais tant mieux ! Loin de me fâcher de vos refus, je vous en remercierai. Tenez, ce n'est pas avec vous que je veux dissimuler, j'en ai peut-être besoin.

J'exigerais donc, voyez la cruauté ! que cette rare,

cette étonnante madame de Tourvel ne fût plus pour vous qu'une femme ordinaire, une femme telle qu'elle est seulement : car il ne faut pas s'y tromper ; ce charme qu'on croit trouver dans les autres, c'est en nous qu'il existe ; et c'est l'amour seul qui embellit tant l'objet aimé. Ce que je vous demande là, tout impossible que cela soit, vous feriez peut-être bien l'effort de me le promettre, de me le jurer même ; mais, je l'avoue, je n'en croirais pas de vains discours. Je ne pourrais être persuadée que par l'ensemble de votre conduite.

Ce n'est pas tout encore, je serais capricieuse. Ce sacrifice de la petite Cécile, que vous m'offrez de si bonne grâce, je ne m'en soucierais pas du tout. Je vous demanderais au contraire de continuer ce pénible service, jusqu'à nouvel ordre de ma part ; soit que j'aimasse à abuser ainsi de mon empire ; soit que, plus indulgente ou plus juste, il me suffît de disposer de vos sentiments, sans vouloir contrarier vos plaisirs. Quoi qu'il en soit, je voudrais être obéie ; et mes ordres seraient bien rigoureux !

Il est vrai qu'alors je me croirais obligée de vous remercier ; que sait-on ? peut-être même de vous récompenser. Sûrement, par exemple, j'abrégerais une absence qui me deviendrait insupportable. Je vous reverrais enfin, Vicomte, et je vous reverrais... comment ?... Mais vous vous souvenez que ceci n'est plus qu'une conversation, un simple récit d'un projet impossible, et je ne veux pas l'oublier toute seule...

Savez-vous que mon procès m'inquiète un peu ? J'ai voulu enfin connaître au juste quels étaient mes moyens ; mes avocats me citent bien quelques lois, et surtout beaucoup d'*autorités*[1], comme ils les appellent : mais je n'y vois pas autant de raison et de justice. J'en suis presque à regretter d'avoir refusé l'accommodement. Cependant je me rassure, en songeant que le procureur est adroit, l'avocat éloquent,

1. Jurisprudence.

et la plaideuse jolie. Si ces trois moyens devaient ne plus
valoir, il faudrait changer tout le train des affaires, et
que deviendrait le respect pour les anciens usages [1] ?

Ce procès est actuellement la seule chose qui me
retienne ici. Celui de Belleroche est fini : hors de Cour,
dépens compensés [2]. Il en est à regretter le bal de ce
soir ; c'est bien le regret d'un désœuvré ! Je lui rendrai sa liberté entière à mon retour à la ville. Je lui fais
ce douloureux sacrifice, et je m'en console par la générosité qu'il y trouve.

Adieu, Vicomte, écrivez-moi souvent : le détail de
vos plaisirs me dédommagera au moins en partie des
ennuis que j'éprouve.

Du château de..., ce 11 novembre 17**.

LETTRE CXXXV

LA PRÉSIDENTE DE TOURVEL À MADAME DE ROSEMONDE

J'essaie de vous écrire, sans savoir encore si je le
pourrai. Ah ! Dieu, quand je songe qu'à ma dernière
lettre c'était l'excès de mon bonheur qui m'empêchait
de la continuer ! C'est celui de mon désespoir qui
m'accable à présent ; qui ne me laisse de force que pour
sentir mes douleurs, et m'ôte celle de les exprimer.

Valmont... Valmont ne m'aime plus, il ne m'a jamais
aimée. L'amour ne s'en va pas ainsi. Il me trompe, il
me trahit, il m'outrage. Tout ce qu'on peut réunir
d'infortunes, d'humiliations, je les éprouve, et c'est de
lui qu'elles me viennent !

Et ne croyez pas que ce soit un simple soupçon :
j'étais si loin d'en avoir ! Je n'ai pas le bonheur de pouvoir douter. Je l'ai vu : que pourrait-il me dire pour
se justifier ?... Mais que lui importe ! il ne le tentera

---

1. Unique allusion critique aux usages de l'« Ancien Régime ».
2. Métaphore ironique : chaque partie n'a à charge que les frais
qu'elle a engagés.

seulement pas... Malheureuse ! que lui feront tes reproches et tes larmes ? c'est bien de toi qu'il s'occupe !...

Il est donc vrai qu'il m'a sacrifiée, livrée même... et
à qui ?... une vile créature... Mais que dis-je ? Ah !
j'ai perdu jusqu'au droit de la mépriser. Elle a trahi
moins de devoirs, elle est moins coupable que moi. Oh !
que la peine est douloureuse, quand elle s'appuie sur
le remords ! Je sens mes tourments qui redoublent.
Adieu, ma chère amie ; quelque indigne que je me sois
rendue de votre pitié, vous en aurez cependant pour
moi, si vous pouvez vous former l'idée de ce que je
souffre.

Je viens de relire ma lettre, et je m'aperçois qu'elle
ne peut vous instruire de rien ; je vais donc tâcher
d'avoir le courage de vous raconter ce cruel événement.
C'était hier ; je devais pour la première fois, depuis
mon retour, souper hors de chez moi. Valmont vint me
voir à cinq heures ; jamais il ne m'avait paru si tendre. Il me fit connaître que mon projet de sortir le
contrariait, et vous jugez que j'eus bientôt celui de rester chez moi. Cependant, deux heures après, et tout à
coup, son air et son ton changèrent sensiblement. Je
ne sais s'il me sera échappé quelque chose qui aura pu
lui déplaire ; quoi qu'il en soit, peu de temps après,
il prétendit se rappeler une affaire qui l'obligeait de me
quitter, et il s'en alla : ce ne fut pourtant pas sans
m'avoir témoigné des regrets très vifs, qui me parurent
tendres, et qu'alors je crus sincères.

Rendue à moi-même, je jugeai plus convenable de
ne pas me dispenser de mes premiers engagements, puisque j'étais libre de les remplir. Je finis ma toilette, et
montai en voiture. Malheureusement mon cocher me
fit passer devant l'Opéra, et je me trouvai dans l'embarras de la sortie [1] ; j'aperçus à quatre pas devant moi,
et dans la file à côté de la mienne, la voiture de Valmont. Le cœur me battit aussitôt, mais ce n'était pas

1. La sortie de l'Opéra s'effectuait à l'heure du souper, vers dix
heures.

de crainte ; et la seule idée qui m'occupait, était le désir que ma voiture avançât. Au lieu de cela, ce fut la sienne qui fut forcée de reculer, et qui se trouva à côté de la mienne. Je m'avançai sur-le-champ : quel fut mon étonnement, de trouver à ses côtés une fille, bien connue pour telle ! Je me retirai, comme vous pouvez penser, et c'en était déjà bien assez pour navrer mon cœur : mais ce que vous aurez peine à croire, c'est que cette même fille, apparemment instruite par une odieuse confidence, n'a pas quitté la portière de la voiture, ni cessé de me regarder, avec des éclats de rire à faire scène.

Dans l'anéantissement où j'en fus, je me laissai pourtant conduire dans la maison où je devais souper : mais il me fut impossible d'y rester ; je me sentais, à chaque instant, prête à m'évanouir, et surtout je ne pouvais retenir mes larmes.

En rentrant, j'écrivis à M. de Valmont, et lui envoyai ma lettre aussitôt ; il n'était pas chez lui. Voulant, à quelque prix que ce fût, sortir de cet état de mort, ou le confirmer à jamais, je renvoyai avec ordre de l'attendre : mais avant minuit mon domestique revint, en me disant que le cocher, qui était de retour, lui avait dit que son maître ne rentrerait pas de la nuit. J'ai cru ce matin n'avoir plus autre chose à faire qu'à lui redemander mes lettres, et le prier de ne plus revenir chez moi. J'ai en effet donné des ordres en conséquence ; mais sans doute, ils étaient inutiles. Il est près de midi ; il ne s'est point encore présenté, et je n'ai pas même reçu un mot de lui.

A présent, ma chère amie, je n'ai plus rien à ajouter : vous voilà instruite, et vous connaissez mon cœur. Mon seul espoir est de n'avoir pas longtemps encore à affliger votre sensible amitié.

Paris, ce 15 novembre 17**.

LETTRE CXXXVI

LA PRÉSIDENTE DE TOURVEL AU VICOMTE DE VALMONT

Sans doute, Monsieur, après ce qui s'est passé hier, vous ne vous attendez plus à être reçu chez moi et sans doute aussi vous le désirez fort peu ! Ce billet a donc moins pour objet de vous prier de n'y plus venir, que de vous redemander des lettres qui n'auraient jamais dû exister ; et qui, si elles ont pu vous intéresser un moment, comme des preuves de l'aveuglement que vous aviez fait naître, ne peuvent que vous être indifférentes à présent qu'il est dissipé, et qu'elles n'expriment plus qu'un sentiment que vous avez détruit.

Je reconnais et j'avoue que j'ai eu tort de prendre en vous une confiance, dont tant d'autres avant moi avaient été les victimes ; en cela je n'accuse que moi seule : mais je croyais au moins n'avoir pas mérité d'être livrée, par vous, au mépris et à l'insulte. Je croyais qu'en vous sacrifiant tout, et perdant pour vous seul mes droits à l'estime des autres et à la mienne, je pouvais m'attendre cependant à ne pas être jugée par vous plus sévèrement que par le public, dont l'opinion sépare encore, par un immense intervalle, la femme faible de la femme dépravée. Ces torts, qui seraient ceux de tout le monde, sont les seuls dont je vous parle. Je me tais sur ceux de l'amour ; votre cœur n'entendrait pas le mien. Adieu, Monsieur.

Paris, ce 15 novembre 17**.

LETTRE CXXXVII

LE VICOMTE DE VALMONT À LA PRÉSIDENTE DE TOURVEL

On vient seulement, Madame, de me rendre votre lettre ; j'ai frémi en la lisant, et elle me laisse à peine la force d'y répondre. Quelle affreuse idée avez-vous donc

de moi ! Ah ! sans doute, j'ai des torts ; et tels que je
ne me les pardonnerai de ma vie, quand même vous
les couvririez de votre indulgence. Mais que ceux que
vous me reprochez ont toujours été loin de mon âme !
Qui, moi ! vous humilier ! vous avilir ! quand je vous
respecte autant que je vous chéris ; quand je n'ai connu
l'orgueil, que du moment où vous m'avez jugé digne
de vous. Les apparences vous ont déçue[1] ; et je
conviens qu'elles ont pu être contre moi : mais n'aviez-
vous donc pas dans votre cœur ce qu'il fallait pour les
combattre ? et ne s'est-il pas révolté à la seule idée qu'il
pouvait avoir à se plaindre du mien ? Vous l'avez cru
cependant ! Ainsi, non seulement vous m'avez jugé
capable de ce délire atroce, mais vous avez même craint
de vous y être exposée par vos bontés pour moi. Ah !
si vous vous trouvez dégradée à ce point par votre
amour, je suis donc moi-même bien vil à vos yeux ?

Oppressé par le sentiment douloureux que cette idée
me cause, je perds à la repousser, le temps que je devrais
employer à la détruire. J'avouerai tout ; une autre
considération me retient encore. Faut-il donc retracer
des faits que je voudrais anéantir, et fixer votre attention et la mienne sur un moment d'erreur que je voudrais racheter du reste de ma vie, dont je suis encore
à concevoir la cause, et dont le souvenir doit faire à
jamais mon humiliation et mon désespoir ? Ah ! si, en
m'accusant, je dois exciter votre colère, vous n'aurez
pas au moins à chercher loin votre vengeance ; il vous
suffira de me livrer à mes remords.

Cependant, qui le croirait ? cet événement a pour
première cause le charme tout-puissant que j'éprouve
auprès de vous. Ce fut lui qui me fit oublier trop longtemps une affaire importante, et qui ne pouvait se
remettre. Je vous quittai trop tard, et ne trouvai plus
la personne que j'allais chercher. J'espérais la rejoindre à l'Opéra, et ma démarche fut pareillement infructueuse. Émilie que j'y trouvai, que j'ai connue dans

1. Trompée.

un temps où j'étais bien loin de connaître ni vous ni l'amour, Émilie n'avait pas sa voiture, et me demanda de la remettre chez elle à quatre pas de là. Je n'y vis aucune conséquence, et j'y consentis. Mais ce fut alors que je vous rencontrai ; et je sentis sur-le-champ que vous seriez portée à me juger coupable.

La crainte de vous déplaire ou de vous affliger est si puissante sur moi, qu'elle dut être et fut en effet bientôt remarquée. J'avoue même qu'elle me fit tenter d'engager cette fille à ne pas se montrer ; cette précaution de la délicatesse a tourné contre l'amour. Accoutumée, comme toutes celles de son état, à n'être sûre d'un empire toujours usurpé que par l'abus qu'elles se permettent d'en faire, Émilie se garda bien d'en laisser échapper une occasion si éclatante. Plus elle voyait mon embarras s'accroître, plus elle affectait de se montrer ; et sa folle gaieté, dont je rougis que vous ayez pu un moment vous croire l'objet, n'avait de cause que la peine cruelle que je ressentais, qui elle-même venait encore de mon respect et de mon amour.

Jusque-là, sans doute, je suis plus malheureux que coupable ; et ces torts, *qui seraient ceux de tout le monde, et les seuls dont vous me parlez,* ces torts n'existant pas, ne peuvent m'être reprochés. Mais vous vous taisez en vain sur ceux de l'amour : je ne garderai pas sur eux le même silence ; un trop grand intérêt m'oblige à le rompre.

Ce n'est pas que, dans la confusion où je suis de cet inconcevable égarement, je puisse, sans une extrême douleur, prendre sur moi d'en rappeler le souvenir. Pénétré de mes torts, je consentirais à en porter la peine, ou j'attendrais mon pardon du temps, de mon éternelle tendresse et de mon repentir. Mais comment pouvoir me taire, quand ce qui me reste à vous dire importe à votre délicatesse ?

Ne croyez pas que je cherche un détour pour excuser ou pallier ma faute ; je m'avoue coupable. Mais je n'avoue point, je n'avouerai jamais que cette erreur humiliante puisse être regardée comme un tort de l'amour. Eh ! que peut-il y avoir de commun entre une surprise des sens, entre un moment d'oubli de soi-même, que suivent bientôt la honte et le regret, et un sentiment pur, qui ne peut naître que dans une âme délicate et s'y soutenir que par l'estime, et dont enfin le bonheur est le fruit ! Ah ! ne profanez pas ainsi l'amour. Craignez surtout de vous profaner vous-même, en réunissant sous un même point de vue, ce qui jamais ne peut se confondre. Laissez les femmes viles et dégradées redouter une rivalité qu'elles sentent malgré elles pouvoir s'établir, et éprouver les tourments d'une jalousie également cruelle et humiliante : mais, vous, détournez vos yeux de ces objets qui souilleraient vos regards ; et pure comme la Divinité, comme elle aussi punissez l'offense sans la ressentir.

Mais quelle peine m'imposerez-vous, qui me soit plus douloureuse que celle que je ressens ? qui puisse être comparée au regret de vous avoir déplu, au désespoir de vous avoir affligée, à l'idée accablante de m'être rendu moins digne de vous ? Vous vous occupez de punir ! et moi, je vous demande des consolations : non que je les mérite ; mais parce qu'elles me sont nécessaires, et qu'elles ne peuvent me venir que de vous.

Si, tout à coup, oubliant mon amour et le vôtre, et ne mettant plus de prix à mon bonheur, vous voulez au contraire me livrer à une douleur éternelle, vous en avez le droit : frappez ; mais si, plus indulgente, ou plus sensible, vous vous rappelez encore ces sentiments si tendres qui unissaient nos cœurs ; cette volupté de l'âme, toujours renaissante et toujours plus vivement sentie ; ces jours si doux, si fortunés, que chacun de nous devait à l'autre ; tous ces biens de l'amour et que lui seul procure ! peut-être préférerez-vous le pouvoir de les faire renaître à celui de les détruire. Que vous dirai-je enfin ? j'ai tout perdu, et tout perdu par ma faute ; mais je puis tout recouvrer par vos bienfaits. C'est à vous à décider maintenant. Je n'ajoute plus qu'un mot. Hier encore, vous me juriez que mon bon-

heur était bien sûr tant qu'il dépendrait de vous ! Ah !
Madame, me livrerez-vous aujourd'hui à un désespoir
éternel ?

*Paris, ce 15 novembre 17**.*

LETTRE CXXXVIII

LE VICOMTE DE VALMONT À LA MARQUISE DE MERTEUIL

Je persiste, ma belle amie : non, je ne suis point
amoureux ; et ce n'est pas ma faute, si les circonstances
me forcent d'en jouer le rôle. Consentez seulement, et
revenez ; vous verrez bientôt par vous-même, combien
je suis sincère. J'ai fait mes preuves hier, et elles ne
peuvent être détruites par ce qui se passe aujourd'hui.

J'étais donc chez la tendre prude, et j'y étais bien
sans aucune autre affaire : car la petite Volanges, malgré son état, devait passer toute la nuit au bal précoce
de madame V***. Le désœuvrement m'avait fait désirer d'abord de prolonger cette soirée ; et j'avais même,
à ce sujet, exigé un petit sacrifice ; mais à peine fut-il
accordé, que le plaisir que je me promettais fut troublé par l'idée de cet amour que vous vous obstinez à
me croire, ou au moins à me reprocher ; en sorte que
je n'éprouvai plus d'autre désir, que celui de pouvoir
à la fois m'assurer et vous convaincre que c'était, de
votre part, pure calomnie.

Je pris donc un parti violent ; et sous un prétexte
assez léger, je laissai là ma belle, toute surprise, et
sans doute encore plus affligée. Mais moi, j'allai
tranquillement joindre Émilie à l'Opéra ; et elle pourrait vous rendre compte, que jusqu'à ce matin que nous
nous sommes séparés, aucun regret n'a troublé nos
plaisirs.

J'avais pourtant un assez beau sujet d'inquiétude si
ma parfaite indifférence ne m'en avait sauvé : car vous
saurez que j'étais à peine à quatre maisons de l'Opéra,
et ayant Émilie dans ma voiture, que celle de l'austère

dévote vint exactement ranger [1] la mienne, et qu'un embarras survenu nous laissa près d'un demi-quart d'heure à côté l'un de l'autre. On se voyait comme à midi, et il n'y avait pas moyen d'échapper.

Mais ce n'est pas tout ; je m'avisai de confier à Émilie que c'était la femme à la lettre. (Vous vous rappellerez peut-être cette folie-là, et qu'Émilie était le pupitre*.) Elle qui ne l'avait pas oubliée, et qui est rieuse, n'eut de cesse qu'elle n'eût considéré tout à son aise *cette vertu,* disait-elle, et cela, avec des éclats de rire d'un scandale à en donner de l'humeur.

Ce n'est pas tout encore ; la jalouse femme n'envoyat-elle pas, chez moi, dès le soir même ? Je n'y étais pas : mais, dans son obstination, elle y envoya une seconde fois, avec ordre de m'attendre. Moi, dès que j'avais été décidé à rester chez Émilie, j'avais renvoyé ma voiture, sans autre ordre au cocher que de venir me reprendre ce matin ; et comme en arrivant chez moi, il y trouva l'amoureux messager, il crut tout simple de lui dire que je ne rentrerais pas de la nuit. Vous devinez bien l'effet de cette nouvelle, et qu'à mon retour, j'ai trouvé mon congé signifié avec toute la dignité que comportait la circonstance.

Ainsi cette aventure, interminable, selon vous, aurait pu, comme vous voyez, être finie de ce matin ; si même elle ne l'est pas, ce n'est point, comme vous l'allez croire, que je mette du prix à la continuer : c'est que, d'une part, je n'ai pas trouvé décent de me laisser quitter ; et, de l'autre, que j'ai voulu vous réserver l'honneur de ce sacrifice.

J'ai donc répondu au sévère billet par une grande épître de sentiments ; j'ai donné de longues raisons, et je me suis reposé sur l'amour, du soin de les faire trouver bonnes. J'ai déjà réussi. Je viens de recevoir un second billet, toujours bien rigoureux, et qui confirme l'éternelle rupture, comme cela devait être ; mais dont

---

1. Vocabulaire de la marine : longer, passer le long de.
* Lettres XLVII et XLVIII.

le ton n'est pourtant plus le même. Surtout, on ne veut
plus me voir : ce parti pris y est annoncé quatre fois
de la manière la plus irrévocable. J'en ai conclu qu'il
n'y avait pas un moment à perdre pour me présenter.
J'ai déjà envoyé mon chasseur, pour s'emparer du
Suisse ; et dans un moment, j'irai moi-même faire
signer mon pardon : car dans les torts de cette espèce,
il n'y a qu'une seule formule qui porte absolution générale, et celle-là ne s'expédie qu'en présence.

Adieu, ma charmante amie ; je cours tenter ce grand
événement.

Paris, ce 15 novembre 17**.

LETTRE CXXXIX

LA PRÉSIDENTE DE TOURVEL À MADAME DE ROSEMONDE

Que je me reproche, ma sensible amie, de vous avoir
parlé trop et trop tôt de mes peines passagères ! je suis
cause que vous vous affligez à présent ; ces chagrins
qui vous viennent de moi durent encore, et moi, je suis
heureuse. Oui, tout est oublié, pardonné ; disons
mieux, tout est réparé. A cet état de douleur et d'angoisses, ont succédé le calme et les délices. O joie de mon
cœur, comment vous exprimer ! Valmont est innocent ;
on n'est point coupable avec autant d'amour. Ces torts
graves, offensants, que je lui reprochais avec tant
d'amertume, il ne les avait pas et si, sur un seul point,
j'ai eu besoin d'indulgence, n'avais-je donc pas aussi
mes injustices à réparer ?

Je ne vous ferai point le détail des faits ou des raisons qui le justifient ; peut-être même l'esprit les appré-
cierait mal : c'est au cœur seul qu'il appartient de les
sentir. Si pourtant vous deviez me soupçonner de faiblesse, j'appellerais votre jugement à l'appui du mien.
Pour les hommes, dites-vous vous-même, l'infidélité
n'est pas l'inconstance.

Ce n'est pas que je ne sente que cette distinction,

qu'en vain l'opinion autorise, n'en blesse pas moins la délicatesse : mais de quoi se plaindrait la mienne, quand celle de Valmont en souffre plus encore ? Ce même tort que j'oublie, ne croyez pas qu'il se le pardonne ou s'en console ; et pourtant, combien n'a-t-il pas réparé cette légère faute par l'excès de son amour et celui de mon bonheur !

Ou ma félicité est plus grande, ou j'en sens mieux le prix depuis que j'ai craint de l'avoir perdue : mais ce que je puis vous dire, c'est que, si je me sentais la force de supporter encore des chagrins aussi cruels que ceux que que je viens d'éprouver, je ne croirais pas en acheter trop cher le surcroît de bonheur que j'ai goûté depuis. O ! ma tendre mère ! grondez votre fille inconsidérée, de vous avoir affligée par trop de précipitation ; grondez-la d'avoir jugé témérairement et calomnié celui qu'elle ne devait pas cesser d'adorer ; mais en la reconnaissant imprudente, voyez-la heureuse, et augmentez sa joie en la partageant.

Paris, ce 16 novembre 17**, au soir.

LETTRE CXL

LE VICOMTE DE VALMONT À LA MARQUISE DE MERTEUIL

Comment donc se fait-il, ma belle amie, que je ne reçoive point de réponse de vous ? Ma dernière lettre pourtant me paraissait en mériter une ; et depuis trois jours que je devrais l'avoir reçue, je l'attends encore ! Je suis fâché au moins ; aussi ne vous parlerai-je pas du tout de mes grandes affaires.

Que le raccommodement ait eu son plein effet ; qu'au lieu de reproches et de méfiance, il n'ait produit que de nouvelles tendresses ; que ce soit moi actuellement qui reçoive les excuses et les réparations dues à ma candeur soupçonnée, je ne vous en dirai mot ; et sans l'événement imprévu de la nuit dernière, je ne vous écrirais pas du tout. Mais comme celui-là regarde votre pupille, et que vraisemblablement elle ne sera pas dans le cas de vous en informer elle-même, au moins de quelque temps, je me charge de ce soin.

Par des raisons que vous devinerez, ou que vous ne devinerez pas, madame de Tourvel ne m'occupait plus depuis quelques jours, et comme ces raisons-là ne pouvaient exister chez la petite Volanges, j'en étais devenu plus assidu auprès d'elle. Grâce à l'obligeant portier, je n'avais aucun obstacle à vaincre : et nous menions, votre pupille et moi, une vie commode et réglée. Mais l'habitude amène la négligence : les premiers jours nous n'avions jamais pris assez de précautions pour notre sûreté, nous tremblions encore derrière les verrous. Hier, une incroyable distraction a causé l'accident dont j'ai à vous instruire ; et si, pour mon compte, j'en ai été quitte pour la peur, il en coûte plus cher à la petite fille.

Nous ne dormions pas, mais nous étions dans le repos et l'abandon qui suivent la volupté, quand nous avons entendu la porte de la chambre s'ouvrir tout à coup. Aussitôt je saute à mon épée, tant pour ma défense que pour celle de notre commune pupille ; je m'avance et ne vois personne : mais en effet la porte était ouverte. Comme nous avions de la lumière, j'ai été à la recherche, et n'ai trouvé âme qui vive. Alors je me suis rappelé que nous avions oublié nos précautions ordinaires : et sans doute la porte poussée seulement, ou mal fermée, s'était ouverte d'elle-même.

En allant rejoindre ma timide compagne pour la tranquilliser, je ne l'ai plus trouvée dans son lit ; elle était tombée, ou s'était sauvée dans sa ruelle : enfin, elle y était étendue sans connaissance, et sans autre mouvement que d'assez fortes convulsions. Jugez de mon embarras ! Je parvins pourtant à la remettre dans son lit, et même à la faire revenir ; mais elle s'était blessée dans sa chute, et elle ne tarda pas à en ressentir les effets.

Des maux de reins, de violentes coliques, des symptômes moins équivoques encore, m'ont eu bientôt éclairé sur son état : mais, pour le lui apprendre, il a fallu lui dire d'abord celui où elle était auparavant ; car elle ne s'en doutait pas. Jamais peut-être, jusqu'à elle, on n'avait conservé tant d'innocence, en faisant si bien tout ce qu'il fallait pour s'en défaire ! Oh ! celle-là ne perd pas son temps à réfléchir !

Mais elle en perdait beaucoup à se désoler, et je sentais qu'il fallait prendre un parti. Je suis donc convenu avec elle que j'irais sur-le-champ chez le médecin et le chirurgien de la maison, et qu'en les prévenant qu'on allait venir les chercher, je leur confierais le tout, sous le secret ; qu'elle, de son côté, sonnerait sa femme de chambre ; qu'elle lui ferait ou ne lui ferait pas sa confidence, comme elle voudrait ; mais qu'elle enverrait chercher du secours, et défendrait surtout qu'on réveillât madame de Volanges : attention délicate et naturelle d'une fille qui craint d'inquiéter sa mère.

J'ai fait mes deux courses et mes deux confessions le plus lestement que j'ai pu, et de là, je suis rentré chez moi, d'où je ne suis pas encore sorti ; mais le chirurgien, que je connaissais d'ailleurs, est venu à midi me rendre compte de l'état de la malade. Je ne m'étais pas trompé ; mais il espère que s'il ne survient pas d'accident, on ne s'apercevra de rien dans la maison. La femme de chambre est du secret ; le médecin a donné un nom à la maladie ; et cette affaire s'arrangera comme mille autres, à moins que par la suite il ne nous soit utile qu'on en parle.

Mais y a-t-il encore quelque intérêt commun entre vous et moi ? Votre silence m'en ferait douter ; je n'y croirais même plus du tout, si le désir que j'en ai ne me faisait chercher tous les moyens d'en conserver l'espoir.

Adieu, ma belle amie ; je vous embrasse, rancune tenante.

*Paris, ce 21 novembre 17**.*

LETTRE CXLI

LA MARQUISE DE MERTEUIL AU VICOMTE DE VALMONT

Mon Dieu, Vicomte, que vous me gênez par votre obstination ! Que vous importe mon silence ? croyez-vous, si je le garde, que ce soit faute de raisons pour me défendre. Ah ! plût à Dieu ! Mais non, c'est seulement qu'il m'en coûte de vous les dire.

Parlez-moi vrai ; vous faites-vous illusion à vous-même, ou cherchez-vous à me tromper ? la différence entre vos discours et vos actions, ne me laisse de choix qu'entre ces deux sentiments : lequel est le véritable ? Que voulez-vous donc que je vous dise, quand moi-même je ne sais que penser ?

Vous paraissez vous faire un grand mérite de votre dernière scène avec la Présidente ; mais qu'est-ce donc qu'elle prouve pour votre système, ou contre le mien ? Assurément je ne vous ai jamais dit que vous aimiez assez cette femme pour ne pas la tromper, pour n'en pas saisir toutes les occasions qui vous paraîtraient agréables ou faciles ; je ne doutais même pas qu'il ne vous fût à peu près égal de satisfaire avec une autre, avec la première venue, jusqu'aux désirs que celle-ci seule aurait fait naître ; et je ne suis pas surprise que, pour un libertinage d'esprit qu'on aurait tort de vous disputer, vous ayez fait une fois par projet, ce que vous aviez fait mille autres par occasion. Qui ne sait que c'est là le simple courant du monde, et votre usage à tous, tant que vous êtes, depuis le scélérat jusqu'aux *espèces* ? Celui qui s'en abstient aujourd'hui passe pour romanesque ; et ce n'est pas là, je crois, le défaut que je vous reproche.

Mais ce que j'ai dit, ce que j'ai pensé, ce que je pense encore, c'est que vous n'en avez pas moins de l'amour pour votre Présidente ; non pas, à la vérité, de l'amour bien pur ni bien tendre, mais de celui que vous pouvez avoir ; de celui, par exemple, qui fait trouver à une les agréments ou les qualités qu'elle n'a pas ; qui la place dans une classe à part, et met toutes les autres en second ordre ; qui vous tient encore attaché à elle, même alors que vous l'outragez ; tel enfin que je conçois qu'un sultan peut le ressentir pour sa sultane favorite, ce qui ne l'empêche pas de lui préférer souvent une simple odalisque. Ma comparaison me paraît d'autant plus juste, que, comme lui, jamais vous n'êtes ni l'amant ni l'ami d'une femme ; mais toujours son tyran ou son esclave. Aussi suis-je bien sûre que vous vous êtes bien humilié, bien avili, pour rentrer en grâce avec ce bel objet ! et trop heureux d'y être parvenu, dès que vous croyez le moment arrivé d'obtenir votre pardon, vous me quittez *pour ce grand événement.*

Encore dans votre dernière lettre, si vous ne m'y parlez pas de cette femme uniquement, c'est que vous ne voulez m'y rien dire *de vos grandes affaires* ; elles vous semblent si importantes, que le silence que vous gardez à ce sujet, vous semble une punition pour moi. Et c'est après ces mille preuves de votre préférence décidée pour une autre, que vous me demandez tranquillement s'il y a encore *quelque intérêt commun entre vous et moi* ? Prenez-y garde, Vicomte ! si une fois je réponds, ma réponse sera irrévocable ; et craindre de la faire en ce moment, c'est peut-être déjà en dire trop. Aussi je n'en veux absolument plus parler.

Tout ce que je peux faire, c'est de vous raconter une histoire. Peut-être n'aurez-vous pas le temps de la lire, ou celui d'y faire assez d'attention pour la bien entendre ? libre à vous. Ce ne sera, au pis aller, qu'une histoire de perdue.

Un homme de ma connaissance s'était empêtré, comme vous, d'une femme qui lui faisait peu d'honneur. Il avait bien, par intervalle, le bon esprit de sentir que, tôt ou tard, cette aventure lui ferait tort : mais quoiqu'il en rougît, il n'avait pas le courage de rompre. Son embarras était d'autant plus grand, qu'il s'était vanté à ses amis d'être entièrement libre ; et qu'il n'ignorait pas que le ridicule qu'on a augmente toujours en proportion qu'on s'en défend. Il passait ainsi sa vie, ne cessant de faire des sottises, et ne cessant de dire après : *Ce n'est pas ma faute.* Cet homme avait une amie qui fut tentée un moment de le livrer au public en cet état d'ivresse, et de rendre ainsi son ridicule ineffaçable ; mais pourtant, plus généreuse que maligne, ou peut-être encore par quelque autre motif, elle voulut tenter un dernier moyen, pour être, à tout événement, dans le cas de dire comme son ami : *Ce n'est pas ma faute.* Elle lui fit donc parvenir sans aucun autre avis, la lettre qui suit, comme un remède dont l'usage pourrait être utile à son mal.

« On s'ennuie de tout, mon ange, c'est une loi de la nature ; ce n'est pas ma faute.

« Si donc, je m'ennuie aujourd'hui d'une aventure qui m'a occupé entièrement depuis quatre mortels mois, ce n'est pas ma faute.

« Si, par exemple, j'ai eu juste autant d'amour que toi de vertu, et c'est sûrement beaucoup dire, il n'est pas étonnant que l'un ait fini en même temps que l'autre. Ce n'est pas ma faute.

« Il suit de là, que depuis quelque temps je t'ai trompée : mais aussi, ton impitoyable tendresse m'y forçait en quelque sorte ! Ce n'est pas ma faute.

« Aujourd'hui, une femme que j'aime éperdument exige que je te sacrifie. Ce n'est pas ma faute.

« Je sens bien que voilà une belle occasion de crier au parjure : mais si la Nature n'a accordé aux hommes que la constance, tandis qu'elle donnait aux femmes l'obstination, ce n'est pas ma faute.

« Crois-moi, choisis un autre amant, comme j'ai fait une autre maîtresse. Ce conseil est bon, très bon ; si tu le trouves mauvais, ce n'est pas ma faute.

« Adieu, mon ange, je t'ai prise avec plaisir, je te quitte sans regret : je te reviendrai peut-être. Ainsi va le monde. Ce n'est pas ma faute. »

De vous dire, Vicomte, l'effet de cette dernière tentative, et ce qui s'en est suivi, ce n'est pas le moment :

mais je vous promets de vous le dire dans ma première lettre. Vous y trouverez aussi mon *ultimatum*[1] sur le renouvellement du traité que vous me proposez. Jusque-là, adieu tout simplement...

A propos, je vous remercie de vos détails sur la petite Volanges ; c'est un article à réserver jusqu'au lendemain du mariage, pour la gazette de médisance. En attendant, je vous fais mon compliment de condoléance sur la perte de votre postérité. Bonsoir, Vicomte.

Du château de..., ce 24 novembre 17**.

LETTRE CXLII

LE VICOMTE DE VALMONT À LA MARQUISE DE MERTEUIL

Ma foi, ma belle amie, je ne sais si j'ai mal lu ou mal entendu, et votre lettre, et l'histoire que vous m'y faites, et le petit modèle épistolaire qui y était compris. Ce que je puis vous dire, c'est que ce dernier m'a paru original et propre à faire de l'effet : aussi je l'ai copié tout simplement, et tout simplement encore, je l'ai envoyé à la céleste Présidente. Je n'ai pas perdu un moment, car la tendre missive a été expédiée dès hier au soir. Je l'ai préféré ainsi, parce que d'abord je lui avais promis de lui écrire hier ; et puis aussi, parce que j'ai pensé qu'elle n'aurait pas trop de toute la nuit, pour se recueillir et méditer sur *ce grand événement*, dussiez-vous une seconde fois me reprocher l'expression.

J'espérais pouvoir vous renvoyer ce matin la réponse de ma bien-aimée : mais il est près de midi, et je n'ai encore rien reçu. J'attendrai jusqu'à cinq heures ; et si alors je n'ai pas eu de nouvelles, j'irai en chercher moi-même ; car, surtout en fait de procédés, il n'y a que le premier pas qui coûte.

A présent, comme vous pouvez croire, je suis fort

1. Néologisme. L'usage d'*ultimatum* au sens figuré est attribué à Laclos.

empressé d'apprendre la fin de l'histoire de cet homme de votre connaissance, si véhémentement soupçonné de ne savoir pas, au besoin, sacrifier une femme. Ne se sera-t-il pas corrigé ? et sa généreuse amie ne lui aura-t-elle pas fait grâce ?

Je ne désire pas moins de recevoir votre *ultimatum* : comme vous dites si politiquement ! Je suis curieux, surtout, de savoir si, dans cette dernière démarche, vous trouverez encore de l'amour. Ah ! sans doute, il y en a, et beaucoup ! Mais pour qui ? Cependant, je ne prétends rien faire valoir, et j'attends tout de vos bontés.

Adieu, ma charmante amie ; je ne fermerai cette lettre qu'à deux heures, dans l'espoir de pouvoir y joindre la réponse désirée.

A deux heures après midi.

Toujours rien, l'heure me presse beaucoup ; je n'ai pas le temps d'ajouter un mot : mais cette fois, refuserez-vous encore les plus tendres baisers de l'amour ?

Paris, ce 27 novembre 17**.

LETTRE CXLIII

LA PRÉSIDENTE DE TOURVEL À MADAME DE ROSEMONDE

Le voile est déchiré, Madame, sur lequel était peinte l'illusion de mon bonheur. La funeste vérité m'éclaire, et ne me laisse voir qu'une mort assurée et prochaine, dont la route m'est tracée entre la honte et le remords. Je la suivrai… je chérirai mes tourments s'ils abrègent mon existence. Je vous envoie la lettre que j'ai reçue hier ; je n'y joindrai aucune réflexion, elle les porte avec elle. Ce n'est plus le temps de se plaindre, il n'y a plus qu'à souffrir. Ce n'est pas de pitié que j'ai besoin, c'est de force.

Recevez, Madame, le seul adieu que je ferai, et exaucez ma dernière prière : c'est de me laisser à mon sort, de m'oublier entièrement, de ne plus me compter sur la terre. Il est un terme dans le malheur, où l'amitié même augmente nos souffrances et ne peut les guérir. Quand les blessures sont mortelles, tout secours devient inhumain. Tout autre sentiment m'est étranger, que celui du désespoir. Rien ne peut plus me convenir, que la nuit profonde où je vais ensevelir ma honte. J'y pleurerai mes fautes, si je puis pleurer encore ! car, depuis hier, je n'ai pas versé une larme. Mon cœur flétri n'en fournit plus.

Adieu, Madame. Ne me répondez point. J'ai fait le serment sur cette lettre cruelle de n'en plus recevoir aucune.

Paris, ce 27 novembre 17**.

LETTRE CXLIV

LE VICOMTE DE VALMONT À LA MARQUISE DE MERTEUIL

Hier, à trois heures du soir, ma belle amie, impatienté de n'avoir pas de nouvelles, je me suis présenté chez la belle délaissée ; on m'a dit qu'elle était sortie. Je n'ai vu, dans cette phrase, qu'un refus de me recevoir, qui ne m'a ni fâché ni surpris ; et je me suis retiré, dans l'espérance que cette démarche engagerait au moins une femme si polie, à m'honorer d'un mot de réponse. L'envie que j'avais de la recevoir, m'a fait passer exprès chez moi vers les neuf heures, et je n'y ai rien trouvé. Étonné de ce silence, auquel je ne m'attendais pas, j'ai chargé mon chasseur d'aller aux informations, et de savoir si la sensible personne était morte ou mourante. Enfin, quand je suis rentré, il m'a appris que madame de Tourvel était sortie en effet à onze heures du matin, avec sa femme de chambre ; qu'elle s'était fait conduire au couvent de***, et qu'à sept heures du soir, elle avait renvoyé sa voiture et ses gens, en faisant dire qu'on ne l'attendît pas chez elle. Assurément,

c'est se méttre en règle. Le couvent est le véritable asile
d'une veuve ; et si elle persiste dans une résolution si
louable, je joindrai à toutes les obligations que je lui
ai déjà celle de la célébrité que va prendre cette aventure.

Je vous le disais bien, il y a quelque temps, que malgré vos inquiétudes, je ne reparaîtrais sur la scène du
monde que brillant d'un nouvel éclat. Qu'ils se mon-
trent donc, ces critiques sévères, qui m'accusaient d'un
amour romanesque et malheureux ; qu'ils fassent des
ruptures plus promptes et plus brillantes : mais non,
qu'ils fassent mieux ; qu'ils se présentent comme consolateurs, la route leur est tracée. Hé bien ! qu'ils osent
seulement tenter cette carrière que j'ai parcourue en
entier ; et si l'un d'eux obtient le moindre succès, je
lui cède la première place. Mais ils éprouveront tous,
que quand j'y mets du soin, l'impression que je laisse
est ineffaçable. Ah ! sans doute, celle-ci le sera ; et je
compterais pour rien tous mes autres triomphes, si
jamais je devais avoir auprès de cette femme un rival
préféré.

Ce parti qu'elle a pris flatte mon amour-propre, j'en
conviens : mais je suis fâché qu'elle ait trouvé en elle
une force suffisante pour se séparer autant de moi. Il
n'y aura donc, entre nous deux, d'autres obstacles que
ceux que j'aurais mis moi-même ! Quoi ! si je voulais
me rapprocher d'elle, elle pourrait ne le plus vouloir ;
que dis-je ? ne le pas désirer, n'en plus faire son
suprême bonheur ! Est-ce donc ainsi qu'on aime ? et
croyez-vous, ma belle amie, que je doive le souffrir ?
Ne pourrais-je pas, par exemple, et ne vaudrait-il pas
mieux tenter de ramener cette femme au point de prévoir la possibilité d'un raccommodement, qu'on désire
toujours tant qu'on l'espère ? Je pourrais essayer cette
démarche sans y mettre d'importance, et par conséquent, sans qu'elle vous donnât d'ombrage. Au
contraire ! ce serait un simple essai que nous ferions
de concert ; et quand même je réussirais, ce ne serait
qu'un moyen de plus de renouveler, à votre volonté,

un sacrifice qui a paru vous être agréable. A présent ma belle amie, il me reste à en recevoir le prix, et tous mes vœux sont pour votre retour. Venez donc vite retrouver votre amant, vos plaisirs, vos amis, et le courant des aventures.

Celle de la petite Volanges a tourné à merveille. Hier, que mon inquiétude ne me permettait pas de rester en place, j'ai été, dans mes courses différentes, jusque chez madame de Volanges. J'ai trouvé votre pupille déjà dans le salon, encore dans le costume de malade, mais en pleine convalescence, et n'en étant que plus fraîche et plus intéressante. Vous autres femmes, en pareil cas, vous seriez restées un mois sur votre chaise longue : ma foi, vivent les demoiselles ! Celle-ci m'a en vérité donné envie de savoir si la guérison était parfaite.

J'ai encore à vous dire que cet accident de la petite fille a pensé rendre fou votre *sentimentaire* [1] Danceny. D'abord, c'était de chagrin ; aujourd'hui c'est de joie. *Sa Cécile* était malade ! Vous jugez que la tête tourne dans un tel malheur. Trois fois par jour il envoyait savoir des nouvelles, et n'en passait aucun sans s'y présenter lui-même ; enfin il a demandé, par une belle épître à la maman, la permission d'aller la féliciter sur la convalescence d'un objet si cher et madame de Volanges y a consenti : si bien que j'ai trouvé le jeune homme établi comme par le passé, à un peu de familiarité près qu'il n'osait encore se permettre.

C'est de lui-même que j'ai su ces détails ; car je suis sorti en même temps que lui, et je l'ai fait jaser. Vous n'avez pas l'idée de l'effet que cette visite lui a causé. C'est une joie, ce sont des désirs, des transports impossibles à rendre. Moi qui aime les grands mouvements, j'ai achevé de lui faire perdre la tête, en l'assurant que sous très peu de jours, je le mettrais à même de voir sa belle de plus près encore.

En effet, je suis décidé à la lui remettre, aussitôt après mon expérience faite. Je veux me consacrer à vous tout

1. Néologisme (1773).

entier ; et puis, vaudrait-il la peine que votre pupille fût aussi mon élève, si elle ne devait tromper que son mari ? Le chef-d'œuvre est de tromper son amant et surtout son premier amant ! car pour moi, je n'ai pas à me reprocher d'avoir prononcé le mot d'amour.

Adieu, ma belle amie ; revenez donc au plus tôt jouir de votre empire sur moi, en recevoir l'hommage et m'en payer le prix.

Paris, ce 28 novembre 17**.

LETTRE CXLV

LA MARQUISE DE MERTEUIL AU VICOMTE DE VALMONT

Sérieusement, Vicomte, vous avez quitté la Présidente ? vous lui avez envoyé la lettre que je vous avais faite pour elle. En vérité, vous êtes charmant ; et vous avez surpassé mon attente ! J'avoue de bonne foi que ce triomphe me flatte plus que tous ceux que j'ai pu obtenir jusqu'à présent. Vous allez trouver peut-être que j'évalue bien haut cette femme, que naguère j'appréciais si peu ; point du tout : mais c'est que ce n'est pas sur elle que j'ai remporté cet avantage ; c'est sur vous : voilà le plaisant et ce qui est vraiment délicieux.

Oui, Vicomte, vous aimiez beaucoup madame de Tourvel, et même vous l'aimez encore ; vous l'aimez comme un fou : mais parce que je m'amusais à vous en faire honte, vous l'avez bravement sacrifiée. Vous en auriez sacrifié mille, plutôt que de souffrir une plaisanterie. Où nous conduit pourtant la vanité ! Le sage a bien raison, quand il dit qu'elle est l'ennemie du bonheur [1].

---

1. Rousseau : « [...] La vanité de l'homme est la source de ses plus grandes peines, et il n'y a personne de si parfait et de si fêté, à qui elle ne donne encore plus de chagrins que de plaisirs » (*La Nouvelle Héloïse*).

Où en seriez-vous à présent, si je n'avais voulu que vous faire une malice ? Mais je suis incapable de tromper, vous le savez bien ; et dussiez-vous, à mon tour, me réduire au désespoir et au couvent, j'en cours les risques, et je me rends à mon vainqueur.

Cependant si je capitule, c'est en vérité pure faiblesse : car si je voulais, que de chicanes n'aurais-je pas encore à faire ! et peut-être le mériteriez-vous ? J'admire, par exemple, avec quelle finesse ou quelle gaucherie vous me proposez en douceur de vous laisser renouer avec la Présidente. Il vous conviendrait beaucoup, n'est-ce pas, de vous donner le mérite de cette rupture sans y perdre les plaisirs de la jouissance ? Et comme alors cet apparent sacrifice n'en serait plus un pour vous, vous m'offrez de le renouveler à ma volonté ! Par cet arrangement, la céleste dévote se croirait toujours l'unique choix de votre cœur, tandis que je m'enorgueillirais d'être la rivale préférée ; nous serions trompées toutes deux, mais vous seriez content, et qu'importe le reste ?

C'est dommage qu'avec tant de talent pour les projets vous en ayez si peu pour l'exécution ; et que par une seule démarche inconsidérée, vous ayez mis vous-même un obstacle invincible à ce que vous désirez le plus.

Quoi ! vous aviez l'idée de renouer, et vous avez pu écrire ma lettre ! Vous m'avez donc crue bien gauche à mon tour ! Ah ! croyez-moi, Vicomte, quand une femme frappe dans le cœur d'une autre, elle manque rarement de trouver l'endroit sensible, et la blessure est incurable. Tandis que je frappais celle-ci, ou plutôt que je dirigeais vos coups, je n'ai pas oublié que cette femme était ma rivale, que vous l'aviez trouvée un moment préférable à moi, et qu'enfin, vous m'aviez placée au-dessous d'elle. Si je me suis trompée dans ma vengeance, je consens à en porter la faute. Ainsi, je trouve bon que vous tentiez tous les moyens : je vous y invite même, et vous promets de ne pas me fâcher de vos succès, si vous parvenez à en avoir. Je suis si tranquille sur cet objet, que je ne veux plus m'en occuper. Parlons d'autre chose.

Par exemple, de la santé de la petite Volanges. Vous m'en direz des nouvelles positives à mon retour, n'est-il pas vrai ? Je serai bien aise d'en avoir. Après cela, ce sera à vous de juger s'il vous conviendra mieux de remettre la petite fille à son amant, ou de tenter de devenir une seconde fois le fondateur d'une nouvelle branche des Valmont, sous le nom de Gercourt. Cette idée m'avait paru assez plaisante, et en vous laissant le choix, je vous demande pourtant de ne pas prendre de parti définitif, sans que nous en ayons causé ensemble. Ce n'est pas vous remettre à un temps éloigné, car je serai à Paris incessamment. Je ne peux pas vous dire positivement le jour ; mais vous ne doutez pas que, dès que je serai arrivée, vous n'en soyez le premier informé.

Adieu, Vicomte ; malgré mes querelles, mes malices et mes reproches, je vous aime toujours beaucoup, et je me prépare à vous le prouver. Au revoir, mon ami.

*Du château de..., ce 29 novembre 17**.*

LETTRE CXLVI

LA MARQUISE DE MERTEUIL AU CHEVALIER DANCENY

Enfin, je pars, mon jeune ami, et demain au soir, je serai de retour à Paris. Au milieu de tous les embarras qu'entraîne un déplacement, je ne recevrai personne. Cependant, si vous avez quelque confidence bien pressée à me faire, je veux bien vous excepter de la règle générale ; mais je n'excepterai que vous : ainsi, je vous demande le secret sur mon arrivée. Valmont même n'en sera pas instruit.

Qui m'aurait dit, il y a quelque temps, que bientôt vous auriez ma confiance exclusive, je ne l'aurais pas cru. Mais la vôtre a entraîné la mienne. Je serais tentée de croire que vous y avez mis de l'adresse, peut-être même de la séduction. Cela serait bien mal au moins ! Au reste, elle ne serait pas dangereuse à présent ; vous avez vraiment bien autre chose à faire ! Quand l'héroïne est en scène on ne s'occupe guère de la confidente.

Aussi n'avez-vous seulement pas eu le temps de me faire part de vos nouveaux succès. Quand votre Cécile était absente, les jours n'étaient pas assez longs pour écouter vos tendres plaintes. Vous les auriez faites aux échos, si je n'avais pas été là pour les entendre. Quand, depuis, elle a été malade, vous m'avez même encore honorée du récit de vos inquiétudes ; vous aviez besoin de quelqu'un à qui les dire. Mais à présent, que celle que vous aimez est à Paris, qu'elle se porte bien, et surtout que vous la voyez quelquefois, elle suffit à tout, et vos amis ne vous sont plus rien.

Je ne vous en blâme pas ; c'est la faute de vos vingt ans. Depuis Alcibiade jusqu'à vous, ne sait-on pas que les jeunes gens n'ont jamais connu l'amitié que dans leurs chagrins ? Le bonheur les rend quelquefois indiscrets, mais jamais confiants. Je dirai bien comme Socrate : *J'aime que mes amis viennent à moi quand ils sont malheureux* ;* mais en sa qualité de philosophe, il se passait bien d'eux quand ils ne venaient pas. En cela, je ne suis pas tout à fait si sage que lui, et j'ai senti votre silence avec toute la faiblesse d'une femme.

N'allez pourtant pas me croire exigeante : il s'en faut bien que je le sois ! Le même sentiment qui me fait remarquer ces privations, me les fait supporter avec courage, quand elles sont la preuve ou la cause du bonheur de mes amis. Je ne compte donc sur vous pour demain au soir, qu'autant que l'amour vous laissera libre et désoccupé, et je vous défends de me faire le moindre sacrifice.

Adieu, Chevalier ; je me fais une vraie fête de vous revoir : viendrez-vous ?

Du château de..., ce 29 novembre 17**.

---

* MARMONTEL, *Conte moral d'Alcibiade.*

LETTRE CXLVII

MADAME DE VOLANGES À MADAME DE ROSEMONDE

Vous serez sûrement aussi affligée que je le suis, ma digne amie, en apprenant l'état où se trouve madame de Tourvel ; elle est malade depuis hier : sa maladie a pris si vivement, et se montre avec des symptômes si graves, que j'en suis vraiment alarmée.

Une fièvre ardente, un transport [1] violent et presque continuel, une soif qu'on ne peut apaiser, voilà tout ce qu'on remarque. Les médecins disent ne pouvoir rien pronostiquer encore ; et le traitement sera d'autant plus difficile, que la malade refuse avec obstination toute espèce de remèdes : c'est au point qu'il a fallu la tenir de force pour la saigner ; et il a fallu depuis en user de même deux autres fois pour lui remettre sa bande, que dans son transport elle veut toujours arracher.

Vous qui l'avez vue, comme moi, si peu forte, si timide et si douce, concevez-vous donc que quatre personnes puissent à peine la contenir, et que pour peu qu'on veuille lui représenter quelque chose, elle entre dans des fureurs inexprimables ? Pour moi, je crains qu'il n'y ait plus que du délire, et que ce ne soit une vraie aliénation d'esprit.

Ce qui augmente ma crainte à ce sujet, c'est ce qui s'est passé avant-hier.

Ce jour-là, elle arriva vers les onze heures du matin, avec sa femme de chambre, au couvent de***. Comme elle a été élevée dans cette Maison, et qu'elle a conservé l'habitude d'y entrer quelquefois, elle y fut reçue comme à l'ordinaire, et elle parut à tout le monde tranquille et bien portante. Environ deux heures après, elle s'informa si la chambre qu'elle occupait, étant pensionnaire, était vacante, et sur ce qu'on lui répondit que

---

1. Transport au cerveau, délire.

oui, elle demanda d'aller la revoir ; la prieure l'y accompagna avec quelques autres religieuses. Ce fut alors qu'elle déclara qu'elle revenait s'établir dans cette chambre, que, disait-elle, elle n'aurait jamais dû quitter ; et qu'elle ajouta qu'elle n'en sortirait *qu'à la mort* : ce fut son expression.

D'abord on ne sut que dire : mais le premier étonnement passé, on lui représenta que sa qualité de femme mariée ne permettait pas de la recevoir sans une permission particulière. Cette raison ni mille autres n'y firent rien ; et dès ce moment, elle s'obstina, non seulement à ne pas sortir du couvent, mais même de sa chambre. Enfin, de guerre lasse, à sept heures du soir, on consentit qu'elle y passât la nuit. On renvoya sa voiture et ses gens, et on remit au lendemain à prendre un parti.

On assure que pendant toute la soirée, loin que son air ou son maintien eussent rien d'égaré, l'un et l'autre étaient composés et réfléchis ; que seulement elle tomba quatre ou cinq fois dans une rêverie si profonde, qu'on ne parvenait pas à l'en tirer en lui parlant ; et que, chaque fois, avant d'en sortir, elle portait les deux mains à son front qu'elle avait l'air de serrer avec force : sur quoi une des religieuses, qui étaient présentes, lui ayant demandé si elle souffrait de la tête, elle la fixa longtemps avant de répondre, et lui dit enfin : « Ce n'est pas là qu'est le mal ! » Un moment après, elle demanda qu'on la laissât seule, et pria qu'à l'avenir on ne lui fît plus de question.

Tout le monde se retira, hors sa femme de chambre, qui devait heureusement coucher dans la même chambre qu'elle, faute d'autre place.

Suivant le rapport de cette fille, sa maîtresse a été assez tranquille jusqu'à onze heures du soir. Elle a dit alors vouloir se coucher : mais, avant d'être entièrement déshabillée, elle se mit à marcher dans sa chambre, avec beaucoup d'action et des gestes fréquents. Julie, qui avait été témoin de ce qui s'était passé dans la journée, n'osa lui rien dire, et attendit en silence

pendant près d'une heure. Enfin, madame de Tourvel
l'appela deux fois coup sur coup ; elle n'eut que le
temps d'accourir, et sa maîtresse tomba dans ses bras,
en disant : « Je n'en peux plus. » Elle se laissa conduire
à son lit, et ne voulut rien prendre, ni qu'on allât chercher aucun secours. Elle se fit mettre seulement de l'eau
auprès d'elle, et elle ordonna à Julie de se coucher.

Celle-ci assure être restée jusqu'à deux heures du
matin sans dormir, et n'avoir entendu, pendant ce
temps, ni mouvement ni plaintes. Mais elle dit avoir
été réveillée à cinq heures par les discours de sa maîtresse, qui parlait d'une voix forte et élevée ; et qu'alors
lui ayant demandé si elle n'avait besoin de rien, et
n'obtenant point de réponse, elle prit de la lumière, et
alla au lit de madame de Tourvel, qui ne la reconnut
point ; mais qui, interrompant tout à coup les propos
sans suite qu'elle tenait, s'écria vivement : « Qu'on me
laisse seule, qu'on me laisse dans les ténèbres ; ce sont
les ténèbres qui me conviennent. » J'ai remarqué hier
par moi-même que cette phrase lui revient souvent.

Enfin, Julie profita de cette espèce d'ordre, pour sortir et aller chercher du monde et des secours : mais
madame de Tourvel a refusé l'un et l'autre, avec les
fureurs et les transports qui sont revenus si souvent
depuis.

L'embarras où cela a mis tout le couvent a décidé
la prieure à m'envoyer chercher hier à sept heures du
matin... Il ne faisait pas jour. Je suis accourue sur-le-
champ. Quand on m'a annoncée à madame de Tourvel, elle a paru reprendre sa connaissance, et a
répondu : « Ah ! oui, qu'elle entre. » Mais quand j'ai
été près de son lit, elle m'a regardée fixement, a pris
vivement ma main, qu'elle a serrée, et m'a dit d'une
voix forte, mais sombre : « Je meurs pour ne vous avoir
pas crue. » Aussitôt après, se cachant les yeux, elle est
revenue à son discours le plus fréquent : « Qu'on me
laisse seule, etc. » ; et toute connaissance s'est perdue.

Ce propos qu'elle m'a tenu, et quelques autres échappés dans son délire, me font craindre que cette cruelle

maladie n'ait une cause plus cruelle encore. Mais respectons les secrets de notre amie, et contentons-nous de plaindre son malheur.

Toute la journée d'hier a été également orageuse, et partagée entre des accès de transports effrayants et des moments d'un abattement léthargique, les seuls où elle prend et donne quelque repos. Je n'ai quitté le chevet de son lit qu'à neuf heures du soir, et je vais y retourner ce matin pour toute la journée. Sûrement je n'abandonnerai pas ma malheureuse amie : mais ce qui est désolant, c'est son obstination à refuser tous les soins et tous les secours.

Je vous envoie le bulletin de cette nuit que je viens de recevoir, et qui, comme vous le verrez, n'est rien moins que consolant. J'aurai soin de vous les faire passer tous exactement.

Adieu, ma digne amie, je vais retrouver la malade. Ma fille, qui heureusement est presque rétablie, vous présente son respect.

*Paris, ce 29 novembre 17**.*

LETTRE CXLVIII

LE CHEVALIER DANCENY À LA MARQUISE DE MERTEUIL

O vous, que j'aime ! ô toi, que j'adore ! ô vous, qui avez commencé mon bonheur ! ô toi, qui l'as comblé ! Amie sensible, tendre amante, pourquoi le souvenir de ta douleur vient-il troubler le charme que j'éprouve ? Ah ! Madame, calmez-vous, c'est l'amitié qui vous le demande. O ! mon amie ! sois heureuse, c'est la prière de l'amour.

Hé ! quels reproches avez-vous donc à vous faire ? croyez-moi, votre délicatesse vous abuse. Les regrets qu'elle vous cause, les torts dont elle m'accuse, sont également illusoires ; et je sens dans mon cœur qu'il n'y a eu entre nous deux, d'autre séducteur que l'amour. Ne crains donc plus de te livrer aux sentiments

que tu inspires, de te laisser pénétrer de tous les feux
que tu fais naître ! Quoi ! pour avoir été éclairés plus
tard, nos cœurs en seraient-ils moins purs ? non, sans
doute. C'est au contraire la séduction, qui, n'agissant
jamais que par projets, peut combiner sa marche et ses
moyens, et prévoir au loin les événements. Mais
l'amour véritable ne permet pas ainsi de méditer et de
réfléchir : il nous distrait de nos pensées par nos sentiments ; son empire n'est jamais plus fort que quand
il est inconnu ; et c'est dans l'ombre et le silence qu'il
nous entoure de liens qu'il est également impossible
d'apercevoir et de rompre.

C'est ainsi qu'hier même, malgré la vive émotion que
me causait l'idée de votre retour, malgré le plaisir
extrême que je sentis en vous voyant, je croyais pourtant n'être encore appelé ni conduit que par la paisible
amitié : ou plutôt, entièrement livré aux doux sentiments de mon cœur, je m'occupais bien peu d'en démê-
ler l'origine ou la cause. Ainsi que moi, ma tendre amie,
tu éprouvais, sans le connaître, ce charme impérieux
qui livrait nos âmes aux douces impressions de la tendresse ; et tous deux nous n'avons reconnu l'Amour,
qu'en sortant de l'ivresse où ce Dieu nous avait plongés.

Mais cela même nous justifie au lieu de nous
condamner. Non, tu n'as pas trahi l'amitié, et je n'ai
pas davantage abusé de ta confiance. Tous deux, il est
vrai, nous ignorions nos sentiments ; mais cette illusion, nous l'éprouvions seulement sans chercher à la
faire naître. Ah ! loin de nous en plaindre, ne songeons
qu'au bonheur qu'elle nous a procuré ; et sans le troubler par d'injustes reproches, ne nous occupons qu'à
l'augmenter encore par le charme de la confiance et de
la sécurité. O ! mon amie ! que cet espoir est cher à
mon cœur ! Oui, désormais délivrée de toute crainte,
et tout entière à l'amour, tu partageras mes désirs, mes
transports, le délire de mes sens, l'ivresse de mon âme ;
et chaque instant de nos jours fortunés sera marqué par
une volupté nouvelle.

Adieu, toi que j'adore ! Je te verrai ce soir, mais te

trouverai-je seule ? Je n'ose l'espérer. Ah ! tu ne le désires pas autant que moi.

Paris, ce Ier décembre 17**.

LETTRE CXLIX

MADAME DE VOLANGES À MADAME DE ROSEMONDE

J'ai espéré hier, presque toute la journée, ma digne amie, pouvoir vous donner ce matin des nouvelles plus favorables de la santé de notre chère malade : mais depuis hier au soir cet espoir est détruit, et il ne me reste que le regret de l'avoir perdu. Un événement, bien indifférent en apparence, mais bien cruel par les suites qu'il a eues, a rendu l'état de la malade au moins aussi fâcheux qu'il était auparavant, si même il n'a pas empiré.

Je n'aurais rien compris à cette révolution [1] subite, si je n'avais reçu hier l'entière confidence de notre malheureuse amie. Comme elle ne m'a pas laissée ignorer que vous étiez instruite aussi de toutes ses infortunes, je puis vous parler sans réserve sur sa triste situation.

Hier matin, quand je suis arrivée au couvent, on me dit que la malade dormait depuis plus de trois heures ; et son sommeil était si profond et si tranquille, que j'eus peur un moment qu'il ne fût léthargique. Quelque temps après, elle se réveilla, et ouvrit elle-même les rideaux de son lit. Elle nous regarda tous avec l'air de la surprise ; et comme je me levais pour aller à elle, elle me reconnut, me nomma, et me pria d'approcher. Elle ne me laissa le temps de lui faire aucune question, et me demanda où elle était, ce que nous faisions là, si elle était malade, et pourquoi elle n'était pas chez elle ? Je crus d'abord que c'était un nouveau délire, seulement plus tranquille que le précédent : mais je

---

1. Vocabulaire de la médecine *(révolution d'humeurs)* : changement violent.

m'aperçus qu'elle entendait fort bien mes réponses. Elle avait en effet retrouvé sa tête mais non pas sa mémoire.

Elle me questionna, avec beaucoup de détail, sur tout ce qui lui était arrivé depuis qu'elle était au couvent, où elle ne se souvenait pas d'être venue. Je lui répondis exactement, en supprimant seulement ce qui aurait pu la trop effrayer : et lorsque à mon tour je lui demandai comment elle se trouvait, elle me répondit qu'elle ne souffrait pas dans ce moment ; mais qu'elle avait été bien tourmentée pendant son sommeil, et qu'elle se sentait fatiguée. Je l'engageai à se tranquilliser et à parler peu ; après quoi, je refermai en partie ses rideaux, que je laissai entrouverts, et je m'assis auprès de son lit. Dans le même temps, on lui proposa un bouillon qu'elle prit et qu'elle trouva bon.

Elle resta ainsi environ une demi-heure, durant laquelle elle ne parla que pour me remercier des soins que je lui avais donnés ; et elle mit dans ses remerciements l'agrément et la grâce que vous lui connaissez. Ensuite elle garda pendant quelque temps un silence absolu, qu'elle ne rompit que pour dire : « Ah ! oui, je me ressouviens d'être venue ici », et un moment après elle s'écria douloureusement : « Mon amie, mon amie, plaignez-moi ; je retrouve tous mes malheurs. » Comme alors je m'avançai vers elle, elle saisit ma main, et s'y appuyant la tête : « Grand Dieu ! continua-t-elle, ne puis-je donc mourir ? » Son expression, plus encore que ses discours, m'attendrit jusqu'aux larmes ; elle s'en aperçut à ma voix, et me dit : « Vous me plaignez ! Ah ! si vous connaissiez !... » Et puis s'interrompant : « Faites qu'on nous laisse seules, et je vous dirai tout. »

Ainsi que je crois vous l'avoir marqué, j'avais déjà des soupçons sur ce qui devait faire le sujet de cette confidence ; et craignant que cette conversation, que je prévoyais devoir être longue et triste, ne nuisît peut-être à l'état de notre malheureuse amie, je m'y refusai d'abord, sous prétexte qu'elle avait besoin de repos : mais elle insista, et je me rendis à ses instances. Dès que nous fûmes seules, elle m'apprit tout ce que déjà

vous avez su d'elle, et que par cette raison je ne vous
répéterai point.

Enfin, en me parlant de la façon cruelle dont elle
avait été sacrifiée, elle ajouta : « Je me croyais bien sûre
d'en mourir, et j'en avais le courage ; mais de survivre
à mon malheur et à ma honte, c'est ce qui m'est impossible. » Je tentai de combattre ce découragement ou
plutôt ce désespoir, avec les armes de la religion,
jusqu'alors si puissantes sur elle ; mais je sentis bientôt que je n'avais pas assez de force pour ces fonctions
augustes, et je m'en tins à lui proposer d'appeler le père
Anselme, que je sais avoir toute sa confiance. Elle y
consentit et parut même le désirer beaucoup. On
l'envoya chercher en effet, et il vint sur-le-champ. Il
resta fort longtemps avec la malade, et dit en sortant,
que si les médecins en jugeaient comme lui, il croyait
qu'on pouvait différer la cérémonie des sacrements ;
qu'il reviendrait le lendemain.

Il était environ trois heures après midi, et jusqu'à
cinq, notre amie fut assez tranquille : en sorte que nous
avions tous repris de l'espoir. Par malheur, on apporta
alors une lettre pour elle. Quand on voulut la lui remettre, elle répondit d'abord n'en vouloir recevoir aucune
et personne n'insista. Mais de ce moment, elle parut
plus agitée. Bientôt après, elle demanda d'où venait
cette lettre ? elle n'était pas timbrée : qui l'avait apportée ? on l'ignorait : de quelle part on l'avait remise ?
on ne l'avait pas dit aux tourières. Ensuite elle garda
quelque temps le silence ; après quoi, elle recommença
à parler, mais ses propos sans suite nous apprirent seulement que le délire était revenu.

Cependant il y eut encore un intervalle tranquille,
jusqu'à ce qu'enfin elle demandât qu'on lui remît la
lettre qu'on avait apportée pour elle. Dès qu'elle eut
jeté les yeux dessus, elle s'écria : « De lui ! grand
Dieu ! » et puis d'une voix forte mais oppressée : « Reprenez-la, reprenez-la. » Elle fit sur-le-champ fermer
les rideaux de son lit, et défendit que personne approchât : mais presque aussitôt nous fûmes bien obligés

de revenir auprès d'elle. Le transport avait repris plus
violent que jamais, et il s'y était joint des convulsions
vraiment effrayantes. Ces accidents n'ont plus cessé de
la soirée ; et le bulletin de ce matin m'apprend que la
nuit n'a pas été moins orageuse. Enfin, son état est tel,
que je m'étonne qu'elle n'y ait pas déjà succombé, et
je ne vous cache point qu'il ne me reste que bien peu
d'espoir.

Je suppose que cette malheureuse lettre est de M. de
Valmont ; mais que peut-il encore oser lui dire ? Pardon, ma chère amie, je m'interdis toute réflexion : mais
il est bien cruel de voir périr si malheureusement une
femme, jusqu'alors si heureuse et si digne de l'être.

*Paris, ce 2 décembre 17**.*

LETTRE CL

LE CHEVALIER DANCENY À LA MARQUISE DE MERTEUIL

En attendant le bonheur de te voir, je me livre, ma
tendre amie, au plaisir de t'écrire ; et c'est en m'occupant de toi, que je charme le regret d'en être éloigné.
Te tracer mes sentiments, me rappeler les tiens, est pour
mon cœur une vraie jouissance ; et c'est par elle que
le temps même des privations m'offre encore mille biens
précieux à mon amour. Cependant, s'il faut t'en croire,
je n'obtiendrai point de réponse de toi : cette lettre
même sera la dernière ; et nous nous priverons d'un
commerce qui, selon toi, est dangereux, *et dont nous
n'avons pas besoin.* Sûrement je t'en croirai, si tu persistes : car que peux-tu vouloir, que par cette raison
même je ne le veuille aussi ? Mais avant de te décider
entièrement, ne permettras-tu pas que nous en causions
ensemble ?

Sur l'article des dangers, tu dois juger seule : je ne
puis rien calculer, et je m'en tiens à te prier de veiller
à ta sûreté, car je ne puis être tranquille quand tu seras

inquiète. Pour cet objet, ce n'est pas nous deux qui ne sommes qu'un, c'est toi qui es nous deux.

Il n'en est pas de même *sur le besoin* ; ici nous ne pouvons avoir qu'une même pensée ; et si nous différons d'avis, ce ne peut être que faute de nous expliquer ou de nous entendre. Voici donc ce que je crois sentir.

Sans doute, une lettre paraît bien peu nécessaire, quand on peut se voir librement. Que dirait-elle, qu'un mot, un regard, ou même le silence, n'exprimassent cent fois mieux encore ? Cela me paraît si vrai, que dans le moment où tu me parlas de ne plus nous écrire, cette idée glissa facilement sur mon âme ; elle la gêna peut-être, mais ne l'affecta point. Tel à peu près, quand voulant donner un baiser sur ton cœur, je rencontre un ruban ou une gaze, je l'écarte seulement, et n'ai cependant pas le sentiment d'un obstacle.

Mais depuis, nous nous sommes séparés ; et dès que tu n'as plus été là, cette idée de lettre est revenue me tourmenter. Pourquoi, me suis-je dit, cette privation de plus ? Quoi ! pour être éloigné, n'a-t-on plus rien à se dire ? Je suppose que favorisé par les circonstances, on passe ensemble une journée entière ; faudra-t-il prendre le temps de causer sur celui de jouir ? Oui, de jouir, ma tendre amie ; car auprès de toi, les moments même du repos fournissent encore une jouissance délicieuse. Enfin, quel que soit le temps, on finit par se séparer, et, puis, on est si seul ! C'est alors qu'une lettre est si précieuse ; si on ne la lit pas, du moins on la regarde... Ah ! sans doute, on peut regarder une lettre sans la lire, comme il me semble que la nuit j'aurais encore quelque plaisir à toucher ton portrait...

Ton portrait, ai-je dit ? Mais une lettre est le portrait de l'âme. Elle n'a pas, comme une froide image, cette stagnance [1] si éloignée de l'amour ; elle se prête

---

1. Hapax : stagnation ; récent, existe en physique comme au sens figuré. Danceny préfère innover. Le mot ne sera jamais repris.

à tous nos mouvements : tour à tour elle s'anime, elle jouit, elle se repose... Tes sentiments me sont tous si précieux ! me priveras-tu d'un moyen de les recueillir ?

Es-tu donc sûre que le besoin de m'écrire ne te tourmentera jamais ? Si dans la solitude, ton cœur se dilate ou s'oppresse, si un mouvement de joie passe jusqu'à ton âme, si une tristesse involontaire vient la troubler un moment ; ce ne sera donc pas dans le sein de ton ami, que tu répandras ton bonheur ou ta peine ? tu auras donc un sentiment qu'il ne partagera pas ? tu le laisseras donc, rêveur et solitaire, s'égarer loin de toi ? Mon amie... ma tendre amie ! Mais c'est à toi qu'il appartient de prononcer. J'ai voulu discuter seulement, et non pas te séduire[1] ; je ne t'ai dit que des raisons, j'ose croire que j'eusse été plus fort par des prières. Je tâcherai donc, si tu persistes, de ne pas m'affliger ; je ferai mes efforts pour me dire ce que tu m'aurais écrit ; mais tiens, tu le dirais mieux que moi ; et j'aurai surtout plus de plaisir à l'entendre.

Adieu, ma charmante amie ; l'heure approche enfin où je pourrai te voir : je te quitte bien vite, pour t'aller retrouver plus tôt.

Paris, ce 3 décembre 17**.

LETTRE CLI

LE VICOMTE DE VALMONT À LA MARQUISE DE MERTEUIL

Sans doute, Marquise, que vous ne me croyez pas assez peu d'usage, pour penser que j'aie pu prendre le change sur le tête-à-tête où je vous ai trouvée ce soir, et sur *l'étonnant hasard* qui avait conduit Danceny chez vous ! Ce n'est pas que votre physionomie exercée n'ait su prendre à merveille l'expression du calme et de la sérénité, ni que vous vous soyez trahie par aucune de ces phrases qui quelquefois échappent au trouble ou

1. Tromper.

au repentir. Je conviens même encore que vos regards
dociles vous ont parfaitement servie ; et que s'ils
avaient su se faire croire aussi bien que se faire entendre, loin que j'eusse pris ou conservé le moindre soupçon, je n'aurais pas douté un moment du chagrin
extrême que vous causait *ce tiers importun*[1]. Mais,
pour ne pas déployer en vain d'aussi grands talents,
pour en obtenir le succès que vous vous en promettiez,
pour produire enfin l'illusion que vous cherchiez à faire
naître, il fallait donc auparavant former votre amant
novice avec plus de soin.

Puisque vous commencez à faire des éducations,
apprenez à vos élèves à ne pas rougir et se déconcerter
à la moindre plaisanterie : à ne pas nier si vivement,
pour une seule femme, les mêmes choses dont ils se
défendent avec tant de mollesse pour toutes les autres.
Apprenez-leur encore à savoir entendre l'éloge de leur
maîtresse, sans se croire obligés d'en faire les honneurs ; et si vous leur permettez de vous regarder dans
le cercle, qu'ils sachent au moins auparavant déguiser
ce regard de possession si facile à reconnaître, et qu'ils
confondent si maladroitement avec celui de l'amour.
Alors vous pourrez les faire paraître dans vos exerci-
ces publics, sans que leur conduite fasse tort à leur sage
institutrice ; et moi-même, trop heureux de concourir
à votre célébrité, je vous promets de faire et de publier
les programmes de ce nouveau collège.

Mais jusque-là je m'étonne, je l'avoue, que ce soit
moi que vous ayez entrepris de traiter comme un écolier. Oh ! qu'avec toute autre femme, je serais bientôt
vengé ! que je m'en ferais de plaisir ! et qu'il surpas-
serait aisément celui qu'elle aurait cru me faire perdre !
Oui, c'est bien pour vous seule que je peux préférer la
réparation à la vengeance ; et ne croyez pas que je sois
retenu par le moindre doute, par la moindre incertitude ; je sais tout.

Vous êtes à Paris depuis quatre jours ; et chaque

1. Le *terzo incomodo* de la comédie italienne.

jour vous avez vu Danceny, et vous n'avez vu que lui
seul. Aujourd'hui même votre porte était encore fermée ; et il n'a manqué à votre Suisse, pour m'empêcher d'arriver jusqu'à vous, qu'une assurance égale à
la vôtre. Cependant je ne devais pas douter, me
mandiez-vous, d'être le premier informé de votre arrivée ; de cette arrivée dont vous ne pourriez pas encore
me dire le jour, tandis que vous m'écriviez la veille de
votre départ. Nierez-vous ces faits, ou tenterez-vous de
vous en excuser ? L'un et l'autre sont également impossibles ; et pourtant je me contiens encore ! Reconnais-
sez là votre empire ; mais croyez-moi, contente de
l'avoir éprouvé, n'en abusez pas plus longtemps. Nous
nous connaissons tous deux, Marquise ; ce mot doit
vous suffire.

Vous sortez demain toute la journée, m'avez-vous
dit ? A la bonne heure, si vous sortez en effet ; et vous
jugez que je le saurai. Mais enfin, vous rentrerez le
soir ; et pour notre difficile réconciliation nous
n'aurons pas trop de temps jusqu'au lendemain. Faites-
moi donc savoir si ce sera chez vous, ou *là-bas* que se
feront nos expiations nombreuses et réciproques. Surtout, plus de Danceny. Votre mauvaise tête s'était remplie de son idée ; et je peux n'être pas jaloux de ce délire
de votre imagination : mais songez que de ce moment,
ce qui n'était qu'une fantaisie, deviendrait une préférence marquée. Je ne me crois pas fait pour cette humiliation, et je ne m'attends pas à la recevoir de vous.

J'espère même que ce sacrifice ne vous en paraîtra
pas un. Mais quand il vous coûterait quelque chose,
il me semble que je vous ai donné un assez bel exemple ! qu'une femme sensible et belle, qui n'existait que
pour moi, qui dans ce moment même meurt peut-être
d'amour et de regret, peut bien valoir un jeune écolier, qui, si vous voulez, ne manque ni de figure ni
d'esprit, mais qui n'a encore ni usage ni consistance.

Adieu, Marquise ; je ne vous dis rien de mes sentiments pour vous. Tout ce que je puis faire en ce
moment, c'est de ne pas scruter mon cœur. J'attends

votre réponse. Songez en la faisant, songez bien que
plus il vous est facile de me faire oublier l'offense que
vous m'avez faite, plus un refus de votre part, un simple délai, la graverait dans mon cœur en traits ineffa-
çables.

Paris, ce 3 décembre 17**, au soir.

LETTRE CLII

LA MARQUISE DE MERTEUIL AU VICOMTE DE VALMONT

Prenez donc garde, Vicomte, et ménagez davantage
mon extrême timidité ! Comment voulez-vous que je
supporte l'idée accablante d'encourir votre indignation,
et surtout que je ne succombe pas à la crainte de votre
vengeance ? d'autant que, comme vous savez, si vous
me faisiez une noirceur, il me serait impossible de vous
la rendre. J'aurais beau parler, votre existence n'en
serait ni moins brillante ni moins paisible. Au fait,
qu'auriez-vous à redouter ? d'être obligé de partir, si
on vous en laissait le temps [1]. Mais ne vit-on pas chez
l'étranger comme ici ? et à tout prendre, pourvu que
la cour de France vous laissât tranquille à celle où vous
vous fixeriez, ce ne serait pour vous que changer le lieu
de vos triomphes. Après avoir tenté de vous rendre
votre sang-froid par ces considérations morales, revenons à nos affaires.

Savez-vous, Vicomte, pourquoi je ne me suis jamais
remariée ? ce n'est assurément pas faute d'avoir trouvé
assez de partis avantageux ; c'est uniquement pour que
personne n'ait le droit de trouver à redire à mes actions.
Ce n'est même pas que j'aie craint de ne pouvoir plus
faire mes volontés, car j'aurais bien toujours fini par
là ; mais c'est qu'il m'aurait gêné que quelqu'un eût
eu seulement le droit de s'en plaindre ; c'est qu'enfin

---

1. Le secret par lequel la marquise tient Valmont (elle y fait allusion dans la lettre LXXXI) est d'ordre politique.

je ne voulais tromper que pour mon plaisir, et non par
nécessité. Et voilà que vous m'écrivez la lettre la plus
maritale qu'il soit possible de voir ! Vous ne m'y parlez que de torts de mon côté, et de grâces du vôtre !
Mais comment donc peut-on manquer à celui à qui on
ne doit rien ? je ne saurais le concevoir !

Voyons ; de quoi s'agit-il tant ? Vous avez trouvé
Danceny chez moi, et cela vous a déplu ? à la bonne
heure : mais qu'avez-vous pu en conclure ? ou que
c'était l'effet du hasard, comme je vous le disais, ou
celui de ma volonté, comme je ne vous le disais pas.
Dans le premier cas, votre lettre est injuste ; dans le
second, elle est ridicule : c'était bien la peine d'écrire !
Mais vous êtes jaloux, et la jalousie ne raisonne pas.
Hé bien ! je vais raisonner pour vous.

Ou vous avez un rival, ou vous n'en avez pas. Si vous
en avez un, il faut plaire pour lui être préféré ; si vous
n'en avez pas, il faut encore plaire pour éviter d'en
avoir. Dans tous les cas, c'est la même conduite à tenir :
ainsi, pourquoi vous tourmenter ? pourquoi, surtout,
me tourmenter moi-même ? Ne savez-vous donc plus
être le plus aimable ? et n'êtes-vous plus sûr de vos
succès ? Allons donc, Vicomte, vous vous faites tort.
Mais, ce n'est pas cela ; c'est qu'à vos yeux, je ne vaux
pas que vous vous donniez tant de peine. Vous désirez
moins mes bontés, que vous ne voulez abuser de votre
empire. Allez, vous êtes un ingrat. Voilà bien, je crois,
du sentiment ! et pour peu que je continuasse, cette
lettre pourrait devenir fort tendre ; mais vous ne le
méritez pas.

Vous ne méritez pas davantage que je me justifie.
Pour vous punir de vos soupçons, vous les garderez :
ainsi, sur l'époque de mon retour, comme sur les visites de Danceny, je ne vous dirai rien. Vous vous êtes
donné bien de la peine pour vous en instruire, n'est-il
pas vrai ? Hé bien ! en êtes-vous plus avancé ? Je souhaite que vous y ayez trouvé beaucoup de plaisir ; quant
à moi, cela n'a pas nui au mien.

Tout ce que je peux donc répondre à votre menaçante

lettre, c'est qu'elle n'a eu ni le don de me plaire, ni le pouvoir de m'intimider ; et que pour le moment je suis on ne peut pas moins disposée à vous accorder vos demandes.

Au vrai, vous accepter tel que vous vous montrez aujourd'hui, ce serait vous faire une infidélité réelle. Ce ne serait pas là renouer avec mon ancien amant ; ce serait en prendre un nouveau, et qui ne vaut pas l'autre à beaucoup près. Je n'ai pas assez oublié le premier pour m'y tromper ainsi. Le Valmont que j'aimais était charmant. Je veux bien convenir même que je n'ai pas rencontré d'homme plus aimable. Ah ! je vous en prie, Vicomte, si vous le retrouvez, amenez-le-moi ; celui-là sera toujours bien reçu.

Prévenez-le cependant que, dans aucun cas, ce ne serait ni pour aujourd'hui ni pour demain. Son *Menechme*[1] lui a fait un peu tort ; et en me pressant trop, je craindrais de m'y tromper ; ou bien, peut-être ai-je donné parole à Danceny pour ces deux jours-là ? Et votre lettre m'a appris que vous ne plaisantiez pas, quand on manquait à sa parole. Vous voyez donc qu'il faut attendre.

Mais que vous importe ? vous vous vengerez toujours bien de votre rival. Il ne fera pas pis à votre maîtresse que vous ferez à la sienne, et après tout, une femme n'en vaut-elle pas une autre ? ce sont vos principes. Celle même qui *serait tendre et sensible, qui n'existerait que pour vous et qui mourrait enfin d'amour et de regret*, n'en serait pas moins sacrifiée à la première fantaisie, à la crainte d'être plaisanté un moment ; et vous voulez qu'on se gêne ? Ah ! cela n'est pas juste.

Adieu, Vicomte ; redevenez donc aimable. Tenez, je ne demande pas mieux que de vous trouver charmant ; et dès que j'en serai sûre, je m'engage à vous le prouver. En vérité, je suis trop bonne.

Paris, ce 4 décembre 17**.

1. Son double. Allusion à la comédie de Regnard inspirée de Plaute : *Les Ménechmes ou les jumeaux.*

LETTRE CLIII

LE VICOMTE DE VALMONT À LA MARQUISE DE MERTEUIL

Je réponds sur-le-champ à votre lettre, et je tâcherai d'être clair ; ce qui n'est pas facile avec vous, quand une fois vous avez pris le parti de ne pas entendre.

De longs discours n'étaient pas nécessaires pour établir que chacun de nous ayant en main tout ce qu'il faut pour perdre l'autre, nous avons un égal intérêt à nous ménager mutuellement : aussi, ce n'est pas de cela dont il s'agit. Mais encore entre le parti violent de se perdre, et celui, sans doute meilleur, de rester unis comme nous l'avons été, de le devenir davantage encore en reprenant notre première liaison, entre ces deux partis, dis-je, il y en a mille autres à prendre. Il n'était donc pas ridicule de vous dire, et il ne l'est pas de vous répéter que, de ce jour même, je serai ou votre amant ou votre ennemi.

Je sens à merveille que ce choix vous gêne ; qu'il vous conviendrait mieux de tergiverser ; et je n'ignore pas que vous n'avez jamais aimé à être placée ainsi entre le oui et le non : mais vous devez sentir aussi que je ne puis vous laisser sortir de ce cercle étroit, sans risquer d'être joué ; et vous avez dû prévoir que je ne le souffrirais pas. C'est maintenant à vous à décider : je peux vous laisser le choix mais non pas rester dans l'incertitude.

Je vous préviens seulement que vous ne m'abuserez pas par vos raisonnements, bons ou mauvais ; que vous ne me séduirez pas davantage par quelques cajoleries dont vous chercheriez à parer vos refus, et qu'enfin, le moment de la franchise est arrivé. Je ne demande pas mieux que de vous donner l'exemple ; et je vous déclare avec plaisir, que je préfère la paix et l'union : mais s'il faut rompre l'une ou l'autre, je crois en avoir le droit et les moyens.

J'ajoute donc que le moindre obstacle mis de votre part sera pris de la mienne pour une véritable déclaration de guerre : vous voyez que la réponse que je vous demande n'exige ni longues ni belles phrases. Deux mots suffisent.

Paris, ce 4 décembre 17**.

RÉPONSE DE LA MARQUISE DE MERTEUIL
écrite au bas de la même lettre.

Hé bien ! la guerre.

LETTRE CLIV

MADAME DE VOLANGES À MADAME DE ROSEMONDE

Les bulletins vous instruisent mieux que je ne pourrais le faire, ma chère amie, du fâcheux état de notre malade. Tout entière aux soins que je lui donne, je ne prends sur eux le temps de vous écrire, qu'autant qu'il y a d'autres événements que ceux de la maladie. En voici un, auquel certainement je ne m'attendais pas. C'est une lettre que j'ai reçue de M. de Valmont, à qui il a plu de me choisir pour sa confidente, et même pour sa médiatrice auprès de madame de Tourvel, pour qui il avait aussi joint une lettre à la mienne. J'ai renvoyé l'une en répondant à l'autre. Je vous fais passer cette dernière, et je crois que vous jugerez comme moi, que je ne pouvais ni ne devais rien faire de ce qu'il me demande. Quand je l'aurais voulu, notre malheureuse amie n'aurait pas été en état de m'entendre. Son délire est continuel. Mais que direz-vous de ce désespoir de M. de Valmont ? D'abord faut-il y croire, ou veut-il seulement tromper tout le monde, et jusqu'à la fin* ?

---

* C'est parce qu'on n'a rien trouvé dans la suite de cette correspondance qui pût résoudre ce doute, qu'on a pris le parti de supprimer la lettre de M. de Valmont.

Si pour cette fois il est sincère, il peut bien dire qu'il a lui-même fait son malheur. Je crois qu'il sera peu content de ma réponse : mais j'avoue que tout ce qui me fixe sur cette malheureuse aventure, me soulève de plus en plus contre son auteur.

Adieu, ma chère amie ; je retourne à mes tristes soins, qui le deviennent bien davantage encore par le peu d'espoir que j'ai de les voir réussir. Vous connaissez mes sentiments pour vous.

Paris, ce 5 décembre 17**.

LETTRE CLV

LE VICOMTE DE VALMONT AU CHEVALIER DANCENY

J'ai passé deux fois chez vous, mon cher Chevalier : mais depuis que vous avez quitté le rôle d'amant pour celui d'homme à bonnes fortunes, vous êtes, comme de raison, devenu introuvable. Votre valet de chambre m'a assuré cependant que vous rentreriez chez vous ce soir ; qu'il avait ordre de vous attendre : mais moi, qui suis instruit de vos projets, j'ai très bien compris que vous ne rentreriez que pour un moment, pour prendre le costume de la chose, et que sur-le-champ vous recommenceriez vos courses victorieuses. A la bonne heure, et je ne puis qu'y applaudir : mais peut-être, pour ce soir, allez-vous être tenté de changer leur direction. Vous ne savez encore que la moitié de vos affaires ; il faut vous mettre au courant de l'autre, et puis vous vous déciderez. Prenez donc le temps de lire ma lettre. Ce ne sera pas vous distraire de vos plaisirs, puisque au contraire elle n'a d'autre objet que de vous donner le choix entre eux.

Si j'avais eu votre confiance entière, si j'avais su par vous la partie de vos secrets que vous m'avez laissée à deviner, j'aurais été instruit à temps ; et mon zèle, moins gauche, ne gênerait pas aujourd'hui votre marche. Mais partons du point où nous sommes. Quelque parti que vous preniez, votre pis aller ferait toujours bien le bonheur d'un autre.

Vous avez un rendez-vous pour cette nuit, n'est-il pas vrai ? avec une femme charmante et que vous adorez ? car à votre âge, quelle femme n'adore-t-on pas, au moins les huit premiers jours ! Le lieu de la scène doit encore ajouter à vos plaisirs. Une petite maison délicieuse, *et qu'on n'a prise que pour vous*, doit embellir la volupté, des charmes de la liberté, et de ceux du mystère. Tout est convenu ; on vous attend : et vous brûlez de vous y rendre ! voilà ce que nous savons tous deux, quoique vous ne m'en ayez rien dit. Maintenant, voici ce que vous ne savez pas, et qu'il faut que je vous dise.

Depuis mon retour à Paris, je m'occupais des moyens de vous rapprocher de mademoiselle de Volanges, je vous l'avais promis ; et encore la dernière fois que je vous en parlai, j'eus lieu de juger par vos réponses, je pourrais dire par vos transports, que c'était m'occuper de votre bonheur. Je ne pouvais pas réussir à moi seul dans cette entreprise assez difficile : mais après avoir préparé les moyens, j'ai remis le reste au zèle de votre jeune maîtresse. Elle a trouvé, dans son amour, des ressources qui avaient manqué à mon expérience : enfin votre malheur veut qu'elle ait réussi. Depuis deux jours, m'a-t-elle dit ce soir, tous les obstacles sont surmontés, et votre bonheur ne dépend plus que de vous.

Depuis deux jours aussi, elle se flattait de vous apprendre cette nouvelle elle-même, et malgré l'absence de sa maman, vous auriez été reçu ; mais vous ne vous êtes seulement pas présenté ! et pour vous dire tout, soit caprice ou raison, la petite personne m'a paru un peu fâchée de ce manque d'empressement de votre part. Enfin, elle a trouvé le moyen de me faire aussi parvenir jusqu'à elle, et m'a fait promettre de vous rendre le plus tôt possible la lettre que je joins ici. A l'empressement qu'elle y a mis, je parierais bien qu'il y est question d'un rendez-vous pour ce soir. Quoi qu'il en soit, j'ai promis sur l'honneur et sur l'amitié, que vous auriez

la tendre missive dans la journée, et je ne puis ni ne
veux manquer à ma parole.

A présent, jeune homme, quelle conduite allez-vous
tenir ? Placé entre la coquetterie et l'amour, entre le
plaisir et le bonheur, quel va être votre choix ? Si je
parlais au Danceny d'il y a trois mois, seulement à celui
d'il y a huit jours, bien sûr de son cœur, je le serais
de ses démarches : mais le Danceny d'aujourd'hui,
arraché par les femmes, courant les aventures, et
devenu, suivant l'usage, un peu scélérat, préférera-t-il
une jeune fille timide, qui n'a pour elle que sa beauté,
son innocence et son amour, aux agréments d'une
femme parfaitement *usagée* !

Pour moi, mon cher ami, il me semble que, même
dans vos nouveaux principes, que j'avoue bien être
aussi un peu les miens, les circonstances me décideraient
pour la jeune amante. D'abord, c'en est une de plus,
et puis la nouveauté, et encore la crainte de perdre le
fruit de vos soins en négligeant de le cueillir ; car enfin,
de ce côté, ce serait véritablement l'occasion manquée,
et elle ne revient pas toujours, surtout pour une première faiblesse : souvent, dans ce cas, il ne faut qu'un
moment d'humeur, un soupçon jaloux, moins encore,
pour empêcher le plus beau triomphe. La vertu qui se
noie se raccroche quelquefois aux branches ; et une fois
réchappée, elle se tient sur ses gardes, et n'est plus facile
à surprendre.

Au contraire, de l'autre côté, que risquez-vous ? pas
même une rupture ; une brouillerie tout au plus, où l'on
achète de quelques soins le plaisir d'un raccommodement. Quel autre parti reste-t-il à une femme déjà rendue, que celui de l'indulgence ? Que gagnerait-elle à
la sévérité ? la perte de ses plaisirs, sans profit pour
sa gloire.

Si, comme je le suppose, vous prenez le parti de
l'amour, qui me paraît aussi celui de la raison, je crois
qu'il est de la prudence de ne point vous faire excuser
au rendez-vous manqué ; laissez-vous attendre tout simplement : si vous risquez de donner une raison, on sera

peut-être tenté de la vérifier. Les femmes sont curieu-
ses et obstinées ; tout peut se découvrir : je viens,
comme vous savez, d'en être moi-même un exemple.
Mais si vous laissez l'espoir, comme il sera soutenu par
la vanité, il ne sera perdu que longtemps après l'heure
propre aux informations : alors demain vous aurez à
choisir l'obstacle insurmontable qui vous aura retenu ;
vous aurez été malade, mort s'il le faut, ou toute autre
chose dont vous serez également désespéré, et tout se
raccommodera.

   Au reste, pour quelque côté que vous vous décidiez,
je vous prie seulement de m'en instruire ; et comme je
n'y ai pas d'intérêt, je trouverai toujours que vous avez
bien fait. Adieu, mon cher ami.

   Ce que j'ajoute encore, c'est que je regrette madame
de Tourvel ; c'est que je suis au désespoir d'être séparé
d'elle ; c'est que je paierais de la moitié de ma vie le
bonheur de lui consacrer l'autre. Ah ! croyez-moi, on
n'est heureux que par l'amour.

                    Paris, ce 5 décembre 17**.

LETTRE CLVI

CÉCILE VOLANGES AU CHEVALIER DANCENY
(Jointe à la précédente.)

   Comment se fait-il, mon cher ami, que je cesse de
vous voir, quand je ne cesse pas de le désirer ? n'en
avez-vous plus autant d'envie que moi ? Ah ! c'est bien
à présent que je suis triste ! plus triste que quand nous
étions séparés tout à fait. Le chagrin que j'éprouvais
par les autres, c'est à présent de vous qu'il me vient,
et cela fait bien plus de mal.

   Depuis quelques jours, maman n'est jamais chez elle,
vous le savez bien ; et j'espérais que vous essayeriez de
profiter de ce temps de liberté : mais vous ne songez
seulement pas à moi ; je suis bien malheureuse ! Vous
me disiez tant que c'était moi qui aimais le moins ! je

savais bien le contraire, et en voilà bien la preuve. Si vous étiez venu pour me voir, vous m'auriez vue en effet : car moi, je ne suis pas comme vous ; je ne songe qu'à ce qui peut nous réunir. Vous mériteriez bien que je ne vous dise rien de tout ce que j'ai fait pour ça, et qui m'a donné tant de peine : mais je vous aime trop, et j'ai tant d'envie de vous voir, que je ne peux m'empêcher de vous le dire. Et puis, je verrai bien après si vous m'aimez réellement !

J'ai si bien fait que le portier est dans nos intérêts, et qu'il m'a promis que toutes les fois que vous viendriez, il vous laisserait toujours entrer comme s'il ne vous voyait pas : et nous pouvons bien nous fier à lui, car c'est un bien honnête homme. Il ne s'agit donc plus que d'empêcher qu'on ne vous voie dans la maison ; et ça, c'est bien aisé, en n'y venant que le soir, et quand il n'y aura plus rien à craindre du tout. Par exemple, depuis que maman sort tous les jours, elle se couche tous les jours à onze heures ; ainsi nous aurions bien du temps.

Le portier m'a dit que, quand vous voudriez venir comme ça, au lieu de frapper à la porte, vous n'auriez qu'à frapper à sa fenêtre, et qu'il ouvrirait tout de suite ; et puis, vous trouverez bien le petit escalier ; et comme vous ne pourrez pas avoir de la lumière, je laisserai la porte de ma chambre entrouverte, ce qui vous éclairera toujours un peu. Vous prendrez bien garde de ne pas faire du bruit ; surtout en passant auprès de la petite porte de maman. Pour celle de ma femme de chambre, c'est égal, parce qu'elle m'a promis qu'elle ne se réveillerait pas ; c'est aussi une bien bonne fille ! Et pour vous en aller, ça sera tout de même. A présent, nous verrons si vous viendrez.

Mon Dieu, pourquoi donc le cœur me bat-il si fort en vous écrivant ? Est-ce qu'il doit m'arriver quelque malheur, ou si c'est l'espérance de vous voir qui me trouble comme ça ? Ce que je sens bien, c'est que je ne vous ai jamais tant aimé, et que jamais je n'ai tant désiré de vous le dire. Venez donc, mon ami, mon cher

ami ; que je puisse vous répéter cent fois que je vous
aime, que je vous adore, que je n'aimerai jamais que
vous.

J'ai trouvé moyen de faire dire à M. de Valmont que
j'avais quelque chose à lui dire ; et lui, comme il est
bien bon ami, il viendra sûrement demain, et je le prierai de vous remettre ma lettre tout de suite. Ainsi je
vous attendrai demain au soir, et vous viendrez, sans
faute, si vous ne voulez pas que votre Cécile soit bien
malheureuse.

Adieu, mon cher ami ; je vous embrasse de tout mon
cœur.

Paris, ce 4 décembre 17**, au soir.

LETTRE CLVII

LE CHEVALIER DANCENY AU VICOMTE DE VALMONT

Ne doutez, mon cher Vicomte, ni de mon cœur, ni
de mes démarches : comment résisterais-je à un désir
de ma Cécile ? Ah ! c'est bien elle, elle seule que j'aime,
que j'aimerai toujours ! son ingénuité, sa tendresse, ont
un charme pour moi, dont j'ai pu avoir la faiblesse de
me laisser distraire, mais que rien n'effacera jamais.
Engagé dans une autre aventure, pour ainsi dire sans
m'en être aperçu, souvent le souvenir de Cécile est venu
me troubler jusque dans les plus doux plaisirs ; et peut-
être mon cœur ne lui a-t-il jamais rendu d'hommage
plus vrai, que dans le moment même où je lui étais infidèle. Cependant, mon ami, ménageons sa délicatesse
et cachons-lui mes torts ; non pour la surprendre, mais
pour ne pas l'affliger. Le bonheur de Cécile est le vœu
le plus ardent que je forme ; jamais je ne me pardonnerais une faute qui lui aurait coûté une larme.

J'ai mérité, je le sens, la plaisanterie que vous me
faites sur ce que vous appelez mes nouveaux principes :
mais vous pouvez m'en croire, ce n'est point par eux
que je me conduis dans ce moment ; et dès demain je

suis décidé à le prouver. J'irai m'accuser à celle même
qui a causé mon égarement, et qui l'a partagé ; je lui
dirai : « Lisez dans mon cœur ; il a pour vous l'amitié
la plus tendre ; l'amitié unie au désir ressemble tant à
l'amour !... Tous deux nous nous sommes trompés ;
mais susceptible d'erreur, je ne suis point capable de
mauvaise foi. » Je connais mon amie ; elle est honnête
autant qu'indulgente ; elle fera plus que me pardonner,
elle m'approuvera. Elle-même se reprochait souvent
d'avoir trahi l'amitié ; souvent sa délicatesse effrayait
son amour : plus sage que moi, elle fortifiera dans mon
âme ces craintes utiles, que je cherchais témérairement
à étouffer dans la sienne. Je lui devrai d'être meilleur,
comme à vous d'être plus heureux. O ! mes amis ! partagez ma reconnaissance. L'idée de vous devoir mon
bonheur en augmente le prix.

Adieu, mon cher Vicomte. L'excès de ma joie ne
m'empêche point de songer à vos peines, et d'y prendre part. Que ne puis-je vous être utile ! Madame de
Tourvel reste donc inexorable ? On la dit aussi bien
malade. Mon Dieu, que je vous plains ! Puisse-t-elle
reprendre à la fois de la santé et de l'indulgence,
et faire à jamais votre bonheur ! Ce sont les vœux
de l'amitié ; j'ose espérer qu'ils seront exaucés par
l'amour.

Je voudrais causer plus longtemps avec vous ; mais
l'heure me presse, et peut-être Cécile m'attend déjà.

Paris, ce 5 décembre 17**.

LETTRE CLVIII
(À son réveil.)

LE VICOMTE DE VALMONT À LA MARQUISE DE MERTEUIL

Eh bien, Marquise, comment vous trouvez-vous des
plaisirs de la nuit dernière ? n'en êtes-vous pas un peu
fatiguée ? Convenez donc que Danceny est charmant !

il fait des prodiges, ce garçon-là. Vous n'attendiez pas cela de lui, n'est-il pas vrai ? Allons, je me rends justice, un pareil rival méritait bien que je lui fusse sacrifié. Sérieusement, il est plein de bonnes qualités ! Mais surtout, que d'amour, de constance, de délicatesse ! Ah ! si jamais vous êtes aimée de lui comme l'est sa Cécile, vous n'aurez point de rivales à craindre : il vous l'a prouvé cette nuit. Peut-être à force de coquetterie, une autre femme pourra vous l'enlever un moment ; un jeune homme ne sait guère se refuser à des agaceries provocantes : mais un seul mot de l'objet aimé suffit, comme vous voyez, pour dissiper cette illusion ; ainsi il ne vous manque plus que d'être cet objet-là, pour être parfaitement heureuse.

Sûrement vous ne vous y tromperez pas ; vous avez le tact trop sûr pour qu'on puisse le craindre. Cependant l'amitié qui nous unit, aussi sincère de ma part que bien reconnue de la vôtre, m'a fait désirer pour vous l'épreuve de cette nuit ; c'est l'ouvrage de mon zèle ; il a réussi : rien n'était plus facile.

Au fait, que m'en a-t-il coûté ? un léger sacrifice, et quelque peu d'adresse. J'ai consenti à partager avec le jeune homme les faveurs de sa maîtresse : mais enfin il y avait bien autant de droit que moi ; et je m'en souciais si peu ! La lettre que la jeune personne lui a écrite, c'est bien moi qui l'ai dictée ; mais c'était seulement pour gagner du temps, parce que nous avions à l'employer mieux. Celle que j'y ai jointe, oh ! ce n'était rien, presque rien ; quelques réflexions de l'amitié pour guider le choix du nouvel amant : mais en honneur, elles étaient inutiles ; il faut dire la vérité, il n'a pas balancé un moment.

Et puis, dans sa candeur, il doit aller chez vous aujourd'hui vous raconter tout ; et sûrement ce récit-là vous fera grand plaisir ! il vous dira : *Lisez dans mon cœur* ; il me le mande : et vous voyez bien que cela raccommode tout. J'espère qu'en y lisant ce qu'il voudra, vous y lirez peut-être aussi que les amants si jeunes ont leurs dangers ; et encore, qu'il vaut mieux m'avoir pour ami que pour ennemi.

Adieu, Marquise ; jusqu'à la première occasion.

Paris, ce 6 décembre 17**.

LETTRE CLIX

LA MARQUISE DE MERTEUIL AU VICOMTE DE VALMONT
(Billet.)

Je n'aime pas qu'on ajoute de mauvaises plaisanteries à de mauvais procédés ; ce n'est pas plus ma manière que mon goût. Quand j'ai à me plaindre de quelqu'un, je ne le persifle pas ; je fais mieux : je me venge. Quelque content de vous que vous puissiez être en ce moment, n'oubliez point que ce ne serait pas la première fois que vous vous seriez applaudi d'avance, et tout seul, dans l'espoir d'un triomphe qui vous serait échappé à l'instant même où vous vous en félicitiez. Adieu.

Paris, ce 6 décembre 17**. [1]

LETTRE CLX

MADAME DE VOLANGES À MADAME DE ROSEMONDE

Je vous écris de la chambre de votre malheureuse amie, dont l'état est à peu près toujours le même. Il doit y avoir cet après-midi une consultation de quatre médecins. Malheureusement, c'est, comme vous le savez, plus souvent une preuve de danger qu'un moyen de secours.

Il paraît cependant que la tête est un peu revenue la nuit dernière. La femme de chambre m'a informée ce matin, qu'environ vers minuit, sa maîtresse l'a fait

---

1. Plus d'échanges entre la marquise et le vicomte.

appeler ; qu'elle a voulu être seule avec elle, et qu'elle lui a dicté une assez longue lettre. Julie a ajouté que, tandis qu'elle était occupée à en faire l'enveloppe, madame de Tourvel avait repris le transport : en sorte que cette fille n'a pas su à qui il fallait mettre l'adresse. Je me suis étonnée d'abord que la lettre elle-même n'ait pas suffi pour le lui apprendre : mais sur ce qu'elle m'a répondu qu'elle craignait de se tromper, et que cependant sa maîtresse lui avait bien recommandé de la faire partir sur-le-champ, j'ai pris sur moi d'ouvrir le paquet.

J'y ai trouvé l'écrit que je vous envoie, qui en effet ne s'adresse à personne pour s'adresser à trop de monde. Je croirais cependant que c'est à M. de Valmont que notre malheureuse amie a voulu écrire d'abord ; mais qu'elle a cédé sans s'en apercevoir, au désordre de ses idées. Quoi qu'il en soit, j'ai jugé que cette lettre ne devait être rendue à personne. Je vous l'envoie, parce que vous y verrez mieux que je ne pourrais vous le dire, quelles sont les pensées qui occupent la tête de notre malade. Tant qu'elle restera aussi vivement affectée, je n'aurai guère d'espérance. Le corps se rétablit difficilement, quand l'esprit est si peu tranquille.

Adieu, ma chère et digne amie. Je vous félicite d'être éloignée du triste spectacle que j'ai continuellement sous les yeux.

Paris, ce 6 décembre 17**.

LETTRE CLXI

LA PRÉSIDENTE DE TOURVEL À...
(Dictée par elle et écrite par sa femme de chambre.)

Être cruel et malfaisant, ne te lasseras-tu point de me persécuter ? Ne te suffit-il pas de m'avoir tourmentée, dégradée, avilie, veux-tu me ravir jusqu'à la paix du tombeau ? Quoi ! dans ce séjour de ténèbres où l'ignominie m'a forcée de m'ensevelir, les peines sont-elles sans relâche, l'espérance est-elle méconnue ? Je n'implore point une grâce que je ne mérite point : pour souffrir sans me plaindre, il me suffira que mes souffrances n'excèdent pas mes forces. Mais ne rends pas mes tourments insupportables. En me laissant mes douleurs, ôte-moi le cruel souvenir des biens que j'ai perdus. Quand tu me les as ravis, n'en retrace plus à mes yeux la désolante image. J'étais innocente et tranquille : c'est pour t'avoir vu que j'ai perdu le repos ; c'est en t'écoutant que je suis devenue criminelle. Auteur de mes fautes, quel droit as-tu de les punir ?

Où sont les amis qui me chérissaient, où sont-ils ? mon infortune les épouvante. Aucun n'ose m'approcher. Je suis opprimée, et ils me laissent sans secours ! Je meurs, et personne ne pleure sur moi. Toute consolation m'est refusée. La pitié s'arrête sur les bords de l'abîme où le criminel se plonge. Les remords le déchirent, et ses cris ne sont pas entendus !

Et toi, que j'ai outragé ; toi, dont l'estime ajoute à mon supplice ; toi, qui seul enfin aurais le droit de te venger, que fais-tu loin de moi ? Viens punir une femme infidèle. Que je souffre enfin des tourments mérités. Déjà je me serais soumise à ta vengeance : mais le courage m'a manqué pour t'apprendre ta honte. Ce n'était point dissimulation, c'était respect. Que cette lettre au moins t'apprenne mon repentir. Le Ciel a pris ta cause ; il te venge d'une injure que tu as ignorée. C'est lui qui a lié ma langue et retenu mes paroles ; a craint que tu ne me remisses une faute qu'il voulait punir. Il m'a soustraite à ton indulgence, qui aurait blessé sa justice.

Impitoyable dans sa vengeance, il m'a livrée à celui-là même qui m'a perdue. C'est à la fois, pour lui et par lui que je souffre. Je veux le fuir, en vain, il me suit ; il est là ; il m'obsède sans cesse. Mais qu'il est différent de lui-même ! Ses yeux n'expriment plus que la haine et le mépris. Sa bouche ne profère que l'insulte et le reproche. Ses bras ne m'entourent que pour me déchirer. Qui me sauvera de sa barbare fureur ?

Mais quoi ! c'est lui... Je ne me trompe pas ; c'est lui que je revois. Oh ! mon aimable ami ! reçois-moi dans tes bras ; cache-moi dans ton sein : oui, c'est toi, c'est bien toi ! Quelle illusion funeste m'avait fait te méconnaître ! combien j'ai souffert dans ton absence ! Ne nous séparons plus, ne nous séparons jamais. Laisse-moi respirer. Sens mon cœur, comme il palpite ! Ah ! ce n'est plus de crainte, c'est la douce émotion de l'amour. Pourquoi te refuser à mes tendres caresses ? Tourne vers moi tes doux regards ! Quels sont ces liens que tu cherches à rompre ? pourquoi prépares-tu cet appareil de mort ? qui peut altérer ainsi tes traits ? que fais-tu ? Laisse-moi : je frémis ! Dieu ! c'est ce monstre encore ! Mes amies, ne m'abandonnez pas. Vous qui m'invitiez à le fuir, aidez-moi à le combattre ; et vous qui, plus indulgente, me promettiez de diminuer mes peines, venez donc auprès de moi. Où êtes-vous toutes deux ? S'il ne m'est plus permis de vous revoir, répondez au moins à cette lettre ; que je sache que vous m'aimez encore.

Laisse-moi donc, cruel ! quelle nouvelle fureur t'anime ? Crains-tu qu'un sentiment doux ne pénètre jusqu'à mon âme ? Tu redoubles mes tourments ; tu me forces de te haïr. Oh ! que la haine est douloureuse ! comme elle corrode le cœur qui la distille ! Pourquoi me persécutez-vous ? que pouvez-vous encore avoir à me dire ? ne m'avez-vous pas mise dans l'impossibilité de vous écouter, comme de vous répondre ? N'attendez plus rien de moi. Adieu, Monsieur.

Paris, ce 5 décembre 17**.

LETTRE CLXII

LE CHEVALIER DANCENY AU VICOMTE DE VALMONT

Je suis instruit, Monsieur, de vos procédés envers moi. Je sais aussi que, non content de m'avoir indignement joué, vous ne craignez pas de vous en vanter, de vous en applaudir. J'ai vu la preuve de votre trahison écrite de votre main. J'avoue que mon cœur en a été navré, et que j'ai ressenti quelque honte d'avoir autant aidé moi-même à l'odieux abus que vous avez fait de mon aveugle confiance ; pourtant je ne vous envie pas ce honteux avantage ; je suis seulement curieux de savoir si vous les conserverez tous également sur moi. J'en serai instruit, si, comme je l'espère, vous voulez bien vous trouver demain, entre huit et neuf heures du matin, à la porte du bois de Vincennes, village de Saint-Mandé. J'aurai soin d'y faire trouver tout ce qui sera nécessaire pour les éclaircissements qui me restent à prendre avec vous.

LE CHEVALIER DANCENY.

Paris, ce 6 décembre 17**, au soir.

LETTRE CLXIII

M. BERTRAND À MADAME DE ROSEMONDE

MADAME,

C'est avec bien du regret que je remplis le triste devoir de vous annoncer une nouvelle qui va vous causer un si cruel chagrin. Permettez-moi de vous inviter d'abord à cette pieuse résignation que chacun a si souvent admirée en vous, et qui peut seule nous faire supporter les maux dont est semée notre misérable vie.

M. votre neveu... Mon Dieu ! faut-il que j'afflige tant une si respectable dame ! M. votre neveu a eu le malheur de succomber dans un combat singulier qu'il a eu ce matin avec M. le chevalier Danceny. J'ignore entièrement le sujet de la querelle : mais il paraît, par le billet que j'ai trouvé encore dans la poche de M. le Vicomte, et que j'ai l'honneur de vous envoyer ; il paraît, dis-je, qu'il n'était pas l'agresseur. Et il faut que ce soit lui que le Ciel ait permis qui succombât !

J'étais chez M. le Vicomte à l'attendre, à l'heure même où on l'a ramené à l'hôtel. Figurez-vous mon effroi, en voyant M. votre neveu porté par deux de ses gens, et tout baigné dans son sang. Il avait deux coups d'épée dans le corps, et il était déjà bien faible. M. Danceny était aussi là, et même il pleurait. Ah ! sans doute, il doit pleurer : mais il est bien temps de répandre des larmes, quand on a causé un malheur irréparable !

Pour moi, je ne me possédais pas ; et malgré le peu que je suis, je ne lui en disais pas moins ma façon de penser. Mais c'est là que M. le Vicomte s'est montré véritablement grand. Il m'a ordonné de me taire ; et celui-là même qui était son meurtrier, il lui a pris la main, l'a appelé son ami, l'a embrassé devant nous tous, et nous a dit : « Je vous ordonne, d'avoir pour Monsieur, tous les égards qu'on doit à un brave et galant homme. » Il lui a de plus fait remettre, devant moi, des papiers fort volumineux, que je ne connais pas, mais auxquels je sais bien qu'il attachait beaucoup d'importance. Ensuite il a voulu qu'on les laissât seuls ensemble pendant un moment. Cependant j'avais envoyé chercher tout de suite tous les secours, tant spirituels que temporels : mais, hélas ! le mal était sans remède. Moins d'une demi-heure après, M. le Vicomte était sans connaissance. Il n'a pu recevoir que l'extrême-onction ; et la cérémonie était à peine achevée qu'il a rendu son dernier soupir.

Bon Dieu, quand j'ai reçu dans mes bras à sa naissance ce précieux appui d'une maison si illustre, aurais-je pu prévoir que ce serait dans mes bras qu'il expirerait, et que j'aurais à pleurer sa mort ? Une mort si précoce et si malheureuse ! Mes larmes coulent malgré moi ; je vous demande pardon, Madame, d'oser ainsi mêler mes douleurs aux vôtres : mais dans tous les états, on a un cœur et de la sensibilité ; et je serais bien ingrat, si je ne pleurais pas toute ma vie un seigneur qui avait tant de bontés pour moi, qui m'honorait de tant de confiance.

Demain, après l'enlèvement du corps, je ferai mettre les scellés partout, et vous pouvez vous en reposer entièrement sur mes soins. Vous n'ignorez pas, Madame, que ce malheureux événement finit la substitution, et rend vos dispositions entièrement libres. Si je puis vous être de quelque utilité, je vous prie de vouloir bien me faire passer vos ordres : je mettrai tout mon zèle à les exécuter ponctuellement.

Je suis avec le plus profond respect, Madame, votre très humble, etc.

BERTRAND.

Paris, ce 7 décembre 17**.

LETTRE CLXIV

MADAME DE ROSEMONDE À M. BERTRAND

Je reçois votre lettre à l'instant même, mon cher Bertrand, et j'apprends par elle l'affreux événement dont mon neveu a été la malheureuse victime. Oui, sans doute j'aurai des ordres à vous donner ; et ce n'est que pour eux que je peux m'occuper d'autre chose que de ma mortelle affliction.

Le billet de M. Danceny, que vous m'avez envoyé, est une preuve bien convaincante que c'est lui qui a provoqué le duel, et mon intention est que vous en rendiez plainte sur-le-champ, et en mon nom. En pardonnant à son ennemi, à son meurtrier, mon neveu a pu satisfaire à sa générosité naturelle ; mais moi, je dois venger à la fois sa mort, l'humanité et la religion. On ne saurait trop exciter la sévérité des lois contre ce reste de barbarie, qui infecte encore nos mœurs ; et je ne crois pas que ce puisse être dans ce cas, que le pardon des injures nous soit prescrit. J'attends donc que vous suiviez cette affaire avec tout le zèle et toute l'activité dont je vous connais capable, et que vous devez à la mémoire de mon neveu.

Vous aurez soin, avant tout, de voir M. le président de*** de ma part, et d'en conférer avec lui. Je ne lui

écris pas, pressée que je suis de me livrer tout entière
à ma douleur. Vous lui ferez mes excuses et lui com-
muniquerez cette lettre.

Adieu, mon cher Bertrand ; je vous loue et vous
remercie de vos bons sentiments, et suis pour la vie
toute à vous.

Du château de..., ce 8 décembre 17**.

LETTRE CLXV

MADAME DE VOLANGES À MADAME DE ROSEMONDE

Je vous sais déjà instruite, ma chère et digne amie,
de la perte que vous venez de faire ; je connaissais votre
tendresse pour M. de Valmont, et je partage bien sincèrement l'affliction que vous devez ressentir. Je suis
vraiment peinée d'avoir à ajouter de nouveaux regrets
à ceux que vous éprouvez déjà : mais, hélas ! il ne vous
reste non plus que des larmes à donner à notre malheureuse amie. Nous l'avons perdue, hier, à onze heures
du soir. Par une fatalité attachée à son sort, et qui semblait se jouer de toute prudence humaine, ce court intervalle qu'elle a survécu à M. de Valmont lui a suffi pour
en apprendre la mort ; et, comme elle a dit elle-même,
pour n'avoir pu succomber sous le poids de ses malheurs qu'après que la mesure en a été comblée.

En effet, vous avez su que depuis plus de deux jours
elle était absolument sans connaissance ; et encore hier
matin, quand son médecin arriva, et que nous nous
approchâmes de son lit, elle ne nous reconnut ni l'un
ni l'autre, et nous ne pûmes obtenir ni une parole, ni
le moindre signe. Hé bien ! à peine étions-nous revenus
à la cheminée, et pendant que le médecin m'apprenait
le triste événement de la mort de M. de Valmont, cette
femme infortunée a retrouvé toute sa tête, soit que la
nature seule ait produit cette révolution, soit qu'elle ait
été causée par ces mots répétés de *M. de Valmont* et

de *mort*, qui ont pu rappeler à la malade les seules idées dont elle s'occupait depuis longtemps.

Quoi qu'il en soit, elle ouvrit précipitamment les rideaux de son lit en s'écriant : « Quoi ! que dites-vous ? M. de Valmont est mort ? » J'espérais lui faire croire qu'elle s'était trompée ; et je l'assurai d'abord qu'elle avait mal entendu : mais loin de se laisser persuader ainsi, elle exigea du médecin qu'il recommençât ce cruel récit ; et sur ce que je voulus essayer encore de la dissuader, elle m'appela et me dit à voix basse : « Pourquoi vouloir me tromper ? n'était-il pas déjà mort pour moi ! » Il a donc fallu céder.

Notre malheureuse amie a écouté d'abord d'un air assez tranquille, mais bientôt après, elle a interrompu le récit, en disant : « Assez, j'en ai assez. » Elle a demandé sur-le-champ qu'on fermât ses rideaux ; et lorsque le médecin a voulu s'occuper ensuite des soins de son état, elle n'a jamais voulu souffrir qu'il approchât d'elle.

Dès qu'il a été sorti, elle a pareillement renvoyé sa garde et sa femme de chambre ; et quand nous avons été seules, elle m'a priée de l'aider à se mettre à genoux sur son lit, et de l'y soutenir. Là, elle est restée quelque temps en silence, et sans autre expression que celle de ses larmes qui coulaient abondamment. Enfin, joignant ses mains et les élevant vers le Ciel : « Dieu tout-puissant », a-t-elle dit d'une voix faible, mais fervente, « je me soumets à ta justice : mais pardonne à Valmont. Que mes malheurs, que je reconnais avoir mérités, ne lui soient pas un sujet de reproche, et je bénirai ta miséricorde ! » Je me suis permis, ma chère et digne amie, d'entrer dans ces détails sur un sujet que je sens bien devoir renouveler et aggraver vos douleurs, parce que je ne doute pas que cette prière de madame de Tourvel ne porte cependant une grande consolation dans votre âme.

Après que notre amie eut proféré ce peu de mots, elle se laissa retomber dans mes bras ; et elle était à peine replacée dans son lit, qu'il lui prit une faiblesse qui fut longue, mais qui céda pourtant aux secours ordinaires. Aussitôt qu'elle eut reprit connaissance, elle me demanda d'envoyer chercher le père Anselme, et elle ajouta : « C'est à présent le seul médecin dont j'ai besoin ; je sens que mes maux vont bientôt finir. » Elle se plaignait beaucoup d'oppression, et elle parlait difficilement.

Peu de temps après, elle me fit remettre, par sa femme de chambre, une cassette que je vous envoie, qu'elle me dit contenir des papiers à elle, et qu'elle me chargea de vous faire passer aussitôt après sa mort*. Ensuite elle me parla de vous, et de votre amitié pour elle, autant que sa situation le lui permettait, et avec beaucoup d'attendrissement.

Le père Anselme arriva vers les quatre heures, et resta près d'une heure seul avec elle. Quand nous rentrâmes, la figure de la malade était calme et sereine ; mais il était facile de voir que le père Anselme avait beaucoup pleuré. Il resta pour assister aux dernières cérémonies de l'Église. Ce spectacle, toujours si imposant et si douloureux, le devenait encore plus par le contraste que formait la tranquille résignation de la malade, avec la douleur profonde de son vénérable confesseur qui fondait en larmes à côté d'elle. L'attendrissement devint général ; et celle que tout le monde pleurait fut la seule qui ne se pleura point [1].

Le reste de la journée se passa dans les prières usitées, qui ne furent interrompues que par les fréquentes faiblesses de la malade. Enfin, vers les onze heures du soir, elle me parut plus oppressée et plus souffrante. J'avançai ma main pour chercher son bras ; elle eut encore la force de la prendre, et la posa sur son cœur. Je n'en sentis plus le battement ; et en effet, notre malheureuse amie expira dans le moment même.

Vous rappelez-vous, ma chère amie, qu'à votre der-

---

* Cette cassette contenait toutes les lettres relatives à son aventure avec M. de Valmont.

1. Souvenir de la mort de Julie (*La Nouvelle Héloïse*, VI, lettre XI).

nier voyage ici, il y a moins d'un an, causant ensemble de quelques personnes dont le bonheur nous paraissait plus ou moins assuré, nous nous arrêtâmes avec complaisance sur le sort de cette même femme, dont aujourd'hui nous pleurons à la fois les malheurs et la mort ! Tant de vertus, de qualités louables et d'agréments ; un caractère si doux et si facile ; un mari qu'elle aimait, et dont elle était adorée ; une société où elle se plaisait, et dont elle faisait les délices ; de la figure, de la jeunesse, de la fortune ; tant d'avantages réunis, ont donc été perdus par une seule imprudence ! O Providence ! sans doute il faut adorer tes secrets ; mais combien ils sont incompréhensibles ! Je m'arrête, je crains d'augmenter votre tristesse, en me livrant à la mienne.

Je vous quitte et vais passer chez ma fille, qui est un peu indisposée. En apprenant de moi, ce matin, cette mort si prompte de deux personnes de sa connaissance, elle s'est trouvée mal, et je l'ai fait mettre au lit. J'espère cependant que cette légère incommodité n'aura pas de suite. A cet âge-là, on n'a pas encore l'habitude des chagrins, et leur impression en devient plus vive et plus forte. Cette sensibilité si active est, sans doute, une qualité louable ; mais combien tout ce qu'on voit chaque jour nous apprend à la craindre ! Adieu, ma chère et digne amie.

Paris, ce 9 décembre 17**.

LETTRE CLXVI

M. BERTRAND À MADAME DE ROSEMONDE

MADAME,

En conséquence des ordres que vous m'avez fait l'honneur de m'adresser, j'ai eu celui de voir M. le président de***, et je lui ai communiqué votre lettre, en le prévenant que, suivant vos désirs, je ne ferais rien que par ses conseils. Ce respectable magistrat m'a chargé de vous observer que la plainte que vous êtes dans l'intention de rendre contre M. le chevalier Danceny, compromettrait également la mémoire de M. votre neveu, et que son honneur se trouverait nécessairement entaché par l'arrêt de la Cour, ce qui serait sans doute un grand malheur. Son avis est donc qu'il faut bien se garder de faire aucune démarche ; et que s'il y en avait à faire, ce serait au contraire pour tâcher de prévenir que le ministère public ne prît connaissance de cette malheureuse aventure, qui n'a déjà que trop éclaté.

Ces observations m'ont paru pleines de sagesse, et je prends le parti d'attendre de nouveaux ordres de votre part.

Permettez-moi de vous prier, Madame, de vouloir bien, en me les faisant passer, y joindre un mot sur l'état de votre santé pour laquelle je redoute extrêmement le triste effet de tant de chagrins. J'espère que vous pardonnerez cette liberté à mon attachement et à mon zèle.

Je suis avec respect, Madame, votre, etc.

Paris, ce 10 décembre 17**.

LETTRE CLXVII

ANONYME À M. LE CHEVALIER DANCENY

Monsieur,

J'ai l'honneur de vous prévenir que ce matin, au parquet de la Cour, il a été question parmi MM. les gens du Roi de l'affaire que vous avez eue ces jours derniers avec M. le vicomte de Valmont, et qu'il est à craindre que le Ministère public n'en rende plainte. J'ai cru que cet avertissement pourrait vous être utile, soit pour que vous fassiez agir vos protections, pour arrêter ces suites fâcheuses ; soit au cas que vous n'y puissiez parvenir, pour vous mettre dans le cas de prendre vos sûretés personnelles.

Si même vous me permettez un conseil, je crois que vous feriez bien, pendant quelque temps, de vous montrer moins que vous ne l'avez fait depuis quelques jours. Quoique ordinairement on ait de l'indulgence pour ces sortes d'affaires, on doit néanmoins toujours ce respect à la loi.

Cette précaution devient d'autant plus nécessaire, qu'il m'est revenu qu'une madame de Rosemonde, qu'on m'a dite tante de M. de Valmont, voulait rendre plainte contre vous : et qu'alors la Partie publique ne pourrait pas se refuser à sa réquisition. Il serait peut-être à propos que vous pussiez faire parler à cette dame.

Des raisons particulières m'empêchent de signer cette lettre. Mais je compte que, pour ne pas savoir de qui elle vous vient, vous n'en rendrez pas moins justice au sentiment qui l'a dictée.

J'ai l'honneur d'être, etc.

Paris, ce 10 décembre 17**.

LETTRE CLXVIII

MADAME DE VOLANGES À MADAME DE ROSEMONDE

Il se répand ici, ma chère et digne amie, sur le compte de madame de Merteuil, des bruits bien étonnants et bien fâcheux. Assurément, je suis loin d'y croire, et je parierais bien que ce n'est qu'une affreuse calomnie : mais je sais trop combien les méchancetés, même les moins vraisemblables, prennent aisément consistance ; et combien l'impression qu'elles laissent s'efface difficilement, pour ne pas être très alarmée de celles-ci, toutes faciles que je les crois à détruire. Je désirerais, surtout, qu'elles pussent être arrêtées de bonne heure, et avant d'être plus répandues. Mais je n'ai su qu'hier, fort tard, ces horreurs qu'on commence seulement à débiter ; et quand j'ai envoyé ce matin chez madame de Merteuil, elle venait de partir pour la campagne où elle doit passer deux jours. On n'a pas pu me dire chez qui elle était allée. Sa seconde femme, que j'ai fait venir me parler, m'a dit que sa maîtresse lui avait seulement donné ordre de l'attendre jeudi prochain ; et aucun des gens qu'elle a laissés ici, n'en sait davantage. Moi-même, je ne présume pas où elle peut être : je ne me rappelle personne de sa connaissance qui reste aussi tard à la campagne.

Quoi qu'il en soit, vous pourrez, à ce que j'espère, me procurer, d'ici à son retour, des éclaircissements qui peuvent lui être utiles, car on fonde ces odieuses histoires sur des circonstances de la mort de M. de Valmont, dont apparemment vous aurez été instruite si elles sont vraies, ou dont au moins il vous sera facile de vous faire informer ; ce que je vous demande en grâce. Voici ce qu'on publie, ou, pour mieux dire, ce qu'on murmure encore ; mais qui ne tardera sûrement pas à éclater davantage.

On dit donc que la querelle survenue entre M. de Valmont et le chevalier Danceny est l'ouvrage de madame de Merteuil, qui les trompait également tous deux ; que, comme il arrive presque toujours, les deux rivaux ont commencé par se battre, et ne sont venus qu'après aux éclaircissements ; que ceux-ci ont produit une réconciliation sincère ; et que, pour achever de faire connaî-tre madame de Merteuil au chevalier Danceny, et aussi pour se justifier entièrement, M. de Valmont a joint à ses discours une foule de lettres, formant une correspondance régulière qu'il entretenait avec elle, et où celle-ci raconte sur elle-même, et dans le style le plus libre, les anecdotes les plus scandaleuses.

On ajoute que Danceny, dans sa première indignation, a livré ces lettres à qui a voulu les voir, et qu'à présent elles courent Paris. On en cite particulièrement deux* : l'une où elle fait l'histoire entière de sa vie et de ses principes, et qu'on dit le comble de l'horreur ; l'autre, qui justifie entièrement M. de Prévan, dont vous vous rappelez l'histoire, par la preuve qui s'y

* Lettres LXXXI et LXXXV de ce recueil.

trouve qu'il n'a fait au contraire que céder aux avances les plus marquées de madame de Merteuil et que le rendez-vous était convenu avec elle.

J'ai heureusement les plus fortes raisons de croire que ces imputations sont aussi fausses qu'odieuses. D'abord, nous savons toutes deux que M. de Valmont n'était sûrement pas occupé de madame de Merteuil, et j'ai tout lieu de croire que Danceny ne s'en occupait pas davantage ; ainsi, il me paraît démontré qu'elle n'a pu être, ni le sujet, ni l'auteur de la querelle. Je ne comprends pas non plus quel intérêt aurait eu madame de Merteuil, que l'on suppose d'accord avec M. de Prévan, à faire une scène qui ne pouvait jamais être que désagréable par son éclat, et qui pouvait devenir très dangereuse pour elle, puisqu'elle se faisait par là un ennemi irréconciliable, d'un homme qui se trouvait maître d'une partie de son secret, et qui avait alors beaucoup de partisans. Cependant, il est à remarquer que, depuis cette aventure, il ne s'est pas élevé une seule voix en faveur de Prévan, et que, même de sa part, il n'y a eu aucune réclamation.

Ces réflexions me porteraient à le soupçonner l'auteur des bruits qui courent aujourd'hui, et à regarder ces noirceurs comme l'ouvrage de la haine et de la vengeance d'un homme qui, se voyant perdu, espère par ce moyen répandre au moins des doutes, et causer peut-être une diversion utile. Mais de quelque part que viennent ces méchancetés, le plus pressé est de les détruire. Elles tomberaient d'elles-mêmes, s'il se trouvait, comme il est vraisemblable, que MM. de Valmont et Danceny ne se fussent point parlé depuis leur malheureuse affaire, et qu'il n'y eût pas eu de papiers remis.

Dans mon impatience de vérifier ces faits, j'ai envoyé ce matin chez M. Danceny ; il n'est pas non plus à Paris. Ses gens ont dit à mon valet de chambre qu'il était parti cette nuit, sur un avis qu'il avait reçu hier, et que le lieu de son séjour était un secret. Apparemment il craint les suites de son affaire. Ce n'est donc

que par vous, ma chère et digne amie, que je puis avoir
les détails qui m'intéressent, et qui peuvent devenir si
nécessaires à madame de Merteuil. Je vous renouvelle
ma prière de me les faire parvenir le plus tôt possible.

    P. S. L'indisposition de ma fille n'a eu aucune suite ;
elle vous présente son respect.

*Paris, ce 11 décembre 17**.*

LETTRE CLXIX

LE CHEVALIER DANCENY À MADAME DE ROSEMONDE

MADAME,

    Peut-être, trouverez-vous la démarche que je fais
aujourd'hui, bien étrange : mais je vous en supplie,
écoutez-moi avant de me juger, et ne voyez ni audace
ni témérité, où il n'y a que respect et confiance. Je ne
me dissimule pas les torts que j'ai vis-à-vis de vous :
et je ne me les pardonnerais de ma vie, si je pouvais
penser un moment qu'il m'eût été possible d'éviter de
les avoir. Soyez même bien persuadée, Madame, que
pour me trouver exempt de reproches, je ne le suis pas
de regrets ; et je peux ajouter encore avec sincérité, que
ceux que je vous cause entrent pour beaucoup dans ceux
que je ressens. Pour croire à ces sentiments dont j'ose
vous assurer, il doit vous suffire de vous rendre justice, et de savoir que, sans avoir l'honneur d'être connu
de vous, j'ai pourtant celui de vous connaître.

    Cependant, quand je gémis de la fatalité qui a causé
à la fois vos chagrins et mes malheurs, on veut me faire
craindre que, tout entière à votre vengeance, vous ne
cherchiez les moyens de la satisfaire, jusque dans la
sévérité des lois.

    Permettez-moi d'abord de vous observer à ce sujet,
qu'ici votre douleur vous abuse, puisque mon intérêt
sur ce point est essentiellement lié à celui de M. de Valmont, et qu'il se trouverait enveloppé lui-même dans

la condamnation que vous auriez provoquée contre moi. Je croirais donc, Madame, pouvoir au contraire compter plutôt de votre part, sur des secours que sur des obstacles, dans les soins que je pourrais être obligé de prendre pour que ce malheureux événement restât enseveli dans le silence.

Mais cette ressource de complicité, qui convient également au coupable et à l'innocent, ne peut suffire à ma délicatesse : en désirant de vous écarter comme partie, je vous réclame comme mon juge. L'estime des personnes qu'on respecte est trop précieuse, pour que je me laisse ravir la vôtre sans la défendre, et je crois en avoir les moyens.

En effet, si vous convenez que la vengeance est permise, disons mieux, qu'on se la doit, quand on a été trahi dans son amour, dans son amitié, et, surtout, dans sa confiance ; si vous en convenez, mes torts vont disparaître à vos yeux. N'en croyez pas mes discours mais lisez, si vous en avez le courage, la correspondance que je dépose entre vos mains*. La quantité de lettres qui s'y trouvent en original paraît rendre authentiques celles dont il n'existe que des copies. Au reste, j'ai reçu ces papiers, tels que j'ai l'honneur de vous les adresser, de M. de Valmont lui-même. Je n'y ai rien ajouté, et je n'en ai distrait que deux lettres que je me suis permis de publier.

L'une était nécessaire à la vengeance commune de M. de Valmont et de moi, à laquelle nous avions droit tous deux, et dont il m'avait expressément chargé. J'ai cru, de plus, que c'était rendre service à la société que de démasquer une femme aussi réellement dangereuse que l'est madame de Merteuil, et qui, comme vous pouvez le voir, est la seule, la véritable cause de tout ce qui s'est passé entre M. de Valmont et moi.

* C'est de cette correspondance, de celle remise pareillement à la mort de madame de Tourvel, et des lettres confiées aussi à madame de Rosemonde par madame de Volanges, qu'on a formé le présent recueil, dont les originaux subsistent entre les mains des héritiers de madame de Rosemonde.

Un sentiment de justice m'a porté aussi à publier la seconde pour la justification de M. de Prévan, que je connais à peine, mais qui n'avait aucunement mérité le traitement rigoureux qu'il vient d'éprouver, ni la sévérité des jugements du public, plus redoutable encore, et sous laquelle il gémit depuis ce temps, sans avoir rien pour s'en défendre.

Vous ne trouverez donc que la copie de ces deux lettres, dont je me dois de garder les originaux. Pour tout le reste, je ne crois pas pouvoir remettre en de plus sûres mains un dépôt qu'il m'importe peut-être qui ne soit pas détruit, mais dont je rougirais d'abuser. Je crois, Madame, en vous confiant ces papiers, servir aussi bien les personnes qu'ils intéressent, qu'en les leur remettant à elles-mêmes ; et je leur sauve l'embarras de les recevoir de moi, et de me savoir instruit d'aventures, que sans doute elles désirent que tout le monde ignore.

Je crois devoir vous prévenir à ce sujet, que cette correspondance ci-jointe, n'est qu'une partie d'une collection bien plus volumineuse, dont M. de Valmont l'a tirée en ma présence, et que vous devez retrouver à la levée des scellés, sous le titre que j'ai vu, de *Compte ouvert entre la marquise de Merteuil et le vicomte de Valmont.* Vous prendrez, sur cet objet, le parti que vous suggérera votre prudence.

Je suis avec respect, Madame, etc.

P. S. Quelques avis que j'ai reçus, et les conseils de mes amis m'ont décidé à m'absenter de Paris pour quelque temps : mais le lieu de ma retraite, tenu secret pour tout le monde, ne le sera pas pour vous. Si vous m'honorez d'une réponse, je vous prie de l'adresser à la Commanderie de***, par P***, et sous le couvert de M. le commandeur de***. C'est de chez lui que j'ai l'honneur de vous écrire.

*Paris[1], ce 12 décembre 17**.*

---

1. Puisque la résidence de Danceny est secrète, il domicilie sa lettre à Paris par convention.

LETTRE CLXX

MADAME DE VOLANGES À MADAME DE ROSEMONDE

Je marche, ma chère amie, de surprise en surprise, et de chagrin en chagrin. Il faut être mère, pour avoir l'idée de ce que j'ai souffert hier toute la matinée ; et si mes plus cruelles inquiétudes ont été calmées depuis, il me reste encore une vive affliction, et dont je ne prévois pas la fin.

Hier, vers dix heures du matin, étonnée de ne pas avoir encore vu ma fille, j'envoyai ma femme de chambre pour savoir ce qui pouvait occasionner ce retard. Elle revint le moment d'après fort effrayée, et m'effraya bien davantage, en m'annonçant que ma fille n'était pas dans son appartement ; et que depuis le matin, sa femme de chambre ne l'y avait pas trouvée. Jugez de ma situation ! Je fis venir tous mes gens, et surtout mon portier : tous me jurèrent ne rien savoir et ne pouvoir rien m'apprendre sur cet événement. Je passai aussitôt dans la chambre de ma fille. Le désordre qui y régnait m'apprit bien qu'apparemment elle n'était sortie que le matin : mais je n'y trouvai d'ailleurs aucun éclaircissement. Je visitai ses armoires, son secrétaire ; je trouvai tout à sa place et toutes ses hardes [1], à la réserve de la robe avec laquelle elle était sortie. Elle n'avait seulement pas pris le peu d'argent qu'elle avait chez elle.

Comme elle n'avait appris qu'hier tout ce qu'on dit de madame de Merteuil, qu'elle lui est fort attachée, et au point même qu'elle n'avait fait que pleurer toute la soirée ; comme je me rappelais aussi qu'elle ne savait pas que madame de Merteuil était à la campagne, ma première idée fut qu'elle avait voulu voir son amie, et qu'elle avait fait l'étourderie d'y aller seule. Mais le

---

1. Vêtements (sans nuance péjorative).

temps qui s'écoulait sans qu'elle revînt, me rendit toutes mes inquiétudes. Chaque moment augmentait ma
peine, et tout en brûlant de m'instruire, je n'osais pourtant prendre aucune information, dans la crainte de
donner de l'éclat à une démarche, que peut-être je voudrais après pouvoir cacher à tout le monde. Non, de
ma vie je n'ai tant souffert !

Enfin, ce ne fut qu'à deux heures passées, que je
reçus à la fois une lettre de ma fille, et une de la supérieure du couvent de***. La lettre de ma fille disait seulement qu'elle avait craint que je ne m'opposasse à la
vocation qu'elle avait de se faire religieuse, et qu'elle
n'avait osé m'en parler : le reste n'était que des excuses
sur ce qu'elle avait pris, sans ma permission, ce parti,
que je ne désapprouverais sûrement pas, ajoutait-elle,
si je connaissais ses motifs, que pourtant elle me priait
de ne pas lui demander.

La Supérieure me mandait qu'ayant vu arriver une
jeune personne seule, elle avait d'abord refusé de la
recevoir ; mais que l'ayant interrogée, et ayant appris
qui elle était, elle avait cru me rendre service, en commençant par donner asile à ma fille, pour ne pas l'exposer à de nouvelles courses, auxquelles elle paraissait
déterminée. La Supérieure, en m'offrant comme de raison de me remettre ma fille, si je la redemandais,
m'invite, suivant son état, à ne pas m'opposer à une
vocation qu'elle appelle si décidée ; elle me disait encore
n'avoir pas pu m'informer plus tôt de cet événement,
par la peine qu'elle avait eue à me faire écrire par ma
fille, dont le projet était que tout le monde ignorât où
elle s'était retirée. C'est une cruelle chose que la dérai-
son des enfants !

J'ai été sur-le-champ à ce couvent ; et après avoir
vu la Supérieure, je lui ai demandé de voir ma fille ;
celle-ci n'est venue qu'avec peine, et bien tremblante.
Je lui ai parlé devant les religieuses et je lui ai parlé
seule ; tout ce que j'en ai pu tirer au milieu de beaucoup de larmes, est qu'elle ne pouvait être heureuse
qu'au couvent ; j'ai pris le parti de lui permettre d'y

rester, mais sans être encore au rang des postulantes, comme elle demandait. Je crains que la mort de madame de Tourvel et celle de M. de Valmont n'aient trop affecté cette jeune tête. Quelque respect que j'aie pour la vocation religieuse, je ne verrais pas sans peine, et même sans crainte, ma fille embrasser cet état. Il me semble que nous avons déjà assez de devoirs à remplir, sans nous en créer de nouveaux ; et encore, que ce n'est guère à cet âge que nous savons ce qui nous convient.

Ce qui redouble mon embarras, c'est le retour très prochain de M. de Gercourt ; faudra-t-il rompre ce mariage si avantageux ? Comment donc faire le bonheur de ses enfants, s'il ne suffit pas d'en avoir le désir et d'y donner tous ses soins ? Vous m'obligerez beaucoup de me dire ce que vous feriez à ma place ; je ne peux m'arrêter à aucun parti ; je ne trouve rien de si effrayant que d'avoir à décider du sort des autres, et je crains également de mettre dans cette occasion-ci, la sévérité d'un juge ou la faiblesse d'une mère.

Je me reproche sans cesse d'augmenter vos chagrins, en vous parlant des miens ; mais je connais votre cœur : la consolation que vous pourriez donner aux autres, deviendrait pour vous la plus grande que vous puissiez recevoir.

Adieu, ma chère et digne amie : j'attends vos deux réponses avec bien de l'impatience.

*Paris, ce 13 décembre 17**.*

LETTRE CLXXI

MADAME DE ROSEMONDE AU CHEVALIER DANCENY

Après ce que vous m'avez fait connaître, Monsieur, il ne reste qu'à pleurer et qu'à se taire. On regrette de vivre encore, quand on apprend de pareilles horreurs ; on rougit d'être femme, quand on en voit une capable de semblables excès.

Je me prêterai volontiers, Monsieur, pour ce qui me

concerne, à laisser dans le silence et l'oubli tout ce qui pourrait avoir trait et donner suite à ces tristes événements. Je souhaite même qu'ils ne vous causent jamais d'autres chagrins que ceux inséparables du malheureux avantage que vous avez remporté sur mon neveu. Malgré ses torts, que je suis forcée de reconnaître, je sens que je ne me consolerai jamais de sa perte : mais mon éternelle affliction sera la seule vengeance que je me permettrai de tirer de vous ; c'est à votre cœur à en apprécier l'étendue.

Si vous permettez à mon âge une réflexion qu'on ne fait guère au vôtre, c'est que, si on était éclairé sur son véritable bonheur, on ne le chercherait jamais hors des bornes prescrites par les Lois et la Religion.

Vous pouvez être sûr que je garderai fidèlement et volontiers le dépôt que vous m'avez confié ; mais je vous demande de m'autoriser à ne le remettre à personne, pas même à vous Monsieur, à moins qu'il ne devienne nécessaire à votre justification. J'ose croire que vous ne vous refuserez pas à cette prière et que vous n'êtes plus à sentir qu'on gémit souvent de s'être livré même à la plus juste vengeance.

Je ne m'arrête pas dans mes demandes, persuadée que je suis de votre générosité et de votre délicatesse ; il serait bien digne de toutes deux de remettre aussi entre mes mains les lettres de mademoiselle de Volanges, qu'apparemment vous avez conservées, et qui sans doute ne vous intéressent plus. Je sais que cette jeune personne a de grands torts avec vous : mais je ne pense pas que vous songiez à l'en punir ; et ne fût-ce que par respect pour vous-même, vous n'avilirez pas l'objet que vous avez tant aimé. Je n'ai donc pas besoin d'ajouter que les égards que la fille ne mérite pas, sont au moins bien dus à la mère, à cette femme respectable, vis-à-vis de qui vous n'êtes pas sans avoir beaucoup à réparer : car enfin, quelque illusion qu'on cherche à se faire par une prétendue délicatesse de sentiments, celui qui le premier tente de séduire un cœur encore honnête et simple se rend par là même le premier fauteur de sa

corruption, et doit être à jamais comptable des excès
et des égarements qui la suivent.

Ne vous étonnez pas, Monsieur, de tant de sévérité
de ma part ; elle est la plus grande preuve que je puisse
vous donner de ma parfaite estime. Vous y acquerrez
de nouveaux droits encore, en vous prêtant, comme je
le désire, à la sûreté d'un secret, dont la publicité[1]
vous ferait tort à vous-même, et porterait la mort dans
un cœur maternel, que déjà vous avez blessé. Enfin,
Monsieur, je désire de rendre ce service à mon amie ;
et si je pouvais craindre que vous me refusassiez cette
consolation, je vous demanderais de songer auparavant
que c'est la seule que vous m'ayez laissée.

J'ai l'honneur d'être, etc.

Du château de..., ce 15 décembre 17**.

LETTRE CLXXII

MADAME DE ROSEMONDE À MADAME DE VOLANGES

Si j'avais été obligée, ma chère amie, de faire venir
et d'attendre de Paris les éclaircissements que vous me
demandez concernant madame de Merteuil, il ne me
serait pas possible de vous les donner encore ; et sans
doute, je n'en aurais reçu que de vagues et d'incertains :
mais il m'en est venu que je n'attendais pas, que je
n'avais pas lieu d'attendre ; et ceux-là n'ont que trop
de certitude. O mon amie ! combien cette femme vous
a trompée !

Je répugne à entrer dans aucun détail sur cet amas
d'horreurs ; mais quelque chose qu'on en débite,
assurez-vous qu'on est encore au-dessous de la vérité.
J'espère, ma chère amie, que vous me connaissez assez
pour me croire sur ma parole, et que vous n'exigerez

---

1. Emprunté au vocabulaire juridique : au sens figuré, désigne
l'éclat, le bruit, que font les vaniteux pour faire connaître leurs
exploits.

de moi aucune preuve. Qu'il vous suffise de savoir qu'il en existe une foule, que j'ai dans ce moment même entre les mains.

Ce n'est pas sans une peine extrême, que je vous fais la même prière de ne pas m'obliger à motiver le conseil que vous me demandez, relativement à mademoiselle de Volanges. Je vous invite à ne pas vous opposer à la vocation qu'elle montre. Sûrement nulle raison ne peut autoriser à forcer de prendre cet état, quand le sujet n'y est pas appelé ; mais quelquefois c'est un grand bonheur qu'il le soit ; et vous voyez que votre fille elle-même vous dit que vous ne la désapprouveriez pas, si vous connaissiez ses motifs. Celui qui nous inspire nos sentiments sait mieux que notre vaine sagesse, ce qui convient à chacun ; et souvent, ce qui paraît un acte de sa sévérité, en est au contraire un de sa clémence.

Enfin, mon avis, que je sens bien qui vous affligera, et que par là même vous devez croire que je ne vous donne pas sans y avoir beaucoup réfléchi, est que vous laissiez mademoiselle de Volanges au couvent, puisque ce parti est de son choix ; que vous encouragiez, plutôt que de contrarier, le projet qu'elle paraît avoir formé ; et que dans l'attente de son exécution, vous n'hésitiez pas à rompre le mariage que vous aviez arrêté.

Après avoir rempli ces pénibles devoirs de l'amitié, et dans l'impuissance où je suis d'y joindre aucune consolation, la grâce qui me reste à vous demander, ma chère amie, est de ne plus m'interroger sur rien qui ait rapport à ces tristes événements : laissons-les dans l'oubli qui leur convient ; et sans chercher d'inutiles et d'affligeantes lumières, soumettons-nous aux décrets de la Providence, et croyons à la sagesse de ses vues, lors même qu'elle ne nous permet pas de les comprendre. Adieu, ma chère amie.

Du château de..., ce 15 décembre 17**.

LETTRE CLXXIII

MADAME DE VOLANGES À MADAME DE ROSEMONDE

Oh ! mon amie ! de quel voile effrayant vous enveloppez le sort de ma fille ! et vous paraissez craindre que je ne tente de le soulever ! Que me cache-t-il donc qui puisse affliger davantage le cœur d'une mère, que les affreux soupçons auxquels vous me livrez ? Plus je connais votre amitié, votre indulgence, et plus mes tourments redoublent : vingt fois, depuis hier, j'ai voulu sortir de ces cruelles incertitudes, et vous demander de m'instruire sans ménagement et sans détour ; et chaque fois j'ai frémi de crainte, en songeant à la prière que vous me faites de ne pas vous interroger. Enfin, je m'arrête à un parti qui me laisse encore quelque espoir ; et j'attends de votre amitié que vous ne vous refuserez pas à ce que je désire : c'est de me répondre si j'ai à peu près compris ce que vous pouviez avoir à me dire ; de ne pas craindre de m'apprendre tout ce que l'indulgence maternelle peut couvrir, et qui n'est pas impossible à réparer. Si mes malheurs excèdent cette mesure, alors je consens à vous laisser en effet ne vous expliquer que par votre silence : voici donc ce que j'ai su déjà, et jusqu'où mes craintes peuvent s'étendre.

Ma fille a montré avoir quelque goût pour le chevalier Danceny, et j'ai été informée qu'elle a été jusqu'à recevoir des lettres de lui, et même jusqu'à lui répondre ; mais je croyais être parvenue à empêcher que cette erreur d'un enfant n'eût aucune suite dangereuse : aujourd'hui que je crains tout, je conçois qu'il serait possible que ma surveillance eût été trompée, et je redoute que ma fille, séduite, n'ait mis le comble à ses égarements.

Je me rappelle encore plusieurs circonstances qui peuvent fortifier cette crainte. Je vous ai mandé que ma fille s'était trouvée mal à la nouvelle du malheur arrivé à M. de Valmont ; peut-être cette sensibilité avait-elle seulement pour objet l'idée des risques que

M. Danceny avait courus dans ce combat. Quand depuis elle a tant pleuré en apprenant tout ce qu'on disait de madame de Merteuil, peut-être ce que j'ai cru la douleur de l'amitié, n'était que l'effet de la jalousie, ou du regret de trouver son amant infidèle. Sa dernière démarche peut encore, ce me semble, s'expliquer par le même motif. Souvent on se croit appelée à Dieu, par cela seul qu'on se sent révoltée contre les hommes. Enfin, en supposant que ces faits soient vrais, et que vous en soyez instruite, vous aurez pu, sans doute, les trouver suffisants pour autoriser le conseil rigoureux que vous me donnez.

Cependant, s'il était ainsi, en blâmant ma fille, je croirais pourtant lui devoir encore de tenter tous les moyens de lui sauver les tourments et les dangers d'une vocation illusoire et passagère. Si M. Danceny n'a pas perdu tout sentiment d'honnêteté, il ne se refusera pas à réparer un tort dont lui seul est l'auteur, et je peux croire enfin que le mariage de ma fille est assez avantageux, pour qu'il puisse en être flatté, ainsi que sa famille.

Voilà, ma chère et digne amie, le seul espoir qui me reste ; hâtez-vous de le confirmer, si cela vous est possible. Vous jugez combien je désire que vous me répondiez, et quel coup affreux me porterait votre silence*.

J'allais fermer ma lettre, quand un homme de ma connaissance est venu me voir, et m'a raconté la cruelle scène que madame de Merteuil a essuyée avant-hier. Comme je n'ai vu personne tous ces derniers jours, je n'avais rien su de cette aventure ; en voilà le récit, tel que je le tiens d'un témoin oculaire.

Madame de Merteuil, en arrivant de la campagne, avant-hier jeudi, s'est fait descendre à la Comédie Italienne, où elle avait sa loge ; elle y était seule, et, ce qui dut lui paraître extraordinaire, aucun homme ne s'y présenta pendant tout le spectacle. A la sortie, elle entra, suivant son usage, au petit salon, qui était déjà rempli de monde ; sur-le-champ il s'éleva une rumeur, mais dont apparemment elle ne se crut pas l'objet. Elle

* Cette lettre est restée sans réponse.

aperçut une place vide sur l'une des banquettes, et elle alla s'y asseoir ; mais aussitôt toutes les femmes qui y étaient déjà, se levèrent comme de concert, et l'y laissèrent absolument seule. Ce mouvement marqué d'indignation générale fut applaudi de tous les hommes, et fit redoubler les murmures, qui, dit-on, allèrent jusqu'aux huées.

Pour que rien ne manquât à son humiliation, son malheur voulut que M. de Prévan, qui ne s'était montré nulle part depuis son aventure, entrât dans le même moment dans le petit salon. Dès qu'on l'aperçut, tout le monde, hommes et femmes, l'entoura et l'applaudit ; et il se trouva, pour ainsi dire, porté devant madame de Merteuil, par le public qui faisait cercle autour d'eux. On assure que celle-ci a conservé l'air de ne rien voir et de ne rien entendre, et qu'elle n'a pas changé de figure ! mais je crois ce fait exagéré. Quoi qu'il en soit, cette situation, vraiment ignominieuse pour elle, a duré jusqu'au moment où on a annoncé sa voiture ; et à son départ, les huées scandaleuses ont encore redoublé. Il est affreux de se trouver parente de cette femme. M. de Prévan a été, le même soir, fort accueilli de tous ceux des officiers de son Corps qui se trouvaient là, et on ne doute pas qu'on ne lui rende bientôt son emploi et son rang.

La même personne qui m'a fait ce détail m'a dit que madame de Merteuil avait pris la nuit suivante une très forte fièvre, qu'on avait cru d'abord être l'effet de la situation violente où elle s'était trouvée ; qu'on sait depuis hier au soir, que la petite vérole s'est déclarée confluente [1] et d'un très mauvais caractère. En vérité, ce serait, je crois, un bonheur pour elle d'en mourir. On dit encore que toute cette aventure lui fera peut-être beaucoup de tort pour son procès, qui est près d'être jugé, et dans lequel on prétend qu'elle avait besoin de beaucoup de faveur.

_____

1. Petite vérole confluente : celle qui abîme le plus, contrairement à la petite vérole discrète, car les boutons sont proches à se toucher sur tout le corps.

Adieu, ma chère et digne amie. Je vois bien dans tout cela les méchants punis ; mais je n'y trouve nulle consolation pour leurs malheureuses victimes.

Paris, ce 18 décembre 17**.

LETTRE CLXXIV

LE CHEVALIER DANCENY À MADAME DE ROSEMONDE

Vous avez raison, Madame, et sûrement je ne vous refuserai rien de ce qui dépendra de moi, et à quoi vous paraîtrez attacher quelque prix. Le paquet que j'ai l'honneur de vous adresser contient toutes les lettres de mademoiselle de Volanges. Si vous les lisez, vous ne verrez peut-être pas sans étonnement qu'on puisse réunir tant d'ingénuité et tant de perfidie. C'est, au moins, ce qui m'a frappé le plus dans la dernière lecture que je viens d'en faire.

Mais surtout, peut-on se défendre de la plus vive indignation contre madame de Merteuil, quand on se rappelle avec quel affreux plaisir elle a mis tous ses soins à abuser de tant d'innocence et de candeur ?

Non, je n'ai plus d'amour. Je ne conserve rien d'un sentiment si indignement trahi ; et ce n'est pas lui qui me fait chercher à justifier mademoiselle de Volanges. Mais cependant, ce cœur si simple, ce caractère si doux et si facile, ne se seraient-ils pas portés au bien, plus aisément encore qu'ils ne se sont laissés entraîner vers le mal ? Quelle jeune personne, sortant de même du couvent, sans expérience et presque sans idées, et ne portant dans le monde, comme il arrive presque toujours alors, qu'une égale ignorance du bien et du mal ; quelle jeune personne, dis-je, aurait pu résister davantage à de si coupables artifices ? Ah ! pour être indulgent, il suffit de réfléchir à combien de circonstances indépendantes de nous, tient l'alternative effrayante de la délicatesse, ou de la dépravation de nos sentiments. Vous me rendiez donc justice, Madame, en pensant que les torts de mademoiselle de Volanges, que j'ai sentis bien vivement, ne m'inspirent pourtant aucune idée de vengeance. C'est bien assez d'être obligé de renoncer à l'aimer ! Il m'en coûterait trop de la haïr.

Je n'ai eu besoin d'aucune réflexion pour désirer que tout ce qui la concerne, et qui pourrait lui nuire, restât à jamais ignoré de tout le monde. Si j'ai paru différer quelque temps de remplir vos désirs à cet égard, je crois pouvoir ne pas vous en cacher le motif ; j'ai voulu auparavant être sûr que je ne serais point inquiété sur les suites de ma malheureuse affaire. Dans un temps où je demandais votre indulgence, où j'osais même croire y avoir quelques droits, j'aurais craint d'avoir l'air de l'acheter en quelque sorte par cette condescendance de ma part ; et, sûr de la pureté de mes motifs, j'ai eu, je l'avoue, l'orgueil de vouloir que vous ne pussiez en douter. J'espère que vous pardonnerez cette délicatesse, peut-être trop susceptible, à la vénération que vous m'inspirez, au cas que je fais de votre estime.

Le même sentiment me fait vous demander, pour dernière grâce, de vouloir bien me faire savoir si vous jugez que j'aie rempli tous les devoirs qu'ont pu m'imposer les malheureuses circonstances dans lesquelles je me suis trouvé. Une fois tranquille sur ce point, mon parti est pris ; je pars pour Malte : j'irai y faire avec plaisir, et y garder religieusement des vœux qui me sépareront d'un monde dont, si jeune encore, j'ai déjà eu tant à me plaindre ; j'irai enfin chercher à perdre, sous un ciel étranger, l'idée de tant d'horreurs accumulées, et dont le souvenir ne pourrait qu'attrister et flétrir mon âme.

Je suis avec respect, Madame, votre très humble, etc.

*Paris, ce 26 décembre 17**.*

LETTRE CLXXV

MADAME DE VOLANGES À MADAME DE ROSEMONDE

Le sort de madame de Merteuil paraît enfin rempli, ma chère et digne amie, et il est tel que ses plus grands ennemis sont partagés entre l'indignation qu'elle mérite, et la pitié qu'elle inspire. J'avais bien raison de dire que ce serait peut-être un bonheur pour elle de mourir de sa petite vérole. Elle en est revenue, il est vrai, mais affreusement défigurée ; et elle y a particulièrement perdu un œil. Vous jugez bien que je ne l'ai pas revue : mais on m'a dit qu'elle était vraiment hideuse.

Le marquis de***, qui ne perd pas l'occasion de dire une méchanceté, disait hier, en parlant d'elle, que la maladie l'avait retournée, et qu'à présent son âme était sur sa figure. Malheureusement tout le monde trouva que l'expression était juste.

Un autre événement vient d'ajouter encore à ses disgrâces et à ses torts. Son procès a été jugé avant-hier et elle l'a perdu tout d'une voix. Dépens, dommages et intérêts, restitution des fruits, tout a été adjugé aux mineurs : en sorte que le peu de sa fortune qui n'était pas compromis dans ce procès est absorbé, et au-delà, par les frais.

Aussitôt qu'elle a appris cette nouvelle, quoique malade encore, elle a fait ses arrangements, et est partie seule dans la nuit et en poste. Ses gens disent, aujourd'hui, qu'aucun d'eux n'a voulu la suivre. On croit qu'elle a pris la route de la Hollande.

Ce départ fait plus crier encore que tout le reste ; en ce qu'elle a emporté ses diamants, objet très considérable, et qui devait rentrer dans la succession de son mari ; son argenterie, ses bijoux ; enfin, tout ce qu'elle a pu ; et qu'elle laisse après elle pour près de 50 000 livres de dettes. C'est une véritable banqueroute.

La famille doit s'assembler demain pour voir à prendre des arrangements avec les créanciers. Quoique parente bien éloignée, j'ai offert d'y concourir : mais je ne me trouverai pas à cette assemblée, devant assister à une cérémonie plus triste encore. Ma fille prend demain un habit de postulante. J'espère que vous n'oublierez pas, ma chère amie, que dans ce grand sacrifice que je fais, je n'ai d'autre motif, pour m'y croire obligée, que le silence que vous avez gardé vis-à-vis de moi.

M. Danceny a quitté Paris, il y a près de quinze jours. On dit qu'il va passer à Malte, et qu'il a le projet de s'y fixer. Il serait peut-être encore temps de le retenir ?... Mon amie !... ma fille est donc bien coupable ?... Vous pardonnerez sans doute à une mère de ne céder que difficilement à cette affreuse certitude.

Quelle fatalité s'est donc répandue autour de moi depuis quelque temps, et m'a frappée dans les objets les plus chers ! Ma fille, et mon amie !

Qui pourrait ne pas frémir en songeant aux malheurs que peut causer une seule liaison dangereuse ? et quelles peines ne s'éviterait-on point en y réfléchissant davantage ! Quelle femme ne fuirait pas au premier propos d'un séducteur ? Quelle mère pourrait, sans trembler, voir une autre personne qu'elle parler à sa fille ? Mais ces réflexions tardives n'arrivent jamais qu'après l'événement ; et l'une des plus importantes vérités, comme aussi peut-être des plus généralement reconnues, reste étouffée et sans usage dans le tourbillon de nos mœurs inconséquentes.

Adieu, ma chère et digne amie ; j'éprouve en ce moment que notre raison, déjà si insuffisante pour prévenir nos malheurs, l'est encore davantage pour nous en consoler*.

*Paris, ce 14 janvier 17**.*

* Des raisons particulières et des considérations que nous nous ferons toujours un devoir de respecter nous forcent de nous arrêter ici.

Nous ne pouvons, dans ce moment, ni donner au lecteur la suite des aventures de mademoiselle de Volanges, ni lui faire connaître les sinistres événements qui ont comblé les malheurs ou achevé la punition de madame de Merteuil.

Peut-être quelque jour nous sera-t-il permis de compléter cet ouvrage ; mais nous ne pourrons prendre aucun engagement à ce sujet : et quand nous le pourrions, nous croirions encore devoir auparavant consulter le goût du public, qui n'a pas les mêmes raisons que nous de s'intéresser à cette lecture.

Note de l'Éditeur.

DOSSIER HISTORIQUE ET LITTÉRAIRE

REPÈRES BIOGRAPHIQUES

1741   (18 octobre) Naissance à Amiens de Pierre-Ambroise-
François Choderlos de Laclos.
> Sade naît en 1740. Crébillon : *Le Sopha*. Mon-
> tesquieu : *L'Esprit des Lois* (1748).

1751   Premier volume de l'*Encyclopédie*.

1752   Traduction de *Clarisse Harlowe* de Samuel
Richardson par Prévost.

1753   Buffon : *Discours sur le style*.

1756   Naissance de Mozart. Début de la guerre de
Sept Ans.

1759   Laclos entre à l'École d'Artillerie de La Fère.
> Rousseau : *Lettre à d'Alembert*. Naissance de
> Robespierre et de Danton. Voltaire : *Candide*.
> Sterne : *Tristram Shandy*.

1760   Rousseau : *La Nouvelle Héloïse*, L'*Émile*, *Le
Contrat social*.

1762   Affecté à la brigade des Colonies en formation à La
Rochelle.

1763   En garnison à Toul.
> Traité de Paris. Mort de Marivaux, de Prévost.

1764   Voltaire : *Dictionnaire philosophique*.

1765   Promu à Strasbourg.
> Réhabilitation de Calas.

1766   Naissance de Mme de Staël. Affaire du Chevalier de La Barre.

1767   *L'Almanach des Muses* publie *À Mademoiselle de
Saint-S****.
> Machine à vapeur de Watt. Voltaire : *L'Ingénu*.

1768   Naissance de Chateaubriand. La France
acquiert la Corse. Calcul intégral d'Euler.

1769   Arrivée à Grenoble.
       Naissance de Napoléon Bonaparte.

1770   Il compose *L'Épître à Margot*.
       Naissance de Hegel, Beethoven, Hölderlin.

1771   Laclos devient capitaine par commission.
       Monge invente la géométrie analytique. Lavoi-
       sier établit la composition de l'air.

1772   Promu aide-major.
       Second voyage de Cook.

1774   *L'Épître à Margot* circule à Paris.
       Mort de Louis XV. Avènement de Louis XVI.
       Liberté du commerce des grains (Turgot).
       Goethe : *Werther*.

1775   En garnison à Besançon.
       Washington à la tête des Américains insurgés.
       Disette à Paris. Beaumarchais : *Le Barbier de
       Séville*.

1776   Le 25 décembre, il est porté « membre-né », rose-
       croix, ex-maître, sur les tableaux de la Loge militaire
       de Saint-Jean. (Au tome 3 de ses *Mémoires*, Casanova
       note que le candidat à la maçonnerie « doit se garder
       des liaisons dangereuses ».) Laclos compose la chan-
       son *Lison*.
       Déclaration d'Indépendance des Américains.
       Chute de Turgot. Mort de Cook. Traduction
       française de Shakespeare et de *Werther*.

1777   Il s'installe à Valence, à l'École d'artillerie où servira
       Bonaparte. Il fait jouer un opéra-comique, *Ernestine*,
       tiré d'un roman de Mme Riccoboni.
       La Fayette en Amérique. Necker aux finances.

1778   Retour à Besançon : il est reçu à la loge Henri IV.
       Mort de Voltaire et de Rousseau. Mozart :
       Symphonie « parisienne ».

1779   Laclos est mis à la disposition du marquis de Monta-
       lembert pour fortifier l'île d'Aix.
       Gluck : représentation d'*Iphigénie en Tauride*.

1781   Il termine à Paris (en permission pour six mois) *Les
       Liaisons dangereuses* qu'il a commencé de travailler
       dès son séjour à Besançon.

Herschel découvre Uranus. Condorcet : *Réflexions sur l'esclavage*. Kant : *Critique de la raison pure*. Démission de Necker.

1782   Entre le 7 et le 10 avril, *Les Liaisons dangereuses* paraissent chez Durand (2 000 exemplaires, nouveaux tirages le 21 avril). Succès de scandale. Ségur, ministre de la Guerre, lui donne l'ordre de rejoindre son Corps à Brest. Il y tombe malade.
Lavoisier et Laplace : expériences de calorimétrie. Watt : utilisation de la détente à vapeur. Rousseau : premiers livres des *Confessions*, les *Rêveries*.

1783   *Des Femmes et de leur éducation*. Affecté à La Rochelle pour la construction de l'Arsenal, Laclos séduit Marie-Solange Duperré.
Mort de d'Alembert. Naissance de Stendhal. Traité de Versailles. Ascensions en ballon. Premières sonates pour piano de Beethoven.

1784   Naissance d'un fils (qui tombera pendant la campagne de France, en 1814).
Mort de Sophie Volland, puis de Diderot.

1785   Laclos est élu membre de l'Académie de La Rochelle.
Sade : *Les Cent vingt Journées de Sodome* (à la Bastille).

1786   *Lettre à Messieurs de l'Académie française sur l'Éloge de Vauban*. Il se marie à La Rochelle et reconnaît son fils. Muté à Metz puis à La Fère.
Mozart : *Les Noces de Figaro*.

1787   Propose un *Projet de numérotage des rues de Paris*.
Liberté pour les protestants français. Schiller : *Don Carlos*. David : *La Mort de Socrate*. Mozart : *Don Giovanni*.

1788   Entre au service du duc d'Orléans. Naissance d'une fille.
Convocation des États Généraux. Rappel de Necker. Monge : *Traité de statistique*. Kant : *Critique de la raison pratique*.

1789   Fréquente les Clubs ; accusé de complicité dans l'émeute de Versailles (5 et 6 octobre), il part pour Londres avec le duc d'Orléans.

États Généraux, prise de la Bastille, Déclaration des droits de l'homme. David : *Le Serment du jeu de paume*. Mozart : *Cosi fan tutte*.

1790 Retour à Paris avec Philippe-Egalité. *Lettre* à Mirabeau. Laclos entre au Club des Jacobins. Il publie le *Journal des amis de la Constitution*.

Constitution civile du clergé. Fête de la Fédération. Saint-Martin : *L'Homme de désir*.

1791 Mis à la retraite avec pension, il démissionne de sa rédaction en chef (après la fusillade du Champ-de-Mars) et se retire des Jacobins. Il reste protégé par Danton.

Fuite de Varennes. Arrestation du roi. Chateaubriand en Amérique. Sade, libéré, publie *Justine*. Mozart : *La Flûte enchantée*. Haydn : *Orphée et Eurydice*.

1792 Commissaire du ministère de la Guerre à Châlons-sur-Marne. Il est chargé de coordonner les mouvements de Kellermann et Dumouriez à Valmy. Général de brigade à Toulouse.

Victoire de Valmy. Déchéance de Louis XVI. Proclamation de la République. Rouget de Lisle : *La Marseillaise*.

1793 Projet d'attaque de l'Angleterre par l'Inde. Monge le rejette. Il est arrêté, comme les orléanistes, après la trahison de Dumouriez. Il s'évade et passe l'été à Versailles. A La Fère, il expérimente les boulets creux qu'il a mis au point en 1786. Il démissionne, poursuit ses tirs à Meudon et est incarcéré à Picpus (comme Sade).

Exécution de Louis XVI. Guerre intérieure et extérieure. La Terreur. Robespierre au Comité de salut public. Sade : *Aline et Valcour*.

1794 Il échappe à l'exécution. Libéré le 1er décembre.

Mort de Condorcet, de Lavoisier et d'André Chénier. Fête de l'Être Suprême. Chute de Robespierre. Réaction thermidorienne. David : *La Mort de Marat*.

1795 Mémoire au Comité de salut public : *De la guerre et de la paix*. Naissance d'un troisième enfant conçu en prison. Secrétaire général des Hypothèques (grâce à Barras ?).

Le Directoire. Geoffroy Saint-Hilaire : *Sur la*

classification des mammifères. Sade : *La Philosophie dans le boudoir*.

1796   Il conçoit un projet de banque.
       Conspiration de Babeuf. Joseph de Maistre : *Considérations sur la Révolution française*. Lewis : *Le Moine* (traduction).

1797   On pense le faire entrer dans la diplomatie. Compte rendu du *Voyage de La Pérouse*.
       Chateaubriand : *Essai sur les révolutions*. Naissance de Vigny et de Schubert.

1799   Reclassé général par protection. Il demande sans succès sa réintégration dans l'artillerie.
       Mort de Beaumarchais. Naissance de Balzac. Coup d'État de Brumaire.

1800   Le Premier consul le réintègre général de brigade dans l'artillerie. Il s'installe à Strasbourg. Laclos assiste à ses premiers combats : Biberach, Memmingen, il a 60 ans. Il traverse la Suisse et revient à Grenoble. Il commande la réserve de l'armée d'Italie. Bataille de Mozembano.
       Constitution de l'An VIII ratifiée par plébiscite. Volta : la pile électrique. Mme de Staël : *De la littérature*. Sade : *Les Crimes de l'amour*. Pinel : *Traité de l'aliénation mentale*. David : *Mme Récamier*. Beethoven : *Première symphonie*.

1801   Il atteint Trévise. Stendhal prétend l'avoir rencontré à la Scala de Milan. Le 12 mai, il revient à Paris où il est nommé membre du Comité d'artillerie.
       Dernière arrestation de Sade. Signature du Concordat. Chateaubriand : *Atala*. Beethoven : *Sonate* op. 27, dite *Clair de lune*.

1802   Inspecteur général d'artillerie. Il soumet au Comité l'invention d'un nouveau modèle d'affût.
       Naissance de Hugo. Consulat à vie. Chateaubriand : *Le Génie du christianisme*.

1803   Nommé dans les États de Naples, il arrive à Tarente le 14 juillet. Épuisé, atteint de dysenterie et de malaria, il y meurt le 5 septembre. (Lors du retour des Bourbons, en 1815, sa tombe fut violée et détruite.)
       Beethoven : troisième symphonie dite *héroïque*. Chateaubriand : *René*.

UN LACLOS INATTENDU

A. CORRESPONDANCE ENTRE MME RICCOBONI ET L'AUTEUR DES *LIAISONS DANGEREUSES*

*Mme Riccoboni est l'auteur de l'*Ernestine *dont Laclos fait, en 1777 un opéra-comique. La représentation est un échec. Romancière délicate, ancienne comédienne peu douée, Mme Riccoboni s'adresse à Laclos, en avril 1782, en tant que « femme », « Française » et « patriote ». Aucune allusion à l'*Ernestine. *Leur échange porte sur la publication des* Liaisons. *Il prolonge les débats introduits par l'« éditeur » et le « rédacteur » du recueil.*

Rappelant que Tartuffe n'est pas puni par les lois mais par l'autorité, Laclos souligne : « Je fais cette remarque, parce qu'il me semble que le droit du moraliste, soit dramatique, soit romancier, ne commence qu'où se taisent les lois. »

En 1787, Laclos laisse joindre cette correspondance à l'édition de son ouvrage. On l'y découvre simultanément auteur de lettres et défenseur du contenu moral de son livre.

CORRESPONDANCE ENTRE MADAME RICCOBONI
ET M. DE LACLOS
Avril 1782

Madame Riccoboni à Laclos

Je ne suis pas surprise qu'un fils de M. de Choderlos écrive bien. L'esprit est héréditaire dans sa famille; mais je ne puis le féliciter d'employer ses talents, sa facilité, les grâces de son style, à donner aux étrangers une idée si révoltante des mœurs de sa nation et du goût de ses compatriotes. Un écrivain distingué, comme M. de Laclos, doit avoir deux objets en se faisant imprimer, celui de plaire, et celui d'être utile. En remplir un, ce n'est pas assez pour un homme honnête. On n'a pas besoin de se mettre en garde contre des caractères qui ne peuvent exister, et j'invite M. de Laclos à ne jamais orner le vice des agréments qu'il a prêtés à Mme de Merteuil.

Laclos à Madame Riccoboni

Monsieur de Laclos remercie, bien sincèrement, Mme Riccoboni de la bonté qu'elle a eue de lui faire parvenir son avis sur l'ouvrage qu'il vient de faire paraître. Il lui doit bien plus de remerciements encore, de l'indulgence qu'elle a portée dans son jugement littéraire : mais il la supplie de lui permettre quelques réclamations sur la sévérité avec laquelle elle a jugé la morale de l'auteur.

M. de L[aclos] commence par féliciter Mme Riccoboni de ne pas croire à l'existence des femmes méchantes et dépravées. Pour lui, éclairé par une expérience plus malheureuse, il assure avec chagrin, mais avec sincérité, qu'il ne pourrait effacer aucun des traits qu'il a rassemblés dans la personne de Mme de Merteuil sans mentir à sa conscience, sans taire, au moins, une partie de ce qu'il a vu. Serait-ce donc un tort d'avoir voulu, dans l'indignation de ces horreurs, les dévoiler, les combattre, et peut-être en prévenir de semblables ?

Si M. de L[aclos] peut être accusé *d'avoir donné*, par là, *aux étrangers une idée si révoltante des mœurs de sa nation et du goût de ses compatriotes*, il faut faire le même reproche au peintre de Lovelace, à l'auteur des *Égarements du cœur et de l'esprit*, etc. etc.

Sans quitter l'ouvrage dont il est question, si les étrangers apportent dans ce pays la crainte salutaire des Merteuil, en sentiront-ils moins le prix des Tourvel et des Rosemonde ; et se plaindra-t-on d'eux s'ils jugent les femmes d'après ce qu'en dit cette même Mme de Rosemonde, lettre CXXX ?

Enfin M. de L[aclos] n'a point cherché *à orner le vice des agréments qu'il a prêtés à Mme de Merteuil*, mais il a cru qu'en peignant le vice, il pouvait lui laisser tous les agréments dont il n'est que trop souvent orné ; et il a voulu que cette parure dangereuse et séduisante ne pût affaiblir un moment l'impression d'horreur que le vice doit toujours exciter. Tel à peu près, au monument élevé par Pigalle*, on ne voit point sans effroi, sous une draperie moelleuse, le squelette de la mort fortement prononcé.

M. de L[aclos] n'en sent pas moins que les regards peuvent être blessés de quelques-uns des tableaux qu'il n'a pas craint de présenter : mais son premier objet était *d'être utile*, et ce n'est que pour y parvenir qu'il a *désiré de plaire*.

---

* Le mausolée de M. le Maréchal de Saxe, à Strasbourg.

Quand ses lecteurs, fatigués de ces images attristantes, voudront se reposer sur des sentiments plus doux ; quand ils rechercheront la nature embellie ; quand ils voudront connaître tout ce que l'esprit et les grâces peuvent ajouter de charmes à la tendresse, à la vertu, M. de L[aclos] les invitera à relire *Ernestine, Fanny, Catesby*, etc. etc. etc. Et si à la vue d'aussi charmants tableaux, ils doutaient de l'existence des modèles, il leur dira avec confiance : ils sont tous dans le cœur du peintre. Peut-être alors, conviendront-ils que c'est aux femmes seules qu'appartient cette sensibilité précieuse, cette imagination facile et riante qui embellit tout ce qu'elle touche, et crée les objets tels qu'ils devraient être ; mais que les hommes condamnés à un travail plus sévère, ont toujours suffisamment bien fait quand ils ont rendu la nature avec exactitude et fidélité.

M. de L[aclos] osera-t-il joindre à cette justification peut-être trop longue, un exemplaire de son ouvrage ? Mme Riccoboni recevra cet hommage avec indulgence, si elle veut bien en juger moins sur sa valeur que sur le sentiment qui le fait présenter.

B. LACLOS JOURNALISTE DE LA RÉVOLUTION

« *On y reconnaîtra enfin que la Révolution n'était pas moins nécessaire pour le rétablissement des mœurs, que pour celui de la liberté.* »

Depuis 1790, Laclos est jacobin. Il publie un journal, le Journal des Amis de la Constitution. *Sa défense implicite des* Liaisons *change de ton. Le sujet choisi est éloquent : c'est d'une* « *vie privée* » *qu'il s'agit.*

Mardi, 8 février, l'an deuxième 1791

VIE PRIVÉE

DU MARÉCHAL DE RICHELIEU, CONTENANT SES AMOURS ET INTRIGUES, ET TOUT CE QUI A RAPPORT AUX DIVERS RÔLES QU'A JOUÉS CET HOMME CÉLÈBRE PENDANT PLUS DE QUATRE-VINGTS ANS

3 vol. in-8° formant 1 400 pag., imprimés sur caractères de M. Didot ; prix 13 liv. 10 s. broché pour Paris, et 15 liv. franc de port pour tout le royaume.

A Paris, chez Buisson, libraire, hôtel de Coëtlosquet, rue Haute-Feuille, n° 20.

Cet ouvrage historique a tout l'intérêt des romans les plus célèbres, et surpasse en invraisemblance tous ceux qu'on a tant accusés d'exagération dans la peinture des mauvaises mœurs de *la bonne compagnie*. On se convaincra, par sa lecture, que les fictions atroces ou scandaleuses, à l'aide desquelles les romanciers dévoilaient et combattaient les caractères infâmes qu'ils mettaient en scène, étaient encore au dessous de la réalité. On y découvrira aussi l'intérêt qu'avaient tant *d'honnêtes gens* à crier au scandale contre *de pareils hommes* : on y reconnaîtra enfin que la révolution n'était pas moins nécessaire pour le rétablissement des mœurs, que pour celui de la liberté. Richelieu, né avec toutes les qualités aimables, beaucoup d'utiles, et quelques-unes de grandes, fit son unique affaire d'être en faveur à la cour, et il fut à la fois esclave et tyran, avare et déprédateur : après avoir été le héros des mauvaises mœurs, il en devint l'apôtre. Sa longue carrière a été une suite non interrompue d'infamies et de succès. Placé chez un peuple libre où les honneurs eussent été le prix de l'estime, et l'estime celui des talents et des vertus, Richelieu eût été toute sa vie ce qu'il fut à Gênes, ce qu'il fut à Mahon. Nous remarquerons, à ce sujet, que ceux qui déjà aiment à calculer les prospérités futures de la France, la gloire que lui prépare notre révolution, ne s'occupent pas assez d'y comprendre ce que doivent y ajouter les vertus des citoyens, fruits heureux d'une constitution libre. Qu'on observe ce que sont aujourd'hui les Grecs et les Romains avilis, comme nous l'étions naguère, par la superstition et l'esclavage : qu'on se rappelle ce qu'ils étaient sous l'influence de la liberté, et qu'on juge à quel degré d'élévation doit parvenir un peuple qui avait su mériter encore quelque estime au milieu des fléaux destructeurs de toute vertu. Telle est la brillante perspective de la France. Ceux qui, s'intéressant à ses belles destinées, connaissent l'empire des circonstances, et se rappelleront celles où s'est trouvé Richelieu, regretteront peut-être qu'il ne soit pas né à l'époque de sa mort.

C. LACLOS : TRAITÉS SUR L'ÉDUCATION
DES FEMMES

En 1783, Laclos répond à la question mise au concours par l'Académie de Châlons-sur-Marne sur l'éducation des femmes. Les trois Traités *qu'il en tire sont d'inspiration rousseauiste. Les* Liaisons *lui ont valu tant de critiques qu'il a dû, un jour, faire observer :* « Peut-être ces mêmes Liaisons dangereuses *tant reprochées aujourd'hui par les femmes, sont une preuve assez forte que je me suis beaucoup occupé d'elles.* »

La marquise de Merteuil dit un moment à Valmont : « Jamais vous n'êtes l'amant ni l'ami d'une femme ; mais toujours son tyran ou son esclave. »

Quant à Mme *de Rosemonde, la vieille tante de Valmont, elle rougit au dénouement des* Liaisons *d'être femme, mais conserve pour son neveu démasqué une tendresse intacte.*

Mais si au récit de vos malheurs et de vos pertes, vous rougissez de honte et de colère, si des larmes d'indignation s'échappent de vos yeux, si vous brûlez du noble désir de ressaisir vos avantages, de rentrer dans la plénitude de votre être, ne vous laissez plus abuser par de trompeuses promesses, n'attendez point les secours des hommes tuteurs de vos maux : ils n'ont ni la volonté, ni la puissance de les finir, et comment pourraient-ils vouloir former des femmes devant lesquelles ils seraient forcés de rougir ? Apprenez qu'on ne sort de l'esclavage que par une grande révolution. Cette révolution est-elle possible ? C'est à vous seules à le dire puisqu'elle dépend de votre courage. Est-elle vraisemblable ? Je me tais sur cette question ; mais jusqu'à ce qu'elle soit arrivée, et tant que les hommes régleront votre sort, je serai autorisé à dire, et il me sera facile de prouver qu'*il n'est aucun moyen de perfectionner l'éducation des femmes*.

Partout où il y a esclavage, il ne peut y avoir éducation ; dans toute société, les femmes sont esclaves ; donc la femme sociale n'est pas susceptible d'éducation. Si les principes de ce syllogisme sont prouvés, on ne pourra nier la conséquence. Or, que partout où il y a esclavage il ne puisse y avoir éducation, c'est une suite naturelle de la définition de ce mot ; c'est le propre de l'éducation de développer les facultés, le propre de l'esclavage est de les étouffer ; c'est le propre de l'éducation de diriger les facultés développées vers l'utilité sociale, le propre de l'esclavage est de rendre l'esclave ennemi de la société. Si ces principes certains pouvaient laisser quelques doutes, il suffit pour les lever de les appliquer à la liberté. On ne niera pas apparemment qu'elle ne soit une des facultés de la femme et il implique que la liberté puisse se développer dans l'esclavage ; il n'implique pas moins qu'elle puisse se diriger vers l'utilité sociale puisque la liberté d'un esclave serait nécessairement une atteinte portée au pacte social fondé sur l'esclavage. Inutilement voudrait-on recourir à des distinctions ou des divisions. On ne peut sortir de ce principe général que sans liberté point de moralité et sans moralité point d'éducation. [...]

D. LACLOS : PROJET DE NUMÉROTAGE DES RUES DE PARIS

Ce texte n'est pas de Georges Perec. C'est un « projet de numérotage des rues de Paris » adressé à un journal par le capitaine Choderlos de Laclos, La Fère, 17 juin 1787. Bel exercice de rationalisation de la ville par un officier en garnison dans l'Aisne. La mathématique y épouse une exquise précision de langue. Dans deux ans, la Révolution. (Aujourd'hui, deux siècles et 783 jours après ce jour, les rues de Paris sont numérotées à peu près selon les principes de Laclos.)

Soit Paris, considéré comme un carré de quatre mille toises de côté, et divisé en deux parties égales par la rivière qui le traverse ; cette rivière deviendra le côté commun de deux parallélogrammes égaux, situés sur ses rives droite et gauche, et ayant chacun quatre mille toises de base sur deux mille toises de hauteur. Je divise ce côté commun en dix parties égales, et, par ces points de division, j'élève des perpendiculaires jusqu'au côté opposé de chacun des deux parallélogrammes qui, par là, se trouvent divisés eux-mêmes en dix autres parallélogrammes, aussi égaux, dont le côté, pris sur la première base, aura quatre cents toises, et la hauteur, devenue grand côté, toujours deux mille toises.

Chacune de ces divisions formera un quartier de Paris*.
On aura donc dix quartiers sur la rive droite et dix sur la
rive gauche. A chacun d'eux, en commençant par la rive droite
et suivant pour tous deux le cours de la rivière, j'affecte une
lettre dans l'ordre alphabétique : en sorte qu'on aura sur la
rive droite, en descendant la rivière, les quartiers *a, b, c, d,
e, f, g, h, i, k*, et sur la rive gauche, aussi en descendant, les
quartiers *l, m, n, o, p, q, r, s, t, u*, laissant les quatre autres
lettres pour les quatre îles que Paris renferme en son sein.
Ces lettres seront placées sur chaque écriteau des rues qui
dépendront du quartier auquel chaque lettre sera affectée.

Comme ces quartiers auront un côté fort long (deux mille
toises), je serais d'avis que, pour la moitié la plus éloignée
de la rivière, on se servît de lettres majuscules, de façon qu'il
y aurait réellement sur chaque rive vingt divisions ou quartiers.

Les quartiers ainsi formés, j'en numérote les rues, en obser-
vant d'affecter les numéros impairs aux rues dont la direction tend au parallélisme de la rivière, et les numéros pairs
à celles qui se rapprochent davantage de la perpendiculaire ;
et ayant aussi attention de commencer toujours ces numéros
du bord de la rivière, pour les rues parallèles, et suivant son
cours, pour les rues perpendiculaires. Ces numéros seront
aussi placés sur l'écriteau des rues : en sorte que chacun portera le nom de la rue, une lettre et un numéro.

Il faudrait également que les numéros des maisons fussent
placés suivant le cours de la rivière, dans les rues qui y sont
parallèles, et que, dans celles qui y sont perpendiculaires, ils
fussent placés de la rivière aux extrémités de Paris.

Ce léger travail une fois fait, toute personne connaîtra facilement la situation respective de chaque quartier dans la ville,
celle de chaque rue dans le quartier, et celle de chaque maison dans la rue.

---

* On sent assez que ces divisions, que je suppose égales, ne le
seraient pas exactement dans l'exécution, où l'on se servirait des rues
les plus voisines des distances demandées. On sentira de même qu'on
peut substituer tout autre arrangement à celui que je propose, pour
les lettres et les numéros.

AUTOUR DES *LIAISONS DANGEREUSES*

A. UN CONTE DE LA FONTAINE

Quand ils s'apprêtent, les libertins pratiquent la lecture. Elle les aide, elle les « fortifie », elle est une seconde éducation. Valmont rassemble ses souvenirs de romans (auxquels il joint ses Mémoires personnels). La Merteuil se prépare à la volupté en relisant une page du Sopha *(de Crébillon fils), une autre des* Contes *de La Fontaine et une lettre d'*Héloïse, *pour la passion. Les* Contes *de la Fontaine ouverts au hasard, un des plus courts :*

CONTE TIRÉ D'ATHÉNÉE*

Du temps des Grecs deux sœurs disaient avoir
Aussi beau cul que fille de leur sorte ;
La question ne fut que de savoir
Quelle des deux dessus l'autre l'emporte.
Pour en juger un expert étant pris,
A la moins jeune il accorde le prix,
Puis l'épousant lui fait don de son âme ;
A son exemple un sien frère est épris
De la cadette, et la prend pour sa femme.
Tant fut entre eux à la fin procédé,
Que par les sœurs un temple fut fondé
Dessous le nom de Vénus belle-fesse.
Je ne sais pas à quelle intention ;
Mais c'eût été le temple de la Grèce
Pour qui j'eusse eu plus de dévotion.

---

* Tiré du *Banquet des Sophistes*. Publié seulement en 1714 et faussement attribué alors à J.-B. Rousseau, ce conte est un des premiers composés par La Fontaine ; il a été recueilli par Conrart.

B. BAUDELAIRE : NOTES SUR LACLOS

« La Révolution a été faite par des voluptueux. » Ce sont des notes, avec leur vitesse, leurs surprises, leurs défaillances. Baudelaire, en 1856, jette des notes sur Laclos, Les Liaisons, la Révolution, la fouterie et le reste. Ce ne sont que des notes. L'A d'« amour » est en majuscule. Une forme s'invente, qui sait ?

31 octobre an II de la Liberté, Laclos est autorisé à publier la correspondance de la Société des Amis de la Constitution séante aux Jacobins.

Journal des Amis de la Constitution.

En 1791, Laclos quitte le journal, qui reste aux Feuillants.

NOTES

Ce livre, s'il brûle, ne peut brûler qu'à la manière de la glace.

Livre d'histoire.

Avertissement de l'éditeur et préface de l'auteur (sentiments feints et dissimulés).

— Lettres de mon père (badinages).

La Révolution a été faite par des voluptueux.

Nerciat (utilité de ses livres).

Au moment où la Révolution française éclata, la noblesse française était une race physiquement diminuée (de Maistre).

Les livres libertins commentent donc et expliquent la Révolution.

— Ne disons pas : *Autres mœurs que les nôtres*, disons : *Mœurs plus en honneur qu'aujourd'hui.*

Est-ce que la morale s'est relevée ? Non, c'est que l'énergie du mal a baissé. — Et la niaiserie a pris la place de l'esprit.

La fouterie et la gloire de la fouterie étaient-elles plus immorales que cette manière moderne d'*adorer* et de mêler le saint au profane ?

On se donnait alors beaucoup de mal pour ce qu'on avouait être une bagatelle, et on ne se damnait pas plus qu'aujourd'hui.

Mais on se damnait moins bêtement, on ne se pipait pas.

GEORGE SAND

Ordure et jérémiades.

En réalité, le satanisme a gagné. Satan s'est fait ingénu. Le mal se connaissant était moins affreux et plus près de la guérison que le mal s'ignorant. G. Sand inférieure à de Sade.

Ma sympathie pour le livre.	Livre de moraliste aussi
Ma mauvaise réputation.	haut que les plus élevés, aussi
Ma visite à Billaut.	profond que les plus pro-
Tous les livres sont immo-	fonds.

raux.

— A propos d'une phrase de Valmont (à retrouver) :

Le temps des Byron venait.

Car Byron était *préparé*, comme Michel-Ange.

Le grand homme n'est jamais aérolithe.

Chateaubriand devait bientôt crier à un monde qui n'avait pas le droit de s'étonner :

« Je fus toujours vertueux sans plaisir ; j'eusse été criminel sans remords. »

Caractère sinistre et satanique.

Le satanisme badin.

Comment on faisait l'amour sous l'ancien régime.

Plus gaîment, il est vrai.

Ce n'était pas l'extase, comme aujourd'hui, c'était le délire.

C'était toujours le mensonge, mais on n'adorait pas son semblable. On *le trompait*, mais on *se trompait* moins soi-même.

Les mensonges étaient d'ailleurs assez bien soutenus quelquefois pour induire la comédie en tragédie.

— Ici comme dans la vie, la palme de la perversité reste à [la] femme.

(Saufeia). Fœmina simplex dans sa petite maison.

Manœuvres de l'Amour.

Belleroche. Machines à plaisir.

Car Valmont est surtout un vaniteux. Il est d'ailleurs généreux, toutes les fois qu'il ne s'agit pas des femmes et de sa gloire.

— Le dénouement.

La petite vérole (grand châtiment).

La Ruine.

Caractère général sinistre.

La détestable humanité se fait un enfer préparatoire.

— L'amour de la guerre et la guerre de l'amour. La gloire.

L'amour de la gloire. Valmont et la Merteuil en parlent sans cesse, la Merteuil moins.

L'amour du combat. La tactique, les règles, les méthodes. La gloire de la victoire.

La stratégie pour gagner un prix très frivole.

Beaucoup de sensualité. Très peu d'amour, excepté chez Mme de Tourvel.

— Puissance de l'analyse racinienne.

Gradation.

Transition.

Progression.

Talent rare aujourd'hui, excepté chez Stendhal, Sainte-Beuve et Balzac.

C. SADE, L'ANNÉE DES *LIAISONS*

En 1782, le marquis de Sade est enfermé à Vincennes. Travaille-t-il aux Cent Vingt Journées, *on ne sait. Il ne cite pas Laclos dans ses* Idées sur le roman. *En 1794, ils se trouvent ensemble enfermés à Picpus. De leur rencontre, rien. Leur proximité, cette opposition radicale où ils se trouvent, nous ouvrent les temps modernes. Deux lettres (Mme de Sade à son mari et la réponse du marquis) datées de l'année (août) de publication des* Liaisons :

1. Lettre de Mme de Sade à son mari, enfermé à Vincennes, 6 août 1782

J'ai porté, mon bon ami, au bureau un envoi de livres qui n'a pas pu passer. A l'explication avec M. Le Noir, il m'a dit que l'on t'avait ôté tous tes livres parce qu'ils t'échauffaient la tête et te faisaient écrire des choses qui n'étaient pas convenables.

Cela me met au désespoir de voir que te voilà livré à l'ennui de ne pouvoir rien faire et de ce que cela fait très mal juger de toi. Retiens les écritures, je t'en conjure, cela te fait un tort infini, et répare cela en persévérant dans une façon de penser honnête, si analogue au fond de ton cœur, et surtout n'écris ni ne dis tous les égarements que ton esprit te suggère et par lesquels on veut à toute force te juger.

Il est inutile de te parler de livres, puisqu'ils ne peuvent passer. Sois tranquille pour ceux qui sont en ma possession.

J'ai dit à tes fils de ne te répondre que ce que je leur dirai et un jour de ces vacances, après la Hyène loin, je les ferai écrire devant moi pour être sûr que cela n'est dicté ni corrigé.

Sois tranquille, je n'irai point à Villette ni autre part et puisque je te demandais permission, ce n'était pas pour y aller après que tu m'avais marqué que tu ne le voulais pas.

Que veux-tu dire par mes valets, mon antichambre ? Tu crois donc que j'ai un grand train ? Mes valets consistent en La Jeunesse, qui entre une fois tous les huit ou dix jours pour frotter mon appartement. Mon antichambre ? Il n'y entre que des religieuses ou des femmes de la maison, car les étrangers se reçoivent au parloir grillé. Je n'ai point acquitté ton billet de 82 [livres], parce que je n'ai pas d'argent. Si tu veux m'envoyer un mandat, j'en ai le plus grand besoin, n'ayant pas même de quoi payer le mois de La Jeunesse ni mon loyer qui est payé par quartier. Si je ne le reçois pas le 15, je serai très embarrassée. Mon père et ma mère partent pour la campagne et ne reviendront que cet hiver, de sorte que je ne pourrai rien toucher. Ainsi tu me feras un vrai plaisir de m'envoyer un mandat le plus tôt possible ; et dès que je l'aurai, je payerai ton billet de 82 livres. Sans cela, il faut que l'homme à qui il est dû attende (...)

Je t'embrasse, mon tendre ami, et vais tâcher de venir te voir.

2. Réponse du marquis de Sade, le 19 août 1782

...Quant à ce qui me regarde, moi *personnellement*, je ne vous promets rien. La bête est trop vieille. Croyez-moi, renoncez à son éducation. Julie ne gagna rien sur M. de Wolmar, et Julie en était pourtant bien aimée. Il y a de certains systèmes qui tiennent trop à l'existence, surtout quand on les a sucés avec le lait, pour qu'il soit jamais possible d'y renoncer. Il en est de même des habitudes : quand elles sont aussi prodigieusement liées au physique d'un être, dix mille ans de prisons et cinq cents livres de chaînes ne feraient que leur donner plus de force. je vous étonnerais bien si je vous disais que *toutes ces choses-là* et leur ressouvenir [sont] toujours ce que j'appelle à mon secours quand je veux m'étourdir sur ma

situation. Les mœurs ne dépendent pas de nous, elles tiennent
à notre construction, à notre organisation. Ce qui dépend de
nous, c'est de ne pas répandre notre venin au dehors, et que
ce qui nous entoure, non seulement ne souffre pas, mais ne
puisse pas même s'en apercevoir. Une conduite intacte avec
ses enfants et une avec sa femme, telle qu'il lui devienne
impossible, même en confrontant son sort avec celui des
autres femmes, de pouvoir soupçonner les mauvaises mœurs
de son mari : voilà ce qui dépend de nous, et voilà ce qu'un
honnête homme doit faire, parce qu'il n'est pas dit que l'on
soit un coquin pour avoir de la singularité dans les plaisirs.
Cachez-la en public, à vos enfants surtout, et que votre femme
n'en ait jamais le moindre doute ; que vos devoirs avec elle
se remplissent également *dans tous les genres*. Voilà l'essentiel
et voilà ce que je promets. Des vertus, on ne s'en fait pas,
et on n'est pas plus le maître d'adopter *dans ces choses-là*
tel ou tel goût, qu'on n'est le maître de devenir droit quand
on est né tortu, pas plus le maître d'adopter en fait de système
telle ou telle opinion, que de se faire brun quand on est né
roux. Voilà mon éternelle philosophie, et jamais je n'en sor-
tirai. — Cependant, en 1777, j'étais encore assez jeune ; le
comble de malheur où je me trouvais aurait pu préparer la
besogne ; mon âme n'était pas encore endurcie, comme vous
avez pris soin depuis de la rendre inaccessible aux bons
sentiments. Un plan tout différent du vôtre aurait pu opérer
de grandes choses : vous ne l'avez pas voulu. Je vous en
remercie ; j'aime bien mieux n'avoir à chasser de ma tête que
vos chiffres, que d'avoir eu à en bannir une infinité de
choses et de détails, très délicieux selon moi, et qui savent
si bien adoucir mes malheurs quand je laisse errer mon
imagination. Vous avez été bien mal conseillée, on peut le
dire ; mais, en conscience, j'aime bien mieux que cela se soit
passé ainsi.

D. HEINER MÜLLER, *QUARTETT*

Il pense n'avoir jamais lu Les Liaisons *dans leur continuité.
C'est un esprit qui déroute. Ses spectacles créent une gêne.
Heiner Müller est un dramaturge allemand. Son* Quartett
commente le roman de Laclos de façon violente, étrange.

Patrice Chéreau et Jean-Louis Martinelli l'ont monté en France (en 1985 et en 1989). Valmont et Merteuil vieillis, à bout de nerfs. Plus forts, plus inquiétants que dans toutes les adaptations précédentes (radio, théâtre, cinéma, télévision, opéra). Dans Les Liaisons, *ils ne se voient jamais. Ils s'écrivent.*

MERTEUIL : Valmont. Je la croyais éteinte, votre passion pour moi. D'où vient ce soudain retour de flamme. Et d'une passion si juvénile. Trop tard bien sûr. Vous n'enflammerez plus mon cœur. Pas une seconde fois. Jamais plus. Je ne vous dis pas cela sans regret, Valmont. Certes il y eut des minutes, peut-être devrais-je dire des instants, une minute c'est une éternité, où je fus, grâce à votre société, heureuse. C'est de moi que je parle, Valmont. Que sais-je de vos sentiments à vous. Et peut-être ferais-je mieux de parler des minutes où j'ai su vous utiliser, vous si remarquable dans la fréquentation de ma physiologie, pour éprouver quelque chose qui m'apparaît dans le souvenir comme un sentiment de bonheur. Vous n'avez pas oublié comment on s'y prend avec cette machine. Ne retirez pas votre main. Non que j'éprouve quelque chose pour vous. C'est ma peau qui se souvient. A moins qu'il lui soit parfaitement égal, non, je parle de ma peau, Valmont, de savoir de quel animal provient l'instrument de sa volupté, main ou griffe. Quand je ferme les yeux, vous êtes beau, Valmont. Ou bossu, si je veux. Le privilège des aveugles. Ils ont en amour la meilleure part. La comédie des circonstances accessoires leur est épargnée : ils voient ce qu'ils veulent. L'idéal serait aveugle et sourd-muet. L'amour des pierres. Vous ai-je effrayé, Valmont. Que vous êtes facile à décourager. Je ne vous savais pas comme cela. La gent féminine vous a-t-elle infligé des blessures après moi. Des larmes. Avez-vous un cœur, Valmont. Depuis quand. Votre virilité aurait-elle subi des dommages, après moi. Votre haleine sent la solitude. Celle qui a succédé à celle qui m'a succédé vous a-t-elle envoyé promener. L'amoureux délaissé. Non. Ne retirez pas votre délicieuse proposition, Monsieur. J'achète. J'achète de toute façon. Inutile de craindre les sentiments. Pourquoi vous haïrais-je, je ne vous ai pas aimé. Frottons nos peaux l'une contre l'autre. Ah l'esclavage des corps. Le tourment de vivre et de ne pas être Dieu. Avoir une conscience, et pas de pouvoir sur la matière. Ne vous pressez pas,

Valmont. Comme cela c'est bien. Oui oui oui oui. C'était bien
joué, non. Que m'importe la jouissance de mon corps, je ne
suis pas une fille d'écurie. Mon cerveau travaille normalement. Je suis tout à fait froide, Valmont. Ma vie Ma mort
Mon bien-aimé.

Quartett, Éd. de Minuit, 1987.

TROIS CONTEMPORAINS DE LACLOS

RICHARDSON, CRÉBILLON, ROUSSEAU

Clarisse, Le Sopha, La Nouvelle Héloïse apparaissent à toutes les pages des Liaisons : cités, déformés ou sous allusion. Les Liaisons dangereuses sont le recueil de ces livres et de beaucoup d'autres. En 1782, on lisait surtout Richardson, Crébillon et Rousseau. Ils sont présentés par Michel Delon (« Les Liaisons dangereuses », P.U.F., Études littéraires, 1986) :

Richardson. — En 1782, Richardson est mort depuis vingt et un ans, Crébillon depuis cinq, Rousseau depuis quatre. Chacun d'entre eux fournit à Laclos un modèle et un repoussoir. Richardson a sans doute offert à l'Europe entière l'image frappante des infortunes de la vertu et de la ténacité du vice. Lovelace s'est élevé au rang d'archétype du séducteur, aux côtés de Don Juan tandis que le destin de Clarisse, enlevée, violée, illustre les épreuves auxquelles la vertu est soumise dans notre société. Le romancier campe ses héros avec luxe de détails, dans un cadre temporel et spatial explicite. Lovelace a un état civil précis, un âge, un passé, des habitudes auxquels correspond la description non moins précise des autres personnages. Le roman prétend rendre l'épaisseur du vécu, dans un monde complexe où se côtoient des catégories sociales différentes, mais aussi des systèmes de comportement et de langage différents. La traduction donnée par Prévost tentait déjà d'égaliser les styles des lettres, d'effacer tout ce qui risquait de choquer un Français classique dans la conduite de Lovelace. Le séducteur pour être admis dans la société française devait renoncer à ses gestes et à ses jurons de mauvais garçon. Il devait gagner en finesse, rendre moraux ou intellectuels le désir et la violence qui restaient physiques dans l'original anglais. Son valet lui-même devait se mettre à parler le langage de la bonne compagnie et ne plus se distinguer que par quelques maladresses. Jacques Proust a comparé de

façon éclairante les lettres de Joseph Leman, le valet de Lovelace, dans leur version anglaise, puis dans le français de l'abbé
Prévost, et la lettre CVII des *Liaisons* dans laquelle Azolan
parle justement à son maître d'un livre, nommé *Clarisse*[1].
Le roman de Laclos intériorise le drame qui est présenté par
Richardson dans le foisonnement du réel, il en retient une
épure, limite le nombre des protagonistes et des décors, les
réduit à l'abstraction d'un milieu social fermé, délaisse les
détails pour ne conserver que l'analyse.

Crébillon. — Cette analyse, Laclos en est redevable à la
tradition française et à Crébillon. La marquise de Merteuil
s'exerce dans les *Contes* de La Fontaine au ton libertin et dans
les lettres de *La Nouvelle Héloïse* au ton sentimental : à quoi
lui sert *Le Sopha* ? Elle peut trouver chez Crébillon une
démystification de toutes les mauvaises fois qui parlent
d'amour pour ne pas parler de désir, c'est-à-dire aussi les
règles de la mystification qui fait la force des libertins. Mais
elle peut encore y lire les ravages de la passion et la nostalgie
d'un grand amour réciproque. Les *Égarements du cœur et
de l'esprit* donnent à voir le tournoiement des amours passagères aussi bien que la permanence d'un amour différent. *Le
Sopha* voit défiler des couples hypocrites dans l'attente d'une
étreinte sincère et réciproque. *La Nuit et le Moment* illustre
l'emprise des goûts passagers, sans nier la réalité d'attachements plus profonds.

Crébillon affine une analyse psychologique et un vocabulaire qui permettent de distinguer les divers mouvements et
nuances du cœur. L'analyse est réductrice quand elle débus-
que dans certains élans un simple besoin sensuel ou un égarement intellectuel, mais le trouble amoureux révèle aussi
l'insatisfaction d'âmes sensibles, réduites à des liaisons com-
munes. Comme Marivaux, Crébillon a vite eu mauvaise réputation parmi les encyclopédistes : les philosophes des Lumières
n'ont pas vu dans le marivaudage ou le libertinage crébillo-
nesque le refus d'être dupe et l'effort pour saisir la complexité
de la réalité humaine. Dire que le plaisir est le mobile premier de l'homme risque de mener au cynisme des scélérats,
mais permet aussi une reconnaissance sans préjugé de la passion. Laclos bénéficie de cet instrument d'analyse qu'est le

---

1. Jacques Proust, *Les Maîtres sont les maîtres*, Romanistische
Zeitschrift für Literaturgeschichte, 1977, 2.

vocabulaire de Crébillon, il use également de son art de laisser en suspens le jugement. Les *Égarements* annoncent en préface une visée morale, s'attardent à suivre les progrès de Meilcour sur les pas de Versac le roué et laissent attendre une condamnation du libertinage qui finalement ne vient pas. Le décalage dans cette narration à la première personne entre le jeune homme qui entre dans le monde et l'homme mûrissant qui tient la plume, l'inachèvement du roman permettent de maintenir ouvertes toutes les hypothèses. La rigueur du vocabulaire et les raffinements du style peuvent être au service de la méchanceté ou bien d'un amour véritable, car les êtres vont le plus souvent de l'un à l'autre et vivent dans les entre-deux. Crébillon ne peut être réduit, par des lectures hémiplégiques, au seul libertinage ou au seul conformisme moral. Laclos retrouve les « interférences complexes » et les « compromis difficiles » de son prédécesseur [1]. Les personnages essayent de communiquer ou de manœuvrer, mais chacun est renvoyé à la confusion de ses sentiments. L'ambiguïté positive d'un roman comme les *Égarements* dont l'inachèvement laisse intactes toutes les possibilités de l'avenir et de l'interprétation se renverse seulement en une ironie tragique dans *Les Liaisons dangereuses* qui se ferment définitivement sur un échec généralisé.

Rousseau. — Rousseau pourtant donnait à Laclos l'espoir de solutions : solution pédagogique dans l'*Émile*, solution morale dans *La Nouvelle Héloïse* qui postule une conciliation de la passion et de la vertu. Selon ses lecteurs, Rousseau apparaît plutôt comme le critique de la société ou plutôt comme celui qui ouvre des perspectives. L'éducation idéale d'Émile justifie la condamnation des familles qui abandonnent leurs enfants — tels Cécile et même Danceny — à l'obscurantisme clérical et aux bienséances mondaines. Le chant d'amour qui s'élève dès les premières lettres de *La Nouvelle Héloïse* se fait entendre dans les missives de la Présidente ; mais cette dernière reste prisonnière des conformismes et ce sont les roués qui citent et détournent Saint-Preux ou Julie. Laclos, peu sensible, d'après ses lettres personnelles, au paysage, à la nature externe, reste, plus que Jean-Jacques, tributaire de la vie sociale. Esprit moins religieux que lui, il ne

1. A. Siemek, Crébillon précurseur de Laclos ?, dans *Laclos et le libertinage*, O.C., p. 59.

trouve pas de contrepoids aux déterminations de la société. Son admiration pour l'homme Rousseau et l'imprégnation qu'a exercée son œuvre sur lui débouchent sur le constat amer d'un ordre social injuste et insupportable. La positivité de l'amour est postulée, mais *Les Liaisons dangereuses* ne le laissent pas se réaliser. Le dénouement de *La Nouvelle Héloïse* suggérait une éventuelle conversion de Wolmar, athée illuminé par la mort édifiante de Julie. Celui des *Liaisons* pouvait pareillement laisser attendre une conversion de Valmont, éclairé par la Présidente, mais sa disparition éteint tout espoir de changement moral. Les richesses intellectuelles et sentimentales des personnages rousseauistes trouvent à s'épanouir, celles des personnages de Laclos sont condamnées à la gratuité et à la stérilité. La Présidente avait la force d'âme et la générosité de cœur de Julie, Danceny avait sans doute les ressources sentimentales et la fougue amoureuse de Saint-Preux, Valmont et Merteuil se partagent l'intelligence de Wolmar : tout ce capital humain est voué au gâchis et à la mort. Ainsi s'explique cet apparent paradoxe que Rousseau préside à une œuvre qu'on a pu lire comme un chef-d'œuvre d'immoralité.

LA CENSURE EN FRANCE

Littérature, Censure

Le 8 novembre 1823, un tribunal parisien décide la destruction des Liaisons dangereuses *au motif « qu'elles avaient provoqué la Révolution ». De 1815 à 1875, le livre est interdit. Il ne sera que lentement admis dans la « littérature » (l'institution, les manuels, l'idée que l'on s'en fait, etc.). En 1960, l'adaptation de Vadim (cinéma) est encore menacée d'interdiction.*

A l'historique de la censure en France, nous joignons une pièce rare : en 1957, l'édition des Œuvres complètes de Sade fait l'objet d'un procès à l'éditeur (Jean-Jacques Pauvert). Entre autres témoignages — Breton, Cocteau, Paulhan, — nous retenons celui d'un autre auteur dont le dernier livre, Les Larmes d'Eros *(1961), fera l'objet d'une interdiction (Malraux est alors le ministre de la Culture de De Gaulle) : Georges Bataille.*

A. HISTOIRE DE LA CENSURE EN FRANCE

Dès l'invention de l'imprimerie, les imprimeurs furent soumis à une réglementation assortie de peines d'une grande sévérité pour les contrevenants. Pendant longtemps, la censure fut exercée par l'Université de Paris qui prétendait tenir du pape le droit de censure universelle.

C'est Richelieu qui organisa l'institution : par une ordonnance de 1629, il chargea le chancelier et le garde des Sceaux de faire examiner tous les ouvrages destinés à l'impression avant de leur accorder le « privilège du roi », c'est-à-dire l'autorisation de paraître. Pendant longtemps, les censeurs continuèrent à être désignés un peu au hasard, mais en 1742 la création du corps des censeurs royaux en fit de véritables fonctionnaires. La pensée écrite était soumise à l'arbitraire et ne jouissait plus d'aucune liberté. L'impression d'un livre sans l'obtention préalable d'un privilège était un crime.

Lorsqu'en 1789 Louis XVI convoqua les États généraux, tous les cahiers de doléances réclamèrent la liberté de la presse, et la Constituante l'inscrivit dans la Déclaration des droits de l'homme : « La libre communication des pensées et des opinions est un des droits les plus précieux de l'homme, tout citoyen peut donc parler, écrire et imprimer librement, sauf à répondre de l'abus de cette liberté dans les cas déterminés par la loi. »

La Constitution consulaire de 1799, muette à l'égard de la presse, maintint implicitement la liberté. Cependant, le 17 février 1800, les journaux furent remis sous tutelle et un senatus-consulte du 18 mai 1804 institua une commission de sept membres désignés par le Sénat et chargés du contrôle. Napoléon rétablit, par le décret du 5 février 1810, la censure pour toutes les productions écrites.

Le régime instauré par l'Empire fut si impopulaire que, dans la Charte de 1814, Louis XVIII inséra un article 8 : « Les Français ont le droit de publier et de faire imprimer leurs opinions en se conformant aux lois qui doivent réprimer les abus de cette liberté. » Sitôt réaffirmé, le principe reçut une exception pour les journaux dès la première Restauration ; mais, en 1815, à son retour de l'île d'Elbe, Napoléon supprima la censure.

Pendant la seconde Restauration, une série de lois d'exception portèrent gravement atteinte à la liberté de publier : on soutint même que la censure était protectrice du génie et servait la gloire littéraire. Les abus furent si grands qu'une ordonnance de Charles X relative à la presse fut une des causes de la Révolution de Juillet. L'article 8 de la Charte de 1830 dispose : « Les Français ont le droit de publier ou de faire imprimer leurs opinions en se conformant aux lois. La censure ne pourra jamais être rétablie. »

De fait, pendant près d'un siècle et demi, jamais la publication des livres n'a fait l'objet d'une censure préalable. Ceux qui ont paru offenser les mœurs ou enfreindre les dispositions de la loi ont été déférés aux tribunaux.

Mais les censeurs n'ont pas désarmé. Un texte qui avait un tout autre objet, la loi du 16 juillet 1949 relative à la protection de la jeunesse, permit, en plusieurs étapes, de faire renaître la censure. Ce texte précisait seulement que les publications destinées à la jeunesse « ne doivent comporter aucune illustration, aucun récit, aucune chronique, aucune rubrique, aucune insertion présentant sous un jour favorable le banditisme, le mensonge, le vol, la paresse, la lâcheté, la haine, la débauche ou tous actes qualifiés crimes ou délits ou de nature à démoraliser l'enfance ou la jeunesse, ou à inspirer ou entretenir des préjugés ethniques ». Postérieurement, une ordonnance du 23 décembre 1958 a étendu l'interdiction de proposer, de donner ou de vendre à des mineurs de dix-huit ans les publications de toute nature présentant un danger pour la jeunesse en raison de leur caractère pornographique ou licencieux, ou de la place faite au crime. Il est, d'autre part, interdit « d'exposer les publications reconnues dangereuses à la vue du public, en quelque lieu que ce soit, notamment à l'extérieur de magasins ou de kiosques, ou de faire pour elles de la publicité sous quelque forme que ce soit ». « Les publications auxquelles s'appliquent ces interdictions sont désignées par arrêté du ministère de l'Intérieur. La commission chargée de la surveillance des publications destinées à l'enfance et à l'adolescence est habilitée à signaler les publications qui lui paraissent justifier ces interdictions. »

Les sanctions qui accompagnent les violations de l'interdiction d'exposer sont d'une gravité exceptionnelle et les tribunaux sont tenus de les prononcer sans aucun pouvoir d'appréciation et d'une manière contraventionnelle. Lorsque trois publications du même éditeur ont fait l'objet d'une interdiction d'exposer, toutes ses productions ultérieures ne pourront être mises en vente que trois mois après le dépôt au ministère de l'Intérieur de trois exemplaires de chacune d'elles.

En fait, si l'on se rapporte au *Journal officiel*, où sont publiés les arrêtés du ministre de l'Intérieur, on s'aperçoit que presque aucun des livres frappés d'interdiction n'est destiné à la jeunesse. (D'après l'*Encyclopedia universalis*, article *Censure*.)

B. GEORGES BATAILLE À PROPOS DE SADE

LE PRÉSIDENT : Ne trouvez-vous pas qu'il est pernicieux de répandre cela* dans le public ? Vous vous rendez compte de l'effet que cela peut produire, peut-être pas sur des esprits cultivés, sur des esprits déjà exercés, mais dans un public qui

---

* Les œuvres du Marquis de Sade.

comporte de nombreuses catégories de gens différents, de culture différente. Encore une fois je laisse à dessein de côté les descriptions de scènes qui ne se discutent même pas, mais même en ce qui concerne la philosophie de Sade, vous trouvez qu'elle peut avoir un caractère édifiant ?

G. BATAILLE : Je pense que sa lecture ne peut pas être pernicieuse étant donné que dès l'abord nous sommes en présence de documents analogues à des documents médico-légaux.

LE PRÉSIDENT : Je vous parle au point de vue du public. Même en faisant abstraction de toute cette série de scènes et de descriptions dont je ne fais même pas état, en nous plaçant simplement sur le terrain philosophique que vous avez évoqué, vous pensez que ces livres ne présentent pas de dangers, qu'il n'y a pas de danger à les répandre dans le public, étant donné les thèses philosophiques qui y sont développées ?

G. BATAILLE : Il me semble que pour l'esprit commun il ne peut s'agir que de curiosités monstrueuses.

LE PRÉSIDENT : Au point de vue de l'immoralité, que reste-t-il de cela ? C'est l'apologie du vice. Vous connaissez à fond toutes ces descriptions qui détruisent ce qui reste de la morale sociale, qui font valoir que la morale sociale ne paie pas, qu'en somme il vaut mieux s'orienter vers la violence, vers le vol, parce que cela rapporte, parce que cela procure un bénéfice certain. Vous ne trouvez pas que c'est d'une exemplarité extrêmement dangereuse ?

G. BATAILLE : Il me semble que les publications qui sont mises en avant...

LE PRÉSIDENT : Vous allez répondre par un biais alors que je voudrais une réponse précise. Nous ne parlons pas des autres publications, nous ne parlons que de celle-ci. Même en ne se fondant que sur les théories philosophiques que vous avez évoquées, vous ne trouvez pas que donner de la publicité à un ouvrage comme celui-là et le répandre dans le public peut être éminemment pernicieux ?

G. BATAILLE : Je pense que la plupart des gens qui ont acheté aux Éditions Pauvert, étant donné le prix qu'ils les ont payées, les œuvres de Sade, ne pouvaient pas y mettre la curiosité malsaine que vous craignez, mais une curiosité d'érudits.

LE PRÉSIDENT : Vous me répondez d'une façon indirecte, en me retournant ce que je vous demandais. Vous me dites qu'étant donné le prix qu'il fallait la payer, cette édition ne pouvait s'adresser qu'à une minorité d'érudits. Mais je vous parle, moi, de la majorité. Ne croyez-vous pas que quand on parle du public il faut en envisager la majorité et non pas une minorité quelle qu'elle soit ? Je pourrais aussi bien vous dire que même s'il s'agissait d'une édition bon marché, dès l'instant qu'elle s'adresserait à un public d'érudits ou de gens avertis, on pourrait dire qu'elle n'est pas dangereuse.

Répandre une œuvre comme celle-là dans le public, avec cette apologie constante du vice, qui ne laisse rien subsister des bases de la morale, vous ne croyez pas que cela peut constituer un danger ?

G. BATAILLE : Il me semble que non. Je dois dire que j'ai une confiance assez grande dans la nature humaine.

LE PRÉSIDENT : Je vous en félicite, Monsieur. Vous avez un optimisme qui vous fait honneur.

Je vous remercie.

Georges Bataille, Œuvres Complètes,
Gallimard, Tome XII.

BIBLIOGRAPHIE

L'édition de référence est celle des *Œuvres complètes*, éd. Laurent Versini, Bibl. de la Pléiade, 1979.

Charles BAUDELAIRE : « Notes sur *Les Liaisons dangereuses* », *Œuvres complètes*, Bibl. de la Pléiade, 1976.

Yvon BELAVAL : *Choderlos de Laclos*, coll. « Ecrivains d'hier et d'aujourd'hui », Seghers, 1972.

Michel BUTOR : « Sur *Les Liaisons dangereuses* », *Répertoire II*, Éd. de Minuit, 1964.

Henri COULET : *Le Roman jusqu'à la Révolution*, t. I : *Histoire du roman en France*, coll. U, Armand Colin, 1967.

André et Yvette DELMAS : *A la recherche des « Liaisons dangereuses »*, Mercure de France, 1964.

Michel DELON : *Les Liaisons dangereuses*, coll. « Études littéraires », P.U.F., 1986.

René DEMORIS : « La symbolique du nom de personne dans *Les Liaisons dangereuses* », *Littérature*, n° 36, 1979.

Jean FABRE : « *Les Liaisons dangereuses*, roman de l'ironie », *Idées sur le roman*, Klincksieck, 1979.

André GIDE : « Les dix romans que je préfère », *Incidences*, Gallimard, 1924.

Jean GIRAUDOUX : « Choderlos de Laclos », *Littérature*, Grasset, 1941.

Roger LAUFER : « La structure dialectique des *Liaisons dangereuses* », *La Pensée*, n° 93, sept.-oct. 1960.

Paul-Edouard LEVAYER : « Les écrits politiques de Laclos», *Revue d'histoire littéraire de la France*, jan.-fév. 1969.

Sylvère LOTRINGER : « Vice de forme », *Critique*, n° 286, mars 1971.

André MALRAUX : « Laclos », *Tableau de la littérature française*, t. II : *De Corneille à Chénier*, Gallimard, 1939.

Robert MAUZI : « La genèse des *Liaisons dangereuses* », *Mélanges Henri Coulet*, Aix-en-Provence, 1986.

Georges POISSON : *Choderlos de Laclos ou l'obstination*, Grasset, 1985.

Georges POULET : « Chamfort et Laclos », *Études sur le temps humain, II : La distance intérieure*, Plon, 1952.

Jean ROUSSET : « Une forme littéraire : le roman par lettres », *Forme et signification*, Corti, 1962.

Jean-Luc SEYLAZ : Les Liaisons dangereuses *et la création romanesque chez Laclos*, Droz-Minard, 1958.

Tzvétan TODOROV : « Choderlos de Laclos et la théorie du récit », *Tel Quel*, n° 27, 1966. *Littérature et signification*, Larousse, 1967.

Roger VAILLAND : *Laclos par lui-même*, coll. « Écrivains de toujours », Le Seuil, 1953.

Laurent VERSINI : « De quelques noms de personnages dans le roman du XVIIIᵉ siècle », *Revue d'histoire littéraire de la France*, 1961. *Laclos et la tradition, essai sur les sources et la technique des* Liaisons dangereuses, Klincksieck, 1968. « Laclos épistolier ou la préméditation », *Cahiers de l'Association internationale des études françaises*, 1977. *Le roman épistolaire*, coll. « Littératures modernes », P.U.F., 1979. « Les surréalistes et Laclos », *Revue d'histoire littéraire de la France*, juillet-août 1982.

Jean-Noël VUARNET : « Massacres de femmes », *Nouvelle Revue française*, n° 298, nov. 1977.

Ouvrages collectifs

Laclos, Revue d'histoire littéraire de la France, juillet-août 1982.

Laclos et le libertinage, 1782-1982, Actes du Colloque de Chantilly, P.U.F., 1983.

M. DELON, R. MAUZI, S. MENANT : *De l'*Encyclopédie *aux* Méditations, *1750-1820*, Arthaud, 1984.

ADAPTATIONS

Les Liaisons dangereuses, pièce de Paul Achard, inspirée de Laclos, présentée à la radio par les Comédiens-Français (20 octobre 1950) et créée au théâtre Montparnasse-Gaston Baty (15 mars 1952).

Les Liaisons dangereuses 1960, film de Roger Vadim, dialogues de Roger Vailland, musique des Jazz Messengers, avec Gérard Philipe et Jeanne Moreau. (Le gouvernement voulut l'interdire. Un procès intenté par la Société des gens de lettres aboutit à la modification du titre.)

Les Liaisons dangereuses, opéra de Claude Prey, créé à Strasbourg (1974), repris à Aix-en-Provence (1980).

Les Liaisons dangereuses, dramatique télévisée de Charles Brabant (1982, 1985).

Quartett, pièce de Heiner Müller, mise en scène de Patrice Chéreau, théâtre des Amandiers de Nanterre (1985) ; mise en scène de Jean-Louis Martinelli, théâtre de l'Athénée-Louis Jouvet (1989).

Les Liaisons dangereuses, adaptation de Christopher Hampton, traduite en français, mise en scène de Gérard Vergez, avec Bernard Giraudeau (1988).

Les Liaisons dangereuses, film de Stephen Frears, avec Glenn Close, John Malkovich, Michelle Pfeiffer (1989).

Valmont, film de Milos Forman, adaptation de Jean-Claude Carrière (1989).

TABLE DES MATIÈRES

IMPRIMÉ EN FRANCE PAR BRODARD ET TAUPIN
Usine de La Flèche (Sarthe), le 06-09-1989.
6201B-5 - Dépôt légal : septembre 1989.

PRESSES POCKET - 8, rue Garancière - 75006 Paris
Tél. 46.34.12.80

LIRE ET VOIR LES CLASSIQUES

Mai 1989

LA PRINCESSE DE CLÈVES, Madame de La Fayette.
LE HORLA, Guy de Maupassant
LA CHARTREUSE DE PARME, Stendhal
EUGÉNIE GRANDET, Balzac
CANDIDE, Voltaire.

Septembre 1989

LES FLEURS DU MAL, Charles Baudelaire.
TROIS CONTES, Gustave Flaubert.
L'ÉDUCATION SENTIMENTALE, Gustave Flaubert.
CYRANO DE BERGERAC, Edmond Rostand.
LA MARE AU DIABLE, George Sand.
FABLES, La Fontaine.

Octobre 1989

COLOMBA ET MATEO FALCONE/NOUVELLES CORSES,
Prosper Mérimée
LES LIAISONS DANGEREUSES, Choderlos de Laclos.
JACQUES LE FATALISTE ET SON MAÎTRE, Denis Diderot.

Novembre 1989

PIERRE ET JEAN, Guy de Maupassant.
LE PETIT CHOSE, Alphonse Daudet.
LETTRES PERSANES, Montesquieu.

Décembre 1989

L'ODYSSÉE, Homère.
HISTOIRES EXTRAORDINAIRES, E.A. Poe.
LA PEAU DE CHAGRIN, Balzac.

Notes